Knaur.

Knaur.

Über den Autor:
Stephan Harbort, Jahrgang 1964, ist Kriminalhauptkommissar und führender Serienmordexperte. Er sprach mit mehr als 50 Serienmördern, entwickelte international angewandte Fahndungsmethoden zur Überführung von Gewalttätern und ist Fachberater bei TV-Dokumentationen und Krimiserien. Stephan Harbort lebt in Düsseldorf.

Stephan Harbort

Begegnung mit dem Serienmörder

Berichte von Menschen, die entkommen konnten

Knaur Taschenbuch Verlag

Besuchen Sie uns im Internet:
www.knaur.de

FSC
www.fsc.org
MIX
Papier aus verantwortungsvollen Quellen
FSC® C014496

Vollständige Taschenbuchausgabe Januar 2011
Knaur Taschenbuch.
Ein Unternehmen der Droemerschen Verlagsanstalt
Th. Knaur Nachf. GmbH & Co. KG, München

Umschlaggestaltung: ZERO Werbeagentur, München
Umschlagabbildung: Panthermedia / Heidi Wittwer
Satz: Adobe InDesign im Verlag
Druck und Bindung: GGP Media GmbH, Pößneck
Printed in Germany
ISBN 978-3-426-78346-7

2 4 5 3 1

Für Amelie Sophie Harbort.
Mögest du niemals erfahren,
was es heißt, Opfer zu sein.

Und für die 674 Kinder, Frauen und Männer,
an deren leidvollem Schicksal ich teilhaben durfte.

Inhalt

Vorwort

»Es schien die gewünschte Wirkung zu haben. Ohne ein Wort zu sagen, kam er langsam auf sie zu. Sie machte einen Schritt nach vorne, seine Arme umfingen sie, sie schloss die Augen und hob das Gesicht. Er küsste sie, und sie bewegte sich ein wenig in seinen Armen. Dann spürte sie einen entsetzlichen, unerträglich stechenden Schmerz im Rücken und öffnete den Mund, um zu schreien.«

Ken Follett, *Die Nadel*

Kaum etwas ist bewältigt, wenig erklärt und noch weniger wirklich verstanden von dem, was unter dem Begriff »Serienmord« in den vergangenen 60 Jahren eine hässliche Blutspur in der deutschen Kriminalgeschichte hinterlassen hat – und auch künftig hinterlassen wird. Über die Täter weiß man einiges, über die Opfer hingegen so gut wie nichts. In Polizei- und Gerichtsakten ist alles Erdenkliche zu lesen – die Umstände der Verbrechen etwa, die Viten der Täter oder auch mehr als 100 Seiten starke Gutachten über sie. Verbrechen können allerdings nur dann zutreffend interpretiert und vollständig verstanden werden, wenn man beide Seiten kennt. Wenn man sich anschaut, wer es getan hat. Und wenn man sich anschaut, wem es angetan wurde.

Beim Opfer wird häufig nur nach der Todesursache gefragt und nach Spuren gesucht, die der Täter an dessen geschundenem Körper hinterlassen haben könnte. Die Rollen des lebenden und des toten Opfers sind identisch: Mittel zum Zweck. Hat das Opfer jedoch überlebt, darf es wenigstens seine Leidensgeschichte erzählen. Nur beginnt die Beschreibung des eigenen Elends meist erst mit den Minuten vor der Tat und endet schon mit dem Sich-Davonmachen des Täters. Der Rest der Geschichte, aus der vieles abgeleitet und gelernt werden könnte, wird erst gar nicht geschildert. Die Sichtbarmachung der Dimensionen von mörderischer Gewalt erfordert aber auch eine präzise und schonungslose Darstellung des individuellen Leids.

Amtsakten über Verbrechensopfer sind spärlich, auch die polizeiliche Kriminalstatistik behandelt Opfer von Tötungsdelikten eher stiefmütterlich – lediglich Geschlecht und Alter werden erfasst. Und wenn die Tat passiert ist, wird in der Regel nur der Täter amtlich und psychologisch betreut, das Opfer bleibt sich noch zu oft allein überlassen. Auch von diesem »Drama im Drama« werde ich berichten.

Das öffentliche Interesse an den Ursachen und Folgen des Opferwerdens sowie des Opferseins ist immer noch zu gering. Schlimmer noch: Wer Opfer eines Gewaltverbrechers geworden ist oder darunter leidet, dass Mutter, Vater, Bruder, Schwester, Sohn oder Tochter zum Opfer wurde, stößt manchmal selbst bei den eigenen Angehörigen und Freunden auf Unverständnis oder gerät leicht ins soziale Abseits. Vor sich selbst und anderen stehen die Leidtragenden als Verlierer da, verzweifelt um Fassung und Verständnis ringend, denn nicht wenige unter uns mutmaßen: Wer Opfer eines Gewaltverbrechers wird, ist selber schuld. Punkt. Keine Diskussion. Offen ausgesprochene oder auch nur gedachte Schuldzuweisungen entbinden von der Verantwortung für sich selbst und andere: »Hätte sie doch besser aufgepasst!«, »Was lässt die sich auch mit diesem Typen ein!«, »Was macht die denn zu dieser Uhrzeit da, und dann auch noch allein!« Dem Opfer werden kurzerhand negative Verhaltensweisen und Eigenschaften unterstellt, die man selbst natürlich nicht hat. Die meisten Menschen sind überdies gerne davon überzeugt, dass ihnen so etwas gar nicht passieren könne. Die Illusion der eigenen Unverwundbarkeit verstellt den Blick für die Verbrechenswirklichkeit.

Auch die Wissenschaft hat über Generationen hinweg den

Täter in den Mittelpunkt der Betrachtungen gestellt – Kriminologen, Kriminalisten, Psychiater, Psychologen und Soziologen durchleuchteten Elternhaus, Persönlichkeit oder soziale Strukturen nach Faktoren, die das Begehen eines Verbrechens ermöglicht, gefördert oder gar ausgelöst haben könnten. Das alles war richtig und wichtig. Nur hätte man dabei die Opfer nicht so sehr außer Acht lassen dürfen. Erst seit Ende des Zweiten Weltkriegs werden ernst zu nehmende viktimologische Studien durchgeführt. Auch das Opferentschädigungsgesetz kam spät – 1976.

Die bereits vorliegenden Erkenntnisse zur Viktimologie bei Mord und Totschlag, Vergewaltigung oder Raub können nicht unbesehen auf den Serienmord übertragen werden, weil die Täter sich von Serienmördern unterscheiden und das Täter-Opfer-Verhältnis ein anderes ist. Diese Feststellungen haben mich zu dem Entschluss gebracht, Serientötungen auch aus opferbezogener Sicht näher zu betrachten.

Bei der ersten Auswertung meiner Unterlagen von 155 Mordserien (= 674 Einzeltaten) passierte genau das, was ich nicht unbedingt erwartet hatte: Die Ergebnisse waren durchaus interessant, aber zu unspezifisch. Es mangelte an Klarheit und Verbindlichkeit. Also bildete ich sechs Opfertypen, die ich zugrunde legte, und begann von vorn. Um nicht der Gefahr einer Etikettierung oder Stigmatisierung zu unterliegen, wählte ich nur solche Merkmale aus, die keinen personenbezogenen und wertenden Charakter haben. Ausschlaggebend war die Beantwortung folgender Frage: Welches Opfermerkmal hat kausal dazu beigetragen, dass diese Person Opfer dieses Täters wurde? Und plötzlich öffneten sich Türen, die zuvor verschlossen geblieben oder gar nicht zu sehen gewesen waren. Eine Auswahl der Untersuchungsergebnisse findet sich im Anhang.

Obwohl die Opfer im Blickpunkt meiner Arbeit und dieses Buches stehen, ist mir schnell bewusst geworden, dass eine ganzheitliche Betrachtung des Gewaltphänomens »Serienmord« vonnöten ist; denn nur der Täter kann beispielsweise sagen, nach welchen Kriterien er seine Opfer ausgesucht, warum er wie auf ein bestimmtes Opferverhalten reagiert oder weshalb er die Opfer getötet bzw. nicht getötet hat. Also habe ich mit Opfern und Tätern gesprochen – und dabei eine Menge gelernt. Auch dieses Wissen möchte ich mit diesem Buch weitergeben.

Mein besonderes Augenmerk richtete ich auf jene 107 Fälle, in denen die Täter ihr Opfer nicht töteten. Ich wollte herausfinden, ob es eventuell Verhaltensmuster gibt, die Täter davon abhalten können, ihr Vorhaben auszuführen, von dem sie noch kurz zuvor überzeugt gewesen waren, es unbedingt tun zu müssen. Ich beschäftigte mich auch mit der Frage, welche Formen der Kommunikation zwischen Opfer und Täter stattfinden und wie die Opfer diese für ihre Zwecke nutzen können. Und es ging mir darum, herauszufinden, welches Opferverhalten eine Nicht-Tötung zur Folge hatte. Auch hier stieß ich, insbesondere in den Gesprächen mit den Beteiligten, auf interessante und überraschende Erkenntnisse.

Wer einem Serienmörder in die Hände fällt und diese Begegnung überlebt, wird unvermittelt aus seinem Dasein und Sosein gerissen. Das Grauen, vermeintlich so weit weg, dringt ein in die Normalität und bemächtigt sich ihrer, vergewaltigt und unterjocht sie. Es dauert seine Zeit, bis die seelischen Wunden sich zu schließen beginnen, nur verheilen wollen sie nicht. Das Opfer bleibt beschädigt zurück. Auch von diesen leidvollen Erfahrungen haben mir Frauen und Männer erzählt, die Tätern und Tod sehr nahe gewesen sind.

Als ich dieses Buchprojekt zu konzipieren begann, nahm ich mir fest vor, den Opfern gerecht zu werden und (nahezu) ausschließlich über sie zu berichten und nur sie zu Wort kommen zu lassen. Mittlerweile denke ich anders darüber. Es gibt nämlich kein Opfer ohne Täter. Und es gibt auch keinen Täter ohne Opfer. Beide Verbrechensteilnehmer sind untrennbar miteinander verbunden, sie reagieren aufeinander und agieren miteinander. Niemand kann im Vorhinein sagen, wie der Tathergang sich entwickeln, welchen Ausgang die Tat nehmen wird – auch nicht bei einem Serienmörder. Und aus diesem Grund möchte ich mit dem vorliegenden Buch dafür werben, nicht nur Täter oder Opfer und deren jeweiliges Verhalten zu betrachten und zu bewerten, sondern insbesondere die verschlungenen Wechselbeziehungen zwischen Tätern und Opfern gelten zu lassen. Nur wer hier genau hinsieht, wird erkennen und verstehen, warum und wie Verbrechen begangen werden, wird imstande sein zu schlussfolgern, ob und wie sie zu verhindern sein könnten, und wenn ja, auf welche Weise man sich gegen diese Täter schützen kann. Und es ist mir auch ein Bedürfnis, darauf hinzuweisen, dass jeder von uns Opfer eines Serienmörders werden kann. Wer sich diesem Gedanken verschließt oder wer überhaupt davon überzeugt ist, ihn umwehe und schütze der Mantel der Unangreifbarkeit, der ist dem Verbrechen näher als jeder andere.

Stephan Harbort
Düsseldorf, im April 2008

»Nancys Zimmer. Nancy horchend auf die Geräusche von Stiefeln auf der Treppe, das Knarren der Stufen, während die Schritte näher kommen, Nancys Augen, Nancy, wie sie den Lichtkegel verfolgt, der sich auf sein Ziel zutastet. (Sie sagte: ›O nein, nein! Oh, bitte. Nein! Nein! Nein! Nein! Bitte nicht! O bitte nicht! Bitte!‹ Ich gab Dick das Gewehr. Ich sagte, ich könnte nicht mehr. Er legte an, und sie drehte das Gesicht zur Wand.) Der dunkle Flur, die Mörder, die auf die Tür zurannten. Nach allem, was sie gehört hatte, war Bonnie vielleicht froh, dass sie kamen.«

Truman Capote, *Kaltblütig*

»DIE ZEIT: Herr Schmidt, um dieses Gespräch mussten wir Sie lange bitten. Man hat den Eindruck, dass es Ihnen auch 30 Jahre nach diesen schicksalhaften Tagen schwerfällt, über den Deutschen Herbst zu sprechen.

Helmut Schmidt: Es ist nicht so, dass mir das schwerfällt. Aber ich habe wenig Lust, darüber zu reden.

ZEIT: Was verdrießt Sie so?

Schmidt: Einer der Gründe hat mit euch Journalisten zu tun: Fast alle beschäftigen sich mit den Terroristen, ihren Motiven und deren persönlicher Entwicklung und kümmern sich überhaupt nicht um die Opfer dieser entsetzlichen Verbrechen.«

Interview mit Alt-Bundeskanzler
Helmut Schmidt,
DIE ZEIT vom 30.08.2007

Die geschilderten Ereignisse sind authentisch, soweit man dies überhaupt sagen kann. Jedenfalls entsprechen sie der festgestellten prozessualen Wahrheit. Als Quellen für die Rekonstruktion und Dokumentation der Ereignisse dienten insbesondere Gerichtsurteile, Anklageschriften, forensische Gutachten, Vernehmungs- und Obduktionsprotokolle, Tatortbefundberichte und seriöse Pressemitteilungen.
Die für das vorliegende Buch verwendeten Aussagen der Opfer und Täter stammen aus Interviews, die ich in der jüngeren Vergangenheit geführt habe, oder aus Briefen, die an mich gerichtet worden sind. Die Gespräche habe ich jeweils mit einem Diktaphon aufgezeichnet. Vereinzelt sind die Aussagen kriminalpolizeilichen Vernehmungsprotokollen entlehnt worden. Um ein Höchstmaß an Authentizität garantieren zu können, habe ich in den Interviews und Briefen nur marginale redaktionelle Veränderungen vorgenommen, ohne den Wahrheitsgehalt zu schmälern. Aus Gründen der Vereinheitlichung haben generell die Regeln der neuen deutschen Rechtschreibung Anwendung gefunden.
Die Namen der handelnden Personen sind pseudonymisiert, ausgenommen diejenigen von Personen der Zeitgeschichte. Vereinzelt wurden auch biographische Angaben oder Angaben zu Ort und Zeit verändert, um eine Erkennbarkeit der Personen zu verhindern. Diese Verfahrensweise ist dem Schutz der Persönlichkeitsrechte geschuldet.

Kapit

Im Auge de

»Tja, ich war den ganzen Tag übe
sem Parkplatz unten an der Com
ich dann meinen Wagen stehen gel
nummer 1940 gegangen. Es war f
den Schweiß auf meiner Haut, k
gefällt mir gar nicht, weil ich dara
Körper zu haben. Ich sehe mir c
und an den Klingeln im Haus N
Namen von Frauen raus und drüc
he da und warte, spüre, wie sich d
darüber nach, was ich zu ihr sager
wie immer schon etwas einfallen
biere die zweite Türklingel, und e
auf, zweimal, und ich betrete den
einen Aufzug rum, ich gehe rauf, l
immer nur Stufe um Stufe. Ist sch
te Frau nicht auf mein Klingeln r
war oder so, nur ein ganz kleine
meine?«

Serienmörder und ihre Opfer si
neswegs autark, sondern durch
untrennbar miteinander verbun
ander und ihr Verhalten unter
chen.

Es passt einfach alles zusamm
Sonne scheint vom nahezu wol
nehme 26 Grad, der Frühsomm
reicht.

r durch den Wald, streift am
r. Ihm begegnen auch einige
l, mal in Begleitung. Doch er
stellungen von seiner Beute.
, die nicht nach seinem Ge-
hten Genuss dabei. Es muss
Verlangen will ansprechend
en hat er zudem gelernt, auf
nt und gewaltbereit, vor allem

nca und Bernd sich auf den
barer und erfüllter Tag neigt
beiden Hand in Hand Rich-
mmt ihnen Hollerbach entge-
r Jagd. Er bemerkt das Paar,
ugen nur noch an Bianca. Sie
nen soll: dunkelblondes Haar,
telt, hellblaue Augen, schlank,
er im Kopf, wenn er phanta-
zweifelt wehrt, wie er sie auf
ndet, wie er immer wieder mit
n Po schlägt und wie er sie
Er will *sie* haben. Er muss *sie*

ich angeregt unterhalten und
schmiedet der einen Plan: das
, dann sofort kehrtmachen, es
n Gasrevolver bedrohen, beide
den Mann fesseln und dann

lerbach ist jetzt nur noch etwa
n. »Hey! Umdrehen!«, zischt
tatsächlich um.

Hollerbach richtet den Gasrevolver auf das Pärchen: »Keinen Mucks! Mitkommen!«
Bianca und Bernd schauen sich verdutzt an. Bernd versucht, die Situation zu entschärfen: »Mach doch keinen Blödsinn.«
»Schnauze! Ich sag's nicht noch mal! Mitkommen!« Hollerbach kommt einen Schritt näher.
»Lass doch den Quatsch.« Bernd hebt beschwichtigend die Hände. »Wir machen es so: Du haust einfach ab, und wir vergessen das Ganze. Okay?«
Hollerbach schweigt. Er steht einfach nur da.
Ihm ist anzusehen, dass er nicht recht weiß, was er weiter tun soll.
Bernd erkennt die Unschlüssigkeit und die Unsicherheit des Unbekannten, der auch bewaffnet keine ernst zu nehmende Bedrohung zu sein scheint. Er macht einen Schritt auf Hollerbach zu und wird energischer: »Es reicht jetzt! Mach bloß, dass du wegkommst!«
Plötzlich krachen drei Schüsse, kurz hintereinander. Hollerbach hat auf Bernd geschossen, der aber bleibt unverletzt und unbeeindruckt. Er versucht, nach Hollerbach zu treten. Der weicht einige Meter zurück und zieht wild entschlossen seine Machete: 58 Zentimeter lang, sieben Zentimeter breit, etwa 700 Gramm schwer. Bianca schreit einmal laut auf. Dann versagt ihr die Stimme.
Hollerbach will nicht nachgeben, nicht aufgeben, nicht jetzt, nicht so kurz vor dem Ziel. Nein! Er glotzt noch einmal kurz zu Bianca hinüber, sein Gesicht gerät zu einer grotesken Grimasse. Schließlich stürmt er unvermittelt und blitzschnell auf Bernd los und spaltet ihm mit einem wuchtigen Hieb den Schädel. Bernd stöhnt leise, hält eine Hand auf die stark blutende Wunde, versucht noch zu flüchten; Hollerbach aber setzt nach und stößt immer wieder zu, blindwütig, erbarmungslos. Auch als Bernd schon am Boden liegt und keine Gefahr mehr darstellt, Hollerbachs perversen Plänen nicht

mehr im Wege stehen kann, hört er nicht auf. Er schlägt auf den Sterbenden ein, als würde er Holz hacken. Schon Sekunden darauf ist Bernd tot. Der Gerichtsmediziner wird später mindestens 20 erhebliche Hiebwunden im Bereich des Kopfes feststellen.

Hollerbach steht neben dem Toten und betrachtet ihn eine Weile. Wieder ist er unschlüssig, was nun geschehen soll. Die sexuelle Spannung ist während dieses Gewaltexzesses in sich zusammengefallen. In seinem Kopfkino ist *das* nicht vorgesehen. Hollerbach kann sich nicht mehr stimulieren. Es ist vorbei.

Er wendet sich Bianca zu. Sie steht da wie versteinert, unfähig, etwas zu sagen oder etwas zu tun. Sie will weglaufen, aber sie kann nicht. Sie will schreien, aber sie bringt keinen Laut heraus. Sie starrt nur ungläubig auf Bernds grässlich zugerichteten Leichnam.

Eben noch ist Hollerbach sogar bereit gewesen, für Bianca zu morden. Er hat sie besitzen wollen. Das ist nun anders. Wut und Hass brechen sich ihre Bahn. Je länger er die vollkommen verängstigte Frau anstarrt, desto stärker wird der Wunsch, auch sie zu bestrafen. Und ihm wird klar, dass Bianca alles mitangesehen hat. Er kann sie jetzt nicht einfach gehen lassen. Er muss nicht lange überlegen, was nun zu tun ist. Die Machete hoch erhoben, stürzt er sich wortlos auf Bianca, die kurz darauf zusammensackt, nach unzähligen Hieben gegen Kopf und Hals tödlich verwundet.

Hollerbach läuft zurück zu seinem Lagerplatz, zieht sich um, versteckt Gasrevolver und Machete unter einem Baumstamm. Danach kehrt er an den Tatort zurück, zieht die Leichen bergabwärts in dichtes Gebüsch und Unterholz. Die großen Blutlachen auf dem Weg deckt er mit Sand ab. Dann macht er sich auf den Heimweg.

Samstag, 20. August 1993, gegen 13 Uhr – etwa zweieinhalb Jahre später.
Das freundliche Sommerwetter treibt viele Menschen hinaus in die Natur. Auch Anja Bassewitz radelt von ihrem Appartement im Hamburger Stadtteil Wandsbek aus los, ihr Ziel ist der Öjendorfer Park, etwa sechs Kilometer Luftlinie entfernt. Die 19-jährige Studentin, die erst seit einem dreiviertel Jahr in Hamburg wohnt, weiß nicht, dass dort ein mysteriöser Doppelmord verübt worden ist, der bisher nicht aufgeklärt werden konnte, dessen Motiv rätselhaft geblieben ist.
(Anja) »Ich fuhr zunächst nach Billstedt, weil ich dort etwas erledigen wollte. Das dauerte aber nicht so lange, und ich machte mich auf den Weg nach Öjendorf. Ich fuhr an der alten Försterei vorbei in Richtung Öjendorf. So gegen 13.45 Uhr stellte ich mein Fahrrad in der Ortsmitte von Öjendorf ab. Ich ging eine Straße entlang bis kurz vor die Gaststätte ›Öjendorfer Treff‹. Dort bog ich nach links in eine geteerte Straße ein, die über Wiesen bis zum Wald führt. Dann ging ich weiter in den Wald hinein.«
Hollerbach kann und will jetzt nicht mehr widerstehen. Schon seit Monaten zieht es ihn wieder hinaus in sein Revier, das er seit den Morden an Bianca Möbus und Bernd Hartung nicht mehr betreten hat. Die grausame Tat hat ihn jahrelang beschäftigt, an seiner Seele gezerrt, einen dunklen Schatten geworfen, dem er nicht enteilen konnte. Die Ärzte sind ratlos, sie finden keine biologische Ursache für sein Gelenkrheuma, nur er selbst ahnt, warum sein Körper so ungewöhnlich heftig reagiert. Doch jetzt verblasst allmählich die unheilvolle Erinnerung, dafür flammen seine überwunden geglaubten Phantasien wieder auf: sich junger Frauen bemächtigen, sie fesseln, quälen, vergewaltigen.
(Hollerbach) »Ich bin mit dem Zug in die Nähe von Öjendorf gefahren und war so etwa gegen 12.30 Uhr dort. In einem Geschäft habe ich mir etwas zu essen gekauft, Brötchen und

Rippchen. Danach bin ich eine Straße hinuntergelaufen bis zu einem Bach und den Bach entlang bis zu einem Abenteuerspielplatz. Ich hatte eine schwarze Tasche dabei. Darin waren die Machete, eine Art Fahrtenmesser, Heftpflaster, Präservative, eine grüne Wäscheleine und ein blauer Trainingsanzug mit weißen Streifen.«

Hollerbach will endlich wieder jagen, er durchstöbert gezielt bestimmte Waldgebiete, *sein* Revier. Auch Anja kennt sich im Öjendorfer Park mittlerweile gut aus, sie ist häufiger dort, um spazieren zu gehen oder zu joggen.

»Ich wollte zur Elisenhöhe gehen. Ich ging zuerst ein Stückchen quer durch den Wald, um Brombeeren zu pflücken. Später kam ich auf einen Weg, der auf eine große Wiese führt. An diesem Platz stehen einige Bänke. Außerdem zweigen da mehrere Wege ab. Einer davon führt nach Barsbüttel, einer nach Oststeinbek, und einer führt zur Elisenhöhe.

Ich setzte mich auf eine der Bänke und ruhte etwas aus. Dabei beobachtete ich zwei Kinder, die dort auf Pferden ritten. Auf den Bänken saßen keine Leute, dafür aber auf der Wiese. Etwa eine Stunde blieb ich dort sitzen und ging schließlich weiter in Richtung Elisenhöhe.«

»Vom Kinderspielplatz aus lief ich weiter in Richtung Hirschbrunnen. Das war am frühen Nachmittag. Bis dahin ist mir niemand begegnet. Vom Hirschbrunnen bin ich die steile Stiege hochgelaufen bis zu einer kleinen Hohlgasse, in der Pferdespuren zu sehen waren. Diesen Hohlweg bin ich bergwärts hochgegangen, bis er in einen breiteren Weg mündet. Darüber sind nochmals zwei kleinere Hohlwege, die sich gabeln. Einen dieser Wege bin ich gegangen. Irgendwann kam ein breiter Weg, und ich bin rechter Hand weitergelaufen. Nach einer Weile bin ich links ab in den Wald. Da habe ich Halt gemacht. Ich habe meine Decke ausgebreitet, mich hingesetzt und die Rippchen gegessen. Danach habe ich den Trainingsanzug angezogen. Ich habe mich umgeschaut und mit der Machete einige Zeichen in die Bäume geschlagen. Diese Markierungen habe ich angebracht, um an diesen Platz wieder zurückfinden zu können. Danach bin ich losgelaufen.«

»Nach etwa 15 Minuten kam ich an eine Abzweigung. Das ist mehr so ein Trampelpfad, der zum Lübecker Kreuz führt. Diesen Weg bin ich hoch und habe am Lübecker Kreuz erneut gerastet. Vielleicht zehn Minuten später ging ich den Weg zurück, der wieder auf die Straße führt, in diese Richtung geht es auch zur Elisenhöhe. Der Weg ist etwas abschüssig und endet an einer Kreuzung, dort sind eine Bank und eine Wanderhütte. Ich setzte mich auf die Bank und ruhte wieder aus.«

»Ich bin diesen Abhang rauf und runter gelaufen und irgendwann auf den Weg zu dieser Hütte gekommen. Als ich dort ankam, habe ich gesehen, dass sich da auf der Bank etwas bewegte. Mit der Zeit konnte ich erkennen, dass es eine Frau war. Sie war ungefähr 20 bis 25 Jahre alt, hatte kurzes, bräunliches Haar, normale Figur. Und sie war kleiner als ich. Als ich sie so angesehen habe, da kamen mir diese Gedanken, die ich in den Tagen und Wochen vorher schon gehabt hatte. Weil ich nichts dabeihatte, bin ich zurück zu meinem Lagerplatz, habe die Machete und das Messer genommen und bin wieder zurück zur Hütte gelaufen.«

»Ich saß so fünf Minuten auf der Bank – es war weit und breit kein Mensch in der Nähe –, da rannte ein Waldläufer an mir vorbei. Der Mann kam den Weg entlang, den ich zuvor gegangen, dann aber abgebogen bin, um zum Kreuz zu gehen. Er rannte an mir vorbei und lief halbrechts auf einem Waldweg weiter. Ich habe nicht besonders auf ihn geachtet, und er hat mich auch nicht angesehen.

Ein paar Minuten später kam urplötzlich hinter mir aus dem Gebüsch ein Mann rausgesprungen und forderte mich auf: ›Los, komm mit! Es muss schnell gehen, es darf uns keiner sehen!‹ Der Mann stand direkt hinter mir, sein Gesicht habe ich nicht gesehen. Ich habe lediglich an der Stimme erkannt, dass es ein Mann war.«

»Die Frau hat sich herumgedreht und meinte, ich solle doch keinen Quatsch machen. Die Machete und das Messer hielt ich in den Händen.«

»Das eine Messer war sehr groß. Es war ein Buschmesser. Die Klingenbreite betrug etwa zehn Zentimeter, vorne war sie gebogen. Die Klinge war bestimmt 60 Zentimeter lang, der Griff noch mal 20 Zentimeter. Das andere Messer war wesentlich kleiner, es war so ähnlich wie ein Fahrtenmesser. Als ich die beiden Messer sah, bin ich furchtbar erschrocken und sofort aufgestanden.«

»Weil sie sich geweigert hat, habe ich ihr sehr direkt gesagt, sie müsse auf jeden Fall mitkommen, sonst würde etwas Schlimmes passieren. Sie hat sofort kapiert, wie das gemeint war. Das Mädchen sagte dann: ›Okay, ich gehe mit.‹«

»Der Mann brüllte: ›Los, los, da hoch, schnell!‹ Damit meinte er den Weg, der zurück zum Lübecker Kreuz hochführt. Ich bin ein Stück den Weg hochgerannt. Als wir den Weg hoch sind, habe ich mal kurz nach hinten gesehen und für einen Augenblick das Gesicht des Mannes erkannt: Der Gesichtsausdruck war voller Gier und Brutalität.

Der Mann rannte hinter mir her und brüllte immer wieder: ›Schneller! Schneller!‹ Etwa auf halber Strecke zum Kreuz drängte er mich plötzlich nach links durch das Gebüsch in den Wald. Dabei sagte er: ›Los, da rein, mach schon!‹«

»Das Messer und die Machete hatte ich immer noch in meinen Händen. Dort, wo ich die Bäume markiert hatte, sind wir rein.«

»Nach etwa 100 Metern lag mitten im Wald auf dem Boden eine ausgebreitete Decke. Daneben stand eine längliche Sporttasche aus Leder. Außerdem lag da noch eine Plastiktüte.«

»Zu der Frau habe ich dann gesagt: ›Los, zieh dich aus!‹ Das hat sie auch gleich gemacht. Sie hat die Schuhe ausgezogen und die beiden Hosen. Das T-Shirt hat sie anbehalten. Dann habe ich sie mit der Wäscheleine an den Händen gefesselt.«

»Der Mann stand jetzt vor mir. Die Messer hatte er auf einmal nicht mehr in den Händen. Er nahm meine Kniestrümpfe und stülpte mir je einen über die Hände.«

»Das habe ich gemacht, damit die Leine nicht so fest in die Handgelenke einschneidet.«

»Ich musste meine Hände falten, und er schnürte meine Handgelenke zusammen. Die Fesselung war so, dass die Schnur mehrfach um das Handgelenk und zwischen den Händen durch gewickelt war. Ich konnte meine Hände kaum bewegen. Jetzt nahm der Mann meinen Slip und steckte ihn mir in den Mund. Der Mund war voll ausgefüllt, und ich konnte ihn nicht mehr schließen. Dann hatte er plötzlich Leukoplast in der Hand und wickelte es mehrmals um den Mund und den Kopf, einschließlich der Haare. Das war sehr schmerzhaft.«

»Als Nächstes habe ich ihr die Augen zugebunden. Das habe ich mit ihrer langen Hose gemacht. Die Frau hat sich nicht gewehrt. Nur einmal hat sie gesagt, ich solle doch keine Gewalt anwenden.«

»Geknebelt, gefesselt und mit verbundenen Augen, kommandierte er mich jetzt zu einem anderen Platz. Die Stelle war nur einige Meter entfernt. Wenn ich gestrauchelt bin, weil ich ja nichts sehen konnte, hat er mich am Arm gepackt und geführt. Ich musste mich gegen einen ziemlich breiten Baum lehnen, mit Händen und Gesicht zum Stamm. Der Mann nahm eine Schnur und band mich unterhalb der Armfesselung mehrmals am Baumstamm fest. Ich konnte mich jetzt nicht mehr rühren, zumindest mit den Armen nicht mehr.«

»Als ich sie angebunden hatte, ging ich zum Lagerplatz zurück und habe dort die Decke und meine Tasche geholt. Das Messer und die Machete habe ich auch mitgenommen. Dann habe ich das Mädchen mit einem Stock geschlagen, der muss so ungefähr 70 Zentimeter lang gewesen sein. Benutzt habe ich dazu auch den braunen Ledergürtel. Ich habe immer auf das Hinterteil geschlagen.«

»Die Schläge taten wahnsinnig weh. Schreien konnte ich nicht, weil ich ja geknebelt war. Ich konnte nur ab und zu stöhnen. Zusammenbrechen konnte ich auch nicht, weil ich angebunden war. Plötzlich hörte der Mann mit dem Schlagen auf.«

»Nachdem ich sie geschlagen hatte, habe ich mich ausgezogen und bin zu der Frau gegangen und habe sie abgetastet.«

In den folgenden zwei Stunden muss Anja mehrere Vergewaltigungen über sich ergehen lassen. Sie ist ihrem perversen Peiniger hilflos ausgeliefert und fürchtet um ihr Leben. Allerdings tut Hollerbach auch Dinge, die sein Opfer überraschen, die von diesem Mann, der zu dem Zeitpunkt bereits zwei versuchte und zwei vollbrachte Morde begangen hat, wohl auch nicht zu erwarten sind.

»Nach dem Geschlechtsverkehr lag der Mann noch ein paar Sekunden auf mir. Dann stand er auf und löste das Tuch von meinen Augen. Jetzt sah ich, dass der Mann vollkommen nackt war. Dann wickelte er sehr vorsichtig das Heftpflaster von meinem Gesicht ab. Das dauerte eine ganze Weile und war auch recht schwierig, weil die Haare eingewickelt waren. Dann nahm er den Slip aus meinem Mund. Ich konnte das ja nicht selbst machen, weil die Hände immer noch zusammengebunden waren.

Ich war total aufgelöst und zitterte am ganzen Körper. Zu diesem Zeitpunkt fing ich an zu weinen. Der Mann sagte daraufhin zu mir: ›Lass es raus, wenn es raus muss.‹ Anschließend hat er sehr vorsichtig die Fesseln mit dem Fahrtenmesser zwischen den Handgelenken durchgeschnitten und sie abgewickelt. Dabei sagte er: ›Ich konnte nicht wirklich brutal sein.‹«

»Als ich ihr die Fesseln abgemacht habe, verlangte ich einmal, dass sie sich fest an mich drücken soll.«

»Nachdem ich die Handfesseln endlich los war, habe ich mich hingekniet. Ich weinte fürchterlich und war völlig fertig mit

den Nerven. Der Mann wollte mich beruhigen. Er nahm mich auch in den Arm und versuchte, erneut zärtlich zu werden. Ich konnte mich nicht hinsetzen, weil ich furchtbare Schmerzen im Gesäß hatte. Der Mann bemerkte auch, wie er mich zugerichtet hatte, und meinte, dass das schmerzhaft sein müsse. Er nahm dann Sonnenmilch und rieb damit mein Gesäß ein.«

»Als sie auf dem Bauch lag und ich gesehen hatte, dass Schwellungen auftraten, habe ich das nicht so gut gefunden. Ich erinnerte mich, dass ich in meiner Tasche Sonnenmilch hatte. Da man das nach zu viel Sonnenbestrahlung nimmt und es die Haut kühlt, habe ich gedacht, es kühlt auch ihre Schwellungen.«

»Als der Mann mich eingerieben hatte, sagte er, dass er noch mal mit mir schlafen wolle. Ich habe gesehen, dass er immer noch erregt war. Ich lag seitlich auf der Decke und habe immer nur geweint. Ich konnte mich einfach nicht mehr beruhigen. Der Mann tröstete mich, und ich merkte auch, dass er ziemlich erschüttert war. Einmal sagte er, dass es immer die Falschen erwische.«

»Wir lagen eine ganze Weile nebeneinander auf der Decke. Die Frau hat gemeint, dass sie jetzt so liegen bleiben muss. Ich habe sie gestreichelt, und wir haben uns über einige Dinge unterhalten. Sie hat mir erzählt, wie wahnsinnig gerne sie in den Wald ginge, ich habe gemeint, dass es mir an und für sich leid tut, und habe ihr auch gesagt, dass sie deswegen nicht weiter Angst zu haben bräuchte und trotzdem in den Wald gehen könne, wenn sie das doch so gerne mache. Wir haben uns über alles Mögliche unterhalten.«

»Nach der Vergewaltigung hatte ich den Eindruck, dass der Mann nicht mehr so wild war. Er hatte auch nicht mehr diesen brutalen Gesichtsausdruck. Man kann aber nicht sagen, dass er jetzt besonders ruhig war. Irgendwie erschien er mir etwas erschüttert. Ich meine, dass er erschüttert war wegen der Tat. Ich habe dann versucht, mit ihm eine normale Unterhaltung zu

führen. Er sagte unter anderem, dass er kein Auto, keinen Fernseher und kein Radio habe. Das brachte er völlig zusammenhanglos. Er erwähnte dabei auch, dass er eine große Stereo-Anlage besitze.
Ich konnte jetzt auch genau sehen, wie er aussah: so 30 bis 35 Jahre alt, sehr schlank, schwarze, lockige Haare, hinten zu einem Zopf gebunden, eher dunkle Haut, schmales Gesicht, kleine Augen, gepflegtes Äußeres, sprach norddeutschen Dialekt, reine Haut.«
»Wir sind irgendwann aufgestanden, und ich habe sie im Arm gehalten. Danach habe ich sie gefragt, ob ich noch einmal mit ihr schlafen könnte. Weil ich so Lust auf sie hatte. Sie hat aber gemeint, sie müsste noch an die Sache von vorher denken. Ich habe sie gefragt, ob sie noch Angst hätte. Da hat sie geantwortet: ›Ja, ich habe noch Angst.‹ Ich habe ihr darauf erklärt, dass sie keine Angst mehr zu haben bräuchte. Und ich habe ihr noch gesagt, sie solle mich fest in den Arm nehmen und das auch glauben.«
»Ich sagte ihm nochmals, dass ich vor ihm und seinen Messern Angst hätte. Dies vor allem deswegen, weil ich die Seile an dem Baum wieder sah. Darauf sagte er zu mir, dass ich die Seile ruhig wegmachen könne. Das habe ich auch gemacht. Die Schnüre schmiss ich auf den Boden. Dann sagte er zu mir: ›Ich verspreche dir, dass ich dir nichts mehr tun werde.‹ Dann meinte er, dass ich mich jetzt anziehen könne. Ich nahm meine Sachen, die auf dem Boden herumlagen, und zog mich an. Er gab mir auch einen Kamm, damit ich mir die Haare ausbürsten konnte. Er meinte, ich würde sonst so verwildert aussehen. Er selbst kämmte sich auch die Haare und sagte, wenn das sein Friseur wüsste. Überhaupt ist mir aufgefallen, dass der Mann großen Wert auf sein Äußeres legte. Kurz bevor wir die Stelle im Wald verließen, schüttete er Parfum über mich. Es war wohl ›Kölnisch Wasser‹. Dazu machte er die Bemerkung: ›Damit du nicht so stinkst.‹«

»Ich dachte, dass die Frau zuvor auch geschwitzt hat, und deshalb habe ich das gemacht. Wir sind dann übereingekommen, dass wir aufbrechen wollten. Wir hatten vorher eine Dose Cola getrunken, die ich von zu Hause mitgebracht hatte. Ich hatte starken Durst und habe sie gefragt, ob wir zusammen noch was trinken gehen könnten. Damit war sie einverstanden.«

»Ich schätze, dass wir so drei Stunden im Wald zusammen waren. Wir gingen zurück auf dem Weg zum Lübecker Kreuz. Ich wollte das so, weil ich den Weg kannte und mich so etwas sicherer fühlte. Vorher hatte er die Decke zusammengefaltet und in die Sporttasche gepackt. Die Plastiktüte war auch darin. Die Sporttasche hatte er in der einen Hand, das Buschmesser in der anderen. Auf dem Weg zur Hütte holte er vom Wegesrand noch die Scheide von der Machete, steckte sie hinein und verpackte sie in einer Plastiktüte. Weil die Machete so lang war, nahm er noch eine Plastiktüte und stülpte diese von oben drauf, sodass sie nicht mehr zu sehen war.

Wir gingen weiter den Weg zurück, auf dem ich gekommen war. An einer Kreuzung bogen wir links ab in Richtung der großen Wiese. In der Nähe der Wiese zeigte mir der Mann noch eine Stelle, wo er als Kind eine Hütte oder einen Hochsitz gebaut hatte. Wir gingen weiter bis nach Öjendorf und kehrten in der Gaststätte ›Öjendorfer Treff‹ ein. Das war so gegen 21.30 Uhr.

Zu diesem Zeitpunkt hatte ich vor dem Mann keine Angst mehr. Es hätte mir auch nichts mehr passieren können, denn es waren jetzt Leute in der Nähe. Wir setzten uns draußen an einen Tisch. Neben uns saßen zwei Männer. Warum ich niemandem im Lokal von dem Vorfall erzählt habe, weiß ich selbst nicht so genau. Ich habe in diesem Augenblick eben so gehandelt. Wahrscheinlich stand ich noch unter Schock.«

»Ich habe für die Frau eine Cola bestellt, für mich ein Mineralwasser. Wir haben uns noch ein wenig unterhalten, das war aber eher belanglos.«

»Als wir an dem Tisch saßen, öffnete ich mein Portemonnaie. Ich wollte nachsehen, ob noch alles drin ist, insbesondere Notizzettel und Adressen. Ich stellte fest, dass 20 Mark fehlten. Stattdessen waren aber ein Hundertmarkschein und zwei Fünfzigmarkscheine da.«

»Ich hatte ihr das Geld heimlich ins Portemonnaie gesteckt, als wir noch am Lagerplatz waren.«

»Ich dachte mir gleich, dass das Geld von dem Mann stammt. Ich fragte ihn, was das denn soll.«

»Sie sollte sich neue Kleidung kaufen, bei der Sache sind die Klamotten doch kaputtgegangen.«

»Ich wollte das Geld aber nicht haben und gab es zurück. Er wollte es auch nicht nehmen, es war ein ständiges Hin und Her. Zuletzt habe ich das Geld eingesteckt, weil ich nachgeben wollte. Dann war mir die Sache aber doch zu dumm, ich holte das Portemonnaie wieder raus und legte das Geld vor ihn hin.«

»Eine ziemlich blöde Situation war das. Ich wollte das Geld eigentlich nicht zurücknehmen. Schließlich gab sie mir den Hundertmarkschein und behielt den Rest. Das war ein guter Kompromiss.«

»Nach etwa einer halben Stunde sind wir gegangen. Ich wollte jetzt zu meinem Fahrrad. Es dauerte noch zehn Minuten, bis wir zu der Stelle kamen. Ich sagte zu dem Mann, dass ich jetzt gehen würde.«

»Ich fragte die Frau, ob ich sie noch mal irgendwo erreichen könnte.«

»Dasselbe hatte er kurz vorher schon mal gefragt. Er wollte aber nicht meinen Namen oder meine Telefonnummer wissen, sondern einen Treffpunkt mit mir vereinbaren.«

»Ich hatte einfach ein schlechtes Gefühl. Ich wollte bei diesem Treffen nur erfahren, ob sie die ganze Angelegenheit und den Schock gut überstanden hätte.«

»Ich habe mich aber auf nichts mehr eingelassen, sondern bin

auf mein Rad gestiegen und heimgefahren. Ich habe mich nicht mehr nach ihm umgedreht.
Sofort als ich heimkam, habe ich einer Freundin die ganze Geschichte erzählt. Sie meinte, ich solle sofort zur Polizei gehen. Ich stand aber immer noch unter Schock und wusste nicht recht, was ich tun sollte. Außerdem fühlte ich mich sehr elend und hatte starke Schmerzen.
Am nächsten Tag bin ich mit meiner Freundin zu einem Frauenarzt gefahren. Ich hatte gleich morgens bei ihm angerufen und geschildert, was passiert war. Der Arzt hat mich nicht untersucht, er hat sich auch nicht mein Gesäß angeschaut. Er hat mich nur reden lassen, und das hat mir auch viel geholfen. Er hat mir auch geraten, die Sache bei der Polizei anzuzeigen, aber er meinte, dass ich das selbst entscheiden müsste.
Ich habe anschließend viel überlegt, was ich machen soll. Ich hatte Angst, den Mann anzuzeigen, weil ich befürchtete, dass noch Schlimmeres passieren könnte, wenn er davon erfährt. Ich hatte auch Angst davor, dass die Polizei mir mein Verhalten zum Vorwurf machen könnte.
Am nächsten Tag bin ich zu ›pro familia‹ gegangen und habe dort mit einer Ärztin gesprochen, um mich beraten zu lassen. Die konnte mir aber nicht helfen und hat mich an eine Rechtsanwältin verwiesen. Zu der bin ich noch am selben Tag hin. Sie erklärte mir die juristische Seite des Falls und was alles auf mich zukäme, wenn ich Anzeige erstatten würde. Sie bot mir an, mit zur Kripo zu kommen. Letztlich sollte ich aber selbst entscheiden, was ich machen wollte. Einen Tag später habe ich noch mit meinem Bruder telefoniert. Erst danach war ich mir sicher, dass ich die Sache anzeigen wollte.«

Wer wie Anja Bassewitz einem Gewaltverbrechen zum Opfer fällt, der kann nicht einfach zur Tagesordnung übergehen, die gibt es nämlich nicht mehr. Das Unbegreifliche, eigentlich so unendlich weit weg, ist eingedrungen in die Normalität des Einzelnen, urplötzlich, und es stellt alles infrage, früher oder später. Manchmal endet die Begegnung zwischen Täter und Opfer sogar tödlich. Bei Serienmorden ist dies die Regel.

Neuerdings wird nicht mehr nur der Täter, sondern auch das Verbrechensopfer im etwas trüben Scheinwerferlicht des Strafrechts ausgeleuchtet – gemeint sind allerdings in erster Linie die Leidtragenden bei (sexuellen) Gewaltdelikten. Jedoch geht es primär nicht um die Belange der Opfer, sondern um die Interessen bestimmter Berufsgruppen und ihrer Vertreter, allen voran Kriminalpolitiker und Juristen. Um sie herum scharen sich die Journalisten. Das potenzielle Verbrechensopfer wird mit dem Bannstrahl der Aufmerksamkeit fokussiert und instrumentalisiert, um insbesondere zu Wahlkampfzeiten populäre Gesetzesänderungen anzustoßen: Neue Straftatbestände werden geschaffen, Strafrahmen erweitert, Strafvollzugsbedingungen verschärft. All dies geschieht angeblich zum Schutz der Bevölkerung vor den »Bestien«, die sich allerdings auch durch maximale Strafandrohungen nicht abschrecken lassen. Das ist wohl das Schicksal des Verbrechensopfers: Es hat verfügbar zu sein.

Bei allen in der jüngeren Vergangenheit zu beobachtenden Bemühungen um das Verbrechensopfer bleibt merkwürdigerweise ein aus präventiver Sicht besonders beachtlicher Aspekt ausgespart: das Verhalten des Opfers, sein Anteil an der Tat. Was für das Verbrechen im Allgemeinen gilt, darf auch beim Serienmord angenommen werden: Täter und Opfer sind keineswegs unabhängig, sie sind vielmehr Bestandteile eines Interaktions- und Kommunikationsprozesses, der Automatismen, Abstoßungen und Anziehungen auslöst. Das Wissen um diese Täter-Opfer-Konstellationen, bestimmte Dialogformen und ihre Wechselwirkungen kann tatsächlich dazu beitragen, Verbrechen zu vermeiden und Leben zu retten. Dies umso mehr, weil opferrelevante wissenschaftliche Erkenntnisse zur

Tötungskriminalität im Allgemeinen auf Serienmorde nicht übertragbar sind: Hier geht es um den gewaltsam gesetzten Endpunkt einer konfliktbeladenen Beziehung, die in die Tötung des Intimpartners mündet, dort stehen sich Fremde gegenüber, die allein die verbrecherische Tat miteinander verbindet. Und wer glaubt, er könne nicht Opfer eines Serienmörders werden, der irrt gewaltig: Das Lebensalter der Serienmord-Opfer liegt in Deutschland bei wenigen Minuten bis 97 Jahren, es trifft beiderlei Geschlecht, und die Opfer kommen aus unterschiedlichen sozialen Schichten und Berufsgruppen. Es kann jede(n) treffen.

Genauso wenig wie den vorherbestimmten Serienmörder gibt es das vorherbestimmte Serienmord-Opfer. Dennoch lassen sich Opfergruppen benennen, die von den Tätern aus bestimmten Gründen bevorzugt werden. Eine Typisierung schafft thematische Ordnung und stellt eine Plattform für vertiefende Betrachtungen bereit. Zu diesem Zweck habe ich alle seriellen Tötungsdelikte untersucht, die nach dem Zweiten Weltkrieg in der Bundesrepublik Deutschland verübt und bis zum 1. Januar 2007 aufgeklärt worden sind. Auf der Basis von 674 Einzeltaten konnten sechs Opfertypen herausgefiltert werden:

1) Person wird zum Opfer, weil sie dem Täter körperlich oder geistig **unterlegen** ist	23,0 %
2) Person wird zum Opfer, weil sie zum Täter in einer **vordeliktischen Beziehung** steht	21,3 %
3) Person wird zum Opfer, weil sie **berufsbedingt** mit dem Täter in Kontakt kommt	19,1 %
4) Person wird zum Opfer, weil sie sich vom Täter **manipulieren** und zum Tatort locken lässt	17,4 %
5) Person wird zum Opfer, weil sie dem Täter an einem geeigneten Ort **zufällig** begegnet	17,1 %
6) Person wird zum Opfer, weil **bestimmte Merkmale** den Täter in besonderer Weise inspirieren und motivieren	2,1 %

Wie bei allen Täter- oder Opfertypologien gibt es auch hier Überschneidungen. So kommt es vor, dass ein Opfer gleich mehrere Merkmale auf sich vereinigt, wenn zum Beispiel der Täter ein achtjähriges Mädchen an einer Ampel stehen sieht, es kurzentschlossen in seinen Wagen zerrt und mit ihm davonrast. Für die Typisierung ist maßgeblich, welches Merkmal für den Täter entscheidend gewesen ist, sich genau dieses Opfers zu bemächtigen. Hatte der Täter es im Beispielsfall ausschließlich auf Kinder abgesehen, weil sie leichter zu überwältigen und zu kontrollieren sind, wird man das Opfer in Typgruppe 1 einordnen. Kam es jedoch nur deshalb zur Tat, weil das Mädchen schulterlange blonde Haare hatte und der Täter auf diesen Opfertyp fixiert war, dürfte die Typgruppe 6 gegeben sein. Spielten aber weder Alter, Geschlecht noch Aussehen des Opfers eine Rolle, ist eher eine Zufallskonstellation anzunehmen (Typgruppe 5).
Der Prozess der Viktimisierung (= Opfer einer Straftat werden) wird dabei nicht in erster Linie durch Ort und Zeit bestimmt oder beeinflusst, sondern durch die Persönlichkeit, Erfahrung und Lebensführung des Opfers (ähnliche Zusammenhänge müssen übrigens ebenso im Zusammenhang mit einer Täterschaft angenommen werden). Auch die Wahrscheinlichkeit, das Opfer eines Serienmörders zu werden, ist selten zufällig über Raum und Zeit verteilt, sondern korrespondiert insbesondere mit Alltagsroutinen: Bianca Möbus, Bernd Hartung und Anja Bassewitz gingen wie gewöhnlich im Park spazieren, als sie dem Täter begegneten.
Menschen sind allgemein in genau jenen Situationen besonders angreifbar und verletzbar, in denen sie sich am wenigsten gefährdet fühlen. Bei Serienmorden ist das nicht anders: Die Mehrzahl der Opfer wird nicht auf freiem Feld, im dunklen Wald oder in einem Hinterhof attackiert, sondern am eigenen Arbeitsplatz, in der eigenen Wohnung, sogar im eigenen Krankenbett. Die Illusion der eigenen Unverwundbarkeit verführt,

suggeriert Schutz und Sicherheit, die aus einer einzigen Erfahrung abgeleitet wird: Hier fühle ich mich wohl, hier kenne ich mich aus, hier ist mir noch nichts passiert, darum bin ich hier sicher. Und genau dieser unangebrachte und unrealistische Daueroptimismus, diese bloße Vorstellung von der – vermeintlichen – eigenen Sicherheit setzt eine Wahrnehmungsschwelle außer Kraft, die auf tatsächliche oder drohende Gefahren reagiert.
Doch nicht allein schon der Kontakt mit einem Täter reicht aus, um Opfer zu werden und den Tod zu finden – insbesondere das Verhalten des Opfers hat einen großen Anteil daran, wie und wohin die Tat sich entwickelt. Bernd Hartung unterwarf sich nicht dem Willen des Täters, sondern begehrte auf, wehrte sich, schlug zurück im Bestreben, seine Freundin zu beschützen und den Angreifer zu vertreiben. Vermutlich hat er auch die Gefährlichkeit des Unbekannten und die eigenen limitierten Möglichkeiten falsch eingeschätzt. Hätte er anders reagiert, wären er und Bianca mit dem Leben davongekommen?
Anja Bassewitz hingegen hat sich so verhalten, wie es der Täter verlangte: keine Gegenwehr, keine Konfrontation, keine Beleidigung. Bei der Kripo erklärte sie, warum sie sich genau so benommen hatte: »*Ich möchte sagen, dass ich mich gegenüber dem Täter überhaupt nicht gewehrt habe bzw. auch nicht wehren konnte. Ich hatte einfach fürchterliche Angst und dachte mir, es sei das Beste, wenn ich auf den Mann eingehe und das tue, was er von mir will. Ich bin sogar so weit gegangen, dass bei ihm vielleicht der Eindruck entstanden sein könnte, ich sei zumindest mit den sexuellen Dingen einverstanden gewesen. Ich wollte dadurch aber nur vermeiden, dass der durchdreht und mir noch Schlimmeres antun könnte. Ich habe ihn immer wieder angesprochen und versucht, mit ihm zu reden. Ich habe mich rein gefühlsmäßig so verhalten. Klare Gedanken konnte ich gar nicht fassen. Das war einfach instinktiv.*

Ich hatte ja auch nie daran gedacht, dass mir so etwas mal passieren könnte.«

Zufällige Ereignisse faszinieren uns, einerseits. Wir spielen eifrig Lotto und spekulieren auf den Hauptgewinn. Wir treffen uns mit wildfremden Menschen zu Blind Dates und hoffen, so den Partner fürs Leben zu finden. Oder wir werfen eine Münze, wenn wir uns nicht entscheiden oder einigen können. Andererseits fürchten wir die Unwägbarkeiten des Zufalls, seine dunkle Seite – wenn wir ein Flugzeug besteigen und darauf vertrauen, es möge nicht ausgerechnet bei diesem Flug abstürzen, wenn wir Geld in Aktien stecken und uns Profit erwarten oder wenn wir zu einem Fremden ins Auto steigen und hoffen, dass er uns nur nach Hause fahren und uns nicht gefährlich werden möge.
Abgesehen von den beschriebenen Opfertypologien, die für den Täter ausschlaggebend sein können, eine Tat zu begehen, bleibt es in der Regel weitestgehend dem Zufall überlassen, wem die Opferrolle zugedacht wird. Belegbar wird dieses Zufallsprinzip, wenn man näher betrachtet, wie Serienmörder bei der Suche nach einem Opfer vorgehen. Die Mehrzahl der Täter plant ein Verbrechen nicht akribisch, es wird vielmehr ein grober Rahmen gesteckt, lediglich bestimmte Regionen oder Stadtgebiete nach Tatgelegenheiten ausgespäht.
Oliver Slupinski, ein mehrfacher Frauenmörder, schrieb mir in diesem Zusammenhang: *»Es sollten einsame Waldgebiete sein, die ich kannte, wo ich eine ungestörte Tatausführung hatte. Das Jagdmesser hatte ich immer am Mann. Wann und wo es passierte, war mir dann ziemlich egal.«* Auch das Opferprofil ist überwiegend nicht auf ganz spezifische individuelle Eigenschaften zugeschnitten, sondern wird von Attributen dominiert, die auf viele Menschen zutreffen. Oliver Slupinski: *»Attraktivität und Erscheinungsbild spielten schon eine Rolle. Nur*

Mädchen und Omas habe ich nicht genommen, weil zu jung oder zu alt.«

Viele Serienmörder lassen sich bei der Tatplanung und Opferauswahl überwiegend von zweckmäßigen Überlegungen leiten, denn das sofortige, blitzartige und planlose Attackieren birgt unkalkulierbare Gefahren und Risiken: Das Tatgeschehen kann bei heftiger Gegenwehr eskalieren, Schreie des Opfers könnten gehört werden, ein ungestörter Tatablauf bliebe ungewiss, Fluchtmöglichkeiten könnten versperrt werden. Die Opfer werden daher meistens nicht sofort angegriffen und überwältigt. Erst wenn der angehende Mörder ausreichende Kenntnisse und genügend Wissen in Bezug auf die Ausführung einer Tat erlangt hat, beginnt die konkrete Tatplanung und -vorbereitung. Sie umfasst bestimmte Vorgaben, von denen im Regelfall nicht abgewichen wird: Tatzeit, Tatort, Tatmittel, Tatablauf. Auch Ralf Hollerbach hielt sich an sein inneres Drehbuch: Die Opfer wurden bei Tageslicht im Wald attackiert und an einen sicheren Ort verschleppt, mit Messer und Machete eingeschüchtert und schließlich missbraucht, notfalls umgebracht.

Das in der Regel zufällig ausgewählte Opfer soll lediglich bestimmten Kriterien entsprechen: beispielsweise Kinder, junge Mädchen, Frauen, Prostituierte, Anhalterinnen oder ältere Menschen, die sich arglos und nicht selten (zu) sorglos oder vertrauensselig in einer unverfänglich und gefahrlos erscheinenden Situation umschmeicheln, überreden, einladen oder auf andere Art beeinflussen und an den späteren Tatort dirigieren lassen. Nur wenn der Täter sich nicht anders zu helfen weiß oder wenn er mit diesem Verhaltensmuster schon positive Erfahrungen gemacht hat, wendet er sofort Gewalt an.

Vielleicht funktioniert das Zufallsprinzip bei der Opferselektion des Täters deshalb so gut, weil die Vorstellung, dass im tiefsten Inneren der Natur der Zufall regiert, unserem gesunden Menschenverstand widerspricht. Wir weigern uns vehement gegen die Vorstellung, die Dinge des Lebens nicht beeinflussen zu können und nur Spielball einer diffusen Beliebigkeit zu sein. Vielmehr vertrauen wir darauf, über unser Schicksal selbst bestimmen zu können. Wir lassen uns gerne von der – eben auch häufig gemachten – Erfahrung blenden, dass die wirklich schlimmen Dinge nie einem selbst passieren, sondern immer nur den anderen. Wenn es dann doch mal danebengeht, begreifen wir das als die Ausnahme von der Regel. Und vornehmlich aus diesem Grund begeben sich Menschen immer wieder allzu unbedacht in Situationen, die zwar alltäglich sind und beherrschbar erscheinen, die aber auch lebensbedrohliche Gefahren bereithalten können.

»Ich bin abends um 18.15 Uhr von zu Hause weggegangen und habe das Kino in Obernburg besucht. Meinen Eltern hatte ich Bescheid gesagt. Die wollten mich erst nicht gehen lassen, weil mir ja etwas passieren könnte, so alleine. Erst auf Zureden meines Bruders und meiner Schwägerin haben sie mich gehen lassen.«

Jasmin Gerat mag nicht daran glauben, dass ihr tatsächlich etwas zustoßen könnte. Schon so oft ist die 19-Jährige diesen Weg in die Stadt gelaufen, allein, auch bei Dunkelheit. Es ist nie etwas passiert. Die etwa 5800 Einwohner der Gemeinde Kleinwallstadt, zehn Kilometer von Aschaffenburg im Landkreis Miltenberg gelegen, kennen Sexualverbrechen nur vom Hörensagen. Jasmin läuft die zweieinhalb Kilometer bis nach Obernburg regelmäßig, sie arbeitet dort in einem Supermarkt. Manchmal trampt sie auch, wenn sich die Gelegenheit ergibt. Sie hat dabei bislang nur gute Erfahrungen gemacht. Das Busgeld will sie sparen, es für den Skiurlaub mit ihrem Freund beiseitelegen. Ihren Eltern erzählt sie von alldem nichts – die sorgen sich doch immer nur um ihr einziges Kind, vollkommen zu Unrecht, glaubt Jasmin. Die junge Frau ist schließlich erwachsen und möchte auch so behandelt werden. Sie will ihre

Eltern nicht mehr um Erlaubnis bitten müssen, auch wenn sie noch keine eigene Wohnung hat und finanzielle Unterstützung erhält.
In ähnlichen Verhältnissen lebt Roland Gerber, wie Jasmin wohnt auch er in Kleinwallstadt. Der 22-Jährige ist das viertjüngste von fünf Geschwistern. Der Vater arbeitet in einer Schreinerei, die Mutter kümmert sich um Haushalt und Familie. Der junge Mann interessiert sich sehr für Autos und absolviert eine Lehre als Kfz-Mechaniker. Eine Ausbildung zum Industriekaufmann hat er bereits abgebrochen, kurz vor der Prüfung. Roland Gerber hat bis zu dieser Zeit ein ereignisarmes, nach außen unscheinbares Leben geführt. Er ist zurückhaltend, eckt nicht an, kaum jemand nimmt Notiz von ihm. Richtige Freunde hat er nicht, aber er trifft sich regelmäßig mit einigen Kameraden aus seinem Handballverein, so auch an diesem frühen Nachmittag des 21. Dezember 1992.
(Gerber) »Ich war damals noch Lehrling und kurz vor den Feiertagen zu Hause. An diesem Tag war ich nachmittags in einer Kneipe. Ich habe mit einigen Kumpels Tischfußball gespielt. Wir waren ein lustiger Haufen und haben auch Bier getrunken. Ich vertrug aber nicht so viel. An diesem Nachmittag war ich ziemlich angeheitert. Irgendwann haben wir ausgemacht, abends nach Obernburg ins Kino zu gehen. Die Vorstellung war gegen 22 Uhr zu Ende. Als wir den Kinosaal verließen, sah ich die Jasmin, sie unterhielt sich wohl mit einer Freundin. Ich kannte sie damals vom Sehen. Ich war aber nicht näher mit ihr bekannt und habe sie auch nie angesprochen.«
Jasmin bemerkt Gerber nicht, der nur wenige Meter von ihr entfernt steht und sie verstohlen anglotzt.
(Jasmin) »Es wurde der Film ›1492 – Die Eroberung des Paradieses‹ gezeigt. Ich war zuerst allein im Kino. Dann habe ich dort aber zwei Freundinnen getroffen. Die Angela hatte ihren Freund dabei. Als das Kino aus war, bin ich mit Angela und

ihrem Freund bis nach Hofstetten gegangen. Ab Hofstetten bin ich ganz allein in Richtung Kleinwallstadt gelaufen.«

»Auf dem Heimweg ging ich wieder zusammen mit meinen Freunden. Vor uns ging auf Sichtweite die Jasmin. Ich wusste ja, dass sie in Kleinwallstadt wohnte. Schon jetzt hatte ich die Idee, ich könnte ihr nachschleichen und sie kräftig erschrecken. Erst später, als ich allein war, kam mir der Gedanke, mit ihr auch andere Sachen zu machen.«

Der junge Mann empfindet für Frauen wenig bis nichts, weder Zuneigung noch Sympathie, auch keine Wut oder gar Hass. Er hat sich noch nie in ein Mädchen verliebt, auch nicht schwärmerisch aus der Distanz. Er hat nicht einmal ein Mädchen geküsst, er kennt das nur aus den Erzählungen seiner Kumpel. Allerdings spielt das weibliche Geschlecht in seiner düsteren Parallelwelt eine bedeutsame Rolle – wenn er sich vorstellt, wie er junge Frauen, die grundsätzlich gesichtslos bleiben, schlägt, fesselt, knebelt und ausgiebig foltert. Mittlerweile hat er diese imaginären Szenarien ausgebaut: Er fuchtelt mit einem Messer herum, jagt seinen Opfern Todesangst ein, bis er endlich zusticht, Brüste abschneidet, mordet. Besonders faszinieren und erregen ihn die Wehrlosigkeit seiner Opfer, das Ihm-Ausgeliefertsein, die ungeheure Macht und die unendlich erscheinenden Möglichkeiten, die sich aus ihr ergeben. Allerdings hat sich in den letzten Monaten etwas Entscheidendes verändert. Erst war es nur ein diffuses Gefühl, undeutlich, bezähmbar, dann begann es ihn zu bedrängen, bis es vollkommen von ihm Besitz ergriff. Und in seinem Kopf hämmerte unablässig nur noch dieser eine Gedanke: Tu es doch endlich!

»Ich bin schnell nach Hause gelaufen und habe mir ein Küchenmesser besorgt und einen Stock von meinem Vater. Der Knüppel war aus Hartgummi, etwa 40 Zentimeter lang und hatte eine Stärke von zwei bis drei Zentimetern. Damit wollte ich die Jasmin niederknüppeln. Ich wusste, dass sie den längeren Weg über Hofstetten gegangen war, und ich wollte ihr den

Weg abschneiden. Deshalb bin ich durch den Wald eine Abkürzung gelaufen. Bei einer Feldwegdurchfahrt habe ich mich in dem Graben so in die Hocke gesetzt und auf die Jasmin gewartet. Ich brauchte aber nicht lange zu warten, bis sie kam.«

»Etwa 500 Meter außerhalb von Hofstetten, bei der sogenannten Kirchhöhe, ist plötzlich ein Mann, der in meiner Gehrichtung links hinter einer Telegrafenstange stand, auf mich zugelaufen. Der kam direkt auf mich zu. Das muss so gegen 23 Uhr gewesen sein. Als der Mann nur noch etwa einen Meter von mir weg war, habe ich ihn mit meiner Taschenlampe angeleuchtet. Ich kannte den Mann nicht.«

»Als die Jasmin auf meiner Höhe war, sprang ich auf sie zu. Ich war schwer aufgeregt. Ohne etwas zu ihr zu sagen, habe ich mit meinem Prügel auf sie eingedroschen. Das kam so blitzartig über mich, das überfiel mich so. Es war so ähnlich, als wenn ich ein Mädchen haben musste, und da konnte ich mich nicht mehr beherrschen. Da waren auch diese Gedanken, gegen die ich mich nicht mehr wehren konnte. Ich war sehr erregt, auch sexuell.«

»Als wir uns begegneten, zog er mit dem rechten Arm auf und versetzte mir mit einem knüppelartigen Gegenstand einen Schlag auf den Kopf. Das Ding muss wohl 25 bis 30 Zentimeter lang gewesen sein. Ich habe sofort zurückgeschlagen, und zwar mit meinem Regenschirm. Der Mann hat mir den Regenschirm aber aus der Hand gerissen und mich mit dem Knüppel mehrfach geschlagen, immer auf den Kopf. Gleich beim ersten Schlag, den ich abkriegte, habe ich so laut ich konnte um Hilfe gerufen. Der Mann zischte, ich solle ruhig sein. Er sprach mit hiesigem Dialekt.«

Gerber ist jetzt in seinem Element, es gibt kein Halten mehr, kein Zurück.

»Wenig später hat er mich an den Schultern gepackt und mir den Mantel heruntergerissen. Dabei hat er mir wieder

auf den Kopf gehauen. Dann verlangte er von mir, ich solle mein Kleid, meinen Unterrock, meinen Büstenhalter und meine Unterhose ausziehen. Ich musste mich direkt auf der Straße ausziehen. Er hat jedes einzelne Kleidungsstück genannt. Das habe ich auch gemacht, weil er mich sonst immer weiter geprügelt hätte. Die Sachen hat er sofort an sich genommen.«

»Als sie ganz nackt war, wollte ich mich auf sie legen und sie vergewaltigen. In diesem Moment kam aber ein Auto aus Richtung Hofstetten. Der Wagen hätte direkt an uns vorbeifahren müssen. Die Jasmin lag am Straßenrand, und ich stand neben ihr. Als ich das Auto kommen sah, kriegte ich es mit der Angst zu tun und wollte so schnell wie möglich mit ihr von der Straße weg.«

»Meine Kleidungsstücke wickelte er in meinen Mantel ein und zwickte das Bündel unter seinen rechten Arm. Mit der linken Hand packte er mich am rechten Handgelenk und zog mich hinauf bis in den Wald, dann durch den Wald hindurch über ein frisches Ackerfeld bis auf eine Wiese. Durch den Wald dürften wir etwa eine halbe Stunde gebraucht haben.«

»Sie ist erst ohne großen Widerstand mit mir gekommen. Sie drehte sich irgendwann um und sah die Lichter des Autos. Sie sagte: ›Ich kann nicht mehr.‹ Sie wollte eine Zigarette haben, ich hatte aber keine. Als ich sie weiter in Richtung Wald zerrte, habe ich sie mit einem Arm am Rücken umfasst und sie so neben mir her geführt. Als sie dann nicht mehr weiterwollte, nahm ich mein Messer aus der Jackentasche und habe sie damit bedroht. Ich setzte ihr die Klinge auf die Brust. Das war ein einfaches Taschenmesser mit zwei Klingen, die längere davon vielleicht sechs Zentimeter. Ich hatte es schon während des Kinobesuchs dabei. Sie bekam Angst und ging dann schneller vorwärts.«

»Ich habe unterwegs immer wieder laut um Hilfe geschrien, es kam aber niemand zu Hilfe. Und wenn ich geschrien oder

versucht habe, mich loszureißen, bezog ich immer wieder Prügel. Wenn er mich schlug, musste er immer erst meine Kleider fallen lassen und danach die Sachen wieder aufnehmen. Den Knüppel hatte er in der inneren Rocktasche.«

Nach etwa 20 Minuten hält Gerber inne, er fühlt sich jetzt sicher, er hat die Situation wieder unter Kontrolle.

»Auf der Wiese beim Acker stieß er mich zu Boden. Ich kam auf dem Rücken zu liegen. Ich konnte ihn jetzt auch einigermaßen erkennen. Der Mann war vielleicht 25 Jahre alt, etwa 1,70 Meter groß, hatte ein schmales Gesicht, war breitschultrig, untersetzt und kräftig. Die hellblonden Haare waren lang nach hinten gekämmt, das Haar war glatt, ohne Scheitel. Er trug dunkle Klamotten. Er kniete sich sofort auf mich, mit beiden Beinen auf meinem Bauch.«

»Als sie nackt auf dem Boden lag, hat sie nicht mehr um Hilfe gerufen. Sie hat wohl aus Angst nicht mehr geschrien. Ich habe eine Weile gebraucht, um wieder richtig in Stimmung zu kommen.«

»Er hat nicht einmal davon gesprochen, dass er mich vergewaltigen wollte. Er hat auch nicht einmal an meine Brust oder meine Scheide gelangt. Der hat mir auch nichts abgenommen. Ich konnte mir nur vorstellen, dass er eine unheimliche Wut hatte. Ich wusste aber nicht, warum. Ich kannte den doch gar nicht.«

»Ich hatte keine Freundin, und ich hatte noch nie mit einer Frau regelrechten Geschlechtsverkehr gehabt. Darum ging es mir aber auch eigentlich nicht. Ich wollte sie in meiner Gewalt haben und ihr Angst einjagen, Schmerzen zufügen, halt alles machen, was ich mir so vorgestellt hatte.«

»Ich konnte mich jetzt nicht mehr wehren, der Mann kniete auf meinem Bauch. Meine Kräfte ließen auch nach, ich konnte einfach nicht mehr. Dann hat er mit seinem Messer seitlich an meinem Hals herumgemetzelt. Es war ein feststehendes Messer, das konnte ich genau erkennen. Der hat mich wohl eine

ganze Weile mit dem Messer bearbeitet, es kam mir vor wie eine Ewigkeit.«

»In meiner Angst und meiner Not wollte ich erreichen, dass das Mädchen nichts mehr sagen kann, damit ich nicht erwischt werde. Ich nahm das Messer in die Hand und schnitt der Jasmin damit am Hals herum. Ich war fix und fertig.«

»Als er mich geschnitten hat, habe ich den Mann im Gesicht gekratzt und in die Hand gebissen. Ob der Mann geblutet hat, weiß ich nicht. Wenn er es ernstlich gewollt hätte, hätte er mich mit dem Messer töten können.«

»In dieser Situation war ich so weit, dass ich sie zuerst totmachen wollte, dass sie mich nicht verraten kann. Ich hatte nämlich plötzlich den Gedanken, Jasmin könnte mich, als sie neben mir herlaufen musste, erkannt haben. Aber ich habe es einfach nicht zusammengebracht. Ich sah, wie das Blut aus ihrem Hals herauslief, da wollte ich nur noch nichts wie weg, da wurde mir bewusst, was ich da eigentlich getan hatte. Ich konnte das nicht mehr sehen und bin weggelaufen. Ich war kopflos. Ich dachte, sie wäre tot. Am liebsten hätte ich ihr geholfen, aber ich hatte zu viel Angst, und ich konnte das nicht mehr mitansehen.«

»Er hat mir noch meine Taschenlampe abgenommen und ist damit ein Stück weggelaufen. Dann hat er mir die Taschenlampe wieder zugeworfen. Danach ist er in Richtung Hofstetten abgehauen. Ich habe meine Anziehsachen, die noch auf der Wiese lagen, aufgenommen und bin in Richtung Kleinwallstadt nach Hause gelaufen. Den Mann habe ich nicht mehr gesehen.«

»Ich dachte, die Jasmin sei tot, und ich war total durcheinander. Ich weiß gar nicht mehr so genau, wie ich nach Hause gekommen bin. Daheim war niemand mehr auf. Meine Hände waren mit Blut und Schmutz verschmiert. Ich habe mir zuerst die Hände gewaschen. Meine Hose war total versaut, meine Klamotten waren nass.«

»Ich kam gegen Mitternacht zu Hause an. Ich trug nur ein T-Shirt und Schuhe. Die anderen Sachen hatte ich unterm Arm. Als meine Mutter mich gesehen hat, ist sie fast umgefallen vor Schreck. Ich sah aber auch furchtbar aus, überall war Blut, und ich war ziemlich verdreckt. Gefühlt habe ich irgendwie nichts, ich stand wohl unter Schock. Ich war nur heilfroh, dass ich noch lebte.«

»Am nächsten Tag bin ich erst gar nicht aufgestanden und im Bett geblieben. Ich konnte nicht schlafen und wollte niemand sehen. Da ist mir erst richtig bewusst geworden, was ich getan hatte. Am Sonntag darauf habe ich in der Kneipe erfahren, dass die Jasmin ins Krankenhaus eingeliefert worden war und noch lebte. Ich hätte nach dieser Nachricht die ganze Welt umarmen können, so froh war ich. Das war für mich mehr als eine Erleichterung, denn ich wusste nun, dass ich das Mädchen nicht umgebracht hatte.«

Die Tat wirkt nach. Gerber, ohnehin eher ein Eigenbrötler, meidet nun jeden sozialen Kontakt, dem er sich entziehen kann. Er hat panische Angst, dass die Polizei kommt und ihn holt, dass alles ein Ende hat. Er verkriecht sich geradezu. Das geht eine ganze Weile so, Wochen, Monate, Jahre.

Erst im Sommer 1995 kehrt er allmählich zu alten Gewohnheiten zurück. Mittlerweile hat er einen Führerschein. Mit seinem VW Passat unternimmt er regelmäßig Spritztouren, meistens am Wochenende. Es geht ihm allerdings weniger ums Autofahren. Er sucht gezielt nach jungen Frauen, die sich von ihm mitnehmen lassen. Das ist seine Masche, so will er erfolgreich sein.

Es ist Mittwoch, der 26. August 1995, als Melanie Klatt gegen 17 Uhr nach Hause kommt. Die 16-Jährige geht noch zur Schule und hat am Nachmittag mit einer Freundin für die nächste Mathearbeit gebüffelt. Sie lebt mit ihrer gehbehinderten Mutter und zwei jüngeren Schwestern in der malerisch

gelegenen Gemeinde Laufach, wenige Kilometer von Aschaffenburg entfernt. Der Vater ist vor einigen Jahren bei einem Verkehrsunfall ums Leben gekommen. Melanie ist ein lebenslustiges und kontaktfreudiges Mädchen, das gerne tanzt, am liebsten in Diskotheken. Wenn sie keine Mitfahrgelegenheit findet, steht sie als Anhalterin am Straßenrand und wartet, bis ein Autofahrer sie mitnimmt.
Es ist kurz nach 18 Uhr, als Melanie das Haus verlässt. Ihrer Mutter sagt sie, sie wolle sich mit einer Freundin in der Eisdiele im Ort treffen, gegen 22 Uhr werde sie aber bestimmt zurück sein. Sie verschweigt, dass sie sich bereits am Nachmittag zum Tanzen verabredet hat, und zwar nach 22 Uhr. Sie vertraut darauf, dass ihre Mutter zu dieser Zeit wie gewöhnlich schon im Bett liegen und schlafen wird.
In der Eisdiele trifft Melanie ihre Freundin Cora Wenzel, die sie seit vielen Jahren kennt, die Mädchen sind zusammen aufgewachsen, gehen in dieselbe Schulklasse. Nach einer knappen halben Stunde verlassen sie das Eiscafé und postieren sich am Ortsausgang in Richtung Aschaffenburg. Für die Diskothek ist es noch zu früh, ihr Ziel ist daher zunächst eine Kneipe im Stadtkern von Aschaffenburg, die bei Jugendlichen besonders beliebt ist. Dorthin fahren die Mädchen per Anhalter. Am Marktplatz in Aschaffenburg werden sie wie gewünscht abgesetzt.
In der Kneipe »Herzblatt« treffen die beiden Mädchen auf Klassenkameradinnen, man findet schnell zueinander, es wird geredet, gescherzt, getrunken. So vergeht die Zeit. Irgendwann jedoch geraten Melanie und Cora in Streit. Beide müssen nämlich unangenehm überrascht feststellen, dass sie an demselben jungen Mann Gefallen gefunden haben, der ihnen unverblümt schöne Augen macht. Keine von beiden will der anderen das Feld überlassen. Ein Wort ergibt das andere, es kommt zu einem heftigen Disput, der lautstark ausgetragen wird. Melanie wird es schließlich zu bunt, sie verlässt wutentbrannt das

Lokal. Die Vereinbarung, mit ihrer Freundin gemeinsam nach Hause zu fahren, gilt nun nicht mehr.
Der Zufall will es, dass Jochen Geissler Melanie über den Weg läuft. Mit dem 19-jährigen Fliesenleger ist sie vor einiger Zeit kurz liiert gewesen. Melanie bittet Jochen, sie doch nach Hause zu fahren. Der ziert sich, da er eigentlich etwas anderes vorhat, er wendet ein, spät dran zu sein, ob das denn unbedingt sein müsse. Melanie bleibt hartnäckig. Sie weiß, wie man sich als junge Frau Gehör verschafft, wie man sich durchsetzt. Und so willigt Jochen letztlich ein. Sein Wagen steht nicht wie üblich am Marktplatz, sondern oberhalb einer etwas abschüssigen Straße. Das hat einen Grund: Sein Auto springt nicht immer an, er hat den Wagen deshalb so abgestellt, dass er ihn notfalls anrollen lassen kann. Als Jochen versucht, seinen Wagen zu starten, misslingt dies jedoch. Melanie hat den Verdacht, dass alles nur vorgespielt ist, damit Jochen sie nicht nach Hause fahren muss. Das sagt sie ihm auch. Jochen will das nicht auf sich sitzen lassen, es kommt zum Streit. Irgendwann wird es dem jungen Mann zu viel, er schnauzt Melanie an: »Hau ab, hau bloß ab!« Jochen kann nicht ahnen, welch verhängnisvolle Kette von Ereignissen sich daran anschließen wird.
Roland Gerber fährt zu dieser Zeit durch Aschaffenburg, kreuz und quer, scheinbar ziellos. Er kommt auch am Marktplatz vorbei, drosselt das Tempo, verschafft sich einen Überblick und braust schließlich weiter. Vielleicht ist es noch zu früh, um eine Frau aufzugabeln, mutmaßt er. Als er schon aufgeben will und stadtauswärts fährt, sieht er am Straßenrand ein junges Mädchen heftig winken, das offenbar mitgenommen werden will. Es ist Melanie.
»Die stand da an der Bushaltestelle. Ich habe angehalten und gefragt, wohin sie will. Sie sagte, sie habe den Bus verpasst und wolle zurück nach Laufach. Ich sagte, das sei auch meine Richtung, sie könne einsteigen. Das Mädchen setzte sich nach vor-

ne auf den Beifahrersitz. Viel hat sie während der Fahrt nicht gesagt, nur wie sie heißt und wo sie wohnt.«

Kurz vor Laufach hält Gerber unvermittelt an. An dieser Stelle führt von der Bundesstraße 26 ein Ernteweg in südlicher Richtung über eine Wiese in ein Waldstück hinein. Gerber sagt nichts, er biegt einfach nur ab.

»Als ich da reinfuhr, hat das Mädchen die Beifahrertür aufgerissen, sie wollte wohl rausspringen. Ich habe das aber schnell gemerkt und die Tür wieder zugezogen. Nach etwa 20 Metern habe ich angehalten.«

Gerber wendet sich Melanie zu. Sie ist jetzt nicht mehr länger seine Begleiterin, sondern Opfer. Und genau so glotzt er sie auch an. Mit geübtem Griff bringt er die Lehne des Beifahrersitzes in Liegestellung. Melanie sträubt sich, sie will sich nicht hinlegen, sie weiß, was danach folgen soll. Kurzentschlossen wirft Gerber sich auf das Mädchen und drückt es brutal in den Sitz hinein.

»Da hat sie angefangen zu jammern: ›Ich mach alles, was du willst. Bloß tu mir nichts, bitte tu mir nichts!‹ Dann habe ich sie so über den Pullover gestreichelt, da, wo die Brust ist, ihn versucht hochzuziehen. Das wollte sie aber nicht. Sie hat gesagt: ›Das mach ich lieber selber.‹ Sie hat sich die Klamotten ausgezogen, bis sie ganz nackt war. Als sie fertig war, habe ich die Sachen auf den Rücksitz geworfen. Sie zitterte am ganzen Körper und weinte.«

Melanie erzählt von ihrer Mutter, dass sie sehr krank sei, gehbehindert, bald wieder ins Krankenhaus müsse, ob er sie denn nicht gehen lassen könne, die Mutter bräuchte ihre Hilfe. Ob ihm das denn alles egal sein könne.

»Ich habe da nichts drauf gegeben und sie am ganzen Körper abgetastet. Geküsst habe ich sie auch mal, aber sonst war da nichts. Als sie danach meinte, ich könne sie doch jetzt nach Hause fahren, habe ich ihr das versprochen. Ich habe ihr noch gesagt, sie soll ihre Bluse wieder anziehen.«

Gerber befürchtet, dass andernfalls während der Fahrt von außen jemand erkennen könnte, was sich im Wagen tatsächlich abspielt.
»Als sie fertig war, habe ich ihr mit einem Strumpf die Hände auf dem Rücken zusammengebunden und ein Taschentuch in den Mund gestopft, damit sie unterwegs nicht schreien konnte.«
Die Fahrt dauert etwa 15 Minuten. Kurz vor der Gemeinde Schöllkrippen biegt Gerber nach rechts ab in einen Feldweg. Schon nach wenigen Metern bremst er. Gerber packt das Mädchen am Rücken und an den Beinen und zerrt es aus dem Auto.
»Ich habe sie da ins Gras hingeschmissen. Ich wollte mich an ihr vergehen. Das ging aber nicht. Warum, weiß ich auch nicht.«
Melanie gelingt es, den Knebel herauszuwürgen und auszuspucken. Gerber hat jetzt plötzlich ein Küchenmesser in der Hand. Melanie erstarrt und stammelt nur noch: »Mach schnell, damit ich nicht so viel spüre.« Dann dreht Gerber Melanie auf den Bauch, packt den Haarschopf des Mädchens, reißt ihren Kopf in den Nacken und sticht wie von Sinnen zu, in den Hals, in den Rücken, ins Gesäß, Brust und Bauch. Während er auf sein Opfer einsticht, kommt er zum Höhepunkt. Melanie verblutet.
Noch drei junge Frauen werden in der Folgezeit arglos zu Roland Gerber ins Auto steigen und einen qualvollen Tod finden, bis man ihn nach Jahren endlich überführt.

Das Opfer gehört ebenso wie der Täter und sein soziales Umfeld zum Ursachenkomplex eines Verbrechens, auch beim Serienmord. Vielfach hängt es sogar ausschließlich von speziellen Eigenschaften oder Verhaltensweisen des Opfers ab, ob es zu einem Übergriff oder einer Tötung kommt. Grundsätzlich fällt es den Tätern leicht(er), einem fremden Menschen das Leben zu nehmen. Bei Serienmorden ist dies in zwei Dritteln der Fälle so: Ein fremder Mensch birgt für den Täter selten Eigenschaften, denen er Rechnung tragen müsste, die ihn hemmen könnten. Anonymität ist also eine wesentliche Vorbedingung, um sich als Täter präsentieren und inszenieren zu können.

Auch der sadistische Gewaltakt ist im Regelfall an ein bestimmtes Opferverhalten geknüpft. Viele Täter (aber auch Opfer, zum Beispiel Anja Bassewitz) berichten übereinstimmend, dass die Frauen sich oftmals passiv und nahezu widerstandslos in ihr bitteres Schicksal gefügt hätten. Auch Melanie Klatt leistete keine Gegenwehr, als sich abzeichnete, dass sie eines gewaltsamen Todes sterben sollte. Dass es sich dabei nicht um bloße Wahrnehmungsverzerrungen oder Beschönigungen aus der Sicht der Täter handelt, belegt die Tatsache, dass in einer Vielzahl von Fällen keine Kampfspuren oder Abwehrverletzungen bei den Opfern festzustellen sind. Auch lässt sich dieses »passive« Verhalten nicht durchgängig aus der Persönlichkeit der Opfer herleiten. Warum wehren sich Opfer in derart lebensbedrohlichen Situationen nicht?

Der sadistische Tötungsakt ist aus der Sicht des Täters auf die Qualen des Opfers gerichtet. Es geht dem Täter ausschließlich um Bemächtigung, Entmenschlichung, Vernichtung. Sein todbringendes Ziel bleibt dem Opfer naturgemäß nicht verborgen. Schlimmer noch: Dieses Wissen ist Voraussetzung für das perverse Zeremoniell des Täters, er muss die Todesangst und die Hilflosigkeit seines Opfers spüren und sehen können. Auch Roland Gerber war, wie viele andere sadistische Serienmörder, nicht in der Lage, seine Opfer zu vergewaltigen. Erst als er auf seine Opfer einstach oder sie quälte und folterte, gelangte er zum sexuellen Höhepunkt.

Die fortwährende Entmachtung und Entrechtung des Opfers produziert eine extrem menschenfeindliche Atmosphäre, die durch den Täter bewusst initiiert wird und das Opfer unvorbereitet in eine Horrorwelt katapultiert. Es erscheint schwer vorstellbar, was Menschen in solch entwürdigenden und unheilvollen Situationen empfinden. Aber der Gedanke, das unmittelbare Erleben, einem Fremden bedingungslos und unabwendbar ausgeliefert zu sein, bis nach wahren Höllenqualen der Tod eintritt, kann dazu führen, dass das Opfer eine entwaffnende Wehrlosigkeit fühlt und sich wie paralysiert in sein Schicksal fügt.

Gelingt es dem Opfer hingegen, in der Vorphase eines Verbrechens einen personalen oder emotionalen Bezug zum Täter herzustellen, besteht eine Chance, das drohende Unheil noch abzuwenden. So berichtete im Fall Roland Gerber vor Gericht ein junges Mädchen, das von ihm mit eindeutigen Absichten im Auto mitgenommen worden, aber unbehelligt geblieben war, es sei gar nicht auf die Idee gekommen, vor diesem Mann Angst zu haben, da er so unbeholfen und ängstlich gewirkt habe. Das Mädchen hatte ihn während der Fahrt in ein längeres Gespräch verwickelt und ihm somit kein Gefühl der Passivität und Anonymität vermittelt, das im Regelfall zwingende Vorbedingung für die Realisierung sadistischer Gewaltphantasien ist. Wie sich herausstellte, war das Beispiel des Mädchens kein Einzelfall geblieben, auch andere Frauen erzählten von ähnlichen Erfahrungen mit Gerber, der trotz sich bietender Gelegenheit nicht einmal den Versuch unternommen hatte, sie zu attackieren.

Serienmörder erweisen sich mitunter schon bei der Anbahnung eines Verbrechens als höchst empfindsam und reagieren auf unerwartete, unerwünschte oder unpassende Verhaltensweisen und Äußerungen der Opfer mit Mäßigung oder gar Kapitulation. Unmittelbare Folge dieser speziellen Gestimmtheit ist ein auf den ersten Blick paradoxes Täterverhalten: Während einige Opfer einen grausamen Tod finden, bleiben andere potenzielle Opfer gänzlich unbehelligt.

Diejenigen Opfer, die den Angriff eines Serienmörders überleben, werden durch das Geschehene traumatisiert, ein tiefer

Riss zieht sich fortan durch ihre Seelenwelt. Es ist das endlos anmutende Leid der Machtlosen und Entrechteten. Der Schock passiert genau in dem Augenblick, wo das Opfer seiner Subjektqualität beraubt und zum Spielball überwältigender Kräfte wird, eben zum Objekt. Ohnmächtig und hilflos steht das Opfer zunächst dem Täter gegenüber, später der Erinnerung an ihn. Die Existenz des Verbrechens, der Moment der eigenen Hilflosigkeit und die durchlittene Todesnähe werden in vielen Fällen zu einem unauslöschbaren, düsteren Ereignis in der eigenen Lebensgeschichte und verfremden Teile der Persönlichkeit. Die Gedanken der Opfer ranken sich bei der verzweifelten Auseinandersetzung mit dem eigenen Schicksal um vier zentrale Fragen:

- Warum ich?
- Warum er?
- Warum wir?
- Warum überhaupt?

Genau diese Fragen stellt sich seit vielen Jahren Sven Kaminski. Das Unvorstellbare drang mit unvermittelter Gewalt in sein Leben, als er im Sommer des Jahres 1987 einem Mann begegnete, der ihn töten wollte. Der heute 52-jährige Familienvater hat überlebt, vom Tod trennten ihn allerdings nur wenige Millimeter. Er ist bisher der einzige Mensch geblieben, der einem Serienmörder entkommen konnte, dessen maßlose Verbrechen bis heute nicht aufgeklärt werden konnten. Sechs weitere Menschen mussten einen qualvollen und erbärmlichen Tod sterben – der Täter hat den Opfern den Kopf abgeschnitten oder sie auf andere Weise grausam verstümmelt.
Ich traf Sven Kaminski am Nachmittag des 17. August 2007. Wir sprachen zwei Stunden miteinander über ein höchst zufälliges Ereignis, das sein Leben einschneidend verändern, seine Existenz bedrohen sollte, vor allem zu einer Zeit, als er

schon fest davon überzeugt war, er sei bereits zur Normalität zurückgekehrt und habe alles hinter sich gelassen.
(Harbort) »Zunächst möchte ich Sie bitten, sich ein wenig zu charakterisieren. Wichtig ist mir, dass Sie den Schwerpunkt auch auf den Umgang mit fremden Menschen legen.«
(Kaminski) »Unter meinen Bekannten war auch mal ein Werbefachmann, und ich war immer fasziniert, wie leicht es dem gefallen ist, auf andere Menschen zuzugehen, sie in ein Gespräch zu verwickeln. Bei mir ist das so: Entweder es ergibt sich eine Unterhaltung, weil man sich sympathisch findet oder weil man gleiche Interessen hat, oder wenn nicht, dann eben nicht. Ich habe Schwierigkeiten, einen Smalltalk anzufangen, das ist nicht unbedingt meine Sache.«
»Wie schätzen Sie Menschen ein, die Sie nicht kennen? Wie gehen Sie dabei vor?«
»Jeder Mensch, den ich nicht kenne, hat erst einmal einen Vertrauensvorschuss – so lange, bis ich eines Besseren belehrt werde.« (Sven Kaminski grübelt. Er macht einen sehr konzentrierten Eindruck, wirkt auch ein wenig angespannt. Er schaut seinem Gesprächspartner in die Augen und hält Blickkontakt.)
»Kennen Sie Verhaltensmuster oder Warnsignale, die Ihnen bedeuten: Vorsicht, dem kannst du nicht oder nicht mehr trauen?«
»Ja, zum Beispiel, wenn man diesen typischen Vertreternaturen begegnet, die einem alles Mögliche aufschwatzen wollen.« (Er lacht erstmals – ein Lachen, das spontan und überraschend kommt, das seine Anspannung offenbar werden lässt. Sven Kaminski lacht nicht, weil er sich amüsiert; er lacht, weil ihn etwas bedrängt und er so seine innere Verkrampfung ein wenig besänftigen kann.)
»Jetzt machen wir einen Zeitsprung und gehen zurück in das Jahr 1987. Sie waren damals im Sommer mit einem Freund in der Nähe von Schwülper, einer kleinen Gemeinde in der Nähe von Braunschweig. Was haben Sie dort gemacht?«

»Wir haben dort die ›Sankt-Georg-Höhle‹ besichtigt. Wir wollten tauchen gehen, weil wir gehört hatten, da würde unterirdisch ein Fluss durchgehen. Aber mit dem Tauchen wurde es nichts, da haben wir die Höhle erst mal zu Fuß erkundet. Als wir zurückkamen, haben wir uns an diesem Rastplatz hingesetzt, da waren zwei Bänke und ein Tisch. Wir haben eine Brotzeit gemacht und wollten dort auch übernachten. Aber so weit ist es nicht mehr gekommen.« (Sven Kaminski schweigt. Während dieser Gesprächspausen wirkt er nachdenklich. Es hat den Anschein, als würde das Erlebte zurückkehren und den längst überwunden geglaubten Schrecken aufleben lassen.)

»Und dann ist etwas passiert ...«

»Ja, da kam jemand den Weg entlang, das war so ein Wanderweg. Der sah uns wohl da sitzen und kam auf uns zu. Er blieb neben uns am Tisch stehen. Ich sagte noch: ›Hallo.‹ Der brüllte aber nur: ›Euer Geld!‹ Ich fragte zurück: ›Wie bitte?‹ Noch während ich fragte, zog er zwei Pistolen und begann sofort, auf uns zu schießen.«

»Als dieser Mann den Weg entlangkam, das war so gegen 21.30 Uhr, und es dämmerte. Was haben Sie gedacht, was der da macht, was der eigentlich will?«

»An dem Tag waren viele Männer unterwegs. Na ja, habe ich mir gedacht, vielleicht hat der was getrunken, der lief auch so komisch, vielleicht will der nur ein bisschen quatschen.«

»Haben Sie die Pistolen gleich als solche erkannt, oder hielten Sie das eher für einen schlechten Scherz?«

»Na ja, da war gar keine Zeit zum Erkennen oder Nachdenken, der hat sofort geschossen.« (Sven Kaminski schweigt eine Weile. Sein Blick signalisiert eine gewisse Ratlosigkeit.)

»Wie ging es dann weiter?«

»Mein Freund Klaus schreit: ›Ja, ja, hör auf, hör auf!‹ und versteckt sich unterm Tisch. Ich hatte so ein brennendes Gefühl oben auf der Stirn und dachte, das können eigentlich nur Platz-

patronen sein, die er benutzt hat. Wären es echte Patronen gewesen, wäre ich ja schon tot – ganz klar, Kopfschuss. Der Gedanke an echte Patronen kam mir überhaupt nicht. Ich hatte auch irgendwo mal gelesen, mit Platzpatronen kann man sich auch verletzen, wenn man zu nah dran ist oder so ähnlich. Deshalb dachte ich mir, jetzt hast du da so ein Brandmal, so eine Platzpatronenverletzung eben. Ich hab eigentlich nichts anderes gemacht, als mich aufzurichten, die Lehne ging sehr weit zurück, und wir saßen da so gemütlich. Ich richtete mich auf, hatte meine Hände auf der Tischplatte, und dann schoss er noch mal. Da hatte ich einen ziemlich starken Schmerz am rechten Handgelenk. Ich dachte mir: ›Mensch, so Platzpatronen tun doch mehr weh, als man denkt.‹ (Er bricht ab und grübelt, den Kopf gesenkt, die Hände liegen auf den Oberschenkeln.) *Ja, der kam also von rechts, rechts war der Weg, rechts neben mir saß Klaus, ich saß am linken Ende des Tisches, habe mich dann nach links fallen lassen, bin so weggerollt und in den Wald geflüchtet.«*

»Was ging in Ihnen vor, was haben Sie gedacht, als Sie sich abgerollt haben?«

»Da habe ich nicht gedacht. Das war irgendwie ganz automatisch. Ich wollte nur noch entkommen. Ich dachte mir, wenn der noch mal schießt, dann tut das ja wieder so weh. Das war einfach nur die Flucht vor diesem Schmerz, auch wenn ich dachte, es sei bloß eine Schreckschusspistole.«

»Also glaubten Sie zu diesem Zeitpunkt immer noch, dass es eine Schreckschusspistole war?«

»Das ist mir erst Stunden später bewusst geworden. Bis ich das wirklich realisiert habe, das hat ewig gedauert. (Sven Kaminski schweigt eine ganze Zeit. Er wirkt verwundert, überrascht – so, als könne er immer noch nicht glauben, was damals passiert ist.) *Ich war kurz davor, ohnmächtig zu werden. Du kannst in so einer Situation gar nicht klar denken.«*

»Sie haben einen Durchschuss der rechten Hand erlitten, es

blutete stark. Und trotzdem haben Sie nicht realisiert, dass da jemand eine scharfe Waffe benutzt?«

»*Ich hab da gar nicht mehr draufgeguckt. Das tat einfach nur weh, und ich dachte, jetzt bloß weg hier.*«

»Wie ist es Ihrem Freund ergangen?«

»*Das habe ich gar nicht mitbekommen. Im Wegrennen habe ich noch einen Schuss gehört, ich dachte noch so: ›Armer Klaus!‹ Dann bin ich aus dem Waldstück raus auf die Straße, weil ich da schneller rennen konnte. Ich habe mich noch mal umgedreht, da hab ich gesehen, dass der Täter mich verfolgt. Bin weitergerannt, da hat er noch mal hinter mir hergeschossen. Ja, dann bin ich in das Dorf gerannt.*«

»Als der hinter Ihnen her schoss, hatten Sie da Todesangst?«

»*Nein, weil ich zu diesem Zeitpunkt immer noch fest davon überzeugt war, es wäre bloß eine Schreckschusspistole.*«

»Sie sind dann ins Dorf gerannt …«

»*Genau. Da hab ich ein älteres Ehepaar getroffen und denen erzählt, dass auf mich geschossen worden ist. Die haben mich mitgenommen in ihre Wohnung. Ich hatte immer noch große Angst und habe mich dort regelrecht versteckt, weil ich befürchtet hab, der würde mich noch verfolgen. Ich dachte: Der ist ja hinter mir hergerannt, hat mich nicht bekommen, und unser Auto stand da, Türen waren offen, vielleicht steckte auch noch der Zündschlüssel, vielleicht springt der jetzt in den Wagen und fährt mir hinterher, um mich doch noch zu kriegen. Die Leute haben in der Zeit Krankenwagen und Polizei gerufen.*«

»Haben Sie eine Vorstellung davon gehabt, was der von Ihnen wollte?«

»*Vielleicht wollte der ja wirklich unser Geld. Aber irgendwie glaube ich das nicht, weil er uns ja gar keine Möglichkeit gegeben hat, die Brieftaschen zu zücken. Er hat doch sofort geschossen! Ich glaube vielmehr, das war mehr so ein Vorwand, um einen ersten Kontakt zu machen. Er stellt eine Frage, und*

ohne die Antwort abzuwarten, zückt er die Pistolen und schießt auf uns.«
»Hat der mit beiden Händen die Waffen gezogen?«
»Ja.«
»Und beidhändig geschossen?«
»Ja.«
»Wann haben Sie begriffen, dass es eben doch keine Schreckschusspistolen gewesen sein konnten?«
»Später erst, sehr viel später. Irgendwann kam die Polizei. Mit denen bin ich zum Tatort zurückgefahren … (Sven Kaminski wird sehr nachdenklich.) *Ja …* (Ihm versagt für einen Moment die Stimme.) *Und da lag der Klaus, tot …* (Er senkt den Kopf und weint. Es vergeht eine Zeit, bis er weitersprechen kann.) *Da hatte ich es aber immer noch nicht realisiert. Da dachte ich: ›Mit der linken Pistole hat er auf Klaus geschossen, mit der rechten auf mich, also hat er in der rechten die Platzpatronen gehabt.‹ Mir war überhaupt nicht klar, warum mir die Stelle am Kopf wehtun könnte. Und irgendwann kam der Arzt, als wir dort vor Ort waren. Ich hab dem die Verletzung* [an der Hand, Anm. S. H.] *gezeigt, es blutete auch ziemlich stark, und ich dachte, das wäre auch eine Verletzung von der Schreckschusspistole. Der hat sich das angeguckt und meinte nur: ›Das ist ja ein glatter Durchschuss!‹* (Sven Kaminski denkt eine Weile nach.) *Da bin ich total ins Grübeln gekommen: Ich dachte: ›Wie geht denn das, am Kopf war doch die Platzpatrone und an der Hand ein Durchschuss? Hat der im Magazin beides gemischt gehabt, Platzpatronen und echte?‹ Da sagte mir der Arzt, dass das am Kopf wohl ein Streifschuss war. Da erst ist mir bewusst geworden, mein Gott, wenn der nur einen Millimeter weiter nach links gezogen hätte, auf die Entfernung wär das mitten im Kopf gewesen. Da sind mir die Knie weich geworden.«*
»Haben Sie in diesem Moment klar denken können, oder war da einfach nur Gefühl?«

»*Na ja* … (Er geht in sich.) *In mir kam das Bewusstsein hoch, wie knapp ich dem Tod entronnen bin. Ob das jetzt ein Gedanke oder ein Gefühl war, kann ich gar nicht so genau sagen. Aber in dem Moment wurde mir erstmals die Tragweite dieses Geschehens bewusst. Ich stand unter Schock. Ich bin noch nie ohnmächtig geworden, aber da war ich kurz davor.*«
»Als Sie den Klaus dort liegen sahen, woher wussten Sie, dass er tot ist?«
(Sven Kaminski denkt nach. Er lässt sich Zeit. Er sagt Dinge selten spontan.) »*Ja genau. Wir fuhren da vor, ich sah ihn dort liegen. Ich dachte noch: ›Mensch, Klaus, jetzt kannst du doch wieder aufstehen, der Typ ist doch weg.‹ Ich dachte, er hätte sich aus Angst auf den Boden geschmissen. Ich wollte gleich zu Klaus hinstürmen, aber ein Polizist war in der Nähe, der meinte: ›Bleib mal lieber im Auto.‹ Der Polizist ging zu Klaus hin, kam wenig später zurück und sagte nur: ›Der ist tot.‹ Erst da habe ich verstanden, dass Klaus tot ist.*«
»Haben Sie dem Täter ins Gesicht gesehen?«
»*Ja.*«
»Was haben Sie da gesehen?«
»*Der war schlecht zu erkennen. Zum einen dämmerte es schon, zum anderen hatte der so eine Schirmmütze auf, tief ins Gesicht gezogen. Und dann hatte die noch so komische Ohrenklappen, sodass man nicht so viel vom Gesicht gesehen hat. Was ich erkennen konnte, war, dass es ein hageres Gesicht war und unrasiert.*«
»Als der Typ auf Sie zukam, wie kam der Ihnen vor?«
»*Na ja, dadurch dass er so einen komischen, man kann fast sagen schwankenden Gang hatte, dachte ich, das ist einer, der am Herrentag vielleicht ein bisschen viel getrunken hat. So ein kleiner Schluckspecht.*«
»Aber Sie haben in keiner Weise Gefahr gewittert …«
»*Absolut nicht.* (Sven Kaminski denkt nach. Sein Blick ist leer und traurig.) *Ich hab mich auch noch gewundert, warum*

Klaus, als der Täter das erste Mal schoss, schreiend unterm Tisch verschwunden ist. Da dachte ich: ›Was is'n das jetzt?‹ (Er macht eine längere Pause. Dabei schaut er gedankenverloren hinaus.) *Das beschäftigt mich schon seit ewigen Zeiten: Ich möchte wissen, wie das weitergegangen ist, als ich weggelaufen bin. Da war Klaus ja unterm Tisch, und als ich wiederkam, lag er ja doch einige Meter vom Tisch entfernt. Mein Gedanke ist, dass er von hinten erschossen worden ist, als er wegrobben wollte.«*

»Wenn Sie heute über diesen Menschen nachdenken, der Ihnen und Klaus das angetan hat, was kommen Ihnen da für Gedanken? Oder denken Sie gar nicht daran?«

»Ich denke eigentlich gar nicht mehr daran. Ich habe jahrelang versucht, es zu verdrängen. Die Frage, die mich beschäftigt hat, ist: Warum? Weil wir den Täter wirklich nicht kannten. Als wir an diesem Morgen losfuhren, kannten wir das Ziel unserer Reise selbst noch nicht. Das hat sich erst im Laufe des Tages so ergeben. Das kann also nicht jemand gewesen sein, der uns übel gesonnen war oder der es nur auf uns abgesehen hatte. Wir waren für den zwei vollkommen unbekannte Menschen. Ich habe es eben schon mal gesagt, ich vermute, dass es dem gar nicht um Geld ging, der hat sofort geschossen.«

»Was würde es Ihnen bedeuten, diesen Mann auf der Anklagebank zu sehen?«

(Sven Kaminski denkt lange nach. Er wirkt ein wenig unschlüssig.) *»Persönlich würde mir das wohl nichts bedeuten. Von dem Mann werde ich nicht mehr bedroht. Ich habe jahrelang versucht, das Geschehen mehr oder weniger zu verdrängen und nicht daran zu denken. Ich mag auch nicht gern daran erinnert werden. Es wäre natürlich gut, wenn der hinter Schloss und Riegel kommt, damit er nicht noch mehr Menschen umbringt. Aber sonst – Rachegefühle oder Genugtuung für Klaus, nein, da möchte ich lieber Abstand halten von diesem Thema.«*

»Jan Philipp Reemtsma, ein prominentes Entführungsopfer, hat mal gesagt, dass er deshalb so daran interessiert gewesen sei, den Täter auf der Anklagebank zu sehen, weil ihm dann Schuld gegeben, das Opfer auch sozial rehabilitiert, der Täter aus der Sozialgemeinschaft ausgestoßen und das Opfer wieder hineingenommen werden könne. Empfinden Sie ähnlich?«

»Also der letzte Aspekt, dass das Opfer wieder in die Sozialgemeinschaft aufgenommen werden kann oder wird, damit kann ich gar nichts anfangen. Ich bin danach ja nicht verstoßen worden. Bei mir waren das eher Selbstvorwürfe oder Schuldgefühle, die mir sehr zu schaffen gemacht haben. Dass der Täter aus der Sozialgemeinschaft ausgeschlossen wird, finde ich okay, schließlich müssen die Menschen vor so einem geschützt werden.«

»Ich bin selbst einmal Opfer eines Gewaltdelikts geworden, einfach so, weil ein paar schräge Schlägertypen zufällig meinen Weg kreuzten und ich allein war. Mein Bedürfnis war danach aber durchaus, diese Gestalten zur Rechenschaft zu ziehen. Bei Ihnen war und ist das aber nicht so?«

»Nein, mein psychisches Gleichgewicht ist mir einfach wichtiger. Und wenn das in so einem Prozess alles wieder aufgerollt werden sollte, würde mich das bestimmt aus der Bahn werfen.« (Sven Kaminski wirkt jetzt überzeugt, fast schon kämpferisch.)

»Ist das eine Befürchtung, oder haben Sie schon entsprechende Erfahrungen gemacht?«

»Ja, genau so eine Erfahrung habe ich gemacht, als ich deswegen in psychologischer Behandlung war.«

»Wollen Sie das mal erzählen?«

»Ja … (Es entsteht eine längere Gesprächspause. Man merkt Sven Kaminski an, wie schwer es ihm fällt, sich das eigene Elend wieder vor Augen zu führen.) *Das fing ungefähr nach einem halben Jahr an. Da hatte ich plötzlich das Gefühl, mein Verstand arbeitet nicht mehr richtig oder macht sich*

selbstständig, denkt irgendwelche Geschichten, dreht sich im Kreis. Ich war nicht mehr derselbe. Ich war nicht mehr ich selbst.«

»Gab es auch körperliche Symptome?«

»Nein, zu dem Zeitpunkt nicht. Zunächst habe ich mich an den ›Weißen Ring‹[1] gewandt, die haben mir eine Psychologin empfohlen. Das war aber eher so eine Hobbypsychologin. Die kannte sich zwar aus mit Gewaltopfern, hatte auch für den ›Weißen Ring‹ gearbeitet. Aber ihr fehlte wohl die fundierte Ausbildung für so ein spezielles Thema. Die meinte beim ersten Treffen: ›Sie können fünf Mal herkommen, und dann ist Schluss.‹ Danach ging es mir aber eigentlich ganz gut, jedenfalls für die nächsten drei Jahre. Mit einem Mal ging es mir aber wesentlich schlechter, ich war total unruhig und habe viele Ängste entwickelt.«

»Was waren das für Ängste?«

»Alle Sachen, die mir früher Spaß gemacht haben, Fliegen zum Beispiel, also mit einem Flugzeug. Da bin ich früher wahnsinnig gerne mit geflogen. Plötzlich hatte ich eine schlimme Angst vorm Fliegen, ich dachte: Was passiert, wenn du abstürzt? Ständig hatte ich den Tod vor Augen. (Er überlegt kurz.) *Früher war ich im Ruderverein, da habe ich regelmäßig trainiert. Ich war auch ein sehr guter Schwimmer. Plötzlich hatte ich große Angst vorm Rudern und Schwimmen, weil ich dabei hätte ertrinken können. Früher bin ich unheimlich gerne Achterbahn gefahren, das konnte gar nicht verrückt genug sein. Auch da hatte ich plötzlich Schiss vor, man hat ja schon mal gehört, dass da was passiert ist. Da löst sich ein Gurt, und die Leute fliegen dann so durch die Luft. Was ist, wenn ausgerechnet dir das jetzt passiert? Ich hatte also ständig Angst, dass mir etwas zustoßen könnte, richtige Todesangst. Meine ganze psy-*

---

1 Gemeinnütziger Verein zur Unterstützung von Kriminalitätsopfern und zur Verhütung von Straftaten

chische Stabilität war dahin. Ich entwickelte auch so Vorstellungen, dass ich selbst zum Gewaltverbrecher werden könnte. Beispiel: Da war ich bei einem Freund zum Geburtstag, und da lag so ein ziemlich großes Küchenmesser auf dem Tisch. Ich hatte Angst, dass ich das Messer nehme und die Leute absteche, davor hatte ich panische Angst …«

»Und wie haben Sie sich aus dieser Situation befreit?«

»Ich bin aus dem Zimmer raus, in dem das Messer lag. (Er lacht.) *Das wurde also immer schlimmer. Ich habe zuerst versucht, mir mit autogenem Training und Entspannungstechniken selber zu helfen. Das hat aber überhaupt nicht geholfen. Dann bin ich zu einem Meditationsseminar gegangen, das wurde ganz wissenschaftlich aufgezogen, mit Hirnstrommessungen und so weiter. Das war aber auch ein völliges Fiasko. Da kam die ganze Geschichte erst richtig wieder hoch.«*

»Warum wurde dieses Seminar zu einem Fiasko?«

»Na ja, die Sache mit Klaus hatte ich jahrelang verdrängt, und mit einem Mal war alles wieder präsent.«

»Ein sicher schmerzhafter Schritt, aber unumgänglich.«

»So etwas muss aber dosiert passieren und nicht so, dass man förmlich hinweggeschwemmt wird. Das ist eine hohe Kunst, solche Dinge professionell zu machen. Nach diesem Seminar ging es mir nicht besser, sondern schlechter, ich musste mich wieder in psychologische Behandlung begeben. Angefangen habe ich wieder bei der Psychologin vom ›Weißen Ring‹. Die arbeitete aber nicht mehr für die, deshalb musste ich die Behandlung aus eigener Tasche bezahlen. Helfen konnte sie mir aber nicht, eigentlich gar nicht. Dann war ich noch eine ganze Weile auf der Suche nach einem Psychologen, der mir helfen konnte, aber eigentlich haben die Leute das nur noch schlimmer gemacht.«

»Inwiefern?«

»Ich konnte nachts nicht mehr schlafen. Und wenn ich mal eingeschlafen bin, kriegte ich Albträume. Da hatte ich Angst

einzuschlafen, wegen dieser Albträume. Auch die Beziehung zu meiner heutigen Frau hat sehr darunter gelitten, weil ich völlig neben mir stand, kleine Probleme waren plötzlich riesengroß, das war eine Dauerbelastung. Ich wurde abergläubisch, und meine Gedanken haben sich irgendwie vollkommen verselbstständigt, ich konnte gar nicht mehr logisch denken. Ich war nicht mehr Herr meiner Gedanken und meiner Gefühle, das lief alles völlig unkontrolliert ab. Mittlerweile hatte ich auch richtige Schuldkomplexe aufgebaut, alle Jugendsünden kamen wieder hoch und haben mich furchtbar gepeinigt.«

»Können Sie ein Beispiel geben?«

»Ach, das waren Sachen, die ich mal als Kind gemacht hatte, Kleinigkeiten, Hausaufgaben mal nicht erledigt, die Mutter mal angeflunkert, eigentlich belanglos. Natürlich hat mich auch immer diese Frage beschäftigt: Warum das Ganze? Was ist da passiert? Warum Klaus? Warum ich? Warum habe ich überlebt?«

»Haben Sie dafür Erklärungen gefunden?«

»Also, eine Erklärung, die ich quasi auf dem Höhepunkt meines Wahns hatte, die ist ganz schön skurril. (Er lacht verhalten.) *Und zwar haben wir vor der Tat diese ›Sankt-Georg-Höhle‹ besichtigt. Der Zugang zu dieser Höhle ist mitten in einem Tunnel, mit einer vergitterten Tür verschlossen. Da war aber so ein kleiner Spalt zwischen dem Mauersims und der Tür, und da haben wir uns durchgequetscht. Die Höhle war sehr interessant, die hat man erst gefunden, als man diesen Tunnel durch den Berg getrieben hat. Wir haben die Höhle wirklich ausgiebig besichtigt, und da war eine Stelle, wo ich so ein bisschen Angst hatte hinzugehen. Das war eine Kuhle, und unten sah das so aus, als wenn da ein Lagerfeuer wäre. Ich hatte auf einmal totale Angst, da runterzugehen, richtige Gänsehaut. Ich weiß auch nicht, warum. Und Klaus, wir waren natürlich beide neugierig, voller Forscherdrang und Abenteuerlust – der ist da einfach runtergegangen. Da war aber nichts, es war nur*

ein Schattenspiel, das die Phantasie anregte. Und das war für mich im Nachhinein der Aufhänger, dass Klaus das zugestoßen ist – der Täter, der sah ja so ein bisschen heruntergekommen aus, der hätte da unten in der Höhle gehaust und dort sein Lagerfeuer gehabt. Und wir haben ihn dort eben gestört, etwas in dieser Art. Aber das erklärt nun nicht, warum er mich hat leben lassen oder warum ich überlebt habe. Und bei der Suche nach Erklärungen habe ich, obwohl ich in einem atheistischen Elternhaus aufgewachsen bin, mich intensiver mit Religionen beschäftigt. Nicht nur mit kulturhistorischen Aspekten, sondern mit der Frage: Warum ist mir das passiert, gibt es da irgendwo einen Grund, etwas, das wir nicht wissen? Und diese Szene, als Klaus in der Höhle da runterging, die hatte eine große Bedeutung – als wenn er sich dort versündigt hätte. Und deshalb musste er sterben. Ich bin da aber nur vorbeigegangen, darum bin ich noch mal davongekommen. Das waren damals so meine Gedanken, so hab ich versucht, mir das zu erklären. Skurril, ja. Im Nachhinein ist mir bewusst geworden, dass ich solche Gedanken immer dann hatte, wenn ich in dem Bewusstsein unterwegs war, etwas Verbotenes zu tun. So nach dem Motto: Kommt hier jetzt gleich die Strafe dafür? Meistens vergisst man das natürlich, weil einem ja nichts geschieht. Aber trotzdem sind da diese tiefen Angstgefühle.«

»Also haben Sie sich für das, was passiert ist, die Schuld geben wollen?«

»Zum Teil, ja. Rein rational natürlich nicht, weil ich dachte: ›Was kann ich dafür, wenn da so ein Typ kommt und auf Klaus schießt?‹ Wahrhaftig nicht meine Schuld. Ich hätte ihn auch nicht retten können, da war nichts, was ich für Klaus hätte tun können. Objektiv betrachtet. Aber irgendwo war da in meinen Angst- und Wahnvorstellungen, die ich entwickelt hab, schon der Gedanke: Wenn ich Klaus nur gewarnt hätte, er soll nicht da runtergehen zu diesem scheinbaren Lagerfeuer, dann könnte er heute vielleicht noch leben.«

»Sie bemühen sich, dieses belastende Ereignis rational einzuordnen …«

»Ja …«

»Sie versuchen zu verstehen, warum gerade Sie an diesem Ort zu dieser Zeit Opfer eines Verbrechens geworden sind. Das kann man nicht verstehen, man kann es nur akzeptieren. Ähnliches passiert bei vielen Vergewaltigungsopfern: Die Tat und auch ihre Vorgeschichte werden verklärt, das Opfer gibt sich ganz bewusst die Schuld oder zumindest eine Teilschuld, um diese Hilflosigkeit, die es gespürt hat, kompensieren zu können. In dieser Situation wird man urplötzlich herausgerissen aus der Sicherheit und der Vertrautheit, die wir unter den Begriff ›Normalität‹ fassen …«

»Ja …«

»Man ist nur noch Objekt, dem Täter ausgeliefert. Und man hat keine Möglichkeit, etwas dagegen zu tun. Und diese Hilflosigkeit verursacht auch dann noch Todesängste, wenn alles überstanden scheint …«

»Ja …«

»Und deshalb geben auch Sie sich Schuld an all dem Elend. Denn wenn Sie Schuld haben, haben Sie auch einen Anteil daran gehabt, Sie haben mitgewirkt, Einfluss genommen, das Gefühl der inneren wie äußeren Auflösung, der eigenen Beliebigkeit, kann zurückgewiesen werden.«

»Ja, richtig. Das war bei mir auch so. Da nützte es auch nichts, wenn ich mir immer wieder sagte: Du kannst doch nichts dafür, da lief so ein Irrer rum und hat rumgeschossen.«

»Ich möchte Ihnen eine Frage stellen, die natürlich auch unbeantwortet bleiben darf: Wenn Sie über den Täter nachdenken, wie stellen Sie sich ihn vor?«

»Das ist total spekulativ. Ich hab ihn ja nicht einmal richtig gesehen …«

»Und da ist kein Gefühl, keine Vorstellung?«

»Nein.«

»Hat dieses einschneidende Erlebnis bei Ihnen zu Verhaltensveränderungen geführt?«

»Ja … (Er denkt eine Weile nach.) *Zwischenzeitlich schon.«*

»Können Sie ein Beispiel geben?«

»Das gehört eigentlich zu dem Bereich, den ich total verdrängen wollte. Also zum Beispiel: Wenn mir jemand auf der Straße entgegenkam, einfach so halt, da hab ich mich sofort gefragt: ›Will der jetzt was von mir?‹ Da hatte ich wahnsinnige Angst. Da habe ich eine richtige Paranoia entwickelt.«

»Hat Ihr familiäres und berufliches Umfeld davon etwas mitbekommen?«

»Anfangs nicht, aber als es immer schlimmer wurde, da hat meine Familie es doch gemerkt.«

»Sie haben zunächst versucht, dieses Ereignis zu verdrängen, einfach nicht mehr daran denken zu müssen. Irgendwann haben Sie sich anders entschieden, wollten daran arbeiten, etwas dagegen tun. Was hat diesen Meinungsumschwung bewirkt?«

»Ich wollte das eigentlich nicht, ich habe es einfach getan. Weil es so schlimm wurde, dass ich mich eines Abends, ganz spontan, selbst in eine psychiatrische Klinik eingewiesen hab. Das war die furchtbarste Nacht meines Lebens, ich habe nicht geschlafen, war gefangen in all meinen Ängsten und Wahnvorstellungen.«

»Haben Sie sich an diesem Abend den Ärzten schon erklären können?«

»Nein. Da war nur eine Notaufnahme, die haben mir ein Beruhigungsmittel gegeben und gesagt: ›Legen Sie sich mal hin, morgen früh kommt der Arzt zur Visite.‹ Und dann hab ich die ganzen armen Gestalten da gesehen, das war furchtbar, da wurden meine Ängste nur noch größer. Wenn man selbst nicht verrückt ist, aber so eine Nacht in der Psychiatrie verbringt – Hilfe! Und ich muss dazu sagen: Früher hatte ich kein Verständnis dafür, wenn Leute zum Psychologen gingen. Ich dachte, das sind wohl eher Hypochonder, ein bisschen weh-

leidig. Ich war der Meinung, wenn es dir mal richtig schlechtgeht, dann hast du einen wirklich guten Freund oder Geschwister, mit denen du dich über deine Probleme unterhalten kannst, dann geht das schon wieder. Dass da Leute ewig zur Psychotherapie rennen, konnte ich gar nicht verstehen. Aber heute weiß ich, dass das eine richtige Krankheit ist – genauso, als wenn man sich ein Bein bricht oder an Krebs erkrankt.«

»Wie lange sind Sie in der Psychiatrie geblieben?«

»Nur diese eine Nacht. Ich musste da sofort wieder raus, das war grauenhaft. Die haben mich aber an einen ambulant behandelnden Psychiater überwiesen. Bei dem war ich dann auch, und der hat mir, Gott sei Dank, die Adresse eines Psychologen gegeben, der richtig spezialisiert ist für solche Fälle, und zwar für Traumapsychologie. Diese Behandlung hat mir sehr geholfen.«

»Können Sie das etwas konkreter beschreiben?«

»Sagen wir es mal so: Als rational denkender Mensch versuche ich das natürlich in messbare Größen zu fassen. (Er lacht.) *Vor der Tat hatte ich 100 Prozent mentale Gesundheit. Die Nacht in der Psychiatrie, das war meine Null-Prozent-Marke. Diesem Psychologen ist es gelungen, mich wieder so auf 80 Prozent zu bringen. Als ich mit der Behandlung fertig war, hatte ich aber immer noch das Gefühl, du bist noch nicht richtig gesund, da ist noch etwas. Das habe ich aber so überspielt. Dann stand ein Auslandsaufenthalt in Asien an. Da kam die ganze Sache wieder hoch.* (Sven Kaminski bricht abrupt ab. Wieder schaut er hinaus.) *Ich war wieder auf vielleicht 50 Prozent mentale Gesundheit abgerutscht, was schon ziemlich schlecht ist. Wieder hatte ich Zwangsvorstellungen, die ich einfach nicht loswurde. Das muss man sich vorstellen, wie einen Ohrwurm, so ein Lied, das man nicht mehr aus dem Kopf bekommt – nur bei mir drehte sich alles um Mord und Totschlag, furchtbar. Ich bin zu einer Psychologin gegangen, und die hat mir zuerst gesagt, da sei jetzt ein neues Gesetz gemacht worden. Und zwar*

sei sie verpflichtet, den Behörden mitzuteilen, falls sich herausstellen sollte, ich hätte etwas mit sexuellem Missbrauch von Kindern zu tun. Ich sollte das nur unterschreiben, das sei halt Vorschrift. Und plötzlich entwickelte ich eine furchtbare Angst, ich könnte meinen Kindern etwas antun. Total absurd! (...) Oder wieder bei der Psychologin: Da sollte ich in einem Fragebogen angeben, ob ich finanzielle Probleme hätte. Hatte ich aber nicht, zu der Zeit verdiente ich wirklich gutes Geld. Aber sofort habe ich mir große Sorgen gemacht, ob mein Geld denn auch wirklich reichen würde. Und am Ende glaubte ich fast, es könnte unter keinen Umständen reichen. Diese Paranoia war schon hart.«

Sven Kaminski wird wieder nachdenklich. Er sagt es nicht, aber es ist ihm deutlich anzumerken, dass die Ereignisse auch heute noch dunkle Schatten werfen, dass es ihm einfach unangenehm ist, dem eigenen Elend einen Platz zuzuweisen – auch wenn es nur Gedanken sind, die ihn beschäftigen.

Am Ende des Gespräches berichtet er, dass ihm letztlich ein Meditationslehrer sehr geholfen hat, den Weg in die Normalität wiederzufinden. Ich stelle Sven Kaminski als Letztes die Frage:

»Was würden Sie empfinden, wenn man Ihnen mitteilt, der Täter ist gefasst?«

(Sven Kaminski antwortet zum ersten Mal sehr spontan.) *»Das wär ein Gefühl der Befriedigung!«*

Das Opfer eines Serienmörders bleibt, sofern sein Leben geschont wird, immer schwer beschädigt zurück. Meistens trifft es einen arglosen Menschen, das Verderben bricht über ihn herein wie eine Naturkatastrophe, ohne Vorwarnung. Die Lebenslinien von Opfer und Täter kreuzen sich zufällig – wie bei Sven Kaminski und seinem Freund Klaus Schultheiss. Selbst der Täter dürfte bis kurz vor der Tat nicht gewusst oder geahnt haben, dass er sie wenige Minuten später begehen würde.

»Das Morgen ist schon im Heute vorhanden, aber es maskiert sich noch als harmlos, es tarnt und entlarvt sich hinter dem Gewohnten«, schrieb einmal der Zukunftsforscher Robert Jungk, und weiter: »Die Zukunft ist keine sauber von der jeweiligen Gegenwart abgelöste Utopie: Die Zukunft hat schon begonnen. Aber noch kann sie, wenn rechtzeitig erkannt, verändert werden.«

Sven Kaminski und Klaus Schultheiss haben das Unheil sogar auf sich zukommen sehen, langsam, mit eigentümlich schwankendem Gang – und die akute Lebensgefahr doch nicht erkannt. Solch schicksalhafte Verkettungen von Ereignissen sind unvorhersehbar und unbeeinflussbar. Es sei denn, man wüsste alles über die Gegenwart oder könnte auch die Zukunft nahezu exakt vorhersehen, Verbrechen eingeschlossen. Dann hätten Sven Kaminski und Klaus Schultheiss wissen können, dass sie in Gefahr geraten. Dann hätten sie sich rechtzeitig in Sicherheit bringen können. Dann wäre nichts weiter passiert. Doch wissen wir, dass unsere irdische Wirklichkeit eine prinzipielle Ungewissheit in sich birgt: Wie sich die Zukunft und was sich in ihr ereignen wird, bleibt dem menschlichen Wissen grundsätzlich entzogen.

Bleibt das persönliche Risiko, Opfer eines Serienmörders zu werden, letztlich unkalkulierbar, so kann doch die Frage gestellt werden, ob es bestimmte Personen gibt, die besonders gefährdet sind. Gibt es Risikogruppen? Existiert ein typisches Opferprofil?

Nach einer opferbezogenen Auswertung aller nach dem Zweiten Weltkrieg in der Bundesrepublik Deutschland begangenen Serienmorde ergibt sich dieses Bild[2]: Die meisten Opfer sind weiblich, nicht älter als 50 Jahre, Deutsche, leben allein, gehören der sozialen Unter- oder Mittelschicht an, üben eine nicht-

2 Gemeint sind alle aufgeklärten Delikte bis 1. Januar 2007. Zahlenwerte zu Opfermerkmalen siehe Tabellen im Anhang.

privilegierte berufliche Tätigkeit aus und werden während einer Freizeitbeschäftigung attackiert, oftmals in der eigenen Wohnung.

Diese eher unspezifischen und auf viele Menschen zutreffenden Erkenntnisse belegen, dass verlässliche Aussagen zu einem erhöhten Opferrisiko in einem nur sehr eingeschränkten Maß vertretbar sind. Dabei bleibt ungewiss, ob die genannten Merkmale überhaupt kausal zur Viktimisierung beigetragen haben. In etwa jedem fünften Fall konnte nämlich nachgewiesen werden, dass individuelle Verhaltensweisen der Opfer (zum Beispiel Unachtsamkeit, Risikobereitschaft, Sorglosigkeit, mitunter auch den Täter animierendes oder provozierendes Verhalten) sich tatbegünstigend auswirkten. Ebenso muss der Begriff »Gefährdung« ausgesprochen behutsam interpretiert werden, da die genannten Attribute zu allgemein sind und zur Ableitung eines spezifischen Opferprofils nicht geeignet sind. Es gelingt eben nicht, einen Persönlichkeitsfaktor, eine Verhaltensweise, eine Berufsgruppe oder sonstige Charakteristika herauszufiltern, die eine zweifelsfreie Differenzierung zwischen einem typischen Opferprofil und dem eines Nicht-Opfers ermöglichen. Generalisierende Aussagen verbieten sich auch deshalb, weil unzählige Menschen, die ein Risikomerkmal aufweisen, eben nicht zu Opfern werden. Eine »idealtypische« Zuordnung wäre insbesondere aus präventiver Sicht wünschenswert, sie bleibt aber Wunschdenken.

Kapitel 2
»Krrrk! – Uuuh!«

»Ich hörte ein Motorengeräusch und fuhr rechts ran. Ich war nur noch fünfzig Meter von der Garage meiner Freundin entfernt, sehr nah an der Hecke (…). Hätte Davina an diesem Morgen auf mich gewartet, wäre nichts passiert – vielleicht. Hätte eine der Schülercliquen, wie es öfter vorkam, die Rue du Stade als Abkürzung zur Schule genommen, hätte es viele Zeugen gegeben (…). Ich hatte Zeit, diesen scheußlichen Wagen im Rücken näher kommen zu spüren, ihn dann wirklich zu sehen. Die Seitentür war aufgeschoben.
Ein Mann lehnte sich heraus, ein anderer fuhr. Ich spürte, wie ich innerhalb von einer Sekunde vom Fahrrad gerissen wurde (…). Schneller als ich denken konnte, befand ich mich im Innern des Wagens, und der Mann riss mir meinen Ranzen vom Rücken (…).
Mir saß die Angst im Nacken, schlimmer als bei den Prüfungen, echte Angst, bei der man den Eindruck hat, man würde in die Hosen machen, so sehr zittert man am ganzen Körper. Ich weiß nicht, ob ihnen das bewusst war – wahrscheinlich war es ihnen egal wie nur was –, doch ich hatte das Gefühl, plötzlich aus Glas zu sein, kurz davor, auseinanderzubrechen.«

Sabine Dardenne[3], *Ihm in die Augen sehen*

Bremen, Dienstag, 19. Januar 1989. Es ist gegen 9.30 Uhr, als Hannelore Flamm die Professor-Hess-Kinderklinik betritt. Die 51-jährige Hauptkommissarin ist seit vielen Jahren im 2. Kommissariat des Polizeipräsidiums tätig, dort werden ins-

3 Die damals zwölf Jahre alte Sabine Dardenne wurde im belgischen Kain von dem Serienmörder Marc Dutroux entführt. Der Täter fuhr mit dem Kind zu einem Wohnhaus nach Charleroi und brachte es in ein Kellerverlies. Erst nach einem 80-tägigen Martyrium konnt das Kind befreit werden.

besondere Sexualstraftaten bearbeitet. Es geht um die »Vermisstensache Svenja Bommer«. Die Siebenjährige wurde am frühen Morgen des vorhergehenden Tages vermutlich auf dem Weg zur Schule entführt, später an einem unbekannten Ort gefangen gehalten und erst nach Stunden in einem Waldgelände an der Peripherie Bremens ausgesetzt. Spaziergänger fanden das umherirrende Mädchen am späten Montagnachmittag und alarmierten die Polizei.
Die Kommissarin will zunächst mit den behandelnden Ärzten sprechen, dann mit Svenja. Dr. Anna Leuschner, eine der Stationsärztinnen, erklärt, am Montagabend sei Svenja gegen 22 Uhr zu ihr gekommen, allein. Das Mädchen habe ihr erzählt, dass es mit dem Bus einen Ausflug gemacht habe und später spazieren gegangen sei, als ein roter Wagen neben ihm gehalten habe. Es sei noch ein zweiter Mann da gewesen. Mit einem der Männer sei sie weitergefahren und in einem Wald herumgelaufen. Dort habe ihr der Mann plötzlich mit den Händen den Hals zugedrückt, das habe sehr wehgetan. Er habe sie dann aber losgelassen, ihr noch den Tornister und die Armbanduhr abgenommen. Danach sei er verschwunden. Später habe ein Ehepaar sie angesprochen.
Die Ärzte sind sich einig, dass Svenja gewürgt oder gedrosselt worden ist. Die sichtbaren Verletzungen am Hals lassen auf eine Kordel als Strangulationswerkzeug schließen. Ein Gerichtsmediziner wird später feststellen, dass das Kind tatsächlich mit einem »schnurähnlichen Gegenstand« traktiert worden ist.
Hannelore Flamm geht zu Svenja ins Krankenzimmer, Svenjas Vater Horst, ein 45-jähriger Kraftfahrer, ist auch da. Die Kommissarin ist erfahren genug, um zu wissen, dass eine Anhörung des Opfers möglichst unter vier Augen stattfinden sollte. Sie führt Svenja daher in einen Nebenraum, wo sie ungestört sind.
Svenja ist ein ausgesprochen hübsches Mädchen, die dunkel-

blonden Haare trägt sie schulterlang zu einem Zopf gebunden. Mit ihren graublauen Augen mustert sie Hannelore Flamm aufmerksam, aber auch erkennbar misstrauisch. Die Kommissarin unterhält sich mit dem Kind zunächst nur über allgemeine Dinge, die mit dem Tatgeschehen nichts zu tun haben: Schule, Freunde, Hobbys. Svenja erzählt sehr zögerlich. Sie weiß offenbar nicht recht, ob und was sie überhaupt sagen darf oder soll. Sie wirkt eingeschüchtert, deprimiert und mutlos.
Erst ganz allmählich fasst das Mädchen Vertrauen und berichtet, welche und wie sich die Ereignisse zugetragen haben sollen: Um 7.30 Uhr habe sie das Haus verlassen. Zunächst sei sie zu einer Freundin gegangen, die habe sie aber nicht mehr angetroffen. Dann sei sie weitergegangen bis zur nächsten Bushaltestelle. Dort sei sie in einen Bus eingestiegen, eine junge Frau habe sich neben sie gesetzt, aber nicht mit ihr gesprochen. Sie sei bis in die Gegend gefahren, in der eine Tante wohnt, da seien mehrere Leute zugestiegen. Eine Haltestelle weiter sei sie ausgestiegen. Sie habe daraufhin an mehreren Ampeln gestanden und sich nach einem Bus umgesehen, um zurückzufahren. Dann beendet Svenja das Gespräch abrupt: »Das ist alles.«
Hannelore Flamm ist das zu wenig. Sie kennt dieses Aussageverhalten, das ist typisch. Es braucht seine Zeit, bis traumatisierte Kinder sich dem Kerngeschehen nähern und sich damit auseinandersetzen wollen. Dabei können Wochen oder Monate vergehen, manchmal sogar Jahre. Die Kommissarin spricht leise, kindgerecht, zeigt Verständnis. Sie vermittelt Svenja, dass sie keine Angst mehr zu haben brauche, da alles vorbei und sie in Sicherheit sei.
Svenja hört zunächst aufmerksam zu, schweigend. Dann murmelt sie etwas Unverständliches. Schließlich beginnt sie zu erzählen, bruchstückhaft: »Ich bin um halb acht zur Schule gegangen, erst zur Maja und dann weiter. Sie war ja schon weg. Ich bin die Göttinger Straße runter, Leipziger Straße und zur

Eisenbahnstraße, eine Unterführung ist da. Dann kommen so viele Straßen. An der Straße weiter hoch stand ein Mann mit einem roten Auto. Er hat mich gerufen: ›Komm mal her!‹ Ich bin zu dem hingegangen.«

Svenja zögert. Nach einer Weile sagt sie noch: »Du darfst das nicht sagen, ich darf nicht mit fremden Leuten mitgehen.«

Hannelore Flamm nickt: »Versprochen.«

»Als ich bei dem Auto war«, setzt das Mädchen mit tonloser Stimme wieder an, »hat der mich am Arm gefasst und ins Auto gezogen. Ich habe auf dem Beifahrersitz gesessen. Dann ist der Mann ganz schnell gefahren. Er ist an der Schule vorbeigefahren.« Svenja senkt den Blick, es wird ihr zu viel. Sie möchte nicht weitererzählen.

Die Kommissarin akzeptiert das. Sie stellt jetzt gezielt Fragen.

(Flamm) »Kannst du dich an Dinge oder Gegenden erinnern, an denen ihr vorbeigefahren seid?«

(Svenja) »Ich glaube, ein Schwimmbad, ich war mal da. Dann auch bei meiner Tante vorbei. Um halb zwölf hat der Mann mit dem Auto gehalten.«

»Wie kommst du auf diese Zeit?«

»Ich hatte doch meine Flick-Flack-Uhr dabei. Da habe ich draufgeguckt. Da waren Häuser, nicht so groß wie das Krankenhaus hier. Da war auch ein Bäcker. Der Mann hat mir ein Brötchen gekauft. Das habe ich aus dem Fenster geworfen, ich esse nichts von anderen. Der Mann hat mich dann gehen lassen.«

»Wenn du jetzt mal überlegst, so kann das eigentlich nicht gewesen sein. Woher hast du die Verletzungen?«

»Ich bin nicht ausgestiegen. Der Mann ist mit mir zu einem dichten Wald gefahren, da sind wir ausgestiegen. Der war nett im Wald.«

»Worüber habt ihr euch denn unterhalten?«

Svenja antwortet nicht, sie schaut aus dem Fenster. Die Kommissarin lässt dem Mädchen Zeit, erst dann hakt sie nach.

»Svenja, was ist da passiert?«
»Dann war der nicht mehr nett.«
»Warum war der nicht mehr nett?«
»Der hat mir den Hals zugedrückt. Der hat hinter mir gestanden, die Daumen so hinten, ich hab kaum Luft bekommen.«
»Kannst du mir mal zeigen, wie der Mann das genau gemacht hat?«
»Eigentlich nicht.«
Svenja zögert. Dann überwindet sie sich doch und stellt sich hinter die Kommissarin, die auf einem Stuhl sitzt, und umfasst von hinten mit beiden Händen deren Hals, die Daumen im Genick der Kommissarin.
»Und dann?«
»Ich glaube, der hatte auch so eine Kordel. Zuerst habe ich die nicht gesehen. Ich hab das so gefühlt, als ob der mir was um den Hals legt. Dann habe ich dem in die Eier getreten. Der Mann ist hingefallen, da konnte ich schnell weglaufen. Ich meine, da hat der Mann noch gerufen: ›Wie alt bist du? Wie heißt du?‹«
Svenja denkt einen Moment nach. Schließlich erzählt sie weiter.
»Der Mann lag auf dem Boden, da habe ich einen Plan gehabt. Ich wollte mir einen Stock oder einen Stein holen. Da hätte ich mich mit gewehrt, wenn der aufgestanden wäre. Als ich noch bei ihm war, habe ich auch die Kordel in seiner Hand gesehen. Dem habe ich die abgenommen und einfach weggeschmissen. Ich bin dann schnell gelaufen. Dabei bin ich auch in so ein Gebüsch mit Dornen gefallen, da habe ich mir das Kinn aufgeschlagen. Die Kratzer an meinen Händen sind auch davon.«
»Was hat der Mann weiter gemacht?«
»Der war auf einmal nicht mehr da. Dann habe ich den Mann gesehen, aber den lieben Mann. Der wollte gerade einen schweren Stock auf der Wiese aufheben. Ich bin zu dem hingegangen und habe den angesprochen. Ich habe den gefragt, wo

die Hamburger Straße ist. Der Mann hat mich dann reingeholt. Ich habe meinen Namen gesagt und die Telefonnummer von meinem Opa. Der Mann hat den Opa angerufen, der Opa die Mama. Da war ich froh, dass ich wieder zu Hause war.«

»Was hat der Mann sonst noch getan, hat er mit dir noch mehr gesprochen, hat er dich angefasst?«

»Ich möchte jetzt nichts mehr sagen, du kannst nachher ja noch mal wiederkommen, wenn ich mich besser fühle. Ich bin jetzt kaputt.«

Svenja legt das Kinn auf die Brust und verschränkt die Arme. Demonstrativ schaut sie aus dem Fenster. Hannelore Flamm startet nach einer Weile noch einen letzten Versuch, mehr herauszubekommen.

»Kannst du vielleicht noch mal überlegen, wo dein Tornister und deine Uhr sind?«

»Die sind im Auto von dem Mann. Den Tornister hat er mir ausgezogen. Die Uhr auch, die hat er im Auto versteckt.«

»Kannst du den Mann mal beschreiben?«

»Der ist älter als mein Vater, so 1,80 Meter groß, kleiner Bauch. Der hatte grauweiße Haare und trug eine silberne, runde Brille. Er sprach Deutsch.«

»Was hatte der Mann an?«

»Der trug eine schwarze Hose und eine hellblaue Jacke. Um den Hals hatte der eine etwas dickere Kette, aus Gold.«

»Kannst du das Auto von dem Mann beschreiben?«

»Das war ein großes, rotes Auto mit vier Türen und schwarzen Reifen. Im Auto waren schwarze Polster. Und auf dem Rücksitz war eine Decke mit schwarz-weißen Blumen. Daneben lag ein Kissen mit lilafarbenen Blumen. Am Innenspiegel hing ein kleiner schwarz-weißer Pandabär. Der hatte eine Laterne in der Hand.«

»Würdest du den Mann oder das Auto wiedererkennen?«

»Ja.«

Svenja hat Tränen in den Augen. Sie ist am Ende ihrer Belastbarkeit angelangt, körperlich und seelisch. Die Anhörung wird abgebrochen. Hannelore Flamm bringt das Kind zurück ins Krankenzimmer, dort warten nun beide Eltern und auch ihr Bruder. Mit den Eltern und den behandelnden Ärzten wird vereinbart, die Kommissarin sofort zu verständigen, falls Svenja wieder etwas über die Tat erzählen sollte.

Am nächsten Morgen klingelt es gegen 9 Uhr bei den Bommers. Vor der Tür stehen Hannelore Flamm und ein jüngerer Kollege. Sie stellen Svenjas Eltern Fragen: Ob es möglich sei, dass Svenja für Geld in den Wagen eingestiegen sein könnte? Nein, auf gar keinen Fall. Ob Svenja Geld dabeigehabt habe, um sich etwas zu kaufen? Nein. Ob es schon einmal vorgekommen oder vorstellbar sei, dass Svenja mit einem Fremden mitgeht? Nein. Ausgeschlossen, undenkbar. Die Eltern berichten weiter, dass an dem betreffenden Montagmorgen auch nichts Außergewöhnliches passiert sei. Svenja habe pünktlich das Haus verlassen, die Kapuze über den Kopf gezogen, wegen einer drohenden Mittelohrentzündung. Sonst sei nichts weiter gewesen. Die Eltern werden gebeten, baldmöglichst eine Liste von Verwandten, Freunden und Bekannten zu erstellen, die ein rotes Auto fahren.

Am gleichen Nachmittag wird Svenja von der Kripo aus dem Krankenhaus abgeholt, die behandelnden Ärzte sind einverstanden. Der Vater begleitet sie. Sie soll den Beamten den Weg zeigen, den sie am Montagmorgen genommen hat, vor allem die Stelle, an der sie entführt wurde. Die Fahrt geht vom Elternhaus bis zu einer Bäckerei. Hier sei der Mann plötzlich zu ihr gekommen, erklärt Svenja. Mehr will sie aber nicht sagen. Hannelore Flamm und Burkhard Patten – der 34-jährige Oberkommissar unterstützt seine Kollegin in diesem Fall – verständigen sich wortlos. Die Kommissarin bleibt mit Svenja gegenüber der Bäckerei stehen, während ihr Kollege den Vater zur Seite nimmt und einige Schritte mit ihm geht.

Svenja zögert. Sie steht minutenlang neben Hannelore Flamm,

wortlos. Schließlich flüstert sie, dass der Täter auf der anderen Straßenseite gewesen sei. Das rote Auto habe auch dort gestanden. Der Mann sei zu ihr herübergekommen, habe sie an die Hand genommen, und sie sei mit ihm zum Auto gegangen.

Hannelore Flamm überquert mit Svenja die Straße. Ihr Kollege Burkhard Patten fährt jetzt, wie vereinbart, mit dem Dienstwagen vor, in den alle einsteigen. Svenja sitzt hinter dem Beifahrersitz. Ihren Tornister behält sie an – das habe sie am Montag auch so gemacht, erklärt Svenja. Sie soll nun zeigen, wohin der Täter mit ihr gefahren ist. Schnell bemerken die Kriminalisten, dass Svenja wohl behilflich sein möchte, die gefahrene Strecke aber nicht genau genug erinnern kann. Oder nicht erinnern will. Die Fahrt wird jedoch nicht abgebrochen, sondern als Gelegenheit genutzt, um Berührungsängste zwischen Kind und Kommissaren weiter abzubauen.

Und dies scheint auch zu gelingen. Ungefragt berichtet auf einmal Svenja von Einzelheiten, die ihr jetzt wieder einfallen: Der kleine Pandabär habe im Auto vorne am Innenspiegel gehangen und einen braunen Stab in der Hand gehalten. Am oberen Ende des Stabs sei ein kleines Kästchen gewesen, vielleicht eine Laterne. Der Mann habe ihr erzählt, das sei von ihm selbst gebastelt worden. Am Fenster, hinter dem Fahrersitz, habe ein Mickymaus-Plüschtier geklebt, ganz sicher. Auch will sich Svenja daran erinnern, dass die von ihr bereits erwähnte Decke und das Kissen nicht auf der Rückbank, sondern im Kofferraum gelegen hätten. Dann spricht sie noch davon, dass der Wagen des Täters ein »Kombi-Fahrzeug« gewesen sein könnte. Sie weiß allerdings nicht genau, was das ist.

Überhaupt mag sich Svenja mit einem Mal nicht mehr festlegen. Sie ist müde. Sie sagt es nicht, aber man sieht es ihr an. Deshalb bleiben einige Fragen der Kommissarin unbeantwortet: »Wie bist du von dem Täter angesprochen worden?« »Was hat der Mann dir gesagt, damit du in den Wagen einsteigst?«

»Was hat der Mann dir im Auto erzählt?« Svenja verweigert sich. Später wird Hannelore Flamm in ihren Bericht schreiben: »Hier sah Svenja die Unterzeichnerin nur mit großen, ängstlichen Augen an und gab keine Antwort.«
Am nächsten Tag ist Svenja abermals gefordert. Sie steht im Brennpunkt der Ermittlungen, denn sie hat den Täter über einen längeren Zeitraum beobachtet, und sie hat erklärt, ihren Peiniger beschreiben zu können. Und genau das soll sie jetzt versuchen – ein Phantombild erstellen. Zunächst erweckt sie allerdings den Eindruck, als habe sie die notwendigen Fähigkeiten der Selektion noch nicht entwickelt: Sie blättert durch eine dicke Mappe mit Fotos, die Männer unterschiedlichen Typs zeigen – ohne jede Regung. Doch irgendwann zeigt sie spontan auf ein Bild und sagt: »So!« Das Gesicht wird noch an einigen Stellen verändert, der Mann bekommt eine Brille aufgesetzt, dann gibt sich Svenja mit dem Ergebnis zufrieden: »Ja, so.«
Das Phantombild zeigt einen etwa 35 bis 40 Jahre alten Mann, die dunklen, grau melierten Haare akkurat nach links gescheitelt, mit buschigen Augenbrauen, großen dunklen Augen, schmalen Lippen, auffallend heller Gesichtshaut – keine markante »Verbrechervisage«, augenscheinlich eher ein durchaus gewinnender und sympathischer Typ.
Während die Kripo alle Maßnahmen ergreift, die in solchen Fällen zu ergreifen sind, kehrt Svenja zunächst zurück in das Krankenhaus, wo sie tagsüber noch bleiben soll, erst am Abend soll sie in ihr Elternhaus heimkehren. Die körperlichen Wunden sind zwar abgeheilt, aber das Mädchen erscheint psychisch noch sehr angegriffen. Svenja ist jedoch bereit, mit einer erfahrenen Psychologin zusammenzuarbeiten.
Kurze Zeit darauf besucht Hannelore Flamms Kollege Burkhard Patten die Psychologin in der Klinik. Die Trauma-Spezialistin Johanna Westerfeld berichtet dem Kommissar, das Kind habe sich noch nicht durchgängig zum Tatgeschehen

eingelassen. Fragen beantworte Svenja häufig mit dem Satz: »Da will ich nicht drüber reden!« Beim Spiel mit Handpuppen sei sie aufgeschlossener, ein Thema beschäftige sie besonders: Aggression – Weglaufen – Verfolgung – Polizei. Doch Svenja gelinge es nicht, dies sprachlich auszudrücken. Einmal sei eine Situation durchgespielt worden, bei der die vom Räuber verfolgte Prinzessin dem Polizisten den Tathergang schildern sollte. Durch die Prinzessin habe Svenja gesagt: »Sie hat versprochen, nichts zu sagen!« Das Kind ist offenbar noch blockiert. Die Expertin für die Untiefen der menschlichen Seele vermutet, dass der Täter das Mädchen unter Druck gesetzt haben könnte. Einerseits. Andererseits dürfte Svenja von der Angst gehemmt sein, durch das Mitfahren mit dem Fremden etwas getan zu haben, das ihr die Eltern strikt verboten hatten.

Das sind keine ermutigenden Ergebnisse. Die Ermittler stehen unter Druck – nur zwei Monate zuvor ist ein zwölfjähriges Mädchen in Verden an der Aller getötet worden, und deutliche Parallelen zum Fall Svenja sind zu erkennen: Das Opfer wurde morgens auf dem Weg zur Schule entführt, in einem Waldgebiet missbraucht und anschließend erdrosselt. Und der Täter soll einen roten Wagen gefahren haben, berichteten Zeugen.

Burkhard Patten telefoniert mit dem Leiter der »Ärztlichen Ambulanz bei Vernachlässigung für Kind und Familie« im Krankenhaus Bremen-Mitte. Dr. Thomas Brender erklärt das zwischenzeitliche Zurückweichen des Kindes mit einem seelischen Schockzustand, in dem sich Svenja wohl immer noch befinde. Diese emotionale Starre werde durch die permanenten Anhörungen und Befragungen verlängert, das Mädchen ziehe sich aus Angst zurück. Ein weiteres »direktes Ausfragen« sei zu vermeiden, mit Antworten des Kindes könne nicht gerechnet werden, solange dieser Zustand andauere. Dr. Brender schlägt daher vor, Svenja in der beschützenden Umgebung der Kinderklinik zu lassen, in der die betreuende Psychologin das Vertrauensverhältnis vertiefen solle, über kurz oder lang werde sich das Mädchen mitteilen wollen. Allerdings könne dies nur gelingen, wenn Svenja sicher sein könne, dass ihr »Geheimnis« nicht weitergetragen werde. Insbesondere darauf müsse hingearbeitet werden.

22. Januar, 14.40 Uhr. Svenjas Mutter, Helga Bommer, sitzt im Präsidium, Zimmer 147. Die 38-jährige Hausfrau soll vernommen werden. Es geht um Svenja, ihre Persönlichkeit, ihre Entwicklung, ihre Lebensgewohnheiten, ihren Freundeskreis, ihr Sozialverhalten, natürlich auch um Personen, die als Täter in Betracht kommen könnten. Hannelore Flamm führt die Vernehmung.

(Flamm) »Können Sie mir bitte schildern, was an diesem Montagmorgen passiert ist, wann und unter welchen Umständen Svenja das Haus verlassen hat?«

(Helga Bommer) »Ich bin davon ausgegangen, dass Svenja wieder ihre Freundin Maja abholt. Es ist nichts Besonderes gewesen, sodass ich glaubte, sie sei ganz normal zur Schule gegangen. Normal hätte sie Unterricht bis 10.45 Uhr gehabt, dann hätte sie spätestens gegen 11.10 Uhr zu Hause sein müssen. So gegen 11.45 Uhr kam mein Mann von der Arbeit, da wurde ich schon langsam unruhig und guckte immer wieder auf die Uhr. Mein Mann hat sich noch kurz die Haare gewaschen und ist danach zu Fuß in Richtung Schule gegangen. Gegen 12.30 Uhr kam er zurück und erzählte, Svenja sei gar nicht in der Schule gewesen. Ich habe sofort 110 angerufen und Bescheid gesagt. Danach haben wir bei Maja und Verwandten angerufen, aber keiner wusste etwas. Ich bin eigentlich auch gar nicht davon ausgegangen, dass Svenja zu Verwandten gegangen sein könnte. Dafür kenne ich sie zu gut, sie würde immer zur Schule gehen und nicht irgendwo anders hin. Als nachmittags mein Vater anrief und erzählte, Svenja sei mit dem Bus gefahren, habe ich das nicht geglaubt. So ganz alleine würde sie das nicht tun.«

»Wie hat sich Svenja Ihnen gegenüber nach der Tat verhalten?«

»Seit Anfang der Woche schläft sie wieder zu Hause. Sie hatte abends im Krankenhaus ziemlich Heimweh, da haben wir gemeinsam mit den Ärzten so entschieden. An Verhaltensänderungen habe ich festgestellt, dass sie abends immer Taschentücher mit ins Bett nimmt. Sie sagt, nachts immer weinen zu müssen. Ich habe aber nicht bemerkt, dass sie tatsächlich mal geweint hat, sie dreht sich während des Schlafs nur ziemlich oft um. Seit sie wieder daheim ist, wäscht sie sich sehr oft. Früher hat sie vielleicht alle zwei oder drei Tage geduscht oder gebadet, jetzt wesentlich häufiger. Auch wäscht sie sich sehr oft die Hände. Das ist schon komisch.«

»Wie läuft es bei ihr in der Schule?«

»Svenja fühlt sich in ihrer Klasse wohl, sie kann sich schnell anpassen. Einen engeren Kontakt hat sie zu zwei Mädchen, die von Beginn an mit ihr in dieselbe Klasse gingen. Sie kommt auch gut mit, jedenfalls ist die Lehrerin mit ihr zufrieden.«

»Wie kommt Svenja gewöhnlich zur Schule?«

»Von Anfang an haben wir darauf geachtet, dass Svenja nicht alleine zur Schule geht. Wir haben sie gebracht, entweder mein Mann oder ich. Mein Mann hat sie auch abgeholt, wenn er konnte. Im Sommer ließ ich sie auch schon mal alleine von der Schule nach Hause kommen. Sie wollte auch nicht immer gebracht werden und wehrte sich dagegen. So haben wir uns auch damit zufriedengegeben, wenn sie mit einer Freundin zusammen gegangen ist. Aber ein dummes Gefühl hatte ich immer, vor allem wegen des starken Straßenverkehrs.«

»Haben Sie vielleicht einen Verdacht, wer Ihrer Tochter das angetan haben könnte?«

»Ich habe keinerlei Hinweise darauf, dass der Täter jemand aus unserem Bekanntenkreis sein könnte. Ich kenne die Leute, die mit Svenja Umgang haben. Es ist ein kleiner, überschaubarer Kreis. Ich kann auch nichts zu den Figuren sagen, die

Svenja in dem Auto des Täters beschrieben hat. Auch das Phantombild erinnert mich nicht an jemand.«
Als die Kommissarin glaubt, alle wichtigen Fragen bereits gestellt zu haben, meldet sich Helga Bommer nochmals zu Wort. *»Ich glaube, es ist wichtig, was ich Ihnen noch sagen möchte«*, beginnt sie ihre Schilderung. *»Die beste Freundin meiner Tochter, das ist die Jasmin, die achtjährige Tochter meines Bruders. Sie ist seit gestern Abend bei uns. Die beiden schlafen bei mir im Schlafzimmer. Heute Vormittag hat mir die Jasmin ganz im Vertrauen gesteckt, Svenja habe ihr von der Sache erzählt. Sie habe ihr gesagt, der Mann habe sie aufgefordert, die Geschichte mit dem Busfahren zu erzählen. Wenn sie erzählen würde, was wirklich geschehen ist, dann würde der Mann sie töten. Sie hat ihr auch gesagt, der Mann wäre ein ganz Fremder, den hätte sie noch nie gesehen, und Mama und Papa würden den auch nicht kennen. Der Mann hätte sie auch nur gewürgt, sonst nichts getan. Jasmin hat Svenja wohl nicht erzählt, dass sie es mir weitergesagt hat, das sollte eigentlich ein Geheimnis zwischen beiden bleiben.«*
Die Vernehmung bringt in einigen Punkten Klarheit in die Ermittlungen: Sehr wahrscheinlich wurde das Opfer gewaltsam entführt und sexuell missbraucht. Vermutlich schämt Svenja sich noch zu sehr, um darüber sprechen zu können. Die Busfahrt hingegen dürfte das Kind erfunden haben, um das Tatgeschehen und die eigene Rolle zu verharmlosen und partiell zu entschärfen. Und der Täter dürfte nicht im sozialen Umfeld des Kindes zu suchen sein. In diesem Punkt sind die Angaben überzeugend und widerspruchsfrei. Allerdings wird es immer schwieriger, die Glaubwürdigkeit des Kindes einzuschätzen. Svenja hat bisher unterschiedliche Versionen des Tathergangs angeboten, zu wichtigen Aspekten indes schweigt sie beharrlich. Andererseits will sie sich an winzige Details erinnern können, zum Beispiel an den Pandabären mit der Laterne. Bei den Kriminalisten kommen deshalb Zweifel auf, ob bestimmte

Ermittlungsrichtungen überhaupt noch sinnvoll angelegt sind. Sah der Mann wirklich so aus, wie von Svenja beschrieben? Fuhr der Mann tatsächlich einen roten Wagen? Ist der Pandabär im Täterfahrzeug vielleicht nur eine Erfindung?

Horst Bommer, Svenjas Vater, wird einen Tag nach seiner Frau vernommen. Er bestätigt zunächst die Angaben seiner Frau zu den Geschehnissen des Montagmorgens. Seine Tochter beschreibt er als ein offenes Kind, interessiert und neugierig. Er spricht von häufigen gemeinsamen Unternehmungen, erwähnt, dass er auch über Probleme mit ihr gesprochen habe, »offen und ehrlich«. Das Eltern-Kind-Verhältnis sei vertrauensvoll und weitestgehend unbelastet. Horst Bommer hält es für »definitiv ausgeschlossen«, dass seine Tochter freiwillig in das Auto des Täters eingestiegen sein könnte: »Da muss sie gezogen worden sein, so, wie sie es vorigen Mittwoch gezeigt hat.« Als sie nach der Tat nachmittags nach Hause gekommen sei, sei sie verändert gewesen und sei es noch – wesentlich ruhiger, auch unkonzentrierter. Er müsse ihr bestimmte Dinge x-mal sagen, bis sie endlich darauf reagiere. Manchmal sei sie gar nicht ansprechbar, würde nur weinen. In den letzten Tagen, seit ihre Freundin Jasmin da ist, sei es aber besser geworden.

Horst Bommer macht zwar einen gefassten Eindruck, die Erschütterung und Verunsicherung sind ihm aber noch deutlich anzumerken. Ihn quält die unausgesprochen gebliebene Überlegung, vielleicht doch etwas falsch gemacht zu haben. »Ich habe sie immer gebracht, zum Kindergarten, zur Schule, zu Freundinnen«, versichert er dem Beamten. »Ich bin immer besonders vorsichtig gewesen. Deswegen finde ich es so schlimm, dass sie ausgerechnet an diesem ersten Tag, an dem sie alleine zur Schule gelaufen ist, weggekommen ist. Das will mir einfach nicht aus dem Kopf.«

Ein paar Tage später erhält Burkhard Patten einen Anruf aus der Kinderklinik. Johanna Westerfeld, die Psychologin, die Svenja betreut, teilt hörbar erregt mit, das Mädchen habe sich

am Abend zuvor sehr auffällig verhalten. Svenja sei von einem Kollegen des Vaters und dessen Tochter besucht worden. Beim Anblick des Mannes habe sie panisch reagiert, sei weggelaufen und habe sich auf ihr Bett geschmissen. Dort habe sie dann stocksteif gelegen und den Mann nur aus den Augenwinkeln beobachtet. Der Name des Mannes sei bekannt, er habe lediglich flüchtigen Kontakt zur Familie, ein- bis zweimal im Jahr. Der Kommissar beschließt das Gespräch mit einem kurzen Satz: »Wir kommen sofort.«
Hannelore Flamm spricht zunächst mit der Psychologin, die den Vorfall abermals schildert. Ihr sei noch aufgefallen, dass weder der Mann noch seine Tochter versucht hätten, sich mit Svenja zu unterhalten. Der Mann habe auch ziemliche Ähnlichkeit mit dem Phantombild.
Hannelore Flamm befragt daraufhin Svenja erneut.
(Flamm) »Ich habe gehört, dass du gestern hier Besuch hattest und dich beim Anblick des Mannes erschrocken hast?«
(Svenja) »Ja.«
»Und warum hast du dich wegen des Mannes erschrocken?«
»Weil ich ihn gar nicht erkannt habe.«
»Weißt du denn jetzt, wer der Mann war?«
»Ja, der Hartmut.«
»Warst du schon mal bei dem Hartmut zu Hause?«
»Ja, einmal. Da hat seine Tochter Geburtstag gefeiert. Ich weiß aber gar nicht mehr, wie die Tochter heißt. Ob der schon mal bei uns war, weiß ich gar nicht.«
»War das der Mann, der dich am Freitag im Auto mitgenommen hat?«
»Nein.«
»Sieht er diesem Mann denn ähnlich?«
»Nein, der Hartmut hat ja keine Brille!«
»Weißt du, was für ein Auto der Hartmut fährt?«
»Nein!«
»Bei uns haben ein paar Leute angerufen und erzählt, dass da

an der Bäckerei mehrmals ein holländisches Auto gesehen wurde. Sprach der Mann, der dich mitgenommen hat, vielleicht wie ein Holländer, oder sonst anders?«

»Nein, der sprach normal.«

Obwohl Svenja erklärt, dass der Bekannte der Familie sie nicht entführt habe, wird sein Alibi überprüft. Es kann zu diesem Zeitpunkt nicht ausgeschlossen werden, dass die Drohungen des Täters noch wirksam sind und das Mädchen lügt, um der sonst befürchteten Bestrafung zu entgehen. Doch der Verdächtige hat ein Alibi, das nicht zu erschüttern ist: Zur Tatzeit hat er auf einer Polizeiwache einer Beamtin gegenübergesessen und eine Anzeige erstattet – in der Nacht zuvor war sein Wagen aufgebrochen worden. Als sich zudem herausstellt, dass der Mann einen blauen BMW fährt, gilt die »Spur 81« als »erledigt«.

Einen wichtigen Ermittlungsansatz stellt nach wie vor das Fahrzeug des Täters dar. Die Ermittler entschließen sich daher, Svenja erneut danach zu fragen. Nach längerem Überlegen sagt sie schließlich, es sei ein »Ford« gewesen. In einem Autohaus zeigt sie später auf einen bestimmten Fahrzeugtyp, sie ist sich aber nicht sicher. Weiter erklärt Svenja, sie könne zum Kennzeichen des Wagens nicht viel sagen, da sie es nicht habe sehen können.

Manche Antworten des Kindes erscheinen willkürlich, einige kommen sehr zögerlich, andere gar nicht. Obwohl allen Beteiligten bewusst ist, dass von Svenja zu diesem Zeitpunkt kaum gesicherte Hinweise zu erhalten sind, finden ihre Mitteilungen zum Täterfahrzeug in konkreten Maßnahmen Umsetzung. Die Kripo startet eine Anfrage beim Kraftfahrtbundesamt: Übermittelt werden sollen die Daten sämtlicher Bürger Bremens, auf die ein roter, fünftüriger Ford des Typs Fiesta, Escort, Orion oder Sierra zugelassen ist.

Mittlerweile sind seit Svenjas Entführung 13 Tage vergangen. Dem Mädchen wurden viele Fragen gestellt, und es hat viele

Antworten gegeben. Ermittler und behandelnde Ärzte sind sich einig, dass nur jene Angaben verwertet werden sollten, die Svenja spontan und mehrfach gemacht hat. Nachdem der ermittelnde Kommissar Burkhard Patten die Akten ausgewertet hat, fasst er die fahndungsrelevanten Details in einem Vermerk zusammen:

»**Auto:**
- roter Pkw,
- viertürig bzw. fünftürig,
- am Innenspiegel ein schwarz-weißer Pandabär mit einem Stab in der Pfote, an dem ein Kästchen (Laterne?) hing.

Täter:
- ähnlich dem Vater: dunkle, grau melierte Haare,
- moderne rundliche Brille mit hellem Gestell.«

Das Kernproblem bleibt Svenja: Sie weiß wesentlich mehr, als sie sagt. Sie erzählt Dinge, die so nicht stimmen können. Und sie flüchtet sich gelegentlich in Phantasien, wenn nach Einzelheiten gefragt wird. Doch die Ermittler haben nicht die Zeit, um den mentalen und seelischen Genesungsprozess des Mädchens abzuwarten: Niemand kennt den Zeitpunkt, an dem der Mörder, der vielleicht zwei Monate zuvor schon das zwölfjährige Mädchen in Verden getötet hat, wieder zuschlagen wird – schlimmstenfalls sind es nur noch Tage.

Die Ermittler beschließen, nun auch Methoden anzuwenden, die nicht in den kriminalistischen Lehrbüchern stehen und medizinrechtlich umstritten sind. Zu diesen zählt die Befragung des Opfers unter Hypnose. Nach einigen Recherchen und Empfehlungen wendet sich Hannelore Flamm schließlich an einen ausgewiesenen Fachmann. Dr. Rudolf Berendes, Diplom-Psychologe aus Hamburg, kann auf eine langjährige Erfahrung mit dieser besonderen Form der Diagnostik zurückblicken.

In einem telefonischen Vorgespräch erklärt Dr. Berendes, dass er, bevor er mit der Arbeit beginnen könne, Gelegenheit erhalten müsse, das Kind in unverfänglichen und unbelasteten Situationen kennenzulernen. Erst hiernach bestehe eine Chance, Svenjas Erinnerungsvermögen zu beleben. Svenjas Eltern erklären sich zu einem ersten Kontaktgespräch bereit, das in der Kinderklinik stattfinden soll.

Zwei Tage später stellt sich Dr. Berendes Svenja vor. Er zeigt dabei auf eine Handpuppe, die in seinem Kittel steckt. »Das ist die Schnecke Mia«, erklärt der Psychologe. »Sie ist sehr alt und sehr klug. Sie ist immer dabei, wenn ich mit Kindern spreche. Wenn ich zu viele blöde Fragen stelle, zieht Mia sich in ihr Schneckenhaus zurück. Sie weiß auch sehr viel über Kinder, erzählt aber nie etwas weiter.«

Svenja sitzt bequem in einem Stuhl und sagt nichts. Aber sie wirkt interessiert. Dr. Berendes fragt das Kind, ob er eine Geschichte erzählen dürfe, die ihm von Mia vor einiger Zeit berichtet worden sei. Svenja nickt, und Dr. Berendes erzählt. Es geht um eine Prinzessin, die mit einem Räuber im Wald gewesen ist, der ihr zu nahe gekommen ist. Davon erzählt hat die Prinzessin nur ihrer Vertrauten, der Schnecke, die auch alles für sich behalten hat. Dr. Berendes nennt auch Einzelheiten: Passiert sei das Ganze vor zwei Wochen, der Räuber habe die Prinzessin in einem roten Auto mitgenommen und sei mit ihr in einen Wald gefahren. Die Prinzessin habe eigentlich zur Schule gewollt, aber der Räuber habe sie einfach mitgenommen. Später sei der Räuber böse geworden und habe der Prinzessin wehgetan.

Svenja hat zwar aufmerksam zugehört, aber nichts gesagt, was der Kripo weiterhelfen könnte. Dr. Berendes ist dennoch optimistisch. Er ist überzeugt, Svenja werde sich in der nächsten Zeit öffnen. Schon in den kommenden Tagen werde sie ihrer Mutter Variationen anbieten, wie sie über das Erlebte reden könne, ohne das Schweigegebot zu verletzen.

Schon am nächsten Vormittag meldet sich Helga Bommer bei

der Kripo. Svenja habe ihr etwas sehr Wichtiges erzählt, ob er, Burkhard Patten, nicht vorbeikommen wolle, dann könne ihre Tochter es ihm selbst mitteilen. Der Kommissar macht sich auf den Weg. Svenja gibt sich jedoch sehr zurückhaltend. Ihre Mutter versucht, sie sanft zu ermuntern. Ob sie denn dem Kommissar nicht die Geschichte erzählen wolle, der sei schon ganz gespannt darauf. Doch beharrlich weigert sich Svenja, etwas zu sagen: »Mami, erzähl du doch.«

Doch Helga Bommer lässt sich nicht erweichen. Als Burkhard Patten schon aufgeben will, sagt Svenja nur ein Wort: »Okay.«

Von sich aus berichtet das Mädchen nun mit leiser Stimme, der Täter habe sie in den Fußraum des Wagens gedrängt und dort eine Decke und ein Kissen über sie gelegt. Sie dürfe nicht hochkommen, habe er gedroht, sonst würde er sie verprügeln. Dann sei er mit ihr in den Wald gefahren. Dort habe er sich ausgezogen und »seinen Pipimann herausgeholt«. So unvermittelt Svenja zu sprechen begonnen hat, so jäh endet ihr Bericht. Sie ist offenbar noch nicht so weit, um pervertierte Sexualität und sexualisierte Gewalt in Worten ausdrücken zu können. Burkhard Patten weiß Rat. Er schlägt Svenja vor, die Geschichte auf einen Kassettenrekorder zu sprechen. Sie ist einverstanden.

Es ist 18.30 Uhr, als Helga Bommer sich am gleichen Tag erneut bei Burkhard Patten meldet, Svenja habe ihr weitere Einzelheiten berichtet. Sie habe auch eine Kassette besprochen. Eine halbe Stunde später ist der Kommissar bei den Bommers; Svenjas Aussage könnte einen Durchbruch bei den Ermittlungen bringen.

Zunächst hört er sich die Kassette an: *»Ich war auf dem Schulweg gegangen, und auf einmal kam da ein rotes Auto an. Der Mann kam da raus und hat mir den Mund zugehalten und mich ins Auto gesetzt, vorne. Und ein bisschen später hat er eine Decke und ein Kissen über mich gelegt. Dann sind wir gefahren. Wir kamen in einem Wald an, da musste ich mit* *reingehen, und da hat er mich gewürgt. Dabei bin ich so schlimm hingefallen, dass ich davon eine Gehirnerschütterung bekommen habe. Und kurz* [nahe, Anm. S. H.] *an dem Wald, da war sein Haus. Und die Uhr, die lag vornean, da, wo man die Tür aufmacht. Unter dem Sitz, wo der draufsaß, da war der Tornister. Ich musste den Pipimann festhalten, und wenn ich ihn nicht festhalte, dann verprügelt der Mann mich.«*

Burkhard Patten hört die Kassette ein zweites Mal ab. Im Wesentlichen hat Svenja die Geschichte, die sie am Vormittag erzählt hat, wiederholt. Aber der Kommissar hat auch einen Halbsatz gehört, der den Ermittlungen eine neue, vielleicht sogar entscheidende Richtung geben könnte: »Da war sein Haus.«

Bei dem weiteren Gespräch mit Svenja ist Helga Bommer dabei. Das Mädchen erzählt nun, das Auto sei ein roter Ford gewesen und habe vier Türen gehabt. Der Tornister sei ihr abgenommen worden, der Täter habe ihn in eine »Schublade« unter den Sitz gesteckt. Sie habe zunächst auf dem Beifahrersitz gesessen, bis sie aufgefordert worden sei, sich in den Fußraum zu knien. Der Mann habe noch eine Decke und ein Kissen über sie gelegt. Nach einer Zeit – Svenja spricht von »fünf Minuten« – habe der Mann vor einem Haus gehalten, »seinem Haus«.

Der Kommissar ermuntert Svenja, das Haus näher zu beschreiben.

»Was war das für ein Haus, das er dir gezeigt hat?«

»Ein weißes. Das war auch nicht so groß wie unser Haus. Und da standen keine anderen Häuser dran. Das stand allein. Oben hatte es noch ein Dach, das war so viereckig. Und drum herum waren Bäume.«

»Warum seid ihr da nicht reingegangen?«

»Weiß ich nicht. Vielleicht war es auch nicht von ihm.«

»Hat der Mann mal gesagt, wie er heißt?«

»Nein.«

»Was hatte der Mann an?«

»Klamotten. Jacke, ein Hemd, eine Hose, eine Unterhose.«
»Woher weißt du, dass der eine Unterhose anhatte?«
»Die hat der doch ausgezogen!«
»Wie, ganz? War der pudelnackt?«
»Nein. Nur die Unterhose und die Hose. So runtergezogen.«
»Was hattest du da an?«
»Klamotten!«
»Hattest du noch den Mantel an?«
»An.«
»Und dann kam das mit dem Pipimann?«
Svenja kichert nur leise und verlegen und sagt nichts. Burkhard Patten schaut sich um. Er sucht nach etwas, das kein Penis ist, aber in etwa eine solche Form hat. Er greift nach einer Vase, tulpenförmig.
»Schau mal, Svenja. Stell dir einfach vor, das ist der Pipimann. Kannst du mal zeigen, was du machen solltest?«
Svenja sagt wieder nichts, das vormalige Kichern bleibt aus. Das Mädchen verkriecht sich förmlich hinter der Mutter.
»Okay, wenn du es nicht mir erzählen möchtest, dann vielleicht der Hannelore? Die kennst du doch. Was meinst du?«
Svenja schweigt weiter und klammert sich an ihrer Mutter fest. Der Kommissar bleibt geduldig, beginnt von ähnlichen Kinderschicksalen zu erzählen.
»Du bist nicht das erste Mädchen, dem so etwas passiert ist. Viele kleine Mädchen haben schon bei mir gesessen, die haben sich auch zuerst geschämt und wollten nichts sagen. Schämen müssen sich aber nicht die Mädchen, sondern die Männer, die ihren Pipimann herausholten.«
Burkhard Patten macht bewusst eine kurze Pause.
»Hinterher waren aber alle froh, die Sache doch erzählt zu haben. Wenn du es trotzdem nicht berichten magst, können wir es auch mit den Puppen versuchen.«
Svenja wirkt jetzt etwas entspannter. Sie steht nicht mehr hinter, sondern neben ihrer Mutter. Und sie nickt. Burkhard Pat-

ten wertet dies als Einverständnis für weitere Fragen. Svenja erzählt nun erstmals davon, wie der Täter sie sexuell missbraucht hat – eine Tortur. Schließlich lenkt der Kommissar das Gespräch auf einen weiteren wichtigen Aspekt.
»Was hat der Mann gemacht, als das mit dem Pipimann vorbei war?«
»Krrrk!« Svenja macht die Handbewegung des Würgens.
»Kannst du mal zeigen, wie der das gemacht hat?«
Svenja stellt sich hinter ihre Mutter, die auf dem Boden sitzt, legt ihr die Hände von hinten um den Hals und drückt zu. *»So!«*
»Hat der Mann dabei etwas gesagt?«
»Nein.«
»Und was hast du gemacht?«
»Uuuh!« Svenja zeigt, wie sie seitlich auf den Boden fällt. *»Ich bin hingefallen. Und davon habe ich ja die Gehirnerschütterung.«*
»Und dann?«
»Dann war ich wie am Schlafen.«
»Hat der das nur mit den Händen gemacht, das Würgen?«
»Weiß ich doch nicht, der stand doch hinter mir. Das konnte ich doch gar nicht sehen!«
»Jetzt hast du auf dem Boden gelegen, und dann?«
»Geschlafen.«
»Und als du wach geworden bist?«
»Da bin ich gegangen. Der Mann war weg, einfach weg! Auch das Auto war weg.«
»Du hast mir doch die Geschichte mit dem Bus erzählt. Hast du dir das ausgedacht, oder hast du das von jemand anderem?«
»Ich sollte doch nichts sagen!«
»Hat der Mann dir gesagt, du sollst nichts sagen?«
»Ja.«
»Hat er dir denn auch erzählt, was passiert, wenn du es doch weitererzählst?«

»Nix! Nix!«
Burkhard Patten versucht, die Angst des Kindes vor den Todesdrohungen des Täters abzumildern.
»Der Mann kann dir nichts mehr tun. Hat er dir gedroht?«
Svenja schüttelt nur den Kopf und schweigt. Sie versteckt sich wieder hinter ihrer Mutter. Burkhard Patten lässt los. Es ist genug. Er lobt Svenja, weil sie so viel erzählt hat.
Das Mädchen scheint Fortschritte zu machen. Erstmals hat es berichtet, wie der Täter es sexuell missbraucht und gedemütigt hat. Ob es das »Haus des Mannes« wirklich gibt, bleibt ungewiss. Svenjas Schilderung ist zu beliebig, um gezielt nach dem Haus zu suchen. Während die Beschreibungen von Kissen und Decke sich in Details unterscheiden, sind die Ermittler jetzt aber davon überzeugt, dass es sie gegeben hat. Und diese Annahme unterstreicht die Hypothese, dass man es nicht mit einem »Ersttäter« zu tun hat. Wahrscheinlich hatte der Unbekannte Kissen und Decke nicht zufällig dabei. Sehr wahrscheinlich ist er einem bestimmten Plan gefolgt und hat auf diese Weise nicht zum ersten Mal ein Mädchen entführt.
Auch zweieinhalb Wochen nach der Tat ist es der Kripo noch nicht gelungen, herauszufinden, wohin Svenja entführt worden ist. Dieser Ort ist von größter Wichtigkeit. Überall dort, wo der Täter gehandelt hat, könnte er auch Spuren hinterlassen haben: Profilabdrücke der Autoreifen, als er in den Wald gefahren ist; Schuheindruckspuren, als er mit dem Kind im Wald herumgelaufen ist; oder Sperma, als er sich mit einem Einmal-Taschentuch gesäubert und es danach weggeworfen hat. Vielleicht ist er von Zeugen beobachtet worden, als er im Wald gehalten hat oder als er wieder weggefahren ist.
Svenja kennt diesen Ort, den sie aber nur sehr vage beschreibt und den sie bei Ausfahrten mit der Polizei bisher nicht wiedergefunden hat. Entweder kann sie sich nicht erinnern oder sie will nichts darüber sagen. Nichtsdestotrotz wird ein neuer Versuch gestartet. Wieder soll sie demonstrieren, wie sie ent-

führt wurde. Wieder soll sie zeigen, wie sie im Fußraum ausharren musste. Und wieder werden mit ihr bestimmte Straßen, Autobahnteilstücke und Gegenden Bremens abgefahren. Das erbringt jedoch kein neues Ergebnis. Svenja wirkt unwillig, ihre Angaben bleiben häufig unklar und unbestimmt – »vielleicht«, »kann sein«, »weiß nicht«.

Die Mutter berichtet der Kripo, ihre Tochter sei in den letzten Tagen sehr unruhig gewesen und habe viel geweint. Svenja leidet. Und ihre Eltern leiden mit. Und ihr Bruder. Und die übrige Verwandtschaft. Auch den Ermittlern fällt es schwer, das Kind wieder und wieder zu behelligen und zu belasten. Aber sie müssen. Denn: Svenja weiß mehr, als sie bisher gesagt hat. Und die Fahnder vermuten, das Mädchen habe sie nicht immer mit der Wahrheit bedient. Hatte das Auto wirklich vier Türen? War es tatsächlich rot? Stimmt es, dass der Täter grau melierte Haare hat? Jagt die Kripo vielleicht nur einem Hirngespinst hinterher?

Marita Golm, eine 44-jährige Werbetexterin, Svenjas Tante, meldet sich an einem Montagmorgen bei der Kripo. Ihre Nichte hat das Wochenende bei ihr verbracht, und Marita Golm berichtet, Svenja habe »das Haus des Täters« gemalt. Die Kommissarin Hannelore Flamm fährt sofort nach Bremen-Neustadt, zur Wohnung von Marita Golm.

Svenja versteckt sich zuerst, und sie will auch nichts sagen. Die Frauen reden eine Zeit mit dem Kind, doch Svenja will weder eine Aussage machen noch die Fotos anschauen, die die Kommissarin mitgebracht hat – Fotos der üblichen Verdächtigen, allesamt vorbestrafte Sexualtäter aus der Region. Hannelore Flamm fährt zurück ins Präsidium, Svenjas Zeichnung nimmt sie mit.

Die Zeichnung zeigt ein Haus, weiß, mit der Giebelfront zur Straße hin, rechts daneben soll die Garage sein. Das Haus hat drei Fenster, jeweils mit Blumenkästen und drei Pflanzen darin. Die Hauseingangstür ist links, daneben ein Türschlitz, viel-

leicht auch eine Halterung. Darunter steht »Zeitung«. Vorgarten oder Zaun sind nicht vorhanden. Unklar bleibt, ob das Haus anderthalb- oder zweigeschossig ist.
Einen Tag später bekommt Svenja Post von Dr. Rudolf Berendes, dem Hypnose-Spezialisten.

»Hallo Svenja!
Viele Grüße von Mia. Sie hat mich gebeten, Dir zu schreiben. Mia hat mit mir geschimpft, weil ich nicht gemerkt habe, dass Du auch ein großes Problem hast. Mia meint, dass Dir auch ein Mann etwas ganz Schlimmes gesagt hat. Und dass Du das niemandem weitersagen darfst. Mia glaubt, dass Du deswegen große Angst hast.
Mia hat einen ganzen Tag nachgedacht. Dann streckte sie den Kopf hervor und sagte, dass sie eine Idee habe. Sie will machen, dass der Mann alles vergisst, was er mit Dir gemacht hat und was er Dir gesagt hat. Dann kann er sich auch nicht mehr erinnern. Wenn sie es geschafft hat, will sie Dir ein Zeichen schicken.
Mia sagte, dass Du von ihr träumen wirst, wenn sie alles geschafft hat. Dann will sie Dir auch sagen, dass der Mann alles vergessen hat und Du wieder ganz frei bist und alles sagen kannst, was Du weißt und was Du sagen willst.
Viele Grüße von Mia und Herrn Berendes.«

Am nächsten Tag ruft Marita Golm Hannelore Flamm erneut an: Svenja habe noch ein Bild des Hauses gemalt, in dem der Täter wohnen soll. Das Mädchen habe erzählt, der Täter sei mit dem Auto nahe an das Haus herangefahren, habe dort angehalten und sei kurz hineingegangen. Der Täter habe Svenja im Wagen eingeschlossen, sodass sie nicht mehr herausgekonnt und geweint habe. Die Kommissarin macht sich wieder auf den Weg.
Behutsam spricht sie mit Svenja, die an dem Tag wesentlich

zugänglicher ist, genau zuhört und präzise antwortet. Zum Haus: allein im Wald, schmaler und schlechter Weg dorthin, aber mit Bürgersteig. Die Kommissarin zweifelt, fragt nach, wiederholt bestimmte Fragen, bekommt andere oder abweichende oder sich widersprechende Antworten. Sie redet dem Kind ins Gewissen. Viele Polizisten würden seit Tagen nach diesem Haus suchen, und sie würden so lange suchen müssen, bis das Haus gefunden werde. Polizisten mit Familien, die deshalb nicht zu Hause sein könnten – bei ihren Kindern.
Svenja reagiert prompt. Nein, es habe doch kein Haus gegeben, sie seien auch nicht an einem Haus vorbeigekommen. Der Mann habe auch nicht vorher irgendwo angehalten. Warum sie die Sache mit dem Haus erfunden habe? Sie weiß es nicht. Stimmt denn das mit dem Busfahren? Nein. Und das mit dem Sitzen auf der Rückbank? Auch nicht. Was denn überhaupt stimme, wird sie gefragt. Rotes Auto mit vier Türen, Marke Ford, Pandabär mit Laterne am Innenspiegel – die alte Geschichte eben. Da sei sie sich aber sicher, da könne man sich auf sie verlassen, bestimmt.
Ganz so sicher ist sich die Kripo da nicht. Auch die Psychologen zweifeln. Svenja muss also weiter befragt werden, zumal sich die Ermittlungen dahinschleppen: kein Verdächtiger, kein Erfolg versprechender Hinweis, keine heiße Spur. Die Ermittler unternehmen einen neuen Versuch: Ein im Umgang mit Kindern erfahrener und geschulter Ermittler wird zu den Bommers geschickt, diesmal in Uniform. Holger Kaspers steht vor einer schwierigen Aufgabe. Der 46-jährige Polizeihauptmeister soll ausloten, in welchen Punkten Svenjas bisherige Angaben nicht der Wahrheit entsprechen.
Wie mit den Eltern vereinbart, kommt Hans Kaspers zu den Bommers und spricht mit Svenja im Beisein der Mutter. Hans Kaspers erklärt Svenja, dass er nicht ohne Grund gekommen sei, und fragt sie, ob sie sich mit ihm über die Tat unterhalten wolle und ob sie ihm auch die Wahrheit sagen werde. Beides

bejaht das Mädchen. Sie reichen sich die Hände – »Ehrenwort«.
(Kaspers) »Wie war das mit dem Bus, bist du mit dem Bus gefahren?«
Svenja wird verlegen und dreht den Kopf leicht zur Seite.
(Svenja) »Nein.«
»Schau mich bitte an, ich drehe mich auch nicht weg, wenn ich mit jemand rede. Was war mit dem Bus?«
Svenja sieht dem Mann in die Augen und spricht sehr leise.
»Das habe ich erfunden.«
»Warum sprichst du jetzt so leise?«
»Weiß nicht.«
»Als du aus dem Bus ausgestiegen bist, kanntest du die Gegend?«
Svenja antwortet jetzt lauter.
»Ich habe mit dem Bus gelogen, das ist jetzt wahr.«
Sie gibt Hans Kaspers die Hand – das vereinbarte Zeichen für »Wahrheit«.
»Hast du unterwegs irgendwo haltgemacht?«
»Ja, ich habe bei einer Freundin geklingelt und bin dann weitergegangen.«
»Wo bist du dann hingegangen?«
»Wie immer, und da war der Mann.«
»Wo war der Mann? Lief der, stand der da, oder wo war der?«
»Der kam mit dem Auto, und ich bin eingestiegen. Ich habe mich neben den Fahrer gesetzt.«
»Warum bist du eingestiegen, warum bist du nicht weggelaufen? Hat dich der Mann ins Auto gesetzt?«
Svenja schaut zur Mutter und antwortet erst, als diese Zustimmung signalisiert.
»Ich bin eingestiegen, der Mann hat mich nicht reingesetzt.«
»Wer ist der Mann, Svenja? Kennst du den? Wir sind Freunde, und da muss man sich die Wahrheit sagen.«
»Du kannst mir glauben«, setzt Hans Kaspers wieder an, »der

wird dir nichts mehr tun, wir sind ja Freunde. Kennst du den Mann?«
Svenja sagt nichts. Mit einem Mal schüttelt sie heftig den Kopf und legt sich aufs Sofa.
»Willst du nicht mehr mit mir reden?«
»Doch, ja.«
»Willst du über den Mann reden?«
»Den kenne ich nicht.«
Im Laufe des Gesprächs bleiben Kaspers' mehrfache Ansätze, von Svenja etwas Näheres über den Mann, der sie entführte, zu erfahren, ergebnislos.
»Wie sah der Mann aus?«
»So groß wie du, viel dünner und viel älter.« (Hans Kaspers ist 1,68 Meter groß, wiegt 70 Kilogramm und ist 46 Jahre alt.)
»Wie viele Türen hatte das Auto, zwei oder vier?«
»Zwei auf jeder Seite.«
»Farbe?«
»Rot.«
Helga Bommer kommt wieder herein. Sie fordert Svenja auf, endlich zu sagen, was sie wisse, sie solle mit den Mätzchen aufhören. Hans Kaspers reagiert.
»Wer war der Mann? Kennst du den?«
Svenja starrt ihre Mutter an. Es vergeht eine Weile, in der nicht gesprochen wird. Hans Kaspers spürt, dass er der Wahrheit näher kommt.
»Ich kenne den Mann nicht!«
»Hast du den Mann vorher mal gesehen?«
»Nein.«
Kaspers' Versuche, den Wahrheitsgehalt von Svenjas Schilderungen herauszufinden, führen ebenfalls ins Leere. Das Mädchen verstrickt sich in Widersprüche zu bereits geäußerten Details, die es während des Gesprächs nun wieder anders schildert.
»Was war das für eine Decke, von der du uns erzählt hast?«

»Die hat mir der Mann auf den Kopf gelegt.«
»Was für Blumen waren auf der Decke?«
»Keine Blumen, das weiß ich nicht.«
»Hast du während der Autofahrt geschlafen? Waren im Radio Nachrichten oder lief Musik? Hast du vielleicht gar nichts sehen können?«
»Ich habe kein Radio gehört. Ich habe nicht geschlafen.«
»Hat der Mann dir schon im Auto wehgetan?«
»Nein, im Wald.«
»Was hat der Mann dir erzählt?«
»Nix.«
»Wer hat dir gesagt, dass du die komische Geschichte mit dem Bus erzählen sollst?«
»Keiner.«
»Im Wald bist du hingefallen. Warum?«
Svenja schweigt. Dafür antwortet Helga Bommer. Ihr sei aufgefallen, dass die Kleidung des Kindes nach der Entführung weder beschädigt noch verschmutzt gewesen sei. Hans Kaspers nickt kurz und wendet sich wieder dem Kind zu.
»Als dein Freund: Hat der Mann mit dir gesprochen?«
»Ja.«
»Was hat der gesagt?«
Keine Antwort.
»Hat dir der Mann gesagt, dass du nichts verraten darfst?«
»Ja, als ich dann wegging.«
Svenja steht auf, nimmt ihren Schal und versucht, eine Krawatte daraus zu binden; ob ihm das gefalle, fragt sie Hans Kaspers. Der Polizist weiß nicht recht, wie er darauf reagieren soll. Svenja hat wohl keine Lust mehr zu reden. Hans Kaspers schlägt daher vor, in anderthalb Stunden wiederzukommen und Svenja zum Essen einzuladen. Das Mädchen ist begeistert.
Als Hans Kaspers wie verabredet erscheint, will Svenja auf keinen Fall mitfahren, sie kauert hinter dem Sofa. Helga Bommer berichtet, sie habe Svenja die Haare zurechtgemacht, ihre

Tochter habe sich sogar die Schuhe geputzt, aber vor etwa einer Viertelstunde sei sie hinter das Sofa geklettert und wolle nicht mehr hervorkommen. Horst Bommer kommt plötzlich dazu. Er hat alles mitgehört, und jetzt ist es mit seiner Geduld vorbei. Er schnauzt seine Tochter an, sie solle endlich die Wahrheit sagen und »mit der Show aufhören«. Dann wird eine Zeit lang gar nicht gesprochen. Svenja kauert immer noch hinter dem Sofa, die Eltern stehen im Wohnzimmer, besorgt und betreten, Hans Kaspers mittendrin. Der Polizist gibt schließlich auf und verabschiedet sich.

Später schreibt er in seinem Bericht: »Obwohl ich Svenja versprochen hatte, gegen ihren Willen keine Fragen zu stellen, weigerte sie sich plötzlich, mit mir zu fahren. Es ist denkbar, dass Svenja in meiner Abwesenheit doch Angst bekam, dass ich sie zu einer Aussage drängen könnte. Das Mädchen hatte sich während meiner Abwesenheit vollkommen verändert. Ich halte es für möglich, dass Svenja irgendwann von sich aus bereit sein wird, Einzelheiten der Tat zu berichten. Mir war es jedenfalls nicht möglich, festzustellen, wann das Kind gelogen hat.«

Als Ursache für das unterschiedliche und widersprüchliche Aussageverhalten des Kindes vermuten die Ermittler zwei Dinge: Svenja steht immer noch unter dem Eindruck der erlittenen Todesangst. Ihre Mutter berichtet der Kripo in diesem Zusammenhang, das Kind verhalte sich »manchmal sehr merkwürdig«, sei »schreckhaft«, schaue sich bei Spaziergängen häufig um, ohne dass ein äußerer Anlass erkennbar wäre. Oder: »Wir haben mit ihr Karten gespielt. Auf einmal sagte sie, dass sich auf einem der Bilder ein Mann auszieht. Dann hat sie diese Karte einfach weggeworfen.« Andererseits kommt es zu einer Vermischung von tatsächlich Erlebtem und ihrer lebhaften Phantasie.

Und genau diese Unwägbarkeiten führen die Ermittler an ihre erkenntnistheoretischen Grenzen. Wie soll ein Täter gefasst

werden, den das Opfer möglicherweise (un)bewusst verfremdet – ein Zwitterwesen aus kindlicher Imagination und mörderischer Realität? Doch Svenja Bommer bleibt der Schlüssel für die Gefängniszelle des Täters. Sollte es nicht gelingen, ihr die Wahrheit zu entlocken, hätte der Mörder weiter freie Hand. Ein Albtraum für jeden Kriminalisten.
Die letzte Hoffnung ist Dr. Berendes. Svenja will den Diplom-Psychologen gemeinsam mit ihrer Mutter in seiner Hamburger Praxis besuchen. Sie freut sich auf ein Wiedersehen mit »Mia«, der Schnecke. Das Mädchen hat auch nichts dagegen, dass das Gespräch videografiert wird. »Die Polizisten sollen aber nicht mitkommen«, macht sie zur Bedingung. Und genau so kommt es.
Zwei Tage später erreicht Burkhard Patten der ärztliche Bericht.

»Sehr geehrter Herr Patten,
anliegend die Kassette für Svenja und ein kurzer Bericht für Ihre Unterlagen. Ich wähle diesen Weg, da ich annehme, dass Sie sich die Aufzeichnung auch ansehen wollen. Ziel war es, Svenja zu bewegen, sich möglichst in Trance noch einmal den Tatablauf zu vergegenwärtigen, um auf diesem Wege genauere Einzelheiten zu bestimmten Merkmalen erfragen zu können. Dieses Vorgehen ist durchaus üblich und wird im Rahmen klinischer Hypnose häufig angewendet, um Patienten noch einmal mit zurückliegenden Ereignissen konfrontieren zu können. Voraussetzung dazu ist aber, dass die Patienten innerlich bereit sind, sich mit den teilweise belastenden Erinnerungen befassen zu wollen. Üblicherweise wählt man zur Übung zunächst Ereignisse mit angenehmen Erinnerungsresten (Feiern, Urlaub …), bevor man sich gemeinsam an die belastenden Ereignisse wagt. Häufig ist jedoch zu beobachten, dass die Patienten wenig Schwierigkeiten

haben, sich mit angenehmen Erinnerungen auseinanderzusetzen; dass es ihnen aber unmöglich ist, Trancetiefe und Erinnerungsvermögen für die schwierigen Erlebnisse beizubehalten. In diesem Fall wird die innere Weigerung im therapeutischen Setting respektiert und vor erneutem Versuch zunächst eine persönlichkeitsstärkende Therapie eingeflochten. Wenn diese Abläufe bei Erwachsenen nicht ungewöhnlich sind, die sich im eigenen Interesse mit ihren früheren Erlebnissen auseinandersetzen möchten, dann ist sicherlich verständlich, dass weder ein Erwachsener noch ein Kind bereit ist, sich im subjektiv verstandenen Interesse eines anderen und gegen die eigenen Ängste mit einem traumatischen Erlebnis auseinanderzusetzen.

Auch Svenja reagierte schon auf die vorhergehende Unterrichtung bezüglich des geplanten Ablaufes des Besuches bei ›Mia‹ mit ängstlichem Erstaunen. So ist es schon verwunderlich, dass sie sich überhaupt auf die ersten Übungen eingelassen hat. Verständlich unter diesen Umständen auch, dass sie z. B. nicht bereit war, bei den neutralen Vorstellungsübungen ihre Augen zu schließen.

Zum Video: Bis zur Zeitangabe 12.20 versuche ich über ›Urlaubserinnerungen‹, Svenja mit dem geplanten Vorgehen vertraut zu machen. Nach einer ›Bewegungspause‹ versuche ich gegen 12.30 die Bearbeitung der eigentlichen Aufgabe. Svenja reagiert jedoch mit großer Angst, sodass ich diese Situation schnell beende, um später vielleicht mögliche oder notwendige Versuche gleicher Art nicht zu gefährden. Die restliche Zeit dient der Entspannung der Situation und dem Versuch, ›Brücken‹ für zukünftige Erinnerungen zum Tatablauf zu bauen.«

Das Ergebnis ist wieder einmal ernüchternd: Svenja kann sich nicht erinnern, Svenja will sich nicht erinnern.

Als die Situation aussichtslos erscheint und nichts weiter passiert, erreicht die Kripo eine Mitteilung, die sofort hektische Betriebsamkeit auslöst – der Tornister des Mädchens ist von Wanderern gefunden worden. Er lag am Straßenrand in einem Dornengebüsch unweit von Mahndorf, einem Außenbezirk Bremens.
Nachdem die Spurensicherung den Tornister untersucht hat, wird er Helga Bommer gezeigt. Sie identifiziert den Schulranzen eindeutig als den ihrer Tochter. Es fehlen: der Schlüsselbund, das Federmäppchen, eine Kinderschere und eine blaue Blechdose mit Wachsmalstiften. Ob die Familie Bezüge nach Mahndorf habe, wird Helga Bommer abschließend gefragt.
»Nein. Wir kennen dort niemand, und wir waren auch noch nie dort.«
Mittlerweile sind knapp zwei Monate vergangen, und die Ermittler treten immer noch auf der Stelle. Die Kripo hat 187 Personen ausfindig machen können, auf die alle Suchkriterien zutreffen: männlich, zwischen 30 und 50 Jahre alt, wohnhaft in Bremen, Halter eines roten Pkw, vorbestraft. Burkhard Patten hat sich bei den Bommers angekündigt, Svenja soll sich die Fotos der verdächtigen Männer anschauen.
Bevor der Kommissar mit Svenja zusammenkommt, wird er von ihrem Vater zur Seite genommen. Er habe sich gestern Abend mit Svenja noch einmal über alle Einzelheiten der Tat unterhalten, berichtet Horst Bommer dem Beamten, alles sei »ganz zwanglos gewesen«. Seine Tochter habe Dinge erzählt, die ihn »nicht besonders erstaunt« hätten. Er habe »es immer schon gewusst«, das sei »jetzt wohl die Wahrheit«. Sie solle es aber besser selber berichten, schlägt Horst Bommer vor. Burkhard Patten stimmt zu. Svenja wird ins Wohnzimmer gerufen.
(Patten) »Du hast gestern mit deinem Papa über die Sache gesprochen?«
(Svenja) »Ja.«
»Was hast du denn so erzählt?«

Svenja verbirgt sich nicht hinter ihrem Vater, sondern setzt sich aufs Sofa. Die Hände steckt sie unter die Oberschenkel. Und dann schweigt sie.

»Soll ich besser Fragen stellen?«

»Ja.«

»Okay. Welche Farbe hatte das Auto von dem Mann?«

»Das war nicht rot.« Sie macht eine Pause. *»Das war dunkelgrau.«*

»Und wie viele Türen hatte das Auto?«

»Das waren nicht vier, sondern zwei. An jeder Seite eine.«

»Und wie war das mit dem Pandabären?«

»Der war wirklich da am Spiegel. Aber der war ganz anders. Der hatte keine Laterne in der Hand, das stimmt nicht.«

»Und wie sah der Mann aus?«

»Das stimmt wirklich.«

»Was stimmt wirklich?«

»Der sah so aus. So, wie ich es schon gesagt habe.« Svenja denkt nach. *»Um das Kinn herum hatte der so Haare.«*

»Du meinst so einen Dreitagebart, wie ihn dein Papa jetzt hat?«

»Ja, genau.«

»Ist das jetzt die Wahrheit?«

»Ja!«

»Warum hast du denn bisher etwas ganz anderes erzählt?«

Svenja schweigt.

»Kannst du mir das mal erklären?«

Svenja dreht sich zur Seite. Nur ein leises Schluchzen ist zu hören. Burkhard Patten bricht das Gespräch ab.

Die Ermittler sind skeptisch. Eine Bewertung der neuen Detailangaben ist schwierig. Sollte es Svenja gelungen sein, dem langen Schatten der Angst zu entfliehen? Konnte sie deshalb frei erzählen? Dem steht allerdings entgegen, dass sie nach wie vor befangen reagiert und dies auch zeigt, wenn sie sich konkret an die Tat erinnern soll. Auch dem Vater ist es bisher nicht

geglückt, seiner Tochter Unsicherheit und Furcht zu nehmen. Er ist zu ungeduldig. Und er setzt die falschen Mittel ein: Wie soll ein schwer traumatisiertes Kind seine Hemmungen und Vorbehalte überwinden, wenn der Vater es permanent der Lüge bezichtigt? Wie soll Svenja ihre Angst ablegen, wenn ihr gesagt wird, dass der Täter sogar plötzlich vor der eigenen Haustür stehen könnte – wenn er mit ihrer Hilfe nicht gefasst werden könne? Wenn sich die Familie Tränengassprühdosen und Messer zulegt, um für den Fall der Fälle vorbereitet zu sein?
Vielleicht hat Svenja den innerfamiliären Druck, für den vornehmlich der Vater sorgt (»Sag endlich die Wahrheit!«), nicht mehr ausgehalten und deshalb in die Tathandlung neue Elemente eingefügt. Den Ermittlern gegenüber zeigt sich Horst Bommer einsichtig, wenn er ermahnt wird, seine Tochter nicht zu sehr unter Druck zu setzen. Doch ihm ist deutlich anzumerken, wie er mitleidet, die Tat hat auch ihn tief getroffen. Und er will alles daransetzen, »dieses Schwein zu kriegen«.
Es vergehen weitere Wochen. Das Eltern-Kind-Verhältnis entspannt sich ganz allmählich. Doch bleibt die allgemeine Verunsicherung spürbar. Solange der Täter nicht gefasst ist, wird es für die Familie keine Rückkehr in die Normalität geben können. Was noch vor wenigen Monaten selbstverständlich war, wird nun zu einer Herausforderung, die alte Wunden aufreißt, zu einer Geduldsprobe, an der man auch ohne Weiteres scheitern kann.
Svenja ist bei ihrer Aussage zu »Mann« und »Auto« geblieben. Da zu befürchten steht, dass der Täter bald zu einer neuen Tat ansetzen könnte, wird in den örtlichen Zeitungen ein Fahndungsaufruf veröffentlicht, der auch als Warnhinweis verstanden werden soll: »Die Kriminalpolizei sucht einen bisher unbekannten Mann, der sich in der Nähe von Schulen aufhält und dort Kinder anspricht. Er wird beschrieben als mittelgroß mit dunklen, angegrauten Haaren. Er fährt einen dunkelgrauen Kleinwagen mit zwei Türen.«

Das Echo ist enttäuschend. Die Hinweise kommen nur spärlich und entpuppen sich schnell als falsche Fährten. Wieder eine Sackgasse.

26. August 1989, sieben Monate nach dem versuchten Mord an Svenja. Als die überaus intensiv geführten Ermittlungen zu scheitern drohen, alarmiert Burkhard Patten ein kurzer Artikel im »Weser-Kurier«:

> **»Deutscher Camper gestand den Mord an elfjährigem Mädchen**
>
> GIRONA (dpa). Kaum 24 Stunden nach dem Sexualmord an der elfjährigen Lea aus Berlin, die mit ihren Eltern an der Costa Brava Urlaub machte, scheint der Täter gefasst: Ein 38-jähriger Junggeselle aus Verden/Aller ist festgenommen worden. Er soll die Tat gestanden haben. Der Mann, der mit einem Freund ebenfalls auf dem Campingplatz ›Los Alfaques‹ in Tossa de Mar Urlaub machte, kannte die Eltern des Mädchens offenbar nicht. Er wird beschrieben als Mensch von ›außergewöhnlicher Schlichtheit‹. Obwohl er die Ermordung des Mädchens schnell gestand, sind seine Angaben über den Tathergang und die Umstände, unter denen er das Mädchen traf, noch recht vage. Aus ersten Untersuchungsergebnissen geht hervor, dass dem Kind ›sexuelle Gewalt angetan‹ wurde und die Leiche Würgemale aufweist.«

Auch Svenjas Mutter liest den Bericht. Sie resümiert: »elfjähriges Mädchen«, »38-jähriger Junggeselle«, »kannte das Opfer nicht«, »sexuelle Gewalt«, »Würgemerkmale« – alles so wie bei Svenja. Und der Täter stammt aus Verden an der Aller, nur 30 Autominuten von Bremen entfernt.
Helga Bommer zeigt ihrer Tochter das Zeitungsfoto des mutmaßlichen Mädchenmörders. Svenja starrt das Bild nur an –

gebannt, regungslos, sprachlos. Minutenlang geht das so. Als ihre Tochter sich schließlich abwendet, legt Helga Bommer die Zeitung beiseite. Hat Svenja jenen Mann wiedererkannt, der versucht hat, ihr das Leben zu nehmen?
Die spanischen Ermittlungsbehörden haben den Mädchenmörder überführt. Markus Hallen, gelernter Anstreicher und Gelegenheitsarbeiter, vielfach vorbestraft wegen Raub- und Einbruchsdelikten, gesteht nicht nur den Mord an der elfjährigen Lea, sondern auch die Tötung von Marion (12), ein knappes Jahr zuvor in Verden. Und der Mordversuch an Svenja?
Hannelore Flamm und Burkhard Patten fliegen nach Girona, wo Hallen einsitzt. Der sichtlich abgemagerte Mann leistet bei der Vernehmung keinen ernsthaften Widerstand, endlich kommt Licht ins Dunkel. Schnell gibt er den Mordversuch an Svenja zu: *»Ich bin die ganze Nacht in der Gegend um Bremen herumgefahren. Ich fühlte mich nicht wohl, wenn ich nachts so herumfuhr. Außerdem hatte ich mich von meiner Freundin getrennt. Da war ich traurig, später richtig wütend. In genau dieser Verfassung habe ich das kleine Mädchen getroffen. Ich habe sie, den genauen Straßennamen weiß ich nicht, in einem Stadtteil von Bremen gesehen. Sie lief auf dem Gehweg. Das Mädchen war wohl auf dem Weg zur Schule, denn sie trug eine Schultasche. Ich erinnere mich an eine tiefe Traurigkeit in dem Augenblick, als ich zu handeln begann. Und dann werde ich Kindern gegenüber aggressiv. Ich habe auf ihrer Höhe angehalten und sie in meinen Wagen gezogen. Es war ein roter Audi 80. Dieses kleine Mädchen, den Vornamen habe ich vergessen, hockte zwischen dem Beifahrersitz und dem Armaturenbrett. Sie saß auf der Fußmatte. Ich sagte ihr, sie solle sich so hinsetzen, damit man sie nicht sehen könne. Irgendwann habe ich noch eine Decke genommen und über sie gelegt. Ich bin einfach losgefahren, ohne genau zu wissen, wohin. Dann bin ich an einem etwas versteckten Ort angekommen, eine Art Parkplatz mitten im Wald. Es war wohl ein*

Rastplatz. Ich habe sie aufgefordert, sich auszuziehen. Sie hat es selbst getan. Ich wollte Geschlechtsverkehr mit ihr, aber – ich weiß nicht mehr, warum – ich konnte nicht. Vielleicht, weil sie so klein war.«

In wenigen Sätzen beschreibt Hallen dann, wie er das Kind sexuell missbrauchte. Mitleid oder Reue sind ihm nicht anzumerken. Der Mann schildert auch den Fortgang des Verbrechens so nüchtern und so emotionslos, als wäre die Tat von einem anderen begangen worden, als hätte er nur danebengestanden: *»Dann habe ich sie aufgefordert, sich wieder anzuziehen. Ich bin weitergefahren, und zwar lange. Und ein paar Stunden später habe ich wieder auf einem kleinen Parkplatz mitten in einem Wäldchen in einer verlassenen Gegend angehalten. Ich hatte wieder Oralverkehr mit ihr, aber ich habe sie nicht aufgefordert, sich wieder auszuziehen. Ich erinnere mich nicht, dass sie geschrien oder geweint hätte. Ich erinnere mich einfach nicht an ihr Verhalten. Danach weiß ich eigentlich nicht, was in mir vorging. Ich bin mit ihr aus dem Wagen ausgestiegen, und wir gingen in das kleine Wäldchen. Ich wollte sie erwürgen, sie töten. Ich habe sie zu Boden gestoßen, und ich habe mich hingekniet, um sie zu erwürgen. Ich fing an, ihr die Hände um den Hals zu legen. Dann ist etwas Merkwürdiges passiert: Ich weiß nicht, warum – aber ich habe aufgehört, das Kind zu würgen. Zu diesem Zeitpunkt war sie nicht bei vollem Bewusstsein. Ich bin einfach weggegangen. Ich habe sie da liegen gelassen. Als ich sie zurückgelassen habe, dachte ich, sie sei tot. Ich fuhr weg und habe ihren Tornister danach am Straßenrand aus dem Fenster geworfen. Ich habe erst später erfahren, dass sie am Leben war. Das habe ich in der Zeitung gelesen.«*

Einer der gefährlichsten Serienmörder der deutschen Nachkriegsgeschichte ist überführt. Hallen hat Wissen preisgegeben, über das nur der Täter verfügen kann. Und es hat sich herausgestellt, dass Svenjas erstmalige Angaben zum Kerngeschehen der Tat überwiegend zutreffend waren: Der Kindermörder fuhr, als er das Mädchen in seinen Wagen zerrte, tatsächlich einen roten, viertürigen Pkw, er missbrauchte das Opfer in einem Waldgebiet, und auf dem Phantombild ist Hallen durchaus zu erkennen. Erst das offenkundige Misstrauen und das beharrliche Drängen und Nachfragen des Vaters haben das Kind wankelmütig werden lassen.

Svenja Bommer gehört zu jenem Opfertyp, auf den Serienmörder abzielen, weil sich eine körperliche oder geistige Unterlegenheit des Opfers anbietet und der Täter genau dort ansetzen will und wird. In solchen Fällen werden gezielt Kinder, Jugendliche, ältere oder pflegebedürftige Menschen ausgewählt. Diese Opfer haben nahezu ausnahmslos keinen Anteil an der Tat, das heißt, sie bringen sich nicht selbst durch ihr Verhalten in Gefahr, und sie vereinigen auch nicht mehrere Faktoren *krimineller Verletzbarkeit* auf sich (z.B. eine *junge Frau,* die *nachts trampt*) – sie lassen sich auf fatale Weise in den Auswahlprozess des Täters einfügen, der auf eine einfache Formel reduziert werden kann: geringe Gegenwehr + geringes Risiko = hohe Erfolgschance.

Etwa zwei Drittel der Opfer, die von den Tätern wegen ihrer körperlichen oder geistigen Unterlegenheit ausgewählt werden, sind weiblich und älter als 70 Jahre. Sieben von zehn Opfern werden vergiftet, erwürgt oder erdrosselt. In jedem zweiten Fall passiert die Tat in einem besonders geschützten Bereich – einem Krankenhaus oder der Wohnung des Opfers. Nur ein einziges Mal kannten sich Täter und Opfer über einen längeren Zeitraum.

Knapp 13 Prozent aller Serienmord-Opfer sind jünger als 14 Jahre, also der Definition nach Kinder. Allerdings sind nur in etwa der Hälfte dieser Fälle die schwächere Konstitution und der geringere Intellekt der Opfer schon bei der Tatplanung das entscheidende Auswahlkriterium, um die Erfolgschancen zu maximieren und die Risiken zu minimieren. Auch der Kindermörder Markus Hallen folgte diesem primitiven Prinzip. *»Es mussten Kinder sein«*, schrieb er mir in einem längeren Brief aus einem spanischen Gefängnis, *»weil die sich nicht wehren können. An Frauen habe ich mich nicht herangetraut, das wäre mir zu riskant gewesen. Da habe ich einfach schlechte Erfahrungen gemacht.«* Eine dieser »schlechten Erfahrungen« schilderte er so: *»Das war noch zu der Zeit, als ich wegen des Totschlags an der Nachbarin im Gefängnis war. Ich verstand mich dort mit den Betreuern sehr gut, die Sozialhelferin war wie eine Mutter zu mir. Ich hatte meinen Abschluss als Schlosser bekommen und sollte die Anstalt verlassen. Deshalb war eine große Angst in mir, weil die Leute dort für mich wie eine Familie geworden waren. Außerdem hatte ich mich in die Sozialhelferin verliebt, und zu Anfang hatte mich das auch darin bestärkt, meinen Abschluss zu machen. Eines Tages hat sie alle um sich versammelt und uns gesagt, dass sie heiraten und die Anstalt verlassen würde. Hier ist die Welt für mich ein weiteres Mal zusammengestürzt.*

Aber der Zeitpunkt meiner Entlassung rückte näher. Ich hatte eine Ausgangsgenehmigung, und mein Bruder hat mich abgeholt. Einige Zeit nach der Ankündigung der Sozialhelferin, das war ein Donnerstag, hatte ich einen Ausgang für den folgenden Samstag um 10 Uhr. Ich bin allein ausgegangen, und ich war sehr traurig. Langsam hat sich meine Trauer in Wut verwandelt, und ich habe eine Frau auf einem Fahrrad getroffen. Ich habe sie auf die Erde geworfen und auf eine angrenzende Wiese gezogen. Ich habe ihr gesagt: ›Zieh dich aus!‹ Sie war etwa 35 Jahre alt. Sie war noch nicht fertig ausgezogen, als ich angefangen habe zu weinen. Ich wusste nicht mehr, was ich wollte. Ich habe ihr nichts getan, ich habe sie sogar um Entschuldigung gebeten. Ich habe ihr sogar gesagt, dass sie mich bei der Polizei anzeigen sollte, aber sie hat es nicht sofort getan.

Wir haben uns nebeneinandergesetzt und diskutiert. Sie hat mich gefragt, warum ich so gehandelt hätte. Ich habe es ihr erzählt, und dann hat sie mich bis zum Institutsgefängnis[4] *begleitet. Ich habe mich in mein Zimmer eingeschlossen und geweint. Schließlich hat die Frau mich doch angezeigt, und die Polizei ist gekommen, um mich zu verhören. Später habe ich für diese Sache noch ein weiteres Jahr Gefängnis bekommen. Solche Erfahrungen haben mich wohl dahin gebracht, Kinder als Opfer zu nehmen.«*

Mehrheitlich werden die Mädchen und Jungen von den Tätern auf offener Straße angesprochen und mit falschen Versprechungen an den Tatort gelockt oder aber sofort attackiert. Die Chancen eines Kindes, einem manipulativ agierenden Täter zu entkommen, steigen sprunghaft an, wenn es sich verbal oder körperlich zur Wehr setzt oder es die meistens recht plumpen Überredungsversuche und Täuschungsmanöver ignoriert. Viele Täter reagieren auf diese Gleichgültigkeit oder Zurückweisung mit dem Abbruch des Tatversuchs, weil sie aus Erfahrung wissen, dass es nur eine Frage der Zeit ist, bis sie einem geeignete(re)n Opfer begegnen.

Während die Mehrzahl der Kinder insbesondere wegen ihrer stark verminderten Wehrhaftigkeit in das »Beuteschema« des Täters eingepasst wird, liegt in einigen Fällen eine pathologische Fixierung des Täters auf Mädchen oder Jungen vor. Ernst Kallus gehört zu diesen Tätern, die sich nicht anders entscheiden wollen, wenn sie denken und spüren, ein Sexualverbrechen begehen zu müssen. Der Gelegenheitsarbeiter ermordete während seiner Spritztouren durch ganz Deutschland vier Kinder, nachdem er sie zu sexuellen Handlungen gezwungen hatte. Unzählige andere Mädchen und Jungen missbrauchte

---

4 Mit »Institutsgefängnis« ist ein besonderer Sicherheitsbereich im sogenannten Maßregelvollzug gemeint, in dem die Verurteilten in kleinen Einzelzimmern untergebracht werden.

er, allerdings tötete er sie nicht. Er unternahm nicht einmal den Versuch. Kurz nach seiner Festnahme erzählte der damals 42-Jährige von den besonderen Umständen seiner Taten und der krankhaften Beziehung zu seinen Opfern, wie es die folgenden Auszüge aus dem polizeilichen Vernehmungsprotokollen dokumentieren:

Frage: »Wie ist Ihr Verhältnis zu Kindern im Allgemeinen?«

Antwort: *»In meinen Augen ist es das Schlimmste überhaupt, ein Kind zu misshandeln oder zu töten. Wenn ich es auch nicht wollte, so gehen mir diese Kinder ans Herz. Aber auch die anderen Kinder, die mit dem Leben davongekommen sind, tun mir mehr leid als die Erwachsenen. Ich weiß aber nicht, warum. Das soll aber nicht heißen, dass mich das hier gleichgültig lässt.«*

Frage: »Sie haben sich an einer Vielzahl von Jungen vergangen. Da waren doch häufig die gleichen Situationen gegeben, wie sie bei den Tötungen vorlagen. Warum haben Sie denn nicht in jedem Fall getötet?«

Antwort: *»Vielleicht war der Zwang nicht so groß da, oder dass mein eigener Wille stärker war. Ich habe mir oft gesagt: Du darfst ihm nichts tun! Bring ihn nach Hause!«*

Frage: »Und das ist Ihnen dann ja auch geglückt.«

Antwort: *»Ja. Ich berichte mal von einem Fall mit einem Jungen, den ich aus Nördlingen mitgenommen habe. Ich habe da Angst vor mir selbst gehabt. Ich wusste, wenn ich ihn weiter mitnehme, dann passiert was. Ich habe ihn an einer belebten Straße in einem Ort abgesetzt, weil ich da sicher war, dass man ihn zurückbringen würde. Ich wollte ihn ja zurückbringen nach Nördlingen, aber ich weiß nicht, ob das auch gutgegangen wäre. Und der Junge wollte immer weiter mitfahren. Der wäre die ganze Nacht mit mir gefahren.«*

Frage: »Haben Sie sich an ihm vergangen?«

Antwort: *»Ich glaube, dass ich da was gemacht habe. Aber dabei hatte ich nicht das Bedürfnis, ihm etwas zu tun. Das krieg-*

te ich erst nachher, als ich mit ihm fuhr. Und da war es ja auch nicht die Angst, dass ich entdeckt würde. Das war einfach da und kam, und ich merkte das. Wenn wir nicht zufällig in der Nähe einer Stadt gewesen wären, und ich hätte ihn weiter mitgenommen, dann wäre es vielleicht auch schiefgegangen.«

Frage: »Haben Sie bei diesem Einschlagen auf die Opfer eine geschlechtliche Befriedigung oder andere Art der Befriedigung verspürt?«

Antwort: *»Das ist es ja eben. Ich merke ja meistens nichts davon. Ich krieg das ja nicht richtig mit. Wenn ich es so merke, dass das über mich kommt, dann schaffe ich das ja meistens. Aber das ist ja auch nicht immer gleich stark. Manchmal schaffe ich das eben nicht. Dann kommt es gleich so plötzlich, dann komme ich nicht mehr zum Überlegen. Dieser Trieb überkommt mich urplötzlich. Es kann sein, dass es sich bei diesem Bedürfnis, auch ohne sexuelles Interesse, ein Kind bei mir zu behalten, um eine milde Form dieses Triebes handelt, doch bin ich mir dessen noch bewusst geworden. Keinesfalls habe ich ein Kind in der bewussten Absicht, es zu schlagen oder zu töten, angesprochen oder bei mir behalten. Ich darf vielleicht noch erklärend einflechten, dass ich von Natur aus kinderliebend bin. Niemals könnte ich einem Kind aus meinem Verwandten- oder Bekanntenkreis etwas antun, und ich würde auch nie dulden, dass jemand anders einem Kind etwas antut. Deshalb kann ich mir auch nicht erklären, wieso ich bei fremden Kindern dazu in der Lage bin.«*

Frage: »Können Sie diesen Trieb, Gewalt anzuwenden, beschreiben?«

Antwort: *»Als ob einer hinter mir gestanden ist. Es kam immer plötzlich. Ich werde von diesem Drang geschoben, ohne mich dagegen wehren zu können. Als ob einer in mir drinsitzt; nicht, dass einer mit mir spricht, aber so, als ob er mich zwingt, als ob er meine Arme und Hände bewegt. Irgendetwas ist in mir, gegen das ich nicht ankomme. Ich weiß nur, dass, wenn es so weit*

ist, ich nicht bremsen kann, dass ich da nicht rauskomme aus meiner Haut, dass ich da nicht selbstständig handeln kann. Ich meine immer, dass ich das nicht gewesen bin, wenn ich die Tat gemacht habe.«
Frage: »Wann haben Sie denn diesen Trieb bemerkt?«
Antwort: *»Immer wenn ich die Bekanntschaft eines Kindes gemacht habe, konnte ich nachher nicht sagen, wann in mir dieses Verlangen aufgekommen ist, mit dem Kind in Kontakt zu kommen. Es kam vor, dass ich manchmal planlos herumlief und durch irgendein auffälliges Ereignis gestört wurde. Dann kam mir zu Bewusstsein, dass ich ja schon wieder auf der Suche und im Begriff war, irgendetwas anzustellen. In diesen Fällen war ich dann in der Lage, von meinem Drang abzulassen.«*
Frage: »Können Sie einmal beschreiben, wie Sie ein Kind in Ihre Gewalt gebracht haben, wie Sie dabei vorgegangen sind?«
Antwort: *»Ich stand vor dem Eingang bei Karstadt und guckte mir die Schaufenster an. Da waren Modellhäuser ausgestellt. Dann kam ein Junge mit einem Kinderfahrrad. Er stellte es gegen die Fensterscheibe. Dabei rutschte es weg. Es streifte mich etwas. Der Junge fragte mich gleich, wer die Häuser verkaufen würde und wie teuer sie sind. Ich fragte ihn, was er denn mit so einem Haus wolle. Er erzählte mir von seinem Pferd, das sein Vater ihm kaufen wolle, aber im Haus kein Platz dafür sei. Der Junge ist dann bei Karstadt rein und ich hinterher. Zunächst bin ich unauffällig neben ihm gegangen, in einem bestimmten Abstand, so vier oder fünf Meter. Im Erdgeschoss hat er eine Verkäuferin gefragt, wo die Abziehbilder zu finden seien. Das konnte ich hören. Als er nicht finden konnte, was er suchte, ging er weiter. Und da schloss ich mich ihm an. Ich fragte ihn, warum er denn keine Abziehbilder gekauft habe. Er antwortete, dass er Donald-Duck-Bilder wollte, aber keine da seien. Ich schlug ihm vor, mal in der Spielwaren-Abteilung zu gucken. Da sind wir auch zusammen hingegangen. Da gab es die aber auch nicht. Dann kamen wir auf*

Plastikautos zu sprechen, und ich fragte ihn, ob er denn mal mit einem richtigen Auto fahren wolle. Er nickte. Wir sind durch einen anderen Ausgang wieder raus. Ich wollte nicht, dass ich mit dem Kind auffalle.«
Frage: »Was verstehen Sie unter dem Begriff, das Verlangen zu haben, die Bekanntschaft eines Kindes zu suchen?«
Antwort: *»Es gibt Fälle, bei denen mich der Anblick eines Kindes sexuell erregt und es dann auch zu entsprechenden Handlungen kommt. In anderen Fällen bin ich zunächst auch sexuell interessiert, das Interesse flaut aber noch in der Anwesenheit des Kindes mit der Zeit ab. Trotzdem kann ich das Kind dann nicht wegschicken. Ich komme innerlich von dem Kind nicht los und möchte das Kind bei mir behalten, obwohl es mich sexuell nicht mehr interessiert. Es gibt aber auch Fälle, bei denen ich ein Kind sehe, und dann kommt es in mir hoch. Dann muss ich mit dem Kind zusammen sein, ohne dass ein sexuelles Interesse vorliegt. Manchmal habe ich ein Kind auch aus sexuellem Interesse angesprochen und es mit mir genommen. In mir war das Verlangen, mich dem Kind sexuell zu nähern, und mir war klar, dass ich entsprechende Handlungen vornehmen würde. Dann konnte es dazu kommen, dass ich mich von dem Kind kurz entfernte und mich wohin begab, wo es mich nicht sehen konnte. Dann habe ich onaniert, und mein sexuelles Interesse an dem Kind war dann erloschen. Trotzdem konnte ich mich von dem Kind nicht trennen.«*
Frage: »Können Sie einmal an einem konkreten Fall beschreiben, wie das war, als dieser Trieb über Sie kam und Sie zugeschlagen haben?«
Antwort: *»Ja, da war die Sache mit dem Felix. Ich habe auf einmal das Rohr in der Hand gehabt. Ich weiß nicht, wo ich das herhatte, wahrscheinlich hat es da herumgelegen. Und als der Junge dann vor mir lief, habe ich zum Schlag ausgeholt. Und als ich zuschlagen wollte, hat er sich zu mir umgedreht. Ich konnte das nicht anders. Ich glaube, auch wenn er gebet-*

telt hätte, ich hätte da nicht zurückziehen können. Und dann ist er umgefallen.«

Serienmörder sind in vielen Fällen erst dann fähig, ein Opfer zu töten, wenn es ihnen in dieser sehr intimen Situation gelingt, möglichst unempathisch zu bleiben – gefühlskalt. Einfühlungsvermögen ist eine grundsätzliche Fähigkeit des Menschen. Sie ist die Barriere zur Inhumanität und der Kern des Menschseins. Wer empathisch ist, kann sich in einen anderen Menschen hineinversetzen, seine Gefühle teilen und nachvollziehen. Täter, die nicht Anteil nehmen können oder nicht Anteil nehmen wollen, sind für die körperlichen und seelischen Leiden ihrer Opfer nicht empfänglich. Sie sind in diesem Sinne gefühlstaub. Für sie existiert kein Tötungstabu, Opfer sind lediglich verfügbar und verletzbar, sie werden entpersonalisiert und entindividualisiert.

»Ich bin kein Psychologe«, schrieb mir in diesem Zusammenhang beispielsweise Berthold Fuhrmann, ein dreifacher Frauenmörder, *»aber ich bin überzeugt, wenn ein Mensch permanent gedemütigt, auf ihm herumgehackt, er beleidigt und verbal niedergemacht wird, hat er kaum mehr Empfindungen – für sich und andere!! Vergewaltigung ist ein* **Gewalt***verbrechen, der Sexualakt ist lediglich eine berauschende Form der Erniedrigung. Ich wollte dominieren, kontrollieren und erniedrigen. Für die Opfer habe ich nichts empfunden. Einfach nichts!«*

Diese Empathieunfähigkeit hat immer auch eine Vorgeschichte. Viele Täter waren selbst jahrelang Opfer: in der Familie, in der Schule, am Arbeitsplatz; manchmal so lange und so ausgiebig, dass positive Erinnerungen oder Erfahrungen vollkommen fehlen. Das in Vergangenheit und Gegenwart erlebte eigene Zum-Opfer-Werden schafft indes Motivation und Rechtfertigung, irgendwann selbst Täter zu werden. Ungerechtigkeit, eingebildetes oder wirkliches Leid, Demütigung und Entwürdigung legitimieren das eigene Verbrechen als gerechtfertigte Vergeltung. Das Opfer ist dann nur noch ein Instrument, um eigene Bedürfnisse rücksichtslos befriedigen zu können.

Allerdings bin ich auch Serienmördern begegnet, die auf keine eigene Leidensgeschichte verweisen können, die aber dennoch erbarmungslos, kaltblütig und skrupellos gemordet haben. Sven Fromm ist so jemand. Der zur Tatzeit 20-Jährige tötete zwei Rentnerinnen, die für ihn ideale Opfer waren: alleinstehend, vermögend, vor allem jedoch körperlich unterlegen und leicht zu überwältigen, zu kontrollieren und zu töten. Und es hätte nach eigenem Bekunden weitere Opfer gegeben, früher oder später.

Ich traf Fromm, damals 26 Jahre alt, am 8. März 2007 in einer sächsischen Justizvollzugsanstalt. Der Zweimeterhüne, breitschultrig und muskelbepackt, trug das dunkle Haar millimeterkurz, sein jungenhaftes Allerweltsgesicht erschien mir wie ein Spiegel seiner Persönlichkeit: ausgesprochen blass. Entsprechend war auch sein Händedruck zur Begrüßung: lasch.

In unserem Gespräch sollte es in erster Linie nicht um ihn, sondern um die Opfer gehen, wie und warum es ausgerechnet die beiden Rentnerinnen getroffen hatte. Das war zwischen uns vorher in einem längeren Briefwechsel so diskutiert worden, und damit hatte er sich auch einverstanden erklärt.

(Harbort) »Warum haben Sie bei Ihren Tötungsdelikten ältere Frauen ausgewählt, die Ihnen vollkommen fremd waren?«

(Fromm) »Ich bin nach dem Aussehen gegangen, der Kleidung, wie die angezogen waren. Hauptsächlich bin ich nach Schmuck gegangen. Und die sollten leicht zu überwältigen sein. Auf der anderen Seite gab es aber auch Situationen, wo ich beobachtet habe, wenn die zum Beispiel einen Aktenkoffer hatten und die Typen nach Geld aussahen. Hauptsächlich habe ich aber nach Frauen geguckt, die einen Touch zu Schmuck hatten, zum Beispiel wertvolle Ringe an der Hand.«

»Und woran haben Sie erkannt, dass ein Ring wertvoll war?«
»So habe ich das nicht gemeint. Ältere Frauen waren für mich interessant, wenn sie gleich mehrere Ringe an der Hand hatten und vielleicht noch einen Armreif. Da wusste ich halt, dass die Geld hatten. Bei Männern waren es Uhren, teure Uhren. Mit der Zeit bekommst du da einen Blick für. Für mich gab es keine anderen Kriterien, um herauszukriegen, ob jemand Geld hatte.« (Fromm spricht schnell, manchmal stakkatoartig. Man merkt ihm an, dass er sich vorgenommen hat, etwas zu erzählen – seine Geschichte. Er hält keinen Blickkontakt, wenn er redet, schaut lieber an die Decke, an die Wand hinter mir oder aus dem vergitterten Fenster.)
»Die Strategie, die Sie sich da ausgedacht haben, die hat aber eigentlich nicht so gut funktioniert. Was Sie bei den Tötungen geraubt haben, war doch von geringem Wert.«
»Na ja. Aber ich wusste halt aus Zeitungen oder aus dem Fernsehen, dass ältere Menschen Wertgegenstände wie Schmuck und Geld zu Hause verstecken. Da hab ich auch drauf gebaut. Ich bin halt von ganz primitiven Sachen ausgegangen, dass ältere Menschen eher Sachen in ihrer Wohnung verstecken als jüngere.«
»Haben Sie gezielt nach Opfern gesucht, oder ist das eher zufällig passiert?«
»Das war schon gezielt. Aber in dem Moment der Tat waren das doch zufällige Opfer. Vor der ersten Tat bin ich lange Zeit durch die Stadt gelaufen. Man findet selten Frauen, die als Opfer taugen. Nach der ersten Tat bin ich ja auch drei Monate durch die Stadt gelaufen, um noch weitere Opfer zu finden. Ich war zum Beispiel auch in Häusern drin, hab da gewartet, dass jemand kam, damit ich in die Wohnung reinkomme und eine Tat machen konnte. Ich hab das auch mehrfach abbrechen müssen, weil ich nicht genügend Druck hatte. Ich habe eigentlich immer diesen Druck gebraucht, eine Tat machen zu müssen, weil ich unbedingt Geld brauchte, zu 100 Prozent.

Wenn ich die Miete nicht bezahlen konnte, dann musste ich einfach was machen, das war dann der Tag X. Da hab ich es dann auch gemacht.« (Fromm gestikuliert immer wieder, er wirkt fahrig, unsicher und bisweilen gehemmt. Er wird während des dreistündigen Gesprächs nicht ein einziges Mal lachen oder lächeln. Seine Erklärungen sind gelegentlich durchdrungen von latenter Aggressivität.)

»Sie haben viele Anläufe unternehmen müssen, bis Sie tatsächlich eine Tat machen konnten. Warum war das so?«

»Ich hatte noch nicht die Erfahrung und nicht den Mut, so was zu machen. Das hat seine Zeit gedauert. Und bei der ersten Tat, da war halt dieser Druck: Du brauchst das Geld, heute muss es sein!« (Fromm hatte allerdings keine wirklich gravierenden Geldnöte: Eine Handy-Rechnung über 300 Euro war offen, die Miete von weiteren 300 Euro, und 400 Euro sollte er an ein Fitnessstudio bezahlen, in dem er regelmäßig trainierte.)

»Wenn Sie losgezogen sind, haben Sie versucht, sich in einer bestimmten Art und Weise unverdächtig zu machen?«

»Ich hab immer versucht, so normal wie möglich zu sein. Keine außergewöhnlichen Klamotten anziehen, kein Aufsehen erregen, keinen angucken, jedenfalls nicht für längere Zeit. Wenn ich in diese Rolle geschlüpft bin, war das für mich wie Arbeit. Andere gehen ins Büro, ich bin auf die Straße und hab nach Opfern geguckt. Das war halt eine Rolle, ein Job. Für mich war es unheimlich wichtig, dass niemand erkennen konnte, was ich da eigentlich machte.«

»Haben Sie sich bei den Tötungen vorher überlegt, wie Sie die Frauen ansprechen, oder ist das eher spontan abgelaufen?«

»Beim ersten Mal ist es aus der Situation heraus passiert. Da bin ich der Frau gefolgt bis zu ihrem Haus, die wohnte zufälligerweise in einem Hinterhof. Das machte die Sache für mich leichter. Ich hab sie einfach was gefragt, so: Wohnt hier der und der? Ich wollte sie in ein Gespräch verwickeln, damit sie nicht

gleich Verdacht schöpft. Dann habe ich ihre Taschen bis zur Wohnungstür getragen. Als sie die Tür aufmachte, habe ich sie gleich mit meiner Pistole bedroht und sie in die Wohnung gezogen. Die Tüten habe ich mit reingenommen und die Tür zugemacht. Das war so eine Blitzaktion, es sollte halt jetzt passieren.«

»Und beim nächsten Mal, wie war das da?«

»Da bin ich anders rangegangen. Ich hab die Frau auch verfolgt, aber die Haustür war nach vorne raus, da sind so viele Menschen langgelaufen. Ich hab zuerst beobachtet, wo sie ins Haus rein ist, dann hinterher, geguckt, wo sie die Tür aufschließt. Dann bin ich später erst hin. Das war schon alles etwas überlegter.«

»Wenn Sie auf Opfersuche waren, hatten Sie Hilfsmittel dabei, um eine Tat besser durchführen zu können?«

»Meine Pistole hatte ich immer dabei. Bei der Frau war das so [gemeint ist die zweite Tat, Anm. S. H.], *ich hab sie verfolgt, bin dann aber wieder nach Hause gegangen. Ich habe mir überlegt, da irgendwie anders reinzukommen als beim ersten Mal. Ich habe mir deshalb so ein Paket gebastelt, damit man denkt, ich wäre von der Post, so ein Fahrer, der in dem Haus ein Paket abgeben will. So hat es dann ja auch geklappt.«*

»Können Sie mal Ihre Gefühle beschreiben, wenn Sie auf der Suche nach einem Opfer waren?«

»Da ging in mir vor … (Fromm denkt erstmals eine ganze Weile nach.) *Ich brauchte unbedingt Geld, da war es mir scheißegal, wer das Opfer eigentlich ist. Für mich war nur wichtig, dass ich an Geld rankomme. Das hatte die höchste Priorität. Ob derjenige stirbt oder nicht, war mir total egal.«*

»Wenn Sie unterwegs waren, hatten Sie eine konkrete Vorstellung, wie so eine Tat ablaufen sollte? Hatten Sie einen Plan?«

»Es sollte auf jeden Fall schnell gehen. Die zweite Tat war ja schon sehr geplant von A bis Z. Ich schellte bei der, zeigte das Paket, sagte, dass ich mal auf Toilette wollte, kam wieder raus

und hab sie überwältigt. Das war schon vorher in meinem Kopf.«

»Wenn Sie ein potenzielles Opfer gesehen haben, haben Sie dann auch darüber nachgedacht, ob der oder die besonders leicht anzusprechen ist oder schnell überwältigt werden kann? Haben Sie dafür ein Gespür entwickelt, oder wonach haben Sie entschieden?«

»Die erste Tat, das war ja das Ding. Da hatte ich die Erfahrung mit der alten Frau gemacht. Wenn ich einen Mann angegriffen und überwältigt hätte, und das hätte gut geklappt, dann wäre das auch auf diesem Weg weitergegangen. Mit den alten Frauen war es einfacher und auch spezifischer. Schon bei der zweiten Tat hab ich die erst mal auf einen Stuhl gesetzt, hab mich in Ruhe umgeschaut, überall geguckt, ob da Geld liegt, kontrolliert in aller Ruhe – damit mir so was wie bei der ersten Tat nicht noch mal passiert.« (Dort hatte er in der Wohnung 5.000 Euro übersehen.)

Können Sie beschreiben, wie Sie diese Hemmschwelle durchbrochen haben, jemandem Gewalt anzutun, sogar einen Menschen zu töten?«

»Ja, doch, eine Schwelle war da bestimmt … (Er grübelt.) *Bei der ersten Tat war das so: Ich hab der Frau gesagt, die soll sich hinsetzen und die Ruhe bewahren. Sie sollte nicht mit ihrem Gehstock rumhantieren. Obwohl, mir war jetzt schon klar, dass ich sie umbringen würde. Ich wusste, dass ich die Frau umbringen werde. Ich wollte das nur etwas hinauszögern, weil da die Hemmschwelle eben noch da war. Jedenfalls saß sie dann in der Küche, hat trotzdem mit dem Stock rumgespielt, auch versucht, die Gardine wegzuziehen. Da wurde ich wütend. Nicht, dass mir da eine Sicherung durchgebrannt wäre, aber da hatte ich genug Wut, um die umzubringen. Zuerst hatte ich überlegt, die zu erschießen, aber das erschien mir zu laut. Und ihr ein Kissen vors Gesicht zu halten und zu schießen, das war auch nicht das Richtige für mich. Da hab ich sie gewürgt.*

Um ihr Gesicht nicht sehen zu müssen, das war für mich ein schlimmer Anblick, deshalb hab ich eine Plastiktüte genommen, die da auf einem Stapel lag, und hab sie ihr über den Kopf gezogen.«

»Was war für Sie ein schlimmer Anblick?«

»Das Gesicht von dieser Frau.« (Er senkt den Kopf.)

»Als Sie das Opfer gewürgt haben?«

»Ja, genau. Da hab ich die Tüte drübergemacht und an den beiden Enden zugezogen, damit sie keine Luft mehr bekam.«

»Haben Sie irgendwann Mitleid gehabt mit dieser älteren Frau, als sie Ihnen ausgeliefert war, vollkommen wehrlos und einen besonders qualvollen Tod sterben musste?«

»Nee, das ist bei mir nicht so gewesen. Für mich war die ganze Situation ein Job, den ich zu erledigen hatte. Ich musste das doch machen für mein Geld. Danach war ich wieder normal. Verstehen Sie das?«

»Nein.«

(Fromm schaut mich erstmals beim Sprechen an.) *»Es war nur ein Job. Das musste einfach so sein.«* (Er senkt wieder den Kopf.)

»Sie haben ausschließlich ältere Frauen beraubt und getötet. Hätte es auch ein älterer Mann sein können?«

»Das hätte auch ein 30-Jähriger sein können. Ich hab öfter Situationen gehabt, da saß ich zum Beispiel im Hausflur und habe auf jemand gewartet. Vorher hatte ich ausbaldowert, dass die Leute in dem Haus später von der Arbeit kamen. Da kam dann auch eine Mutter mit ihrem Kind. Ich konnte beobachten, wo die rein sind, ich saß ja im Treppenhaus. Eine halbe Stunde habe ich gewartet, hab gehört, was die in der Wohnung gemacht haben. Dann hab ich mir überlegt: Okay, jetzt klingelst du da, gehst rein, bringst die auch wieder um. Nur war da das Ding, dass die Mutter oder das Kind angefangen hat, Klavier zu spielen. Und ich saß da und fand das irre schön, das Klavierspiel. Ich saß da noch vielleicht eine Dreiviertelstunde,

bis die aufgehört haben. Dann bin ich aufgestanden und gegangen.«

»Warum sind Sie gegangen, Sie hatten doch eigentlich etwas ganz anderes vor und die Gelegenheit war günstig?«

»Ich hatte irgendwie Gefühl, das kannte ich so gar nicht. Ich hätte die nicht umbringen können.«

»Was hat Sie zurückgehalten? Die Musik? Oder sind in Ihrem Kopf Bilder entstanden von einer bestimmten Mutter-Kind-Situation?«

»Die Musik, ja. Aber da war auch dieses Bild von dem Kind, das Klavier spielt. Ich konnte denen nichts tun. Bei den Opfern habe ich mir nie ein Bild von denen gemacht, das war dann viel leichter und einfacher zu machen, weil ich die nicht kannte und weil die mir dann egal waren. Bei einer Tat war das so ähnlich. Da hatte ich die Frau ins Wohnzimmer gezerrt und in den Sessel gesetzt. Da war auch schon ein Arm von der gebrochen. Da hab ich mich erst mal hingesetzt und verschnauft. Ich hab so geguckt und ein paar Bilder an der Wand gesehen, wohl von der Familie der Frau, mit Enkelkindern. Erst als ich die Bilder unter die Couch gelegt hatte, konnte ich die Frau umbringen.«

»Hat es Situationen gegeben, wo Sie bereits mit einem potenziellen Opfer in Kontakt waren, es aber nicht zur Tat gekommen ist?«

»Ja, schon. Da war ich mal in einem Bildergeschäft. Da war nur einer drin, das war wohl der Ladenbesitzer oder ein Verkäufer. Ich hab mir den Laden erst mal angeguckt, geschaut, wie viele Türen es gibt und so weiter. Bin dann rein, hab so getan, als würde ich mir da was anschauen. Mir war klar, dass ich den angreifen und töten musste, um an das Geld ranzukommen. Ich hab überlegt, aber dann war mir das zu riskant und bin wieder gegangen.«

»Wenn man Sie nicht gefasst hätte, wie wäre es weitergegangen?«

»Ich denke schon, dass ich weiter nach Opfern gesucht hätte –

jedenfalls dann, wenn ich Geld gebraucht hätte. Das Ding war ja, dass da keiner war, der davon etwas mitbekommen hat, der mal gesagt hätte: Mensch, was machst du da, bist du denn verrückt! Da war halt keine Anklage in dem Sinne. Wenn man einmal diese Schwelle überschritten hat, dann denkt man anders. Natürlich wusste ich, dass man dafür zur Rechenschaft gezogen werden kann, aber das war halt mein Ding, dass ich da alleine entscheiden konnte, dass mir da niemand reinreden konnte. Das war meine Arbeit. Ich war an einem Punkt angekommen, wo ich mir dachte: Das musst du jetzt machen. Das mache ich einfach.«

»Sie sind Ihren Opfern jeweils gefolgt. Sie hätten es sich doch auch leichter machen können, wenn Sie den Frauen zum Beispiel nur die Handtasche entrissen hätten.«

»Okay, es wäre auch anders gegangen, vielleicht mit einem Betrug, klar. Aber für mich war die Sache so: Wenn man mich geschnappt hätte, hätte ich eine schwere Strafe bekommen. Aber für mich war auch klar, dass die Wahrscheinlichkeit, geschnappt zu werden, sehr gering war. Das war für mich sehr wichtig – einfach nicht erwischt zu werden.«

»Die Menschen, die Sie getötet haben. War da kein Empfinden, gar nichts?«

»Ich hab das ausgeblendet. Wenn es erledigt war, war es erledigt. Das war dann nicht mehr in meinem Kopf.«

»Sie haben eine ältere Dame vor sich, hilflos, flehend, weinend – es könnte Ihre eigene Großmutter sein. Wie haben Sie es geschafft, diese menschlichen Attribute zu verneinen? Oder anders gefragt: Wie ist es Ihnen gelungen, Ihre Hemmungen zu überwinden?«

Er denkt lange nach, nur das Stimmengewirr im Gang nebenan ist gedämpft zu hören. Dann kommt die Antwort: leise, fast geflüstert und mit offenkundigem Unverständnis über die Monstrosität des eigenen Handelns. *»Ich hab's einfach gemacht.«*

»Unter den Bedingungen der mitunter menschenfeindlichen, rationalisierenden Technisierung können Pflegekräfte und Ärzte, kann das System der sozialen Maschine Krankenhaus seinem humanitären Auftrag vielfach nicht mehr gerecht werden. Es ist damit schlicht und einfach überfordert.« Diese bemerkenswerten Schlussfolgerungen stammen von Herbert Maisch, einem über die Grenzen Deutschlands hinaus geschätzten Psychologen und Gerichtsgutachter, der nach eigenen wissenschaftlichen Untersuchungen die Rahmenbedingungen für den seriellen Patientenmord zusammenfasste, dessen Opfer fast ausschließlich ältere, chronisch kranke Patienten und pflegebedürftige Heimbewohner sind.
War das Phänomen der Patiententötung bis Anfang der 70er Jahre des 20. Jahrhunderts nahezu unbekannt, werden mittlerweile weltweit pro Jahr etwa ein Dutzend Serienmörder »in Weiß« entlarvt, einige davon auch in Deutschland. Tendenz steigend. Einer der spektakulärsten Fälle der jüngeren Zeit ereignete sich im Altenheim »Limbachstift« in Wachtberg, einem knapp 20.000 Einwohner zählenden Städtchen nahe Bonn, unweit der Grenze zu Rheinland-Pfalz. Die verbrecherischen Vorkommnisse dort stehen stellvertretend für die Masse von Taten und Tätern und das schwer zu durchschauende Verhältnis der Täter zu ihren Opfern, das eigentlich geprägt sein sollte von der Fürsorge des Pflegenden und dem Vertrauen des Gepflegten.
Im Zeitraum zwischen November 2003 und April 2005 tötete die Altenpflegerin Silke Greven während ihrer Dienstzeit neun Heimbewohnerinnen im Alter von 79 bis 93 Jahren – die Opfer wurden mit Kissen, Handtüchern oder Waschlappen erstickt. In einem weiteren Fall half die 27-Jährige einer nach Luft ringenden Patientin nicht und ließ sie sterben. Nach Auffassung des Bonner Landgerichts tötete die Pflegerin vier der Seniorinnen, weil sie in der Betreuung lästig geworden oder ihren Anweisungen nicht gefolgt waren. In anderen Fällen soll

Greven den Sterbeprozess der Schwerstpflegebedürftigen abgekürzt haben. Nur einmal habe eine Heimbewohnerin tatsächlich darum gebeten, von ihrem Brustkrebsleiden erlöst zu werden.
Die meisten dieser Täter sind ausgesprochen unsichere Persönlichkeiten. Bewusst haben sie einen Beruf im Gesundheitswesen gewählt, weil sie sich dort Dankbarkeit und Anerkennung erhoffen, insbesondere von jenen Menschen, die sie zu betreuen oder zu pflegen haben. Bleibt dann aber diese positive Rückmeldung aus, etwa weil der Gesundheitszustand der Patienten nicht zu bessern ist oder weil diese mitunter gleichgültig oder sogar aggressiv reagieren und kommen häufig ungelöste private und berufliche Konflikte hinzu, kann dies schließlich in eine körperliche und seelische Überforderungssituation führen, es wird nicht mehr zwischen dem eigenen Leiden und dem der Patienten unterschieden: Die Täter sehen dann in den Patienten die vermeintliche Ursache für die eigene desolate Lebenssituation und töten sie in dem Glauben, auf diese Weise ihr eigenes Leiden beenden zu können.
Die meisten Patientenmörder, deren Taten ich untersucht habe, sprechen in ihren polizeilichen Vernehmungen von Mitleid mit den Pflegebedürftigen, wenn sie nach einem Motiv für die Tötungen gefragt werden. Allerdings würde dies eine tiefer gehende emotionale Beziehung zwischen Täter und Opfer voraussetzen, die jedoch in den meisten Fällen gar nicht existiert. Und nur wenige Patienten baten tatsächlich und ausdrücklich um Sterbehilfe. Das Tatmotiv ist sicherlich in der Person des Täters zu suchen, das tatauslösende Moment indes in der Befindlichkeit des Patienten, seiner eingeschränkten Lebenstüchtigkeit, seiner Gebrechlichkeit. Erst wenn der Täter in diesem Sinne auf das Opfer negativ reagiert, nimmt das Drama seinen Lauf. In vielen Fällen wird im Nachhinein über Verhaltensweisen der Täter vor ihrem mörderischen Tun berichtet, die als Frühwarnzeichen für drohende Patienten-

tötungen gelten dürfen: Die Pflegebedürftigen werden angeherrscht, beschimpft, verunglimpft oder geschlagen. Und irgendwann getötet.

Das Alter gilt gemeinhin als die Abrundung des Lebens und der Lebensabend als eine Art Spätsommer. Doch die traurige Wahrheit ist, dass hilfsbedürftige ältere Menschen viel zu häufig nur noch verwahrt und verwaltet werden. Die Gebrechlichkeit werde zum Störfall, hört und liest man erstaunt, die angeblich unproduktiven und kostenträchtigen Alten seien nicht mehr als Sandkörner im gesellschaftlichen Getriebe; vornehmlich dann, wenn sie sich nicht mehr selbst helfen können, einem allzu verwirrt erscheinen oder zu schmutzig werden – Belastung und Ballast.

Das unbedachte Gerede von der »Altenbelastung« oder dem »Altenberg« hört sich gerade wie eine Legitimation oder Aufforderung an, diesem bedrohlichen Zustand doch alsbald abzuhelfen. Und mörderisches Gedankengut findet genau dort fruchtbaren Boden, wo Vorurteile gesät, Opfer geringgeschätzt werden dürfen und kaum oder kein Widerstand zu erwarten ist. Viele Täter wähnen sich aus diesem Grund auch als willige Vollstrecker eines (un)heimlichen, unausgesprochenen Mehrheitswillens – und so erwächst das Gefühl, folgerichtig und moralisch gerechtfertigt zu handeln, wenn man einem Patienten Luft in die Venen spritzt oder ihn kurzerhand mit einem Kissen qualvoll erstickt.

Serienmörder erleben häufig schon nach der ersten Tat die eigene Destruktivität überwiegend nicht als Hemmschuh, sie wird vielmehr als Handlungsmaxime akzeptiert und weckt vor allem destruktive Kräfte. In diesem Sinne äußerte sich auch der Krankenpfleger Klaus Bertram, der 1990 in einem Gütersloher Krankenhaus mindestens acht Frauen und zwei Männer durch Luftinjektionen tötete:

»Der erste Fall war ein Mann, der nach einem Schlaganfall zu lange weggewesen war. Er war nicht mehr ansprechbar. Es

wurden immer wieder Medikamente gegeben, die diese Existenz verlängern sollten. Und irgendwann hatte ich da mal so eine blöde Spritze in der Hand. Der Mensch tat mir furchtbar leid, klar, aber ich konnte es nicht verhindern. Dann habe ich Luft injiziert. Ich bin rausgegangen, als ich die Luft injiziert hatte, bin aber relativ schnell wieder reingegangen, aber da war der Mensch schon tot (....) Die Menschen taten mir sehr leid. Es waren eigentlich keine Motive, ich hatte keinen Grund, diese Menschen zu töten. Ich bin nie in ein Zimmer reingegangen mit dem Ziel: Dieser Mensch stirbt. Niemals. Ich habe mir jedes Mal vorgenommen: Das war das letzte Mal, das passiert nicht wieder. Aber es lief dann immer völlig automatisiert ab.«

Die unheilvolle Allianz von Zerstörungsbereitschaft und Gesetzlosigkeit im Täter mündet irgendwann in die Akzeptanz von und das Verlangen nach rechenschaftsloser Handlungsfreiheit, mit der sich bisher unerreichte Ziele verwirklichen lassen, vor allem verbotene. Die Tötungsbereitschaft wird zu einem zentralen Bestandteil des eigenen Lebensentwurfs, sie ist jetzt nicht mehr das äußerste, sondern das erste Mittel, um eigene Bedürfnisse selbstsüchtig und skrupellos zu befriedigen oder Probleme aus der Welt zu schaffen, ein für alle Mal. Und insbesondere aus diesem Grund schrecken die Täter nicht davor zurück, gezielt Opfer auszuwählen und zu töten, die sich nicht wehren können und leichte Beute sind: Kinder und ältere Menschen.

Kapitel 3
Kriegschirurgie

»Die Gewalt schlägt Wunden und dringt in den Körper ein. Kein Ereignis, das bezwingender wäre als die Gewalt. Als Mittel der Herrschaft ist sie so verlässlich, weil der Schmerz für das Opfer unabwendbar ist. Denn die Gewalt löst Reaktionen aus, die den Getroffenen von innen überwältigen: Angst und Schmerz, Verzweiflung und Verlassenheit. Es ist nicht nur die entstellende Verletzung des Körpers, die den Menschen zerbricht, seine Stellung insgesamt in der Welt wird erschüttert. Hilflos ist er der Gewalt ausgeliefert. Sie trifft ihn in seinem Innersten und unterwirft ihn als ganzen, in seiner Totalität.«

Wolfgang Sofsky, *Traktat über die Gewalt*

»Nichts mehr wird so sein wie zuvor, wenn man einmal in dieses Herz der Finsternis geraten ist.«

Rüdiger Safranski, *Das Böse*

Es ist Samstagmittag, und Wolfgang Schenk fährt auf der Autobahn 49 in Richtung Fulda. Der 39-Jährige ist auf dem Weg nach Alsfeld, zur Geburtstagsfeier seines Onkels. Am Parkplatz »Scharfenstein« hält der Diplom-Ingenieur an, er will mit seinem Hund noch einige Schritte laufen, bevor er sein Reiseziel erreicht. »Scharfenstein«, benannt nach dem dortigen Naturdenkmal, einem zerklüfteten Basaltbrocken, ist ein kleiner Rastplatz in der Nähe des hessischen Städtchens Gudensberg, etwa 14 Kilometer südlich von Kassel. Mit dem elfjährigen Riesenschnauzerrüden »Digger« schlendert Wolfgang Schenk am Rande des Parkstreifens entlang. Laubbäume überwuchern teilweise die Haltespur, ein fast idyllisch anmutender Ort.
Auf dem Rückweg zu seinem Wagen entdeckt Wolfgang Schenk

unvermittelt etwas, das er vorher übersehen hat. In einem Gebüsch, etwa zehn Meter von der Parkplatzausfahrt entfernt, sieht er eine länglich ausgestreckte Gestalt, auf dem Rücken liegend, fleischfarben, von Sträuchern teilweise verdeckt. Als sich auf sein »Hallo?« nichts regt, denkt Wolfgang Schenk zunächst an eine Schaufensterpuppe, die hier jemand entsorgt hat. Er geht noch einige Meter weiter auf das Gebüsch zu und wird unsicher. Noch einmal ruft er: »Hallo!« Auch »Digger« beginnt sich für den Gegenstand zu interessieren und zieht mächtig an der Leine. Sekunden später erstarrt Wolfgang Schenk förmlich, als ihm vollends bewusst wird, was er da gefunden hat – vor ihm liegt der nackte Körper einer jungen Frau. Der Mann braucht über keine rechtsmedizinischen Fachkenntnisse zu verfügen, um zu erkennen, dass die Frau tot sein muss. Wolfgang Schenk wird diesen Tag niemals vergessen können. Es ist der 8. Juli 2006.
Die sofort alarmierte Polizei sperrt die Zufahrt zu dem Parkplatz, um den Leichenfundort zu sichern und Gaffer fernzuhalten. Beamte des Erkennungsdienstes aus dem Polizeipräsidium Kassel untersuchen den Tatort und entdecken einige Meter vom Leichnam entfernt Kleidungsstücke, die höchstwahrscheinlich dem Opfer gehört haben: eine helle Fleece-Weste mit beigefarbenen Strickbündchen an der Schulter und am Kragen, ein weißer Kapuzenpulli mit »Kängurutasche«, eine braune Strumpfhose, ein heller Rock mit braunem Blumenmuster, ein helles Stirnband und weiße, knöchelhohe Leinenturnschuhe. Die Ermittler nehmen Pflanzenproben, um sie später auf Faserspuren zu untersuchen, die der Täter dort hinterlassen haben könnte. Persönliche Papiere des Opfers werden nicht gefunden, das Alter der jungen Frau wird auf 25 bis 35 Jahre geschätzt. Während Todesursache und Identität zunächst ungeklärt bleiben, lassen die Gesamtumstände auf ein Kapitalverbrechen schließen.
Der eiligst zusammengerufenen Mordkommission gelingt

schnell der erste Erfolg, das Opfer kann schon wenige Stunden später identifiziert werden. Es ist Annika Hampel aus Kassel. Die 18-jährige Gymnasiastin ist von ihrer Mutter erst kurz zuvor vermisst gemeldet worden. Die junge Frau war in der Nacht zu Samstag nach dem Besuch bei einer Freundin nicht nach Hause gekommen. Schon am späten Abend liegt das vorläufige Gutachten aus der Rechtsmedizin vor: Annika ist vergewaltigt und erwürgt worden.
Die Kripo rekonstruiert die letzten Stunden im Leben des Opfers. Annikas Spur verliert sich in der Nacht zu Samstag gegen 1.45 Uhr, als sie sich im Kasseler Ortsteil Waldau von ihrer Freundin verabschiedet, um mit dem letzten Bus nach Hause zu fahren – sie wollte zu einer Haltestelle in der Lilienthalstraße gehen. Dazu musste sie zunächst durch die Breslauer Straße in Richtung Bundesstraße 83, dann parallel zur Bundesstraße 83 auf einem unbeleuchteten Fußweg entlang des Wahlebaches, unweit der Kleingartenanlage »Forstgelände«. Den »Nachtschwärmer«-Bus, der pünktlich um 2.02 Uhr losgefahren ist, hat sie jedoch nicht bestiegen. Zwei Zeugen melden sich, die unabhängig voneinander im Bereich der Bushaltestelle gegen 2 Uhr Hilfeschreie gehört haben. Sehr wahrscheinlich ist es Annika gewesen, die zu dieser Zeit ihrem Mörder begegnet ist und sich verzweifelt gewehrt hat. Dazu passt ebenso der Fund ihres tarnfleckenfarbenen Rucksacks, etwa 50 Meter vor einem Parkplatz im Einmündungsbereich der Lilienthalstraße auf die Bundesstraße 83.
Über den Leichenfund wird noch am Samstagabend im Kasseler Lokalradio berichtet. Eine Zeugin ruft daraufhin bei der Kripo an und meldet einen verdächtigen Vorfall: Etwa zur Tatzeit sei in der Feldgemarkung südlich von Edermünde-Besse ein Pkw gefahren, auffällig langsam. Eine junge Frau sei neben dem Auto gelaufen und habe sich mehrfach der lautstarken Aufforderung des Fahrers widersetzt, in den Wagen einzusteigen. Die Frau habe geweint und einen verzweifelten

Eindruck gemacht. Das Brisante an dieser Mitteilung: Der Fundort des Leichnams befindet sich nur zwei Kilometer Luftlinie von der Stelle der Zeugenwahrnehmung entfernt. Ein Tatzusammenhang ist nicht auszuschließen. Personen und Auto kann die Zeugin jedoch nicht näher beschreiben, dafür war es zu dunkel und sie zu weit vom Geschehen entfernt.
Die Kripo stuft diese Beobachtung als möglicherweise tatrelevant ein und wendet sich mit einem Fahndungsappell in der Zeitung an die Bevölkerung: »Wer hat Beobachtungen gemacht, die zu dieser Schilderung passen? Sollte es sich um ein Geschehen handeln, welches mit dem Fall Annika H. nichts zu tun hat, werden die handelnden Personen dringend gebeten, sich bei der Polizei zu melden, damit diese Spur ausgeschlossen werden kann. Die Polizei ermittelt derzeit mit Hochdruck und maximalem Kräfteeinsatz.«
Die Ermittler der Mordkommission »Scharfenstein« schlussfolgern, dass sich die Tat am Samstagmorgen gegen 2 Uhr auf dem Fußweg am Wahlebach zugetragen hat, etwa 50 Meter vor dessen Einmündung auf die Lilienthalstraße, am Rande der Kleingartenanlage »Forstgelände«. Abermals appelliert die Kripo an die Bürger Kassels, »verdächtige Beobachtungen zu melden«.
Am Montagmorgen wird die erste heiße Spur schnell wieder kalt. Der Vorfall mit der Frau, die etwa zur Tatzeit von einem Autofahrer aufgefordert worden war, doch in den Wagen einzusteigen, hat sich zwar tatsächlich so ereignet, nur hat dies mit dem Mord an Annika nichts zu tun. Die Frau erscheint, nachdem sie in der Zeitung den Fahndungsappell der Kripo gelesen hat, im Präsidium und erzählt den Beamten, sie sei die betreffende Frau gewesen, sie habe sich mit ihrem Freund gestritten, es sei aber nichts weiter passiert. Falscher Alarm. Die Fahnder gehen inzwischen von einem »stranger-to-stranger«-Delikt aus, Annika wird ihren Mörder nicht gekannt haben und ihm zufällig in die Arme gelaufen sein.

Die junge Frau mit den schulterlangen, dunkelblonden Haaren stand kurz vor dem Abitur, das sie wohl mit Bestnoten bestanden hätte. Sie galt allgemein als lebensbejahend und freundlich und hatte einen großen Freundeskreis. In der Schule war sie sehr beliebt und genoss als Klassensprecherin das Vertrauen ihrer Mitschüler. Ihre Sprachbegabung war außerordentlich. Die begeisterte Sportlerin und Klavierspielerin wollte ihrem großen Vorbild Nelson Mandela nacheifern und in den diplomatischen Dienst. Jetzt ist sie tot – sexuell missbraucht, kaltblütig ermordet. Annikas Familie trifft der Tod ihrer Tochter so unvermittelt und so heftig wie ein gewaltiger Keulenschlag, den man nicht kommen sieht, gegen den man sich nicht wehren kann, der alles verändert.

Nach Abschluss der Spurensuche steht fest, dass einige Sachen, die Annika gehörten, fehlen. Die Kripo wendet sich mit Wurfzetteln und einem Fahndungsplakat an die Bevölkerung. Auf dem Plakat sind die verschwundenen Gegenstände abgebildet: ein silbergraues Handy der Marke »Nokia«, ein schwarzes Portemonnaie mit kleinen Schäfchen und der Aufschrift »Ohne Dich ist alles doof«, ein MP3-Player mit zweizeiliger Lasergravur auf der Rückseite: »Annika + Danni … forever«. »Danni« ist eine Freundin des getöteten Mädchens. »Wer kann Angaben zu den abgebildeten Gegenständen machen?«, fragt die Mordkommission. Die Staatsanwaltschaft hat mittlerweile eine Belohnung von 5.000 Euro ausgesetzt.

»Sie hat so gern gelebt.« Nur diesen einen Satz schreiben die Eltern in Annikas Todesanzeige. Acht Tage nach dem Verbrechen müssen sie ihr Kind zu Grabe tragen. Mehr als 200 Menschen kommen zum Waldauer Friedhof, nehmen Anteil und Abschied. Auf einem der vielen Blumenkränze steht in Blockbuchstaben geschrieben, was Freunde und Mitschüler des Opfers empfinden: »ANNIKA – FÜR IMMER VERMISST«.

Die Öffentlichkeitsarbeit der Kripo bringt erste Ermittlungsansätze. Zeugen erklären unabhängig voneinander, dass auf

dem Parkplatz »Scharfenstein« etwa vier Stunden nach der Tat drei Lastzüge gestanden hätten: einer im Zufahrtsbereich, die beiden anderen hintereinander im Auslauf des Rastplatzes. Das Führerhaus eines der Lkw soll hellgelb gewesen sein, die grauen Gardinen der Schlafkabine seien zugezogen gewesen. Das andere Führerhaus wird als verdreckt, mit grauer bis anthrazitfarbener Lackierung beschrieben. Die Ermittler gehen davon aus, dass die Fahrer zu dieser Zeit oder schon früher ihre Ruhezeiten eingelegt hatten und sich sehr wahrscheinlich in ihren Schlafkabinen aufhielten, bevor sie ihre Fahrten fortsetzten. Der unmissverständliche Appell der Fahnder in den örtlichen Tageszeitungen: »Dringend melden!« Vielleicht befanden sich die Brummifahrer zu dem Zeitpunkt auf dem Parkplatz, als der Täter die Leiche gerade entsorgt hat, und haben etwas gesehen oder gehört, von dem sie nicht ahnen konnten, dass es mit einem Kapitalverbrechen in Zusammenhang steht.
Weitere zwei Wochen vergehen, bis sich Staatsanwaltschaft und Kripo nach zähen Ermittlungen wieder ins Bewusstsein der Öffentlichkeit bringen. Zwar ist der Täter noch nicht gefunden, aber doch eine biologische Spur von ihm. Eine Presseerklärung verkündet: »Durch die DNA-Untersuchung winziger Hautschuppen, die durch die Spezialisten der Kasseler Spurensicherung gefunden und vom Hessischen Landeskriminalamt ausgewertet wurden, konnten die Kriminalwissenschaftler jetzt eine männliche DNA nachweisen. Diese DNA Spur konnte bislang aber keiner bestimmten Person zugeordnet werden. Die Beamten der Kasseler Mordkommission sind sich aber sicher, hier die Spur des noch unbekannten Täters aufgenommen zu haben.«
Die Hautschuppen sind im Unterleibsbereich des Opfers gefunden worden und stammen nicht von Annika. Die Ermittler sind jetzt einen wichtigen Schritt weiter – sie kennen den genetischen Code des Mörders. Ein beachtlicher Erfolg bei der

akribischen Spurensuche der Kriminalisten und Gerichtsmediziner nach mikroskopisch kleinsten Teilchen, die dem menschlichen Auge grundsätzlich verborgen bleiben. Nur ist die biologische Formel der »Täter-DNA« in keiner polizeilichen Vergleichsdatenbank gespeichert. Entweder ist der Gesuchte bisher als Sexualtäter nicht in Erscheinung getreten, oder die Kripo hat es bei anderen Gelegenheiten einfach versäumt, seine DNA-Codierung zu erheben und suchfähig zu speichern. Dennoch untersucht die Mordkommission mit Hochdruck, ob die an Annikas Leiche gesicherte DNA vielleicht schon an anderen Tatorten festgestellt worden ist, ohne dass sie einer bestimmten Person zugeordnet werden konnte. Man hätte im Erfolgsfall zwar keinen Tatverdächtigen, aber man wüsste etwas über seinen Bewegungsradius und eventuelle Alltagsroutinen. Und eine weitere Option hat die Kripo nun: die DNA-Rasterfahndung. Allerdings ist es dafür noch zu früh, da ein solcher Massentest nur Sinn macht, wenn der Personenkreis sinnvoll eingegrenzt werden kann. Die Fahnder kennen aber bislang nur ein einziges Merkmal des Täters: männlich.

Den nächsten Hinweis auf den Mörder liefert ein Radfahrer, der am frühen Morgen des 26. Juli die Rheinbrücke der Bundesstraße 288 zwischen Duisburg und Krefeld überquert und eine durchsichtige Plastiktüte findet. Darin sind Annikas Handy und ihr Portemonnaie. Offenkundig hat sich der Täter der Sachen entledigen wollen. Bei dem Versuch, die Tüte bei voller Fahrt über das Brückengeländer zu werfen, ist sie wahrscheinlich gegen einen der Stahlträger geprallt und so auf dem Radweg der Brücke liegen geblieben.

Die Kripo mobilisiert abermals die Öffentlichkeit und fragt in allen Tageszeitungen der Region: »Wer hat als Fahrzeugführer, Radfahrer oder Spaziergänger die beschriebene Rheinbrücke der B 288 in der Zeit von Mittwoch, 26. Juli 2006, etwa 20 Uhr, und Donnerstagmorgen, 27. Juli 2006, 5.45 Uhr, benutzt und

hat dabei ein Fahrzeug beobachtet, aus dem etwas herausgeworfen wurde? Welche Betriebe im Raum Duisburg/Krefeld haben im fraglichen Zeitraum Lieferungen aus dem Raum Kassel erhalten oder in diesem Raum in Auftrag gegeben?«
Erstmals hat der Täter für die Kripo erkennbar reagiert. Der Mann hat Annikas Handy und ihr Portemonnaie zweieinhalb Wochen behalten, dann aber überstürzt weggeworfen, so jedenfalls könnte man sein Verhalten deuten. Möglicherweise besteht zwischen der Bekanntgabe der Ermittler, den DNA-Code des Gesuchten entschlüsselt zu haben, und dem Tütenwurf ein Zusammenhang. Ist der Täter nervös geworden? Ist die Kripo ihm schon so dicht auf den Fersen? Befürchtete der Mann seine baldige Festnahme und entledigte sich deshalb der Gegenstände, die ihn andernfalls in einen schwerwiegenden Verdacht gebracht hätten?
Zwei Tage nach dem Fund der neuen Beweismittel bekommt der »Fall Annika« eine neue Dimension. Das Mädchen ist nicht das erste und auch nicht das einzige Opfer des Gesuchten: Es gibt zweifelsfreie DNA-Übereinstimmungen in zwei weiteren Mordfällen, teilt das Hessische Landeskriminalamt der Kasseler Mordkommission mit.

Rückblende. Es ist der 14. November 2003, gegen 23.30 Uhr: Ein Lkw-Fahrer nimmt im Bereich des Straßenstrichs »Brühler Landstraße« in Köln-Raderthal eine Prostituierte auf. Stunden später wird das Opfer auf dem Parkplatz eines Baumarktes unweit eines Industriegebietes im nordrhein-westfälischen Dormagen-Horrem gefunden. Die 32-jährige Frau ist vergewaltigt und erdrosselt worden.
19. Oktober 2004, gegen 3 Uhr: Eine Autofahrerin bemerkt in der Nähe einer Raststätte am Straßenrand der Autobahn 57 eine schwer verletzte Frau und alarmiert die Polizei. Die 25-jährige Prostituierte aus Litauen war am Abend zuvor in Köln-Zollstock in den Lkw eines Freiers gestiegen, der sie

wenig später im Führerhaus heftig gewürgt hatte. Anschließend war der Täter mit dem Opfer weiter in Richtung Wesel gefahren, wo er auf einem Parkplatz auf die Frau eingestochen hatte.

Die Frau wurde notoperiert und überlebte. Der behandelnde Arzt, der von der Kripo zum Ausmaß der Verletzungen befragt wurde, sprach unverblümt von »Kriegschirurgie« – der Täter hatte versucht, den Oberkörper des Opfers im Bereich des Herzens regelrecht aufzuschlitzen.

Es besteht nicht der geringste Zweifel: Die Mordkommissionen in Köln, Düsseldorf und Kassel jagen einen erbarmungslosen Serienmörder. Und jetzt existiert eine Täterbeschreibung, die der Hoffnung neue Nahrung gibt, ihn bald dingfest machen zu können. Angela Ivanauskaite, das überlebende Opfer, hat den Mann sehr genau beschrieben: südländischer Typ; vermutlich Türke; ca. 35 Jahre alt; ca. 1,85 Meter groß; sportliche, früher durchtrainierte Figur mit leichtem Bauchansatz; lockiges, recht kurzes Haar; dunkle Augenbrauen; dunkle, hervorstehende Glupschaugen; breite Nase mit Höcker; rundes, dickes Gesicht; Schnurrbart, sonst glatt rasiert; eine Vielzahl von punktförmigen Narben im Bereich des Unterbauchs; roch nach Schweiß; starker Mundgeruch; dunkle Behaarung an Armen, Brust und Beinen; tiefe, leise und undeutliche Stimme; sprach Deutsch mit vermutlich türkischem Akzent; starker Raucher.

Während die Vorgehensweise des Täters jeweils große Übereinstimmungen erkennen lässt, erscheint sein Opfertyp eher beliebig. Waren es in Köln und Dormagen Prostituierte, die dem Täter im Dunstkreis des örtlichen Straßenstrichs begegneten, so war es in Kassel die Gymnasiastin Annika Hampel. Die Frauen sind nicht gequält oder gefoltert worden, der Täter hat sie vergewaltigt. Sie besitzen keine individuellen Merkmale, die sie als bevorzugte Zielgruppe eines Täters erkennbar machen würden. Die Opfer haben für den Täter augenscheinlich nur eine Funktion – sie sind Mittel zum Zweck. Es geht ihm offenbar einzig darum, seine Opfer zu dominieren und über deren lebendigen oder toten Körper sexuell verfügen zu können. Wahrscheinlich haben es die Ermittler mit einem Verbrechertyp zu tun, den man in der gerichtlichen Psychiatrie als »asozialen Notzüchter« bezeichnet und der sich ähnlich verhält wie der gesuchte Serienmörder. Ein solcher Täter nimmt sich gewaltsam eine Frau, wenn ihm danach ist, und tötet sein Opfer nur deshalb, weil es als Zeuge für ihn gefährlich werden könnte.

In der Regel handelt es sich bei diesen Tätern um gefühlsarme, primitive und durchsetzungsschwache Männer, soziale Außenseiter mit dissozialer Persönlichkeitsstruktur. Kennzeichnend für sie sind Gemütsarmut, eine geringe Frustrationstoleranz und eine niedrige Schwelle für aggressives, gewalttätiges Verhalten. Soziale Normen werden missachtet, die Täter sind nicht in der Lage, längerfristige Beziehungen zu halten. Sexualität ist eingebettet in eine allgemein verwahrloste oder kriminelle Einstellung, sie wird mit Gewalt genommen, wie die Täter auch andere Bedürfnisse rigoros und menschenverachtend befriedigen.

Jedoch helfen diese allgemeinen Erkenntnisse den Fahndern nach Annika Hampels Mörder konkret nicht weiter, da niemand sicher zu sagen vermag, ob diese kriminalpsychologischen Erfahrungswerte auch auf den Gesuchten zutreffen. Die Mordkommission »Scharfenstein« nutzt daher das sprunghaft gestiegene journalistische Interesse, und die Medien berichten von einer eigens für diesen Fall eingerichteten Hotline, bei der binnen kurzer Zeit mehr als 100 Hinweise eingehen, vorwiegend aus dem Kasseler Raum. Die Ermittler bekommen alle Hände voll zu tun. Nicht zuletzt deshalb, weil sich auch die »Bild«-Zeitung des Falls annimmt: »Nachts lenkt der Mann einen tonnenschweren Laster über Deutschlands Autobahnen. Er ist Kettenraucher, hat einen buschigen, schwar-

zen Schnauzbart. DER MANN IST EIN SERIENKILLER, MACHT JAGD AUF FRAUEN!«
Die Fahnder vermuten, dass der Täter ein Berufskraftfahrer sein könnte, der persönliche oder berufliche Beziehungen nach Nordrhein-Westfalen und Hessen unterhält, da das überlebende Opfer, die Prostituierte Angela Ivanauskaite, seinerzeit nicht nur den Täter beschreiben konnte, sondern auch seinen Lkw. Fieberhaft wird jetzt nach einem Laster mit Großraumführerhaus und Wechselpritschenaufbau gesucht. Besonders markant: Im Bereich der Windschutzscheibe sollen vier längliche Wimpel hängen, einer davon mit der Aufschrift »London«. Hinweise erhoffen die Ermittler sich auch von Arbeitgebern aus dem Speditionsgewerbe über die Auswertung von Frachtaufträgen oder den vom Mautbetreiber »Toll Collect« abgerechneten Fahrtstrecken. Welche mautpflichtigen Fahrzeuge haben am Samstag, dem 8. Juli 2006, zwischen Mitternacht und 6 Uhr morgens, die Autobahn 49 im Großraum Kassel befahren?
Als sich alles auf die Suche nach dem Lkw konzentriert, erhalten die Ermittler von den Gerichtsmedizinern einen neuen wichtigen Hinweis: Wieder haben sie Hautpartikel gefunden, diesmal unter den Fingernägeln von Annika Hampel. Sie stammen zweifelsfrei vom Täter. Das Mädchen hat sich energisch gewehrt und seinen Mörder offenbar gekratzt, möglicherweise im Gesicht oder an den Armen. Wieder einmal wird die Öffentlichkeit bemüht: »Wo ist ein Mann mittleren Alters, der vermutlich als Lkw-Fahrer unterwegs war, am Samstag, dem 8. Juli 2006, dem vorletzten Tag der Fußball-WM, oder in den Tagen danach mit Kratzwunden im Gesicht oder am Körper aufgefallen? Diese Person müsste sich, zumindest in der Nacht zum 8. Juli, auch im Kasseler Raum aufgehalten haben.«
Der Ermittlungsansatz mit den Mautdaten erweist sich schnell als Sackgasse. Resigniert erklärt der Kasseler Polizeipräsident

bei einem Pressegespräch: »Leider können wir bei unseren Ermittlungen nicht auf Aufzeichnungen der Mautabrechnungen zurückgreifen, obwohl diese uns im Mordfall Annika vermutlich sehr helfen könnten. Hier kann Datenschutz zum Täterschutz werden.« Gemeint ist Paragraf 4, Absatz 2 des Autobahnmautgesetzes. Dort heißt es: »(...) Diese Daten dürfen ausschließlich für die Zwecke dieses Gesetzes verarbeitet werden. Eine Übermittlung, Nutzung oder Beschlagnahme dieser Daten nach anderen Rechtsvorschriften ist unzulässig.« Um einem Missbrauch vorzubeugen, sieht das Gesetz eine sehr stringente Zweckbindung der Daten vor. Das bedeutet: Die Mautdaten dürfen nur zur Gebührenabrechnung und -erhebung genutzt werden. Sonderfälle der Datenübermittlung, beispielsweise zur Aufklärung von Schwerverbrechen, sind kategorisch ausgeschlossen. Wie man dies den Familien der Opfer begreiflich machen soll, steht indes nicht im Gesetz. Den Kriminalisten, die sonst zur Aufklärung schwerer Straftaten mit einem richterlichen Beschluss sogar Telefone abhören, Konten bei Banken überprüfen oder Wohnungen durchsuchen können, sind in diesem Fall die Hände gebunden.

Obwohl die Mordkommission aus juristischen Gründen nicht auf die Mautdaten zugreifen darf, hat sie noch eine Chance, dem Täter näher zu kommen. Die Speditionsunternehmen erhalten monatlich von »Toll Collect« die Einzelfahrtennachweise ihrer Lkw. Anhand dieser Unterlagen können die Unternehmen erkennen, welche Auf- und Abfahrten und Autobahnkreuze ihre Fahrzeuge wann passiert haben. Die Ermittler setzen nun auf die Mithilfe der Speditionen bei der Überführung eines der gefährlichsten Serienmörder der jüngeren deutschen Kriminalgeschichte.

Die Ermittlungen gestalten sich äußerst komplex und zeitintensiv. Der Kasseler Kripo-Chef wird später vom »umfangreichsten Fall in der Historie der Kasseler Polizei« sprechen. Mit Recht. Um dem Täter auf die Spur zu kommen, werden alle deutschen Lastwagenfahrer per Flensburger Führerscheinkartei kontrolliert. Die Daten von 63 »Funk-Umsetzern« in Nordhessen, über die sämtlicher Funkverkehr läuft, also auch alle Handy-Gespräche, werden unter die Lupe genommen. Allein hierbei müssen Hunderttausende von Daten ausgewertet werden. Auch 950 Kleingärtner in Kassel-Waldau, die in der Nähe des Tatorts wohnen, werden überprüft. Da die Computerkapazitäten der Kripo nicht ausreichen, plant man, diese für die Nachforschungen auszuweiten – ein gigantischer Aufwand.

Gibt es vielleicht ein viertes Opfer? Diese Frage beschäftigt die Kripo nach einer Recherche im Datenbanksystem ViCLAS (= Violent Crime Linkage Analysis System). Insbesondere unter dem Aspekt der Handschrift des Serienmörders sind mit der Entwicklung und Einführung dieses aus Kanada stammenden Systems neue Wege in der Kriminalistik beschritten worden. Das Erkennen von Serientaten soll künftig nicht mehr dem Zufall überlassen bleiben. Mithilfe dieser Datenbank sollen im Bereich der schweren Gewaltkriminalität Delikte von Wiederholungs- und Serientätern, die zur Ausübung ihrer Verbrechen, Orts-, Stadt- oder auch Landesgrenzen überschreiten, erkannt und schneller zusammengeführt werden. In Deutschland bundesweit seit Juli 2000.

Eingespeist in das ViCLAS-System werden Tötungsdelikte, Vermisstenfälle, Sexualstraftaten und das verdächtige Ansprechen von Kindern. Fälle, bei denen eine vordeliktische Opfer-Täter-Beziehung besteht, werden nicht erfasst. Ausnahmen bilden dabei Fälle, bei denen die Tatausführung ungewöhnlich erscheint. Auf der Grundlage eines 168 Fragen umfassenden Erhebungsbogens erfolgt die Eingabe von Informationen zu Täter, Opfer, Tatablauf und -dynamik, benutzten Waffen oder Fahrzeugen und eventuell festgestellter Todesursache in das System. Die Methode der Datenbankrecherche: ein fallübergreifender Abgleich anhand der Tatbegehungsweise, spezieller

Handlungselemente, geografischer oder sonstiger Übereinstimmungen.
Einen Mordfall klassifiziert ViCLAS als besonders relevant: Am 1. November 2005 findet ein Spaziergänger, der an Allerheiligen kurz nach 14 Uhr mit seinem Hund unterwegs ist, in einem Waldgebiet bei Siegen-Eisern die Leiche einer Frau. Der Fundort liegt in Sichtweite zur Autobahn 45. Das Opfer ist die 31-jährige Aneta Smolarek aus Polen, die bei ihrem Bruder im 40 Kilometer entfernten Dillenburg zu Besuch gewesen ist und eine Woche lang als vermisst galt. Das Opfer wurde sehr wahrscheinlich in der Nähe einer Telefonzelle in Dillenburg entführt, später vergewaltigt und erwürgt. Die Ermittlungen der Mordkommission »Wolfsbach« blieben seinerzeit erfolglos, selbst eine Ausstrahlung des Falls in der Fernsehsendung »Aktenzeichen XY ungelöst« führte nicht zu neuen Erkenntnissen.
Wenige Tage später bekräftigen die Gerichtsmediziner des Hessischen Landeskriminalamts das Ergebnis der ViCLAS-Datenbankrecherche: Nachdem erste Untersuchungen der Kleidung von Aneta Smolarek auf DNA-Spuren in einem privaten nordrhein-westfälischen Institut erfolglos geblieben sind, gelingt den Gerichtsmedizinern in Hessen nach monatelangen, äußerst schwierigen, umfangreichen und zeitraubenden Untersuchungen doch noch der Nachweis von DNA-Merkmalen – und die stimmen mit den in Köln, Dormagen und Kassel gefundenen Spuren zweifelsfrei überein.
»Es ergeben sich jetzt neue Querverbindungen«, kommentiert ein Pressesprecher der Kasseler Kripo das Untersuchungsergebnis. »Wir müssen damit rechnen, dass das nicht der letzte Mord war. Wir müssen ihn möglichst schnell fangen.« Auch der Sonderdezernent der Siegener Staatsanwaltschaft hält es durchaus für möglich, »dass es den fünften, sechsten oder siebten Fall« in dieser Mordserie gibt. Im Fokus der Ermittlungen stehen nun ungelöste Morde, die einen Zusammenhang mit einer Autobahn erkennen lassen.

Kriminalisten in Köln, Düsseldorf, Kassel, Dillenburg und Siegen arbeiten nun an diesem brisanten Fall, allein in der Mordkommission »Scharfenstein« folgen rund 30 Beamte den Spuren des Serienmörders. Es wird rund um die Uhr gearbeitet. Die Fahnder haben bisher mehrere Zehntausend Hinweise bekommen, die zum größten Teil erst noch ausgewertet und bearbeitet werden müssen. Wieder wird die Öffentlichkeit gezielt angesprochen, diesmal mit einer Beschreibung des Täters und einem Phantombild.
Das Fahndungsfoto basiert auf den Erinnerungen des überlebenden Opfers Angela Ivanauskaite und wird – nachdem die Tatzusammenhänge offenkundig geworden sind – jetzt auch in Nordhessen regional veröffentlicht. Bislang haben die Ermittler darauf verzichtet, da man irrigerweise von keinem Serienzusammenhang ausgegangen ist. Bei der mittlerweile eingerichteten Sonderkommission »Eisern« der Kripo des Lahn-Dill-Kreises rufen schließlich binnen weniger Stunden drei Zeugen an, die auf dem Phantombild denselben Mann wiederzuerkennen glauben: Markus Schaffer, 29 Jahre alt, verheiratet, Vater einer Tochter, wohnhaft in der am Fuße des Westerwaldes gelegenen Gemeinde Haigerseelbach, Ortsteil Rodenbach. Dort leben genau 896 Menschen. Eine Foto-Recherche beim Einwohnermeldeamt nährt den Verdacht, endlich auf der richtigen Spur zu sein: Schaffer ähnelt dem Fahndungsbild. Und der Verdächtige ist von Beruf Kraftfahrer. Alles scheint auf ihn zu passen.
In den frühen Nachmittagsstunden des 30. August 2006 klingeln zwei Kriminalbeamte bei Schaffer. Das Haus, in dem der Mann wohnt, liegt abseits im Dorf und wirkt abgewirtschaftet. Vor der Tür steht ein Kinderfahrrad, und an einem Mast weht die Deutschlandflagge. Auch in natura passt die äußere Erscheinung des Mannes zu dem Phantombild, ebenso hat Schaffer auffällige Narben im Bauchbereich, die er den Ermittlern bereitwillig zeigt – von solchen Entstellungen hatte

das Dormagener Opfer berichtet. Ob er einverstanden sei, freiwillig eine Speichelprobe abzugeben? Schaffer willigt ein. Die DNA-Probe wird sofort dem gerichtsmedizinischen Institut in Gießen überbracht und dort untersucht. Begleitende Ermittlungen im persönlichen und beruflichen Umfeld des Verdächtigen erbringen ein weiteres wichtiges Indiz: Die Tachoscheibe des von Schaffer gefahrenen Lastwagens beweist, dass er am 8. Juli 2006 in Kassel gewesen sein muss, genau an jenem Tag, an dem Annika Hampel ermordet wurde. Dann kommt die Nachricht aus der Gerichtsmedizin, die jeden Zweifel beseitigt: hundertprozentige Übereinstimmung. Die bei den Opfern gefundene DNA stammt, da besteht kein Zweifel, von Schaffer.
Gegen 19 Uhr wird der mutmaßliche Serienmörder auf offener Straße in Haigerseelbach festgenommen. Wenig später gesteht der Mann alle Taten, seine emotionslos vorgetragenen Mordschilderungen umfassen schließlich 50 DIN-A4-Seiten. Die Mörderhatz ist nach knapp drei Jahren endlich vorüber, und die »Bild«-Zeitung darf am nächsten Morgen jubeln: »Sie haben den Brummi-Killer!«

Ein solcher Erfolg, um den zäh und lange gerungen werden musste, hat immer viele Väter. In diesem Fall ist es jedoch in erster Linie das Verdienst einer überaus tapferen Frau, die selbst Opfer dieses unbarmherzigen Serienmörders wurde und ein grausiges Martyrium durchleiden musste: Angela Ivanauskaite, auf die der Täter mit dem Messer einstach und sie förmlich aufschlitzte. Als der »Brummi-Killer« von ihr abließ, vertraute er darauf, dass Angela ihre schweren Verletzungen nicht überleben würde. Doch sie ist, von einem ungeheuren Überlebenswillen beseelt, davongekommen. Und sie hat dafür gesorgt, dass ihr Peiniger keine todbringende Gefahr mehr für andere Menschen sein kann.
Ich habe lange mit mir gerungen, ob ich mit Angela Ivanaus-

kaite in Kontakt treten sollte. Da waren große Berührungsängste.
Mit unzähligen Tätern hatte ich Interviews geführt, aber noch mit keinem Opfer gesprochen. Das ist etwas ganz anderes. Ich wusste wenig über die inneren Abläufe eines solchen Gesprächs, welche Fragen erlaubt sind, welche nicht. Wo ist die Schmerzgrenze? Wann wird es zu intim? Wann wird es zu viel? Ich wollte dieser Frau keinesfalls zu nahetreten. Sie durch meine Fragen nicht abermals verletzen. Keine alten Wunden aufreißen. Ihren Seelenfrieden nicht gefährden. Dann aber erinnerte ich mich an die Zusammenarbeit mit dem Justizvollzugsbeamten Andreas Fischer, dessen Frau von einem ehemaligen Häftling umgebracht worden war, der in der Anstalt einsaß, in der ihr Mann arbeitete. Andreas Fischer, dessen Lebens- und Leidensgeschichte ich in dem Buch »Ein unfassbares Verbrechen. Der Fall Monika F.« dokumentiert habe, hat diese Arbeit geholfen und zu neuen Einsichten gebracht. Warum sollte dies nicht auch so bei Angela Ivanauskaite gelingen? Ich ließ es auf einen Versuch ankommen und schrieb ihr einen langen Brief. Drei Wochen gingen ins Land – keine Antwort. Ich hatte die Sache schon aufgegeben, da erhielt ich eines Nachmittags einen Anruf: »Hier ist Angela«, sagte sie in gebrochenem Deutsch, »ich wollte mich mal melden.« Wir sprachen lange miteinander. Angela sagte schließlich zu – sie wollte mit mir über die schlimmsten Stunden in ihrem Leben reden.
Ich traf Angela am 9. August 2007 zur Mittagszeit in einem Bonner Restaurant. Um ungestört zu sein, hatte ich vorher dafür gesorgt, dass unser Gespräch in einem separaten Raum stattfinden konnte, abseits der Öffentlichkeit. Wir unterhielten uns zunächst über allgemeine Dinge, da ich nicht mit der Tür ins Haus fallen wollte. Nachdem wir gegessen hatten, hielt ich es für angemessen, die ersten Fragen zu stellen. Was ich zu diesem Zeitpunkt nicht ahnen konnte: Es sollte eines der auf-

regendsten und aufwühlendsten Interviews werden, das ich im Zusammenhang mit Serienmorden bisher geführt habe.

(Harbort) »Angela, erzähl mir erst einmal ein bisschen von dir. Wo und wie bist du aufgewachsen?«

(Angela) »Ich wurde in einer kleinen Stadt in Litauen geboren. Ich hatte dort ein wirklich schweres Leben. Als ich zwei Jahre alt war, wurden meine Eltern geschieden. Ich lebte ab dieser Zeit mit meiner Mutter, meiner Oma und meinem Bruder in einem Haushalt. Es ging mehr schlecht als recht. Hauptproblem war, dass meine Mutter zu viel Alkohol trank. Sie war häufig besoffen. Ich ging irgendwann in die Schule, aber zu Hause war niemand, der mich beaufsichtigt oder der mir geholfen hat. Meiner Mutter war es ziemlich egal, ob ich in die Schule ging oder Hausaufgaben machte. Das habe ich ausgenutzt, ich war halt noch ein Kind. Die Schule verließ ich ohne ordentlichen Abschluss. Mit 16 ging ich in die Schweiz und arbeitete dort als Prostituierte.«

»Warum ausgerechnet als Prostituierte?«

»Ich hatte keinen Beruf gelernt, wollte aber von zu Hause weg. Ich brauchte also unbedingt Geld. Da hat man mir ein Angebot gemacht, ob ich nicht als Prostituierte arbeiten wollte. Es war nicht so, dass ich es darauf angelegt hätte, aber ich sah keine andere Möglichkeit. Ich wollte mein eigenes Leben leben, selbstständig sein, eigene Entscheidungen treffen. Ich hatte keine Ahnung, was es eigentlich bedeutet, als Prostituierte zu arbeiten. Und dann kam halt das Angebot, in die Schweiz zu gehen und dort auf den Strich zu gehen. Aber als ich dort ankam, schickten die Leute mich gleich wieder zurück, weil ich zu jung war. In der Schweiz war es wohl gesetzlich verboten, mit einem 16-jährigen Mädchen Sex gegen Geld zu haben. Als ich 18 war, bin ich wieder in die Schweiz, aber illegal. Bei einer Razzia hat mich die Polizei festgenommen. Die machten mir folgendes Angebot: Wenn ich in den nächsten zwei Jahren nicht mehr in die Schweiz käme, bräuchte ich nicht ins Gefängnis.

Wenn ich nach diesen zwei Jahren wieder in die Schweiz zurückkäme, dürfe ich aber nicht mehr anschaffen. Ich wurde also nach Litauen zurückgeschickt.« (Angela wirkt bei ihren Schilderungen gefasst und souverän. Nur gelegentlich, wenn sie mit den Fingern durch ihre dunkelblonden, schulterlangen Haare streicht, entsteht der Eindruck einer latenten Schüchternheit.)
»Und wie ging es dort weiter?«
»Ich habe in Litauen gearbeitet, Leuten bei der Hausarbeit geholfen, im Garten, als Putzfrau, ältere Menschen gepflegt. Dann bekam ich ein Angebot, in Spanien zu arbeiten, wieder als Prostituierte. Ich habe das gemacht, aber in dem Puff, in dem ich gearbeitet habe, war nichts los. Ich musste viele Stunden arbeiten, einfach nur da rumsitzen, aber es kam kaum jemand. Also war auch nichts zu verdienen. Ein Litauer half mir dann, von dort wegzukommen, nach Deutschland. Einige Monate danach war ich in einem Puff nahe der französischen Grenze.«
»Was empfindest du, wenn du Intimkontakte gegen Geld zulässt? Was geht da in dir vor?«
(Angela antwortet zunächst sehr spontan.) *»Ich habe dabei nie ein Gefühl gehabt. Innerlich gewehrt habe ich mich schon.* (Sie zögert einen Augenblick.) *Oft haben mir die Leute versprochen, ich würde richtige Arbeit bekommen, wenn ich da oder da hingehen würde. Aber das waren Lügen. In Wirklichkeit ging es fast immer um Prostitution. Und weil ich kein Geld hatte, musste ich es dann notgedrungen tun. Aus diesem Kreislauf konnte ich auch nicht ausbrechen. Ich hätte mich von dem einen Zuhälter freikaufen können, aber der hätte mich dann an einen anderen verkauft. Ich kam da einfach nicht raus. Deshalb hatte ich dabei auch keine Gefühle. Ich habe mir immer gedacht: Okay, du musst das machen, beiß die Zähne zusammen, es gibt keinen anderen Weg.«*
»Hast du unter dieser Lebenssituation gelitten?«

»Ja, natürlich. Ich hatte mir mein Leben auch anders vorgestellt. (Sie senkt den Blick.) *Aber ich hatte keine Wahl. Ich wurde ja auch enorm unter Druck gesetzt. Ich sah, wie andere Frauen geschlagen wurden. Das drohte man mir auch an, wenn ich nicht mitmachen würde. Da hatte ich natürlich Angst. Weil ich von klein auf auch zu Hause geschlagen worden war, wirkten diese Drohungen bei mir besonders nachhaltig.«*
»Du hast einige Jahre als Prostituierte gearbeitet. Was hast du dabei für Erfahrungen gemacht?«
(Sie überlegt eine Zeit, bevor sie antwortet.) *»Meistens waren das nette Leute, alle möglichen Nationalitäten. Ich habe mal einen Mann kennengelernt, der hatte eine Firma, wollte mir helfen, aus dem Milieu rauszukommen. Der hat mir auch Geld gegeben. Aber er hat es nicht geschafft. Ich hatte auch viele Stammkunden. Manche kamen gar nicht wegen Sex, die wollten einfach nur mal mit jemand reden. Die gaben mir Geld dafür, dass ich mit denen spazieren ging oder in ein Restaurant zum Essen. Einige kamen auch mit Drogen zu mir, die habe ich aber abgewiesen. Damit wollte ich nichts zu tun haben. Manch einer hat mich auch bedroht, er würde mich an die Polizei verraten oder er würde mich verprügeln lassen. Diese Leute habe ich aber nicht ernst genommen, passiert ist auch nie etwas.«*
»Gab es auch besonders negative Erlebnisse?«
»Ja. Es gab Freier, die wollten wirklich perverse Dinge von mir, haben auch viel Geld dafür geboten. Das habe ich aber immer abgelehnt. Es gibt da bei mir eine Grenze, ich lasse nicht alles mit mir machen, für kein Geld der Welt.« (Angela wirkt jetzt trotzig und kämpferisch zugleich.)
»Hast du eine bestimmte Vorstellung davon, wie Männer im Allgemeinen so sind?«
(Sie versteht die Frage offensichtlich falsch.) *»Die meisten deutschen Kunden waren nett und ruhig. Die Ausländer waren aggressiver, zum Beispiel Türken.«*

»Aggressiv, was heißt das konkret?«

»Die wollten perversen Sex, mehr, als ich geben wollte. Zum Beispiel Analsex. Da gab es dann Stress, aber ich habe mich geweigert und es auch nicht gemacht.«

»Wir machen jetzt eine Zäsur. Ich möchte mit dir jetzt über jenen Abend sprechen, als du am Militärring in Köln gestanden und auf Kundschaft gewartet hast. Erzähl mir doch bitte, wie du mit dem Mann zusammengekommen bist, der dich später töten wollte.«

(Angela zündet sich, nachdem sie mich gefragt hat, ob sie rauchen dürfe, erstmals eine Zigarette an und macht hastig den ersten Zug. Die innere Anspannung ist ihr nun deutlich anzumerken.) *»Es war eine ganz kurze Begegnung. Der ist zu mir gekommen, hat gar nicht gegrüßt, hat nur gefragt: ›Wie viel?‹ Ich habe ihm die Preise gesagt, und er hat nur geantwortet: ›Okay.‹ Dann sind wir zu seinem Lastwagen gegangen, der stand einige Hundert Meter entfernt im Wald auf einem Parkplatz. Im Führerhaus habe ich in meiner Handtasche nach einem Kondom gesucht. Als ich es gefunden hatte, habe ich mich zu ihm umgedreht. Genau in diesem Moment hat er mir einen Draht oder eine Schlinge um den Hals geschlungen und zugezogen.* (Angela kann den Blickkontakt nicht mehr halten. Sie starrt vor sich auf den Holztisch, während sie spricht.) *Ich war total überrascht und habe mich sofort gewehrt, versucht, mich von ihm wegzudrehen. Meine linke Hand habe ich zwischen die Schlinge und meinen Hals bekommen. Weil ich schon öfter in Lkws gewesen war, wusste ich, wie man die Beifahrertür aufmachen musste. Als ich die Tür aufbekommen hatte, bin ich rausgesprungen. Aber er war sofort hinter mir.«*

»Was hast du in diesem Moment gedacht? Hattest du eine Vorstellung davon, was der vielleicht will?«

»Das war so: Eine Kollegin hatte mir einige Zeit vorher erzählt, dass eine andere Prostituierte von einem Freier umgebracht worden war, die auch am Militärring gestanden hatte.

Das war natürlich furchtbar, aber ich habe mir damals gedacht, dass dieser Täter bestimmt nicht noch einmal zu diesem Ort zurückkommen würde. Als mich dieser Kerl dann mit der Schlinge angegriffen hat, hatte ich nur noch einen Gedanken: Du musst hier weg! Und mir ging noch eine Frage durch den Kopf: ›Warum passiert mir das? Warum ausgerechnet mir?‹« (Sie wird sehr nachdenklich.)

»Wie ging es weiter, nachdem du aus dem Lkw hattest herausspringen können?«

»Ich habe mir überlegt, dass es richtig sein könnte, den Mann irgendwie zu beruhigen, den Stress irgendwie in den Griff zu kriegen. Bei diesem Gedanken hatte ich ein gutes Gefühl. Aber der war sofort wieder an meinem Hals und hat jetzt mit den Händen zugedrückt. Ich bekam keine Luft mehr. Was danach passiert ist, weiß ich nicht mehr. (Sie denkt eine Zeit nach.) *Meine Erinnerung setzt erst wieder ein, als ich im Führerhaus aufgewacht bin. Alles drehte sich. Ich war mir erst nicht sicher, ob ich noch am Leben bin, ob ich das nur träume oder ob ich schon in einer anderen Welt bin. Ich lebte! Er hatte mir meine Sachen ausgezogen, ich hatte nur noch Unterhemd und Slip an. Ganz vorsichtig versuchte ich, durch das Fenster zu schauen und herauszubekommen, wo wir wohl waren. Ich habe mich aber nicht bewegt und hatte die Augen auch nur halb geöffnet. Dann hat der Typ bemerkt, dass ich wach war. Der hat sich richtig erschrocken. Ich habe ihm gesagt, dass ich nichts machen würde. Mir schien es eine gute Idee zu sein, mit ihm ins Gespräch zu kommen. Deshalb habe ich ihm erst mal ein bisschen von mir erzählt, wo ich so herkomme und so. Dann habe ich ihn gefragt, wer er ist und wo er herkommt.«*

»Warum hast du versucht, mit dem Mann ins Gespräch zu kommen?«

»Ich wollte ihn dadurch beruhigen. Ich wollte verhindern, dass der bei der nächsten Gelegenheit anhält und wieder versucht, mich zu erwürgen. Irgendwann habe ich mit ihm ge-

schimpft, ihm vorgehalten, dass das nicht richtig ist, was er macht, dass es keinen Grund dafür gibt, dass er das nicht machen soll. (Angela empört sich. Ihre Körperhaltung verändert sich, wird angespannter.) *Ich habe ihm gesagt, dass ich auch leben will, dass er nicht Dinge tun soll, von denen er selbst nicht wollen würde, dass man sie ihm antut. Ich habe ihn auch gefragt, wie er heißt, aber er hat nicht geantwortet. Ich hatte unheimlich Durst und habe gefragt, ob ich etwas zu trinken bekommen könnte. Er gab mir eine Colaflasche, später eine Zigarette. Ich konnte aber nicht so gut rauchen, weil mir der Hals so wehtat und ich schlecht Luft bekam. Ich fragte ihn, wo wir denn hinfahren würden. Er antwortete so etwas wie, er müsste den Lastwagen ausladen oder etwas einladen, etwas in der Art. Ich habe ihn auch gefragt, ob er mich dann laufenlassen würde. Er nickte nur kurz. Weil er nicht reden wollte, habe ich weiter auf ihn eingeredet und ihm vorgeschlagen, ob wir nicht Freunde werden könnten. Ich bot ihm an, dass er jederzeit zu mir kommen könnte, ich würde ihn ohne Geld bedienen. Er hat darauf aber gar nichts gesagt. Irgendwann, wir sind gar nicht so lange gefahren, ist er auf einen Parkplatz abgebogen. Er hat die Gardinen zugezogen.* (Ihre Stimme wird merklich leiser.) *Durch einen Spalt konnte ich erkennen, dass da draußen Kaninchen waren und Wald …* (Angela versagt die Stimme. In ihrem Blick liegt eine tiefe Traurigkeit.)

»Angela, wenn es dir zu schwer wird, musst du nicht weitererzählen.«

»Schon gut. (Sie greift nach den Zigaretten und zündet sich erneut eine an.) *Als er die Gardinen zugezogen hat, habe ich mich schon freiwillig ausgezogen. Ich wusste ja, was jetzt kommen würde, ich wollte den Kerl nicht verärgern. Er hat mit mir Sex gehabt. Aber nicht so, wie das normale Menschen machen. Er hat mich so bewegt und benutzt, als wenn ich tot wäre, wie ein Stück Fleisch.* (Sie schaut mich an, als würde sie von mir eine Reaktion erwarten.) *Er hat dabei nicht geredet. Danach*

durfte ich mich wieder anziehen. Meine Klamotten waren total nass, weil ich vorher im Matsch gelegen hatte. Er sagte dann: ›Steig aus!‹ Er ist auch ausgestiegen. Ich habe noch geguckt, ob irgendwo Schilder sind. Ich wollte wissen, wo wir eigentlich sind. Ich konnte allerdings keine Schilder sehen. Er ist dann auf eine Seite des Lastwagens gegangen und hat so unter den Wagen geguckt. Ich habe auch geguckt und gefragt, ob etwas mit dem Lastwagen passiert wäre. In dem Moment hat er mich gepackt und mir ein Messer in die Brust gerammt.«

»Hast du mitbekommen, wie der Mann dich gestochen hat? Hast du das gespürt?«

(Die Antwort kommt ohne großes Zögern.) »*Das ging alles so schnell. Ich habe das erst gar nicht richtig mitbekommen. Da war auch kein Schmerz, es war nur so ein komisches Gefühl. Ich bin zusammengesackt und auf die Knie gegangen. Ich habe ihn gefragt: ›Warum machst du das? Ich hatte dir doch gesagt, dass ich dir nichts tue. Warum machst du das? Denk doch mal an deine Eltern, wenn die erfahren, was du hier machst!‹ Ich wusste ja nicht, ob der eine Familie hatte, deshalb habe ich ihn auf seine Eltern angesprochen. Ich habe seinen rechten Arm festgehalten, dort war das Messer. Ich flehte ihn an: ›Lass mich gehen! Ich tue dir nichts! Ich verrate dich nicht! Ich gehe nicht zur Polizei!‹ Damit er nicht noch mal zustechen konnte, hielt ich jetzt das Messer mit meiner Hand fest. Er hat mich aber weggeschubst. Ich hatte das Gefühl, er wollte mich jetzt noch mal stechen. Ich hielt ihn am Knie fest und flehte wieder: ›Bitte, lass das! Bitte, mach das nicht! Bitte, lass mich gehen! Bitte!‹ Er hat nichts gesagt, nur mit dem Kopf in Richtung eines Maisfeldes gezeigt. Und in diese Richtung bin ich dann gekrochen. Schmerzen habe ich nicht gespürt. Ich hatte nur eine höllische Angst davor, dass der hinter mir herkommt und noch mal mit dem Messer zusticht.«*

»Aber er kam nicht.«

»Genau. Ich hörte nur, wie der Lastwagen gestartet wurde und wegfuhr. Mein Glück war, dass ich nicht so weit in das Maisfeld hineingekrochen bin, weil ich sonst nicht mehr herausgefunden hätte. Ich kannte mich nicht aus, und es war stockdunkel. (Angela denkt eine Weile nach. Ich bin erstaunt, mit welcher Klarheit und Geradlinigkeit sie all dies erzählt.) *Als ich aus dem Feld wieder raus war, wurde mir auf einmal so warm, so unglaublich warm. Ich habe mich auf den Boden gelegt, weil der kühl war. Ich habe dort eine Weile gelegen. Ich muss wohl bewusstlos geworden sein, denn mit einem Mal war mir unheimlich kalt. Mein Gedanke war: Du musst dich bewegen, sonst stirbst du hier! Aufstehen konnte ich nicht, mir war auch schwindelig. Ich habe mich umgeschaut und überlegt, wo ich mich hinschleppen sollte. Auf der einen Seite war die Autobahn, auf der anderen Seite habe ich nur kurz die Scheinwerfer eines Autos gesehen, die aufblitzten. Da war aber kein Haus, da waren auch keine Lichter.«*

»Konntest du in diesen Minuten höchster Erregung und Anspannung noch klar denken und entscheiden, oder hast du eher intuitiv gehandelt?«

»Das weiß ich selbst nicht mehr so genau. Ich habe mich schließlich in Richtung Autobahn bewegt. Ich hoffte, dort eine größere Chance zu haben, gefunden zu werden, weil dort mehr Autos fuhren. Erst habe ich mich mühsam zu einem Baum geschleppt, dort aber gemerkt, dass es die falsche Richtung war. Dann wurde ich immer schwächer, ich konnte nur noch kriechen, mich mit den Händen vorwärts durch den Schlamm ziehen. Bis zur Autobahn habe ich es geschafft. Es kam mir unendlich lange vor. Ich fror, war total durchnässt, verdreckt, es war die Hölle! Am Straßenrand habe ich mich mit letzter Kraft aufgerichtet, auf den Knien gehockt und mit den Armen gewunken. Die Autos sind aber nur vorbeigefahren und haben wild gehupt, niemand hat angehalten. (Sie wird nachdenklich. Erst nach einer ganzen Weile setzt sie wieder

an.) *Ich habe immer die weiße Linie im Auge gehabt: Da darfst du nicht rüber, sonst wirst du überfahren! Irgendwann hat ein Wagen einige Meter vor mir auf dem Seitenstreifen gehalten, ein Mann ist ausgestiegen und hat gefragt, was passiert wäre. Er hat wohl gesehen, wie schlecht es mir ging. Seine Frau hat die Polizei angerufen. Der Mann hat mir in den Wagen geholfen, da haben die auch die Wunde gesehen. Weil mir so kalt war, hat die Frau die Heizung angemacht. Irgendwann sind Polizei und Krankenwagen gekommen. Die Polizisten haben Fotos gemacht, ich bin dann sofort ins Krankenhaus gebracht worden. Dort hat man mich operiert.«*

»Was war der erste Eindruck von dem Täter, als du ihm begegnet bist?«

»Da habe ich gar nicht drüber nachgedacht. Ich konnte den auch kaum erkennen, nur einmal kurz im Licht einer Straßenlaterne: dunkle Haut, schwarze Haare, Bart. Mehr nicht. Nur nach der Vergewaltigung, da hat er das Licht angemacht. Da habe ich ihn nackt gesehen. Ich habe ihn genau beobachtet und mir alles eingeprägt, auch sein Gesicht. Ich wollte damit erreichen, dass ich später bei der Polizei genügend Beweise hätte.«

»Was dachtest du, was der Mann von dir will? Da war zunächst dieses Drosseln, danach das Würgen …«

»Ich habe gedacht, der will mir Angst machen, damit er umsonst Sex bekommt.«

»Du hättest dich ihm gegenüber auch ganz anders verhalten können; zum Beispiel, indem du mit einer Anzeige bei der Polizei drohst oder deinem Zuhälter. Du hättest auch versuchen können zu fliehen …«

(Sie unterbricht mich.) *»Anzeige bei der Polizei, nein! Damit hätte ich ihm noch mehr Stress gemacht. Ich war eher davon überzeugt, dass, wenn ich jetzt einen Fehler mache, etwas Falsches tue oder sage, er mich tatsächlich umbringt. Dass der das sowieso vorhatte, konnte ich nicht ahnen. Ich wollte einfach alles tun, um ihn nicht noch aggressiver werden zu lassen.«*

»Hattest du denn das Gefühl, diesen Mann tatsächlich lenken oder beeinflussen zu können?«

»In dem Moment, ja. Jedenfalls ist er nach dem Würgen nicht mehr aggressiv geworden.«

»Du warst eine ganze Zeit in der Gewalt dieses Serienmörders. Kann man da noch unterscheiden zwischen erträglichen und unerträglichen Phasen des Geschehens?«

»Ganz schlimm war es, als der mich mit dieser Schlinge traktiert hat. Die Vergewaltigung. (Angela schweigt einen Moment.) *Und das mit dem Messer. Die drei Sachen.«*

»Hattest du damals eine Vorstellung davon, warum der gerade eine Prostituierte als Opfer ausgewählt hat?«

»Weil vorher schon eine Prostituierte umgebracht worden war, habe ich gedacht, dass der das auch gewesen sein muss, vielleicht, weil er solche Frauen hasst.«

»Wenn du dem Mann ins Gesicht geschaut hast, welchen Eindruck hat der auf dich gemacht? War da eine Lebensbedrohlichkeit spürbar?«

»Die Augen waren so groß. (Sie denkt nach.) *Aber sonst war der ganz normal.«*

»Aus heutiger Sicht: Hättest du irgendetwas tun können, um dieses Verbrechen zu vermeiden?«

»Nein. Als wir an dem Parkplatz angehalten haben, da hätte ich versuchen können zu fliehen. Aber ich wäre nicht weit gekommen, er war immer in meiner Nähe. Außerdem habe ich gehofft, dass ich ihn beruhigen könnte und so heil aus der Sache rauskommen würde.«

»Wie ging es dir, nachdem du gerettet worden warst?«

»Ich konnte anfangs nicht schlafen, war aggressiv, launisch. Wenn ich dann mal eingeschlafen bin, habe ich furchtbar mit den Zähnen geknirscht. Entspannen konnte ich mich eigentlich nur, wenn ich Alkohol getrunken habe. Nach dem Krankenhausaufenthalt habe ich angefangen zu trinken, viel zu trinken. Vor dieser Sache habe ich wenig getrunken, meistens Bier

oder Wein, danach nur Wodka, jeden Tag Wodka. Aber Gott sei Dank waren da Freunde, die auf mich aufgepasst, die gesagt haben: ›Angela, das ist nicht richtig. Angela, du darfst doch keinen Alkohol trinken, denk an dein krankes Herz. Du bist noch nicht wieder gesund!‹ Neben den Aggressionen bekam ich aber auch noch Depressionen, dann habe ich viel geweint, das ging immer so im Wechsel.« (Angela lässt keine negativen Gefühle erkennen. Ich bin überrascht.)

»Als der Täter noch nicht gefasst worden war, was hast du über diesen Menschen gedacht, was hast du empfunden?«

»Ich habe immer gedacht: Den finden die nie!«

»Warum nicht?«

»Ich habe einfach so gedacht. Ich weiß nicht, warum.«

»Hattest du Angst davor, dass er noch einmal kommen könnte, um dich als Belastungszeugin ...«

(Sie unterbricht mich.) *»Als ich danach wieder auf dem Strich gearbeitet habe, bin ich immer innerlich zusammengezuckt, wenn ein Mann kam, der so ähnlich aussah wie der. Ich bekam einfach große Angst. Mit diesen Männern wollte ich absolut nichts zu tun haben.«*

»Du hast also nach dieser Tat wieder als Prostituierte gearbeitet?«

»Ja. Ich hatte damals keinen Pass, konnte auch nicht so gut Deutsch sprechen. Ich hatte keine andere Wahl.«

»Hattest du nicht die Befürchtung, so etwas könnte noch einmal passieren?«

»Angst, ja! (Sie schaut mich mit großen Augen an.) *Aber ich hatte doch keinen Pass, ich hätte auch gar nicht aus der Stadt rausgekonnt. Ich wusste gar nicht, wie das hätte gehen sollen.«*

»Wie hat dein soziales Umfeld auf dieses Verbrechen an dir reagiert?«

»Geholfen, ja, schon. (Sie grübelt.) *Die haben mir gesagt, wenn ich auf der Straße stand: ›Wir passen auf dich auf, da kann nichts passieren. Alles wird gut.‹«*

»Hast du sonst Unterstützung bekommen?«
»Nein.«
»Gar keine?«
»Nein, wirklich nicht. Ich bin ja am Herzen operiert worden, weil ein Teil des Herzens durchstochen worden war. Die Operation und die Behandlung danach haben etwa 10.000 Euro gekostet. Vom Krankenhaus habe ich irgendwann die Rechnung zugeschickt bekommen. Weil ich das Geld nicht hatte, haben die mir später gedroht, ich könnte ins Gefängnis kommen, wenn ich nicht bezahlen würde. In dieser Zeit habe ich viel geweint. (Angela senkt den Blick und greift nach der Zigarettenschachtel.) *Ich habe meine Freunde gefragt, was ich machen sollte. Da habe ich auch über Selbstmord nachgedacht. Ich habe einfach keinen Ausweg mehr gesehen. Ein Freund hat mir aber geholfen. Er hat einen Brief an die Stadt geschrieben und sich darüber beklagt, dass mir in dieser besonderen Situation nicht geholfen würde. Kurz darauf kam ein Brief, in dem stand, dass die Stadt alle Kosten übernehmen würde, auch wenn weitere Behandlungen nötig wären. Ich war damals nicht krankenversichert, weil es so was in Litauen nicht gibt. Und als mal jemand von einer Versicherung angerufen hat und mir vorschlug, mich versichern zu lassen, habe ich geglaubt, das einfach nicht zu brauchen.«*
»Bist du heute wieder vollkommen gesund?«
»Nein. Ich müsste eigentlich jedes Jahr vier oder fünf Mal zum Arzt gehen, mein Herz untersuchen lassen. Es schlägt nicht regelmäßig. Manchmal fühle ich mich, als wenn ich betrunken wäre. Vielleicht muss ich noch mal operiert werden. Aber ich gehe nicht zum Arzt, weil ich immer noch nicht versichert bin.«
»Wie denkst du heute über den Menschen, der dir all das angetan hat?«
»Nichts. Ich versuche, einfach nicht darüber nachzudenken.«
»Ist da kein Gefühl?«

»Nein, gar nichts.«
»Viele Menschen würden ihren Peiniger hassen …«
(Jetzt wird Angela wieder energischer.) *»Natürlich habe ich den gehasst. Ich habe ihn sogar sehr gehasst. Jede Minute, jede Stunde, jeden Tag! Aber das Gericht hat dafür gesorgt, dass er nie mehr rauskommt. Ich werde diese Tat natürlich nie vergessen können, aber ich versuche, einfach nicht dran zu denken.«*
»Gibt es Momente in deinem Leben, vielleicht sogar in deinem Tagesablauf, in denen du an dieses grauenvolle Erlebnis erinnert wirst?«
»Das kommt jeden zweiten oder dritten Tag vor, zum Beispiel abends, wenn ich im Bett liege; meistens, wenn ich sowieso keinen guten Tag hatte und traurig bin, dann kommt es besonders stark. Dann weine ich so lange, bis ich irgendwie einschlafe. Oder wenn ich einem Mann begegne, der so ähnlich aussieht wie der Täter – dann kriege ich eine Gänsehaut und versuche, ihn abzulenken …«
»Abzulenken?«
(Sie lacht erstmals.) *»Ja, abzulenken. Und dann gehe ich schnell weiter.«*
»Du hattest vor der Tat eine bestimmte Vorstellung von Männern, welche Charakterzüge und Bedürfnisse sie haben. Hat sich dieses Bild danach verändert?«
»Nein, eigentlich nicht. Nur wenn jemand da ist, der diesem Mann ähnlich sieht.«
»Du hast also bis heute keine professionelle Hilfe bekommen, um mit diesem Trauma umzugehen …«
»Stimmt …«
»Also warst du auf dich allein gestellt, abgesehen von Freunden oder Bekannten, die mal mit dir darüber gesprochen haben.«
»Ja. Zuerst habe ich es mit Alkohol versucht, aber das war keine gute Idee. Danach habe ich es eigentlich durch Ablenkung versucht: mal in die Disco gehen, mit Leuten reden, einfach was unternehmen.«

»Und diese Ablenkungen haben geholfen?«

»Ja, schon. Es war ein gutes Gefühl, dass jemand da war. Und dann habe ich meinen jetzigen Freund kennengelernt. Er hat mich auf andere Gedanken gebracht, er hat auch versucht, mir die Freude am Sex zurückzugeben.«

»Was hast du gedacht oder gefühlt, als man dir die Festnahme des Täters mitgeteilt hat?«

»Das war so: Die Kripo hat mich angerufen und gefragt, ob ich nicht nach Köln kommen könnte, ich sollte mir einige Fotos angucken. Ich habe geantwortet, dass ich einen Termin hätte, ob es nicht auch am nächsten Tag gehen würde. Der Polizist sagte aber, es sei wichtig, man bräuchte mich unbedingt. Ich sagte zu, eine Stunde später war ich in Köln bei der Kripo. Als ich das Bild von dem Täter gesehen habe, dachte ich nur: Das gibt's doch nicht! Das glaube ich nicht! Ich habe ihn sofort erkannt.«

»Ich frage noch einmal: Was hast du in diesem Moment und danach empfunden?«

»Ich war froh, sehr froh. Da plumpsten gleich kiloweise Steine von meinem Herzen. Ich bin mit meinem Freund und anderen Bekannten in ein Restaurant, und wir haben dort kräftig gefeiert.« (Zum ersten Mal wirkt Angela vollkommen gelöst.)

»Du bist sehr mutig gewesen und hast vor Gericht gegen diesen Mann ausgesagt, ihm gegenübergestanden. Wie hast du das erlebt?«

»Das war sehr schwer für mich. (Sie wird sehr nachdenklich.) *Als ich im Gerichtssaal war und die Geschichte erzählen musste, da waren sie wieder da, die Steine auf meinem Herzen. Aber diesmal viel mehr als vorher, ein ganzer Sack voll. Ich hatte mir vorgenommen, das unbedingt zu schaffen. Als es dann vorbei war, wollte ich nur noch weg, einfach weg.«*

»Hast du dir den Kerl auch mal angeschaut?«

»Zuerst habe ich ihn gar nicht sehen können, weil ein großer Mann vor ihm saß und ihn fast vollständig verdeckt hat. Aber

als sein Anwalt mir Fragen gestellt hat, konnte ich ihn sehen. ›Mein Gott‹, habe ich nur gedacht. Ich fand es erbärmlich, wie dieser Anwalt mir Fragen gestellt hat, er hat mein Leiden nur noch vergrößert. Es war doch alles geklärt! Ich bin sehr böse auf den gewesen. Ich bin noch an dem Täter vorbeigegangen, aber ich habe ihn nicht mehr angeschaut. Ich wollte diesen Typ einfach nicht mehr sehen. Danach habe ich nur noch geweint. Mein Freund war aber da und hat mich in den Arm genommen.«

»Wenn du diesen Mann bestrafen könntest, ohne auf Gesetze achten zu müssen, was würdest du tun?«

(Angela lacht einmal kurz auf, wird dann aber wieder sehr ernst.) *»Ich würde ihm genau das antun, was er mir angetan hat.«*

Angela Ivanauskaite gehört zu jenen Menschen, die Serienmörder allein wegen ihrer beruflichen Tätigkeit und den sich hieraus ergebenden verbrecherischen Möglichkeiten zu ihren Opfern machen. Dies trifft in zwei von zehn Fällen zu. Die meisten Opfer sind männliche Deutsche, zwischen 20 und 50 Jahre alt und üben einen Beruf[5] aus, der per se mit einem erhöhten Gefährdungsrisiko verbunden ist, zum Beispiel selbstständige Kaufleute mit einem Ladengeschäft, Taxifahrer oder Sicherheitsbedienstete. Das jüngste Opfer der untersuchten Fälle war 16, das älteste 73. Das Durchschnittsalter liegt bei etwa 38 Jahren (siehe dazu Tabellen im Anhang).

In den weitaus meisten Fällen (86 Prozent) begegnen Opfer und Täter sich erstmals zum Zeitpunkt des Verbrechens. Die größte Gefahr droht am Arbeitsplatz des Opfers oder in der eigenen Wohnung. Nahezu jedes zweite Opfer wird gezielt

5 Mit »Beruf« ist jede Tätigkeit gemeint, die dauerhaft ausgeübt wird und einen finanziellen Gewinn abwirft. Darunter fallen auch Prostituierte und Berufsverbrecher.

ausgesucht. Es wird seltener überfallartig angegriffen, sondern durch simple Formen der Kommunikation manipuliert und in eine besonders prekäre Situation manövriert – in der Regel tritt der Täter als vermeintlicher Kunde auf. Nur wenige der Getöteten zeigen ein Sozialverhalten, das sich tatbegünstigend auswirkt: Entweder sind es selbst Kriminelle, oder aber die Opfer lassen sich in die Wohnung des Täters locken, wo sie schließlich heimtückisch ermordet werden. Überwiegend setzen die Täter Distanzwaffen ein, in jedem zweiten Fall ist es eine Pistole.

Während bei Prostituiertentötungen allgemein das »Nachkobern« (es wird mehr Dirnenlohn verlangt als vereinbart) als häufigste Ursache für Gewalt gilt, liegen die Dinge bei Serientötungen anders. Der Freier will gar kein Freier sein, sondern nur Mörder. Es geht also nicht um affektiv aufgeladene Gewaltattacken, sondern um kühl kalkulierte. Die häufigsten Motive für die Tötung des Opfers sind Verdeckungsabsichten der Vortat (zum Beispiel eines Raubes oder einer Vergewaltigung) und Habgier. Auch wird tödliche Gewalt nicht selten angewendet, um das in der Regel geplante Verbrechen überhaupt realisieren zu können.

Das älteste Gewerbe der Welt ist auch das gefährlichste – jedes dritte berufsbedingte Opfer des Serienmörders ist eine Prostituierte. Der Handel mit dem käuflichen Sex gleicht dabei einem Maskenball, gegeben wird der Karneval des Todes: Erst wenn der Freier seine Maske fallen lässt und den tödlichen Angriff beginnt, zeigt er sein wahres Ich: Mörder! In der eigentümlich ichbezogenen Sicht des Täters drängt sich die Prostituierte förmlich als Opfer auf: Huren wird allgemein eine sozial entwertete Rolle zugeschrieben, die eine Neutralisation des Unrechtsbewusstseins im Täter befeuert. »Die hatten es nicht besser verdient!« oder »Die waren doch selber schuld!«, so oder ähnlich lautet das menschenverachtende Credo vieler Prostituiertenmörder. Peter Sutcliffe, der berüchtigte »Yorkshire Ripper«, formulierte es einmal besonders drastisch: *»Die Frauen, die ich ermordete, waren dreckige Scheißnutten, die die Straßen verschmutzten. Ich habe nur ein wenig die Straßen gesäubert.«*

In Deutschland gibt es schätzungsweise 400.000 Sexarbeiterinnen, deren Dienste 1,2 Millionen Männer in Anspruch nehmen, täglich. Die Erscheinungsformen des horizontalen Gewerbes sind vielfältig: Straßen-, Wohnwagen-, Bordell- oder Modelprostitution, Callgirls, aber auch Escortdienste, Sexualassistenz (Sex gegen Entgelt mit Behinderten) oder S/M-Studios. Das Geschäft mit der käuflichen Liebe blüht seit je in grellen Farben.

Im Allgemeinen wird bei der Ursachenforschung zur Prostitution die These vertreten, dass es sich dabei um ein überwiegend freiwilliges, sozial abweichendes Verhalten handele. Oftmals aus der sozialen Unter- oder Mittelschicht stammend – Angela Ivanauskaite ist dafür ein Paradebeispiel –, wählen viele Frauen die vergleichsweise üppigen Verdienstmöglichkeiten als Liebesdienerinnen, weil ihnen andernfalls ein weiterer gesellschaftlicher Abstieg oder gar die soziale Verelendung droht. Es ist meistens ein schleichender Prozess des Hineingleitens in eine sozial bestenfalls tolerierte »Karriereform«, der in verschiedenen Phasen beschrieben werden kann: Entfremdung vom Elternhaus, soziale Isolation, Fehlschläge bei der Suche nach persönlichen Erfolgserlebnissen, erster Kontakt zur Prostitution und schließlich die vollkommene Identifikation mit der neuen Rolle.

Ein altes Sprichwort sagt: »Wer sich in die Gefahr begibt, der kommt darin um.« Dies gilt in besonderem Maße für jene Frauen, die ihren Körper für Geld feilbieten, wo und wie auch immer. Anders als bei allen anderen Menschen, die berufsbedingt Opfer eines Serienmörders werden, ist es bei der Prostitution nicht die gewerbliche Tätigkeit selbst, die todbringende Gefahren bereithalten kann, sondern es sind deren besondere

Begleitumstände. Es liegt in der Natur der Sache, dass Sexualakte fernab der Öffentlichkeit stattfinden sollen, zumal wenn sie lediglich auf einer finanziellen Vereinbarung fußen und dem gesellschaftlichen Kodex von körperlicher Liebe widersprechen. Solche Sonderformen der Intimität dulden gewiss keine Zeugen. Und genau diese allgemein anerkannten Abdunkelungen spielen den Tätern in die Hände – die Rund-um-die-Uhr-Möglichkeit, das spätere Opfer unter dem Deckmantel der Verschwiegenheit und unter müheloser Verheimlichung der mörderischen Absichten in eine hilflose Lage manövrieren zu können. Wie bei Angela Ivanauskaite. Der Täter musste nur eine simple Frage stellen, bestehend aus zwei Wörtern: »Wie viel?«

Linda stellt sich auf die Zehenspitzen, berührt den Mann wie zufällig, nestelt an seiner Jacke. Die 24-Jährige mit den hochhackigen, schwarzen Stiefeln und den grellrot gefärbten Haaren versucht ein Lächeln. Keine Reaktion. Der Mann beißt nur herzhaft in sein Brötchen. Doch Linda gibt so schnell nicht auf. Sie blickt dem Mann, dessen Alter sie auf 40 bis 45 Jahre schätzt, in die Augen. Das geht eine ganze Weile so. Doch nichts in seinem Gesicht lässt auf Interesse schließen. Der Mann kaut einfach nur auf seinem Essen herum – als sei Linda gar nicht da. Schließlich gibt sie doch auf und geht zurück zu ihrem angestammten Stehplatz.
Der Straßenstrich in der Bankenmetropole Frankfurt am Main sieht nicht so aus wie in anderen Großstädten. Rund um die Elbestraße im Bahnhofsviertel stehen nicht gestylte Dirnen in kurzen Röcken und Stöckelschuhen auf den Bürgersteigen, hier sind die »Bordsteinschwalben« als Elendsprostituierte eindeutig zu erkennen: schmuddelige Klamotten, strähniges Haar, unreine Haut, schlechte Zähne, unterernährt. Linda ist da keine Ausnahme. Sie sieht schlecht aus, weil es ihr schlecht geht. Nach dem Anschaffen muss sie Drogen beschaffen. Sie

braucht täglich etwa zwei Gramm Heroin, dazu noch mindestens ein Gramm Kokain. Daraus mixt sie sich einen »Cocktail«. Seit zweieinhalb Jahren geht das schon so. Eine eigene Wohnung hat sie nicht, sie geht zu ihrer Mutter, wenn sie einmal ein Dach über dem Kopf braucht. Linda hat keine Perspektiven mehr, keine Träume, sie denkt nur noch bis zum nächsten Drogenrausch.

Im Schatten der Bankentürme ziehen die Freier ihre Kreise. Dieses Spiel, das stets nach denselben Regeln abläuft, kennt Linda gut. Viele Männer kommen von weit her, drehen Runde um Runde: Taunusstraße hoch, Elbestraße rein, Kaiserstraße runter, sanft bremsen, im Schritttempo den Wagen rollen lassen, Überblick verschaffen, rechts gucken, links gucken, die Witterung aufnehmen, langsam vorbeifahren, in den Rückspiegel schauen, beobachten.

Der Kunde hat die Wahl, Linda die Qual. Das ist immer so. Und jedes Mal weiß sie um das Risiko, das sie eingeht – wenn es mal schiefgehen sollte, wenn mal so ein Durchgeknallter kommt. Sie hat aber bisher nur davon gehört oder gelesen. Zwei Kolleginnen sind in den vergangenen Monaten zu einem Freier ins Auto gestiegen und wurden Tage später als Leichen aus dem Main gefischt. Der Täter hatte ihnen Hände und Kopf abgehackt. Die Boulevardpresse fragt sensationslüstern: »Ist das der Hannibal Lecter von Mainhattan?«

Linda kennt die Masche der Gewalttäter und Mörder: Das belebte Bahnhofsviertel verlassen und irgendwo an die Peripherie der Stadt fahren, möglichst weit hinaus, in ein Waldgebiet, auf das Messegelände, vielleicht an den Main, vielleicht zu einem unbeleuchteten Parkplatz. Wo niemand zuschaut, wo niemand zuhört, wo niemand zugegen ist. Niemandsland.

Für Linda ist dieser 16. Juni 1984 ein Tag wie jeder andere. Seit zwei Stunden steht sie sich die Beine in den Bauch, ohne eine Mark verdient zu haben. Tristesse pur. Dabei braucht sie dringend einen Freier – der Drogenhunger wird immer stärker.

Das Geschäft läuft auch sonst nicht besonders, die Konkurrenz ist groß. Es ist kurz nach 23 Uhr, als endlich jemand neben ihr anhält.
(Linda) »Er hat mich vom Auto aus angesprochen. Er fragte mich nach dem Preis, wenn ich es im Auto machen würde. Ich sagte ihm, dass es darauf ankommt, was er möchte. Er wollte es ›französisch‹, und ich sagte ihm, dass das 50 Mark kostet. Da er damit einverstanden war, stieg ich zu ihm ins Auto. Ohne dass ich ihm etwas sagte, fuhr er zu einem Kundenparkplatz bei einem Baumarkt etwas außerhalb. Ich bin mitgefahren, weil ich ihn kannte. Er war kein Stammkunde, aber zwei Mal war er schon bei mir gewesen.«
Konstantin Niemeyer nimmt nicht jedes Straßenmädchen mit. Die Frau muss gesund sein, einigermaßen sauber, nicht zu alt und möglichst schlank. So wie Linda. Der 32-Jährige ist ein überaus schüchterner Mensch. Schon als Jugendlicher hatte er Probleme, sich Mädchen seines Alters mitzuteilen. Auch während seines Studiums änderte sich daran nichts. Ein einziges Mal überwand er sich doch, flirtete ungelenk mit einer zehn Jahre älteren Frau im Karnevalstrubel. Sie wollte schließlich Sex, er auch. Aber es klappte nicht. Er bekam einfach keine Erektion. Das war ihm unendlich peinlich gewesen und hatte seine Ängste und Vorbehalte bestätigt: Du bist anders. Du schaffst das nicht!
Mit der Zeit suchte er Kontakt zu Prostituierten. Weil er dabei nicht reden musste. Weil er dabei anonym bleiben konnte. Weil er dabei eine Erektion bekam. Prostituierte waren ihm auch deshalb als Sexualpartner angenehmer, weil er ihnen gegenüber seine Vorliebe für Reizwäsche ausleben konnte. Die Frauen mussten die durchsichtigen Blusen oder Korsagen einfach nur anziehen, und er wurde begierig. Er wollte sich auf diesem Wege stimulieren, um später auch ohne diese Accessoires befriedigende Sexualität erleben zu können. Das war sein Plan. Und Linda ist ein Teil seines Plans.

»Als wir an dem Parkplatz ankamen, gab er mir 50 Mark. Im Auto zog ich ihm ein Kondom über. Dann fing ich mit der ›französischen Behandlung‹ an. Er unterbrach das aber. Er zog sich das Kondom ab und sagte mir, dass ich mich auf den Bauch legen soll. Er wollte mein Hinterteil sehen. Ausgezogen war ich nicht, ich hatte meine Jeans an. Er setzte sich auf mich und holte sich selber einen runter. Danach fuhren wir vom Parkplatz weg. Auf dem Rückweg sagte er, dass er es gerne noch mal machen möchte. Ob es denn nicht auch etwas privater ginge. Er meinte, dass wir doch in seine Wohnung fahren könnten. Er bot mir 200 Mark an. Ich sagte ihm, wenn ich mit in seine Wohnung komme, kostet das 250 Mark. Er akzeptierte das und gab mir das Geld. Dann fuhren wir zu ihm nach Hause.«
Linda stammt aus einfachen Verhältnissen. Der Vater malochte als Eisenbieger, die Mutter versorgte die Kinder, drei Mädchen und zwei Jungen. Die Hauptschule verließ sie ohne ordentlichen Abschluss schon nach der achten Klasse, das Elternhaus wenig später. Sie fühlte sich vernachlässigt und unverstanden. Schnell geriet sie in den Teufelskreis von Drogen und Prostitution – und kam davon nicht mehr los. Auch hat sie von sich selbst keine gute Meinung: Wer ist man schon, wenn man nichts Vernünftiges gelernt hat? Wer ist man schon, wenn man auf der Straße lebt? Wer ist man schon, wenn man sich in die Welt der Drogen flüchtet? Wer ist man schon, wenn man dafür seinen Körper hergibt? Wer ist man schon, wenn man all das tut? Sie weiß nur eine Antwort, und die ist niederschmetternd: nichts, niemand. Und genau deshalb gibt sie nach, als Niemeyer sie mit nach Hause nehmen will. Linda ist zu wenig selbstbewusst, um zu widersprechen.
»In der Wohnung machte er eine Flasche Bier auf, und wir haben zusammen daraus getrunken. Dann wollte er sehen, wie ich das mit dem Heroin mache. Ich sagte ihm, dass ich das im Bad machen würde. Er meinte aber immer wieder, dass er es sehen möchte. Irgendwann habe ich nachgegeben. Ich nahm

etwas Heroin auf einen Teelöffel. Darauf tat ich etwas Ascorbin und etwas Wasser und kochte das Ganze auf. Das alles habe ich sitzend auf seinem Bett gemacht, er saß dabei vor mir auf dem Boden. Dann war es so weit, dass ich mir eine Spritze aufziehen konnte. Ich nahm die Spritze und setzte sie mir. Da saß er auf dem Bett hinter mir.«

Niemeyer ist es zeitlebens nicht gelungen, Beziehungen zu knüpfen und daran festzuhalten und daran zu arbeiten. Aus einer intakten bürgerlichen Familie stammend, lebt er allein, ohne sich auf tiefer gehende Beziehungen einzulassen – ein Einzelgänger, der sich jedoch im Berufsleben ein- und unterzuordnen, aber auch zu behaupten weiß, der akzeptiert wird, dessen eigentümlich distanziertes Verhalten nicht weiter ins Gewicht fällt. Er will eben keine Gefühle zeigen. Er lebt lieber wie in einer unsichtbaren Rüstung, lässt nichts und niemand wirklich an sich heran. Das gibt ihm Sicherheit und Stabilität. So glaubt er sich unverletzbar und unantastbar. Trotz alledem kann er sich ein Leben ohne Intimitäten nicht vorstellen. Und seine Bedürfnisse nach körperlicher Nähe sind letztlich stärker als die peinigende Angst zu versagen. Deshalb geht er zu Frauen wie Linda, die keine bohrenden Fragen stellen, warum er auf Reizwäsche steht, denen er sich nicht offenbaren und erklären muss, die es ihm wortlos gestatten, seine Phantasien auszuleben. Er muss keine Rolle spielen, er muss sich nicht bewähren, er darf einfach nur er selbst sein.

Prostituierte sind für ihn wie Objekte, die beherrschbar sind – in diesen unwirklichen Augenblicken der Intimität gefällt er sich als jemand, der die Kontrolle hat und Macht ausübt. Er will beherrschen, was ihn beherrscht. Das Fatale dabei ist, dass es immer wieder Situationen gibt, in denen er jedoch die Beherrschung verliert. Auch bei Frauen wie Linda.

(Linda) »Während dieser ganzen Sache bekam ich plötzlich ein komisches Gefühl. Ich schaute links über meine Schulter in sein Gesicht. Er war erschrocken und ließ etwas fallen. Was es war,

konnte ich nicht gleich erkennen. Etwas später zogen wir uns beide aus. Erst jetzt sah ich, dass das, was er vorher hatte fallen lassen, ein brauner Ledergürtel war. Ich fragte ihn, was er mit dem Gürtel wollte. Er sagte, dass er den nur aus seiner Hose gezogen habe.
Ich zog ihm nun ein Kondom über. Ich versuchte, ihm einen zu blasen. Das ging soweit noch. Dann wollte er Verkehr haben. Das klappte aber nicht. Es gelang ihm nicht, sein Glied einzuführen. Er zog sich das Kondom ab und befriedigte sich selbst. Danach lag er eine Weile neben mir. Das war alles.«
Wieder ist sein Plan fehlgeschlagen. Niemeyer wollte Geschlechtsverkehr haben. Endlich einmal! Doch zum x-ten Mal klappte es nicht. Versager! Versager! Versager!
Dieser unerträgliche Gedanke, der für ihn seine gesamte Existenz infrage stellt, hämmert in seinem Kopf. Wieder ist er nicht dagegen angekommen. Gegen sie nicht angekommen. Die Frauen! Linda! Und sie ist Zeugin seiner Impotenz geworden. Dafür will er Rache – wie bei Cindy, wie bei Rosi und Ramona.
»Wir fuhren zurück in die Stadt. Unterwegs sagte er, er wollte es noch mal machen. Ich war einverstanden, und wir fuhren auf einen Parkplatz an der Messe, wo nichts los war.«
Als sie den Parkplatz erreichen, stellt Niemeyer den Wagen so dicht neben einem Container ab, dass die Beifahrertür nicht mehr zu öffnen ist. Er tut das mit Absicht. Es ist stockfinster. Linda bemerkt deshalb nicht, dass sie nun keine Fluchtmöglichkeit mehr hat.
»Ich zog ihm ein Kondom auf und wollte ihm einen blasen. Er forderte mich aber auf, eine durchsichtige Bluse anzuziehen und mich auf den Bauch zu legen. Das habe ich auch gemacht. Dann holte er sich einen runter. Danach musste ich mich umdrehen. Ich konnte sehen, wie er auf seiner Seite des Wagens eine Plastiktüte hervorzog und diese vorne auf die Ablage legte. Ich habe mir um diese Tüte keine weiteren Gedanken gemacht.«

In der hellbraunen Plastiktüte sind ein Hammer und ein Messer, Klingenlänge zwölf Zentimeter. Diese Mordinstrumente hat Niemeyer noch in seiner Wohnung in die Tüte gesteckt, als Linda im Bad war. Jetzt ist der Moment gekommen. Jetzt gibt es kein Halten mehr.

»Ich musste mich wieder auf den Bauch drehen. In dieser Situation bekam ich völlig überraschend von ihm einen Schlag auf den Kopf. Er traf mich mit dem Hammer am Hinterkopf. Es blieb aber nicht bei einem Schlag. Die Schläge kamen jetzt hintereinander, immer auf den Kopf. Ich habe die Schläge nicht gezählt, aber mindestens fünfzehn Mal hat er bestimmt zugeschlagen. Dann ließ er den Hammer fallen und ergriff ein Messer.

Als der auf mich losging, habe ich gedacht: ›Mensch, das ist doch wohl nicht der Psychopath, der die beiden Frauen auf dem Gewissen hat!‹ Die Mädchen waren ja in 45 Stücke zerschnitten worden. Er hat ja auch mit dem Messer gearbeitet. Ich war der Meinung, dass der durchaus zu so was fähig sein könnte.

Er hat immer von oben auf mich eingestochen. Er lag jetzt fest auf mir drauf. Es gelang mir kurzfristig mal, etwas auf die Seite zu kommen, aber irgendwie kam es immer wieder, dass ich auf dem Bauch lag. Er hockte auf mir. Ich spürte sein Gewicht auf meinen Schenkeln. Ich hatte Angst, mich zu drehen, denn dann hätte ich seine Hammerschläge wohl ins Gesicht bekommen. Davor hatte ich große Angst.«

Linda braucht eine Zeit, bis sie realisiert, dass der Mann sie töten will. Alles kommt so überraschend. Und es gelingt ihr nicht sofort, sich in eine Position zu bringen, die eine Gegenwehr möglich macht.

»Als ich die Gelegenheit dazu hatte, habe ich mich gewehrt. Er sagte immer nur, ich solle ruhig sein. Ich lag auf einmal auf dem Rücken. Wie es dazu kam, weiß ich nicht. Aus dieser Lage heraus habe ich meine Finger in seine Augen gedrückt. Da-

durch musste er etwas von mir ablassen. Ich hatte ja schon die ganze Zeit versucht, seine Angriffe mit dem Messer mit meinen Händen abzuwehren. Mehrmals hatte ich dabei die Klinge in meinen Händen. Dennoch gelang es ihm, mich erneut am Hals zu verletzen. Das war wohl der letzte Messerstich. Ich spürte, dass diesmal das Messer richtig tief in meinem Hals war.«
Das Messer ist unmittelbar neben der Halsschlagader eingedrungen. Die wuchtigen Schläge und Stiche bringen Linda in akute Lebensgefahr. Sie spürt das. Aber sie will nicht sterben. Nicht hier. Nicht so. Nein! Linda ergreift die Initiative.
»Noch während er mit dem Messer auf mich einstach und ich versuchte, mit meinen Händen das Schlimmste zu verhüten, nahm ich meinen ganzen Mut zusammen und versuchte, so ruhig wie möglich zu bleiben. Das hört sich vielleicht komisch an, aber es war so. Ich dachte, meine einzige Chance, da lebend rauszukommen, ist, wenn ich ihn in irgendeiner Form beruhigen könnte. So habe ich ihn gebeten aufzuhören, und ich habe ihn auch gefragt, warum er das macht.«
Niemeyer bleibt die Antwort schuldig.
»Er hörte aber erst auf, als er feststellte, dass er sich selbst verletzt hatte. Er hatte eine stark blutende Verletzung an der rechten Hand, zwischen dem kleinen Finger und der Handkante. Er sprach davon, dass er viel Blut verliert. Nachdem er das gesagt hatte, hörten die Angriffe mit dem Messer auf.«
Linda ist ihm nicht mehr so wichtig. Niemeyer spürt jetzt den Schmerz, er sieht sein eigenes Blut über die Hand rinnen. Und er befürchtet eine ernsthafte Verletzung, die seine Berufstätigkeit dauerhaft beeinträchtigen könnte. Er versorgt notdürftig seine Wunde und wickelt die Plastiktüte um seine Hand.
»Ich schlug vor, in seine Wohnung zu fahren. Einerseits wollte ich, dass er mich in ein Krankenhaus bringt, andererseits wollte ich aber auch, dass er nicht den Eindruck bekommt, ich würde ihn bei der Polizei verraten. Er meinte, dass er so, wie er aussah, mich nicht ins Krankenhaus bringen kann. Er müsse

wirklich erst nach Hause, um sich saubere Sachen anzuziehen. Wir fuhren los. Er sagte nur noch, dass wir nicht an einer Ampel anhalten können, weil sonst Leute sehen würden, wie wir aussehen, und möglicherweise die Polizei alarmierten. Er fuhr so langsam, dass wir an keiner Ampel anhalten mussten. Er fuhr eigentlich vom Parkplatz zu seiner Wohnung, ohne anzuhalten. Als wir in der Tiefgarage ankamen, hielt er vor einer Box. Er öffnete das Tor und fuhr hinein. Ich stieg erst in der Garage aus. Er schloss die Garage, und anschließend gingen wir über einen Gang in das Haus, wo er wohnt. Wir nahmen unten einen Aufzug. Er drückte für die sechste Etage. Vom Aufzug ging es in seine Wohnung.«

Niemeyer fordert Linda auf, sich auf das Toilettenbecken zu setzen, während er duscht. Danach zieht er neue Kleidung an und versorgt seine Handverletzung. Gleichzeitig überlegt er fieberhaft, wie es jetzt weitergehen soll. Die Frau ist schließlich eben Zeugin eines versuchten Mordes geworden. Sie könnte ihn ans Messer liefern.

»Natürlich habe ich auch daran gedacht, bei günstiger Gelegenheit abzuhauen. Aber ich war viel zu geschwächt, ich konnte das gar nicht. Irgendwann hat er gesagt, ich sollte mich im Flur hinlegen oder hinsetzen. Das habe ich auch gemacht. Ich denke, dass wir fast eine Stunde da so gelegen haben. Er hat nicht viel gesagt. Einmal meinte er, er sei verloren. Dann sagte er noch, dass mich die Kripo nicht in Ruhe lassen würde, bis sie ihn hätten. Ich versuchte, ihm klarzumachen, dass ich ihn nicht bei der Polizei verraten würde, dass ich bestimmt nichts sagen würde.«

Niemeyer fallen die Worte seiner Mutter wieder ein, als sie erfuhr, dass er zu Prostituierten ging: »Fahr da nicht hin! Lass das doch! Fahr da nicht hin!« Seine Mutter hatte recht. Nur half ihm diese Einsicht jetzt auch nicht weiter.

»Zuerst legte er ein Geschirrtuch ausgebreitet auf meinen Kopf. Mein Gesicht war frei. Er tat das ganz vorsichtig. Das Ge-

schirrtuch muss schon in der Diele gelegen haben. Er war zwischendurch mal im Zimmer, aber er hatte nichts in den Händen, als er wieder in die Diele kam. Nachdem er mir das Geschirrtuch auf den Kopf gelegt hatte, ergriff er so eine Art Trageriemen. An diesem Trageriemen sah ich einen Karabinerhaken. Der muss auch schon in der Diele gelegen haben. Zu diesem Zeitpunkt saß ich angelehnt an der Wohnungstür.
Er legte mir diesen Trageriemen von vorn nach hinten um den Hals. Er hatte die Hände hinter meinem Kopf, als er anfing zuzuziehen. Ich konnte meine Hände zwischen Trageriemen und Hals bekommen und versuchte, den Riemen von meinem Hals wegzuziehen. Dabei platzten die Wunden an meinen Händen auf, und seine Verletzung an der Hand platzte auch auf, denn er sagte: ›Jetzt fängt es wieder an zu bluten. Das geht ja so gar nicht. Das geht ja so gar nicht.‹ Ich konnte den Druck auf meinen Hals vermindern. Ich setzte meine ganze Kraft ein, damit er mir nicht die Luft abdrehen konnte.«
Niemeyer muss den abermaligen Mordversuch abbrechen. Er ist außer sich vor Wut und Enttäuschung. Doch er lässt sich nichts anmerken. Er will keine Schwäche zeigen. Nach einigen Minuten trifft er eine folgenschwere Entscheidung.
»Er wickelte sich ein Handtuch um seine Hand und sagte, dass er so nicht fahren könne, wir müssten noch einen Moment warten. Um mich hat er sich nicht gekümmert, der war nur um sich besorgt. Nach einiger Zeit nahm er das Handtuch ab. Seine Wunde blutete nicht mehr. Wir verließen die Wohnung und stiegen unten in sein Auto ein. Ich bat ihn, mich in das Elisabeth-Krankenhaus zu fahren, was er auch tat. Während der Fahrt fragte ich ihn noch, warum er mich umbringen wollte. Er hat darauf nicht viel gesagt, nur, dass ich ein kleines Stück Dreck sei.«
Niemeyer bringt Linda tatsächlich zum Krankenhaus, am Haupteingang lässt er sie aussteigen und fährt weg. Er hofft, dass sie ihn vielleicht doch nicht verraten will.

Linda wird sofort notärztlich versorgt. Der begutachtende Rechtsmediziner wird später folgende Verletzungen feststellen: »Etwa 20 ärztlich versorgte Wunden befinden sich vorwiegend auf der linken Seite im Bereich des behaarten Kopfes von der Schädelmitte bis zum Hinterhaupt ziehend in einer Fläche von Überhandflächengröße, wobei die Verletzungen zum Teil unregelmäßige Wundränder wie Riss- oder Quetschverletzungen infolge stumpfer Gewalteinwirkung und zum Teil glattrandige Wundränder durch scharfe Gewalteinwirkung aufweisen. Im Bereich des linken Halsdreiecks zeigt sich eine zwei Zentimeter lange, quer verlaufende Schnittverletzung, die den Halswendemuskel auf einem Zentimeter quer durchtrennt hat und nur wenige Millimeter neben der Halsschlagader verläuft. Weitere Schnittverletzungen finden sich im Gesichtsbereich und an den Händen.«
Damit so etwas nie wieder passieren kann, offenbart sich Linda zunächst den Ärzten, später der Kripo und erzählt von den Mordversuchen.
Niemeyer ist unterdessen in seine Wohnung zurückgefahren. Obwohl der verhinderte Mörder auf etwas anderes spekuliert, rechnet er mit einer Anzeige bei der Polizei und einer Durchsuchung seiner Wohnung. Die Blutspuren wischt er mit einem Lappen weg, Messer, Hammer und Trageriemen schmeißt er in einen Müllcontainer, drei Häuserblocks weiter. Er glaubt, alles getan zu haben, um ungeschoren davonzukommen.
Doch schon am nächsten Morgen stehen Beamte der Mordkommission vor Niemeyers Tür. Sie finden zwar keine sichtbaren Spuren des Verbrechens, dafür aber einige verräterische Polaroidfotos, die Niemeyer vergessen hatte zu vernichten – sie zeigen den Leichnam eines seiner Opfer. Der Verdächtige wird in Untersuchungshaft genommen. Sein »Plan« ist endgültig gescheitert.

Prostituierte wie Linda, die von Freiern auf dem Straßenstrich aufgegabelt werden und zu ihnen ins Auto steigen, sind besonders gefährdet: 35 Prozent der berufsbedingten Opfer eines Serienmörders sind Straßenmädchen. Einerseits. Andererseits ist die Überlebensquote in diesen Fällen höher als bei allen anderen Berufsgruppen – neun von 35 Frauen kamen mit dem Leben davon. Insbesondere die Kombination aus heftiger körperlicher Gegenwehr und wiederholten Hilferufen verhinderte die Vollendung des Tötungsaktes. Einige Täter ließen sich von diesem aggressiven Verhalten nachhaltig beeindrucken, verloren die Kontrolle über das Tatgeschehen, wurden unsicher und flüchteten schließlich.
Dass Prostituierte als besonders wehrhaft einzustufen sind, ist gewiss kein Zufall. Fast jede dieser Frauen hat zum Teil gravierende Gewalterfahrungen mit Freiern gemacht oder auch mit ehemaligen oder aktuellen Beziehungspartnern. Diese Erfahrungswerte können im Ernstfall von großem Nutzen sein. Viele Dirnen entwickeln daraus Abwehrstrategien und können daher solchen Angriffen nicht unvorbereitet begegnen. So war es auch bei Ramona Dettges, die zu Niemeyer ins Auto stieg und ihren Möchtegernmörder regelrecht überlistete. Die 26-Jährige meldete sich allerdings erst bei der Kripo, als die Zeitungen den Fall Niemeyer nach der Festnahme des Täters groß aufmachten.
(Ramona) »Um meinen Drogenkonsum zu finanzieren, bin ich damals anschaffen gegangen. An einem Abend im November des vergangenen Jahres [1983, Anm. S. H.] *stand ich im Westend und wartete dort auf Freier. Es war so zwischen 22 und 23 Uhr, als ein grüner VW Golf bei mir anhielt. Der Fahrer sprach mich an, und wir vereinbarten einen Preis von 80 Mark für eine Nummer. Irgendwelche zusätzlichen Abmachungen wurden nicht getroffen. Ich schlug dem Mann vor, auf einem Parkplatz am Opel-Rondell zu halten. Als wir dort waren, fuhr er aber weiter und meinte, dass wir noch ein Stück*

fahren könnten, er würde mir auch noch was dazugeben. Es war mir nicht recht, ich war aber letztlich doch einverstanden. Wir fuhren über die Autobahn und haben sie an der Ausfahrt Rödelheim wieder verlassen. Wir fuhren über eine Brücke, von dort in einen schmalen Weg, wo er anhielt. Hier war es sehr dunkel.

Der Mann wollte jetzt von mir, dass ich eine durchsichtige Bluse anziehe, was ich auch gemacht habe. Warum er das wollte, hat er nicht gesagt. Ich holte ein Kondom aus meiner Tasche, und er nahm es mir aus der Hand. Er machte sich die Hose auf und streifte das Kondom über sein Glied. Dann habe ich ihn befriedigt.

Als er fertig war, wollte ich mir wieder meine Hose anziehen. Ich hatte meinen Kopf etwas nach unten gebeugt, und in dem Moment sehe ich eine Armbewegung von ihm. Reflexartig führte ich meine Hand an den Hals. Ich sah jetzt, dass er in den Händen ein Seilchen hielt, dann zog er auch schon zu. Ich hatte noch meine Hand zwischen Seil und Hals, deshalb konnte ich noch schreien. Ich konnte noch sagen, dass seine Autonummer aufgeschrieben worden ist. Das war zwar gelogen, aber er hat darauf reagiert. Und da hat er das Seil weggenommen und auf den Boden fallen lassen.

Ich zog mich schnell um und sagte, dass ich in die Stadt zurücktrampen würde. Er sagte aber, dass er mich fahren wolle. Ich blieb sitzen, hatte aber den Türgriff in der Hand, um jederzeit rausspringen zu können. Im Zimmerweg ließ er mich dann aussteigen.«

Kapitel 4
100 Prozent tot

»›Ich‹ sagst du und bist stolz auf dieses Wort. Aber das Grössere ist, woran du nicht glauben willst – dein Leib und seine große Vernunft: die sagt nicht Ich, aber thut Ich (...). Hinter deinen Gedanken und Gefühlen, mein Bruder, steht ein mächtiger Gebieter, ein unbekannter Weiser – der heisst Selbst (...).
Dein Selbst lacht über dein Ich und seine stolzen Sprünge. ›Was sind mir diese Sprünge und Flüge des Gedankens?‹ sagt es sich. Ein Umweg zu meinem Zwecke.
Ich bin das Gängelband des Ichs und der Einbläser seiner Begriffe.«

Friedrich Nietzsche, *Also sprach Zarathustra*

»Hannibals Stimme klang rostig vom langen Nichtgebrauch, aber der Metzger verstand ihn trotzdem. Er sagte ganz ruhig auf Französisch: ›Bestie.‹ Es hörte sich mehr wie eine Gattungsbezeichnung an als wie eine Beschimpfung.«

Thomas Harris, *Hannibal Rising*

»Kann man so was erklären, wie es dazu kommt? Ich kann es nicht. Das entspringt irgendwo in meiner Phantasie. So stelle ich mir einen Süchtigen vor, wenn er sich an Hasch und Heroin berauscht. Man steigert sich da irgendwie hinein. Und dann kriegt man so einen rein wie einen Hammer – und dann hat man das gemacht.«
Insbesondere sadistische Serienmörder wie Roland Klemm berauschen sich, bevor es zur ersten Tat kommt, zunächst an Allmachtsphantasien. In seiner Gedankenwelt gleicht der charismatische Killer einem gottgleichen Wesen, denn in der Imagination können tatsächlich alle erdenklichen Szenarien geschaffen und gemeistert werden, Naturgesetze von Werden

und Vergehen verlieren ihre Gültigkeit. Der eingebildete, fiktive Täter besitzt magische Kräfte und Fähigkeiten. Nichts und niemand kann ihn aufhalten, er setzt die Regeln, er entscheidet über den Verlauf des Dramas, und alles spielt sich so ab, wie er es will.

Genauso hat auch Klemm gedacht und gefühlt. Vor seinem ersten Foltermord. Als ihn dann nichts mehr zurückhalten konnte und er sich einer Frau bemächtigte, machte er eine ihn überraschende Erfahrung.

»Diese Phantasievorstellungen, also das Quälen und Angsteinflößen von Frauen, habe ich dann auch versucht, in die Praxis umzusetzen. Das sieht man ja aus dem, was ich getan habe. Dass ich dabei nicht die gleichen Empfindungen hatte, lag zum einen daran, dass es doch eine andere Situation ist, weil man nicht ungestört ist, sondern die Sachen immer in dem Bewusstsein durchführt, dass jemand kommen könnte. Außerdem ist da auch irgendwie noch eine Hemmschwelle, die einen davon abhält, das zu tun, was man sich in der Phantasie vorstellt.«

Klemm lebt Anfang der 80er Jahre in Berlin und verdient sein Geld als Aushilfskellner. Wenn der 22-Jährige nicht arbeiten muss, schaut er sich nach jungen Frauen um. Meistens nachts. Er überfällt sie nicht einfach, er spricht sie an, spielt ihnen etwas vor. Bis sie ihm trauen und mitgehen. Klemm kann gar nicht anders, weil er die Opfer nicht einfach nur vergewaltigen will. Er will den Frauen Gewalt antun, vor allem will er sie quälen und foltern. Am liebsten stundenlang. Und dafür muss er allein sein. Mit ihnen allein sein. Ungestört. Wie die Opfer aussehen oder welche Sprache sie sprechen, ist ihm einerlei. Nur Kinder und ältere Frauen kommen für ihn nicht infrage.

Gunhild Folstad, 18, und ihre ein Jahr ältere Freundin Lene Storlokken sind auf Klassenfahrt in Berlin. Die beiden jungen Frauen aus Norwegen verbringen an diesem 14. März 1982 ihren Abschlussabend im Jazzkeller »Quasimodo« an der Kantstraße. Gegen Mitternacht bekommen sie Hunger. Sie verabschieden sich von ihren Klassenkameraden. Die Mädchen wollen nur kurz weg, irgendwo schnell eine Pizza essen. Sie laufen Klemm geradewegs in die Arme, der an diesem Abend im »Tanzpalast« am Kurfürstendamm gekellnert hat und nun noch ein wenig Zerstreuung sucht.

»Die hatten das Lokal wohl mit einer Pizzeria verwechselt, und ich war gerade im Begriff zu gehen. Unten auf der Straße haben sie mich angesprochen, wo man jetzt noch eine Pizza bekommen könnte. Die Gunhild sprach ganz gut Deutsch, deshalb konnten wir uns einigermaßen verständigen. Da habe ich gesagt: ›Kommt, steigt ein, ich fahr euch zu einer Pizzeria hin.‹«

Die Mädchen zögern nicht und nehmen das Angebot gerne an. Der junge Mann mit der auffallend dicken Hornbrille und dem angedeuteten Oberlippenbart ist modisch gekleidet, macht einen höflichen Eindruck und wirkt sympathisch. Ein netter Kerl eben.

Klemm fährt mit den Mädchen in die Pizzeria »La Bohème« in der Lietzenburger Straße. Während Gunhild und Lene am Tresen eine Spiegelei-Pizza bestellen, unterhält Klemm sich eine Weile mit einer Bekannten. Als die Mädchen ihre Pizza eingepackt bekommen und bezahlt haben, verlässt Klemm mit ihnen das Lokal. Er hatte Gunhild und Lene vorher angeboten, sie selbstverständlich auch zurückzufahren.

Die Mädchen kennen sich in Berlin nicht aus. Deshalb merken sie zunächst auch nicht, dass die Fahrt nicht ins »Quasimodo« geht. Klemm hat andere Pläne.

»Eine ganze Weile haben die das gar nicht mitgekriegt. Und als sie nach etwa zehn Minuten nachfragten, dass sie doch eigentlich ins ›Quasimodo‹ wollten, habe ich gesagt, das wäre der kürzeste Weg dorthin. Ich habe mich während der ganzen Fahrt mit denen unterhalten, um sie abzulenken. Ich habe ihnen quasi einen Spielball hingeworfen, dass sie was erzählten. Ich habe das Gespräch einfach auf das Thema Urlaub gelenkt.

Da konnten wir uns erzählen, was man da so alles erlebt. So habe ich das Gespräch in Gang gehalten.«
Gunhild und Lene werden erst misstrauisch, als mit einem Mal um sie herum nur noch Wald zu sehen ist. Sie verlangen nach einer Erklärung. Klemm antwortet kleinlaut, sich verfahren zu haben. Das ist gelogen. Er will nämlich genau hierhin, in den Grunewald, ein rund 3.000 Hektar großes Waldgebiet in den westlichen Bezirken Charlottenburg-Wilmersdorf und Steglitz-Zehlendorf. In der Nähe des Teufelssees hält er an. Sehr schnell wird den Mädchen bewusst, dass sie in Gefahr geraten sind. Und das liegt nicht nur an dem merkwürdig veränderten Blick, mit dem Klemm die Mädchen fixiert.
»Als die beiden dann langsam anfingen, hysterisch zu werden, hielt ich an und holte die Pistole hervor und sagte zu der Gunhild, die hinten saß, sie solle ihrer Freundin sagen, sie solle keinen Mist machen, sonst müsse sie dafür bezahlen.«
Die Mädchen gehorchen. Sie stehen sich nahe, sie kennen sich seit vielen Jahren, sie sind Freundinnen. Keine der beiden möchte schuld sein, wenn der Kerl ihretwegen durchdreht und der besten Freundin etwas antut. Und alles geht so schnell, passiert so plötzlich. Da ist keine Zeit für wohldurchdachte Entscheidungen. Die Mädchen parieren lieber.
»Ich habe zunächst die Gunhild aussteigen lassen, ging mit ihr ein Stück in den Wald hinein, nicht allzu sehr von dem Weg entfernt, man konnte das Auto noch sehen. Ich habe sie mit Mullbinden und Dreieckstüchern, wie man sie in Verbandskästen hat, an den Baum gebunden. Während bei dem ersten Mord [eine Woche zuvor an einer jungen Frau, Anm. S. H.] *alles geplant war, zum Beispiel der Schaumball zur Knebelung, die Klammern und so weiter, musste ich hier ja improvisieren und die Sachen zum Fesseln aus dem Verbandskasten holen. Danach habe ich die Lene aussteigen lassen. Sie musste sich entkleiden. Dann war es so, wie es eben bei einer Vergewaltigung ist: Zwingen zum Oralsex. Um sie einzuschüchtern, hatte*

ich etwas mit einer brennenden Zigarette vor ihrem Körper herumgefuchtelt. Anschließend musste sie sich anziehen. Ich habe ihr die Hände auf den Rücken gefesselt und sie in den Kofferraum gelegt.«

Gunhild muss mit ansehen, wie ihre Freundin brutal missbraucht wird. Das tut sie schweigend. Sie unternimmt nicht einmal den Versuch, Hilfe zu rufen. Klemm ist als Täter sehr überzeugend, seine Drohungen wirken.

»Jetzt machte ich Gunhild vom Baum los, dabei wollte sie fortlaufen. Ich schlug ihr mit der Pistole auf den Hinterkopf, dadurch ist sie ins Stolpern gekommen und hingefallen. Danach habe ich sie auf den Beifahrersitz verfrachtet und bin losgefahren.«

Die junge Frau hat offenbar die Gefährlichkeit des Mannes erkannt, dessen Nähe ihr jetzt unerträglich wird. Sie fasst einen folgenschweren Entschluss.

»Da öffnete sie plötzlich die Beifahrertür und lief fort. Ich führe es auf ihre Panik zurück, dass sie nicht wie jeder andere in den Wald gelaufen ist, sondern direkt die Straße vor mir entlang. Ich habe nicht lange überlegt, sondern bin einfach hinterhergefahren.«

Klemm sieht sich herausgefordert. Ihm droht der Verlust der Kontrolle über das Geschehen. Auch er muss sich entscheiden.

»Ich bin hinter ihr hergefahren und habe sie mit dem Auto auch erwischt. Jedenfalls habe ich sie mit beiden Achsen überrollt. Ich hielt an, stieg aus, fand sie noch lebend, aber in einem sehr desolaten Zustand. Ich hatte zu diesem Zeitpunkt eigentlich noch vor, sie wieder in die Stadt zu bringen, aber so ging das ja nicht. Liegenlassen, das ging ja auch nicht. Dann habe ich mich wieder ins Auto gesetzt, und das, was jetzt passierte, war wie im Rausch: Ich bin immer wieder Vorwärtsgang, Rückwärtsgang, das Getriebe hat aufgekreischt, über sie rübergefahren. Sie sollte unbedingt sterben, ich wollte, dass sie

tot ist. Ich weiß, dass ich wie ein Idiot geschaltet habe. Das Getriebe ist mir bald um die Ohren geflogen. Ich versuchte, als das vorbei war, noch ihren Puls zu fühlen, aber da war natürlich nichts mehr. Ich zog sie noch vom Weg runter und ließ sie dort liegen.«

Später werden Gerichtsmediziner an Gunhilds Leichnam unter anderem Serienrippenbrüche, einen Bruch des Brustbeins, Risse der Herzkammer, Lungenquetschungen und eine breite Skalpierung der Kopfschwarte feststellen. Als besonders grausam und tragisch stellt sich heraus: Das Opfer hat noch gelebt, als es wieder und wieder unter das Auto kam.

Als Klemm hinter Gunhild herfuhr und sie schließlich »erwischte«, hätte er sein Opfer später nicht noch x-mal überfahren müssen. Er hätte das schwerstverletzte Mädchen auf andere Weise töten können – schonender, schneller. Aber Klemm gebärdete sich »wie im Rausch«. Vielleicht fühlte er sich von Gunhild herausgefordert. Sie hatte nicht gehorcht, seine Machtstellung infrage gestellt, sich ihm einfach widersetzt. Hatte er das Mädchen hierfür grausam bestraft? Sich gerächt? Die Machtverhältnisse wieder geradegerückt? Oder hatte es ihn erregt, mit der im Kofferraum gefesselten Lene über die unter den Rädern seines Wagens sterbende Gunhild hinwegzufahren?

»Ich bin mit der Lene im Kofferraum losgerast, einfach kreuz und quer. Ich musste jetzt erst darüber klarkommen, dass ich die Gunhild so furchtbar überfahren hatte. Immer geradeaus bin ich gefahren, raus aus dem Grunewald, bis ich auf der Heerstraße rausgekommen bin. Zuerst bin ich noch in Richtung Spandau gefahren, bis mir ein Bus entgegenkam und ich merkte, dass ich in die falsche Richtung fuhr.«

Erst nach und nach realisiert Klemm, was sich gerade ereignet hat und welche Konsequenzen sich daraus ergeben, für sich und sein noch lebendes Opfer. Er könnte Lene gewiss auch freilassen und so wenigstens ihr Leben schonen. Doch seine dunklen Gedanken ranken sich um ganz andere Dinge – vergewaltigen! Quälen! Töten!

»Ich habe über alles genau nachgedacht. Nachdem Gunhild tot war, musste auch Lene sterben. Das musste einfach so sein. Und wenn sie schon sterben musste, dann konnte ich mich an ihr auch noch so richtig austoben.«

Klemm fährt in seine Wohnung und nimmt die Handtaschen der Mädchen mit. Lene muss im Kofferraum liegen bleiben. Aus einer der Taschen greift er eine Wimpernzange, aus der Küche holt er ein Beil. Es ist jetzt gegen 2 Uhr nachts. Solange es dunkel ist, will er Lene in seiner Gewalt halten und sie missbrauchen und foltern. Solange es dunkel ist.

»Hört sich vielleicht ein bisschen blöd an, aber ich wusste, dass ich zu einer Toten ins Auto steige. Ich bin mit ihr losgefahren, mal war sie im Kofferraum, mal saß sie auf dem Beifahrersitz. Ich hatte sie gefesselt, und wenn sie neben mir war, habe ich sie auch an den Sitz gebunden. Von außen sah das so aus, als wenn da jemand ganz normal sitzen würde. Und sie hatte dieses Halstuch um. Das Tuch war praktisch um ihren Hals gelegt, und die Enden hatte ich unter der Kopfstütze verknotet.«

Die Fahrt geht kreuz und quer durch Berlin. An schlecht einsehbaren Stellen hält Klemm mehrfach an, zerrt das vollkommen verängstigte Mädchen aus dem Wagen und quält es. Dazu benutzt er die Wimpernzange und andere Utensilien, die sich eignen, um jemandem Schmerzen zu bereiten. Nach einigen Stunden, als Klemm ein weiteres Mal über sein Opfer herfällt, mobilisiert Lene die letzten Kräfte.

»Einmal war sie ganz widerspenstig, da war sie auf dem Beifahrersitz. Irgendwie hat sie es geschafft, ihre Fesselung loszuwerden. Sie griff mich an, schlug mir die Brille vom Gesicht. In meiner Reaktion darauf habe ich sie bis zur Bewusstlosigkeit gewürgt. Ich weiß nicht mehr, wo das passiert ist, aber an das, was mir das Mädchen gesagt hat, als es aus der Bewusstlosigkeit erwachte, erinnere ich mich sehr genau. Sie sagte sinnge-

mäß: ›Ich habe meine Eltern gesehen, das war sehr schön. Warum hast du nicht weitergemacht, dann wäre alles vorbei gewesen.‹«

Nach einigen Stunden ist es genug, Klemm hat sich endlich »ausgetobt«. Vielleicht lässt er aber auch nur deshalb von seinem Opfer ab, weil sich das Morgengrauen ankündigt. Er fährt wieder in den Grunewald. An einem Parkplatz hält er an, zieht Lene aus dem Kofferraum, legt sie mit dem Gesicht auf den Boden und drosselt sie mit einem Halstuch. Um die Drosselwirkung noch zu verstärken, dreht er einen Regenschirm so lange in das Tuch hinein, bis der Schirm zerbricht. Lene ringt mit dem Tod.

»Sie hat sich aber nicht mehr gewehrt, die war mehr oder weniger wie paralysiert. Als sie keine Lebenszeichen mehr von sich gab, habe ich sie wieder in den Kofferraum getan und fuhr weiter in den Wald hinein. Dort habe ich sie ausgeladen. Weil ich mir nicht hundertprozentig sicher war, ob sie nun tot war, habe ich ihr mit dem Beil die Kehle durchgehackt. Danach habe ich sie mit Reisig und Laub bedeckt und fuhr wieder in die Stadt zurück.«

Klemm hat den vorläufigen Höhepunkt seiner mörderischen Karriere erreicht. Eine Woche zuvor hatte er eine junge Frau ermordet, die er am Hauptbahnhof kennengelernt und »auf einen Kaffee« zu sich in die Wohnung gelockt hatte. Stundenlang hatte er seinen perversen Phantasien freien Lauf gelassen und das Opfer auf unsägliche Weise malträtiert. Die von ihm benutzten Folterinstrumente lassen erahnen, welchen Qualen die Frau ausgesetzt gewesen sein muss: Nadel, Wäscheklammern, Kerze, Bindfäden, stangenförmiges Wassereis, Hammer, metallene Clips mit Nylonösen, das Gestell eines dreibeinigen Tisches, Messer, Schere.

Warum hört ein Mensch auf, Mensch zu sein? Warum sah Klemm in seinen Opfern nur noch »Lustträger«? Seine Lebensumstände geben ernst zu nehmende Hinweise: Eine Hirnhautentzündung im Alter von 14 Monaten und anschließende Krämpfe deuten auf eine epileptische Erkrankung, der kleine Roland gilt fortan als verhaltensauffällig. Bis zu seiner Einschulung wird der Junge von der Außenwelt regelrecht abgeschirmt. Mit anderen Kindern spielen? Nein. Fahrradfahren? Nein. Draußen Fußballspielen? Nein. Notfalls wird Roland an einem Stuhl festgebunden. »Ich sollte ihn nie allein spielen lassen, hatte mir der Arzt gesagt. Sonst hätte er Dinge machen können, die nie wiedergutzumachen seien«, wird seine Mutter später ihre drastischen Erziehungsmethoden rechtfertigen.

In der Schule kommt Roland nicht mit, wird aufmüpfig. In der elterlichen Wohnung versteckt er Kot im Kleiderschrank, im Klassenraum nässt und kotet er ein. Er läuft beharrlich von zu Hause weg, lügt und klaut, bleibt drei Mal sitzen und schafft in der Hauptschule gerade einmal die sechste Klasse. Niemand weiß, warum er sich so sonderbar verhält. Niemand fragt nach. Und niemand kümmert sich wirklich um diesen Jungen, dessen abweichendem Verhalten mit therapeutischen Maßnahmen hätte begegnet werden müssen, und zwar frühzeitig, vielleicht sogar rechtzeitig.

Der Vater arbeitet als Fernfahrer und ist oft tagelang unterwegs. Wenn er zurückkommt, wird der Sohn diszipliniert, meistens mit einem Ledergürtel. Die Liste seiner Verfehlungen ist bereits lang: Mal knackt er Fahrräder, mal wird er beim Ladendiebstahl erwischt. Die Eltern haben ihm ein Fahrrad verweigert und das Radfahren verboten. Hinzu kommen Tierquälereien und Erpressungsversuche. Rolands Eltern sind überfordert und geben den Jungen in amtliche Verwahrung – verschiedene Krankenhäuser, ein psychiatrisches Jugendheim, ein Landeskrankenhaus, schließlich die geschlossene Abteilung eines Jugendheimes. Dort absolviert er eine Maurerlehre.

Mit etwa 14 Jahren entwickelt Roland erstmals sadistische Vorstellungen. Er, der stets ausgegrenzt und unterdrückt wird, ist in seiner Parallelwelt groß, mächtig und beherrschend. Seine Opfer sind weiblich und gesichtslos. Nur die Geschlechtsmerkmale sind scharfgestellt. Er zwingt die Frauen zu »Liebesdiensten«, ganz nach seinem Geschmack. Als 15-Jähriger begeht er seine erste Sexualstraftat. Er versucht, ein zwei Jahre jüngeres Mädchen zu vergewaltigen. Weil ihm das aber nicht gelingt, tut er genau das, was er später auch mit seinen anderen Opfern tun wird – ihnen seine Macht demonstrieren und sie quälen. Er verbrennt dem Mädchen mit einer Zigarette die Brust. Die Richter verhängen eine milde Bewährungsstrafe. Eine dringend notwendige spezifische Therapie wird ihm verwehrt.

Als Klemm nach der Maurerlehre mit 20 Jahren nach Berlin kommt, hält er sich mit Gelegenheitsjobs über Wasser – als Maurer, Kellner, Büfettier, Discjockey, Rausschmeißer, Kartenabreißer im Kino, Kraftfahrer oder Weinvertreter. Bis zu seiner Übersiedelung nach Berlin hat er noch nicht mit einer Frau geschlafen. Das gelingt ihm nun aber rasch, er hat Kontakte zu Prostituierten und nicht selten mehrere Sexbekanntschaften gleichzeitig. Darauf ist er stolz, und als Kellner in einer Diskothek spielt er den wilden Draufgänger und Lebemann. Schließlich lernt er eine Frau kennen, verliebt sich, zieht mir ihr zusammen. Das geht eine Zeit gut. Aber weil seine Partnerin zu viel trinkt, zerbricht die Beziehung und damit auch Klemms Traum von geordneten Verhältnissen, von Sicherheit und Stabilität, von Nähe und Geborgenheit. Er ist am Nullpunkt angelangt. Dieses Gefühl der eigenen Beliebigkeit und Unvollkommenheit kennt und fürchtet er. Wahrscheinlich ist es kein Zufall, dass er in dieser Zeit damit beginnt, gezielt nach Opfern zu suchen.

»Da bin ich durch die Straßen gezogen. Eine Zeit lang bin ich auch durch Krankenhäuser geschlichen und habe einfach die Lage ausbaldowert. Wäre dann die Falsche an der richtigen Stelle gewesen, hätte ich es auch getan. Ich bin sehr davon abhängig, wie die Situation sich entwickelt. In der Phantasie

kommt nie ein Auto vorbei, scheint immer die Sonne und das Mädchen hat unter dem Rock noch nicht einmal einen Schlüpfer an. Die Realität ist ja so weit weg davon.«

Nach den Morden an Gunhild und Lene ist Klemm regelrecht geschockt. Er will einfach nicht glauben, dass ausgerechnet er derjenige sein soll, über dessen »grausames Massaker« die Zeitungen berichten und über den sich die Leute um ihn herum entsetzen, die ihm unwissentlich den Tod wünschen.

»Da bin ich in das Lokal reingekommen, und da schrie mir praktisch die Schlagzeile schon entgegen. Wie soll ich es sagen? Da habe ich einen Schock gekriegt, bin erst mal auf die Toilette, habe mich eingeschlossen und eine Zigarette geraucht. Ich habe am ganzen Körper gezittert.«

Zwei Monate lang hält diese Schockstarre an, in dieser Zeit hat er gar keine Sexualkontakte. Er begreift recht schnell, dass er von sich aus etwas tun muss, soll es nicht zu weiteren Verbrechen kommen. Schließlich unternimmt er eine Art Selbstheilungsversuch und heiratet eine Diskotheken-Bekanntschaft. Doch schnell wird er dieser Frau überdrüssig, die ihm Vorschriften macht, die ihn beherrschen will, die ihn auch zum sexuellen Lustobjekt macht – jedenfalls deutet und empfindet er die häufigen Annäherungsversuche seiner Frau so. Er schützt Kopfschmerzen vor, um all dem zu entgehen. Zwei Jahre lang geht das so. Man lebt nicht miteinander, sondern nebeneinander. Während er im ersten Jahr der Ehe seine sadistischen Phantasien nahezu vollständig zurückweisen kann, gelingt ihm dies mit der Zeit immer weniger. Die Vorstellung, eine Frau vollkommen zu beherrschen und ihr auch die schlimmsten Dinge antun zu können, wuchert in seinem Bewusstsein wie ein unbehandeltes Krebsgeschwür. Am 20. Juni 1984 soll es mit der selbst verordneten Abstinenz endlich vorbei sein. Es ist kurz nach Mitternacht, als Klemm seine Wohnung verlässt.

»Eigentlich hatte ich ja etwas ganz anderes vor. Ich hatte mei-

nen schwarzen Aktenkoffer, die Pistole, meine Handschellen, eine Rolle Leukoplast, einen Seitenschneider, ein großes Teppichschneidemesser, zwei elastische Binden, eine Taschenlampe und einen Gummiball von einem Hundeknochen eingesteckt sowie eine Schlägermütze und eine Arbeitsjacke bei mir.

Ich wollte zum Haus Kurfürstendamm 64/65. Mir war bekannt, dass dort jeden Morgen gegen 6 Uhr die Hausbesorgerin die Kellerräume aufsucht und sich dort für die Arbeit umzieht. Sie ist für die Reinigung der Flure und Treppen zuständig. Ich schätzte die Frau auf 35 bis 40 Jahre. Mein Plan war, mich im Keller zu verstecken und auf die Frau zu warten. Ich bin aber in das Haus nicht hineingekommen, weil es verschlossen war.«

Etwa zur selben Zeit amüsiert sich Sandra Schimmelpfennig mit ihren Freunden in der Diskothek »Big Eden«. Die 20-jährige Gymnasiastin aus Bochum macht mit ihrer Klasse eine Studienfahrt.

»Wir waren zuerst zu viert, dann bin ich mit meiner Freundin Tina in die Disco ›Ekstase‹ gegangen. Dort haben wir zwei Männer kennengelernt, von denen ich nur die Vornamen Olaf und Kalle weiß. Die Tina hat ein Bettabenteuer gesucht und ist mit dem Olaf abgezogen. Ich bin eine Zeit später zu unserem Hotel zurück und habe dort auf sie warten müssen, weil sie dummerweise den Zimmerschlüssel hatte. Ich hatte vorher schon überall geklingelt, doch es hat niemand aufgemacht. Ich habe mich dann hinter die Blumenkästen von dem Steakhaus gesetzt und gewartet. Das war so gegen 3.30 Uhr. Ich habe da eine ganze Weile gesessen und wollte eigentlich so lange warten, bis ein Café aufmacht, um einen Kaffee zu trinken. So etwa um 4.50 Uhr kam dann der Mann an.«

Es ist Roland Klemm, der immer noch von Machtverlangen und obsessiven Visionen ruhelos durch die Nacht getrieben wird, ausgestattet mit reichlich Bedrohungs-, Fesselungs- und Folterungsmaterial.

(Klemm) »Vor diesem Hotel bemerkte ich hinter einem Blumenkübel jemanden sitzen. Ich trat näher heran und erkannte, dass es sich um ein junges Mädchen handelte.«
(Sandra) »Er fragte mich, warum ich da sitze, und ich habe gesagt, dass ich warten würde, bis das Hotel aufmacht. Dann hat er gesagt, dass er gedacht hätte, dass da schon wieder so ein Penner hinter den Kästen sitzen würde. Ich habe geantwortet: ›Sehe ich denn wie ein Penner aus?‹ Danach ist er gegangen, kam aber nach kurzer Zeit wieder und fragte, ob ich wirklich nur warten würde oder ob auch etwas anderes sei. Ich habe gesagt, dass ich nur warten würde.«
»Ich schlug ihr vor, zum Europa-Center zu gehen, und lud sie auf einen Kaffee ein. Mir war aber klar, dass dort noch gar kein Laden offen hatte. Auf dem Weg ins Europa-Center erzählte ich ihr, dass ich vorher in einem Lokal war, und zwar mit meinem Chef. Ich habe ihr auch den Namen des Lokals genannt und sogar die Visitenkarte gezeigt.«
»Wir sind zu Fuß gegangen. Unterwegs fing er an, mir Fragen zu stellen. Er fragte, wie ich heiße, und weil ich das nicht ungewöhnlich finde, habe ich ihm meinen Namen gesagt. Er sagte, dass er Rolli heißt und dass ich ihn duzen solle. Der Mann war so 1,80 Meter bis 1,85 Meter groß und wirkte so wie um die 30. Er hatte kurze, blonde Haare mit einem hellroten Stich drin. Der Schnauzer hatte dieselbe Farbe wie die Kopfhaare. Seine Brille hatte ziemlich dicke Gläser. Die Zähne standen ziemlich weit auseinander und sahen ungepflegt aus, so gelblich. Er trug eine graue Hose mit ziemlich weitem Schlag, etwas altmodisch. Dazu ein gelbes Hemd und eine graue Jacke. Das Jackett war so grüngrau. Dann hatte er noch Turnschuhe an.«
»Unterwegs zum Europa-Center merkte ich, dass mir das Mädchen nicht unsympathisch war. Und da ist es mir durch den Kopf gegangen, dass ich mit ihr etwas anstellen könnte. Das Europa-Center war genau der richtige Ort dafür, weil die Kellerräume dort leer standen.«

»Er hatte eine Fahne, aber er lallte nicht und lief ganz normal. Er hatte vorher gesagt, dass er eine ganze Flasche Wein getrunken hätte. Das hat mich überrascht. Für eine ganze Flasche hätte er eigentlich ziemlich angetrunken sein müssen. Er sagte noch, dass er aus Charlottenburg käme und ihm sein Job als Kellner richtig Spaß machen würde. Irgendwann sind wir am Europa-Center angekommen und in einen Aufzug gegangen.«

»Ich bestieg mit ihr den Fahrstuhl auf der linken Seite. Ich stellte fest, dass der Fahrstuhl keinen Knopf für das Kellergeschoss hatte, und bin mit ihr deshalb wieder ausgestiegen. Sie dürfte das aber nicht mitbekommen haben, warum ich mit ihr den Fahrstuhl wechselte. Wir nahmen den Fahrstuhl gegenüber und fuhren in den Keller.«

»Ich bemerkte, dass wir runterfuhren, und fragte ihn, ob das Café im Keller sei. Vorher habe ich gar nicht darauf geachtet, auf welchen Knopf er gedrückt hatte. Im Untergeschoss sind wir ausgestiegen. Ich fragte ihn, was wir hier sollen, und er sagte, das würde ich gleich sehen.«

»Ich holte aus meiner Aktentasche die Pistole heraus und sagte, dass sie schön still sein solle, sonst könnte die losgehen.«

»Die Pistole war schwarz, die Mündung rund abgeschliffen. Sie war ungefähr 20 Zentimeter lang. Er sagte, dass ich mich umdrehen, die Hände auf den Rücken legen und nichts sagen solle. Es war sicher ein Fehler von mir, dass ich nicht schon vorher stutzig geworden bin. Aber dann war es zu spät.

Ich sollte mich umdrehen und mit dem Gesicht zur Wand schauen. Das habe ich getan, und er hat mir Handschellen angelegt. Ich dachte erst, dass er ein Bombenleger ist, der eine Geisel nimmt, und fragte ihn, was jetzt mit mir passieren würde. Er antwortete, dass mir nichts weiter passieren würde, wenn ich ruhig sei. Ich dachte zu diesem Zeitpunkt zum ersten Mal an eine Vergewaltigung und fragte ihn auch, ob er so was mit mir machen wolle. Er sagte Nein. Dann führte er mich woandershin.«

»Ich hörte einen Wagen kommen und dachte so bei mir, wenn wir jetzt gesehen würden, dann wäre der Teufel los. Ich habe, wie man so sagt, ganz schön das ›Flattern‹ bekommen. Mir fiel ein, dass in diesem Gang unter einer doppelten Fußbodenklappe, gewissermaßen unter den Fahrstühlen beziehungsweise unmittelbar davor, ein Raum war. Das hatte ich vor Jahren entdeckt, als ich dort unten vor dem Fahrstuhl gestanden hatte und mir ein wichtiges Dokument durch einen Schlitz dieser Klappe nach unten gefallen und ich deshalb nach unten gestiegen war.«

»Wir sind durch eine Doppelluke gestiegen. Er hat mich dabei gestützt, weil ich mich ja nicht festhalten konnte. Dann sind wir eine schmale Eisenleiter runtergestiegen. Ich dachte jetzt eher an eine Entführung. Meine Gedanken waren ganz konfus. Ich habe ihn mehrmals gebeten, mir nichts zu tun. Er sagte zu mir, dass wir in einem Schacht stehen würden und über uns 20 Stockwerke seien. Ich solle nicht schreien, weil mir doch niemand helfen könne. Ich fragte ihn, ob er mich nun umbringen wolle und ob der Aufzug hier ganz runterkommen und mich zerquetschen würde. Er antwortete nur, dass der Aufzug nicht so weit herunterkommen würde.

Dann hat er die Pistole auf mich gerichtet und gesagt, dass ich ruhig sein solle. Er hat mich mit Zungenschlag geküsst. Als er das gemacht hat, streifte er mir den Pullover und den BH hoch. Beim Küssen hat er an meinen Brüsten herumgefummelt. Er machte sich dann die Hose auf und befahl mir, mich hinzuknien und seinen Penis in den Mund zu nehmen. Das habe ich auch gemacht. Dabei richtete er den Revolver auf mein Genick. Ich fragte ihn, ob er es nötig habe, Frauen zu vergewaltigen. ›Ja‹, sagte er nur.

Dann befahl er mir aufzustehen. Ich musste ihn wieder küssen. Die Pistole hat er auf einen Eisenträger gelegt und mir befohlen, mich in die Ecke zu stellen und mich nicht zu bewegen. Dann kramte er in seiner Aktentasche und holte einen Gummiball und das Klebeband heraus.«

»Die Sache mit dem Gummiball war folgende: Bis drei Wochen vorher hatte ich einen Hund. Deshalb hatte ich auch noch diesen Hundeknochen zu Hause rumliegen. Wie ich auf die Idee gekommen bin, die eine Gummikugel abzuschneiden und als Knebel zu verwenden, kann ich nicht genau sagen. Vielleicht habe ich in einem Film mal so etwas gesehen.«

»Er steckte mir den Gummiball in den Mund und wollte den mit Leukosilk zukleben, was ihm aber nicht gelang, weil er immer das Kinn verklebte und ich den Ball ausgespuckt habe. Dass ich den Ball ausgespuckt habe, hat er nicht gemerkt. Es war ja ziemlich dunkel da, und aus dem Aufzugschacht kam nur wenig Licht. Man konnte vielleicht einen halben Meter weit sehen. Der Mann leuchtete mich mit einem Feuerzeug an und klebte mir den Mund zu. Ich habe die Wangen aufgepustet, damit er nicht merkte, dass der Gummiball weg war. Dann hat er die Handschellen am rechten Handgelenk aufgeschlossen und mich an einem Eisenträger angekettet.«

»Ich forderte sie auf, sich auszuziehen, was sie auch tat. Bis auf die Schuhe hat sie sich vollständig ausgezogen. Ich zog meine lange Hose und die Unterhose aus. Ihre Handgelenke fesselte ich wieder mit den Handschellen, und zwar so, dass die Kette der Fessel um eine Strebe des Fahrstuhlgitters herum lag und sie mit den Händen nicht freikam. Um zu verhindern, dass sie mich mit den Füßen treten konnte, band ich ihre Fußgelenke an dem Eisengitter fest. Sie stand also da mit gespreizten Beinen.«

»Erst streifte er mir hinten am Rücken das Sweatshirt hoch und küsste an meinem Rücken rum. Dann hat er die Handschellen wieder aufgemacht und mir das Hemd und den BH ausgezogen. Er hat die Zange genommen und eine Brustwarze dazwischengenommen. Ich solle ja nicht wagen, was zu machen, weil er dann zuklemmen würde.«

»Sie hatte jetzt panische Angst, und das war auch meine Absicht. Ich wollte nicht, dass sie schreit.«

»Er hat mit der Zange aber nichts weiter gemacht und sie wieder weggelegt. Dann nahm er das Band von meinem Mund und fragte mich, wo der Ball sei. Ich habe darauf gar nichts geantwortet. Danach hat er noch ein Messer rausgeholt. Er sagte, dass, wenn ich schreie, er mich umbringen würde.
Irgendwann meinte er, wenn ich fünf Mal seinen Samen geschluckt hätte, würde er mich laufen lassen. Er wiederholte sich und fragte: ›Fünf Mal. Weißt du, wie lange das dauert?‹ Ich antwortete, dass wenn ich nicht bis 8.30 Uhr im Hotel wäre, die anderen bestimmt nach mir suchen würden. Er sagte, dass hier keiner runterkommen würde und dass der Aufzug vor zwei Wochen generalüberholt worden sei und dass man mich nie finden würde.«
»Ich war schon richtig gut drauf. Sie sollte mir einen blasen. Ich sagte ihr, je besser sie das machen würde, desto eher käme sie da wieder raus.«
»Er hat immer wieder so perverse Bemerkungen abgelassen. Zum Beispiel hat er gesagt, dass, wenn ich schreie, er mir die Brust in Fetzen runterbrennt und dass ich ihn in mancher Stellung an die Polen erinnern würde, wie die früher ihren Frauen die Läuse weggebrannt hätten. Dann wollte er mir mit einer Zigarette ein Monogramm in den Rücken brennen. Er kam auch näher, sodass ich die Hitze spüren konnte. Aber er hat sofort aufgehört, als ich ihm gesagt habe, dass das wehtut. Er wollte mir wohl nur Angst machen. Und das ist ihm auch gelungen. Ich habe jeden Moment damit gerechnet, dass er auch tut, was er mir androht.
Ich habe mich die ganze Zeit mit ihm unterhalten. Er erzählte mir, dass er verheiratet sei und zwei Kinder habe, zwei Söhne, drei und vier Jahre alt. Er verhielt sich merkwürdig. Einmal setzte er mich unter Druck und demütigte mich, dann war er plötzlich wieder ruhig und beantwortete meine Fragen mit einem traurigen Unterton.«
»Dann habe ich sie vergewaltigt, vaginal und anal. Danach

habe ich mich fürchterlich geschämt und habe sie sofort losgemacht. In diesem Augenblick ist mir bewusst geworden, was ich da eigentlich für eine Scheiße gemacht hatte.«

»Er stand eine Weile da und streichelte mich. Dann fragte er, was ich machen würde, wenn er mich laufen ließe. Ich antwortete nur, dass ich zum Hotel gehen würde. Dann kam das Paradoxe an ihm. Er sprach mit einer ganz zärtlichen Stimme, da waren keine Gewalt und keine Brutalität mehr. Er machte mit dem Messer meine Fußfesseln los und sagte, dass ich mich nicht rühren solle. Ich bat ihn, auch die Handfesseln zu lösen. Er sagte, dass er das auch gleich tun werde und er mir dabei nicht wehtun wolle.

Dann fragte er nach meinem Ausweis. Er ging vor die Tür, machte draußen Licht an, und ich sah, wie er in meiner Tasche kramte. Und dann kam er wieder rein und sagte, dass er sich zwei Sachen überlegt habe. Einmal habe er sich von den vierblättrigen Kleeblättern eines genommen, damit er Glück habe. Und zusätzlich habe er meinen Führerschein genommen, denn wenn ich zur Polizei gehen und ihn anzeigen würde, könne er sagen, ich hätte mich angeboten und er dafür bezahlt. Der Polizei würde es schwerfallen, das Gegenteil zu beweisen. Wenn es mir doch gelingen würde, bekäme er wenigstens mildernde Umstände und würde die sechs Jahre absitzen. Er würde aber vorher den Führerschein weglegen. Und dann würde er mich finden und umbringen. Er sagte auch, dass er in ärztlicher Behandlung sei, aber nichts dagegen machen könne, dass es immer so über ihn kommt. Sein Arzt habe ihm nicht helfen können, und das könne auch keiner, ab und zu würde das alles durchbrechen.«

»Den Führerschein wollte ich nur als Druckmittel benutzen, um sie von einer Anzeige abzuhalten. Ich hatte nicht die Absicht, Kapital daraus zu schlagen.«

»Während des Gesprächs habe ich mich angezogen, und er packte seine Aktentasche zusammen. Er sagte ständig, dass es

ihm leidtun würde und dass er mich nicht verletzen wollte. Wir sind den Schacht wieder hochgestiegen. Ich fragte ihn, ob er sich nicht stellen wolle, damit er Hilfe hat. Doch er sagte, dass seine Söhne darunter leiden müssten. Als wir im Erdgeschoss ankamen, meinte er wieder, dass es ihm so leidtue, ob er mich nicht ins Hotel bringen solle. Ich lehnte das ab. Er wollte mir sogar das Taxi bezahlen und bot mir 20 Mark an. Auch das lehnte ich ab. Ich habe ihn dann einfach stehen lassen und bin mit einem Taxi ins Hotel gefahren.«

Sandra Schimmelpfennig wird Klemms letztes Opfer sein. Weil sie den Mut hat, sich der Kripo zu offenbaren. Und weil sie sich die Visitenkarte und den Namen des Restaurants einprägen konnte, in dem ihr Peiniger bekannt ist wie ein bunter Hund. »Das kann doch nur der Roland sein«, berichten Zeugen den Ermittlern. Schnell werden Parallelen zu den Morden an den norwegischen Schülerinnen gezogen: Auch sie sind auf sehr ähnliche Weise gefoltert worden.

Klemm wird kurzerhand festgenommen, nur wenige Stunden nach dem Vergehen an Sandra Schimmelpfennig. Sein Widerstand bei der Vernehmung ist nur gering. Der Mordverdächtige erkennt, dass Leugnen keinen Sinn mehr macht. Unter Tränen gesteht er neben den Morden an Gunhild und Lene auch die Tötung einer jungen Frau, deren Leiche bis dahin nicht gefunden worden ist – und auch niemals gefunden werden wird. Das Opfer wird nicht einmal vermisst, jedenfalls existiert kein passender Suchvermerk. Außerdem beichtet Klemm sieben Vergewaltigungen.

Im Frühjahr 1985 wird ihm der Prozess gemacht. Die »Bild«-Zeitung, der Klemm vor Beginn der Gerichtsverhandlung die Exklusivrechte zur Berichterstattung verkauft hat, schwelgt in Superlativen: »ein Werwolf« soll der Angeklagte sein, »eine lebende Bombe«, »Berlins schrecklichster Verbrecher«, »Deutschlands grausigster Mörder« oder einfach – »Der Schreckliche«. Am Ende verhängt das Berliner Landgericht im

Namen des Volkes »drei Mal lebenslängliche Freiheitsstrafe«. Bevor er seine Haftzeit antritt, wird der Verurteilte in ein psychiatrisches Krankenhaus eingewiesen – es soll wenigstens der Versuch einer Therapie unternommen werden, auch wenn die Aussichten auf einen Heilungserfolg eher gering sind.

Ich hatte Roland Klemm für eines meiner Interviews bei der Opferstudie ausgesucht, weil sein Verhalten auf den ersten Blick paradox erscheint: Er vergewaltigt und foltert mindestens elf Frauen, aber nur drei seiner Opfer tötet er. Warum hat er nicht allen Frauen das Leben genommen? Oder andersherum gefragt: Warum hat er überhaupt gemordet? Hatten die überlebenden Opfer sich vielleicht anders verhalten als die Getöteten? Wie ist es zu erklären, dass sich alle Opfer von ihm in die Irre führen ließen? Nach welchen Kriterien hat Klemm seine Opfer ausgewählt? Und dann ist da noch der Fall Sandra Schimmelpfennig: Warum hat er gerade ihr so viel über sich erzählt? Hätte er sie aus seiner Sicht gerade deshalb nicht auch töten müssen? Auf diese und andere Fragen erhoffte ich mir Antworten.

Am 9. März 2007 besuchte ich Roland Klemm in einem besonders gesicherten psychiatrischen Krankenhaus. Er gilt mittlerweile als »austherapiert«. Mit anderen Worten: ein hoffnungsloser Fall. Ich saß einem etwa 1,75 Meter großen Mann gegenüber, schmächtig, die dunklen Haare sehr kurz geschnitten, Vollbart, dickglasige Brille. Er trug einen schwarzen Pullover und Jeans. Für unser Gespräch, das etwa vier Stunden dauern sollte, hatte er Kaffee und Mineralwasser mitgebracht. Und die notwendigen Utensilien, um sich Zigaretten drehen zu können. Nach einem kurzen Smalltalk begann ich die Befragung.
(Harbort) »Sie haben ausschließlich Opfer attackiert, die Ihnen vollkommen fremd waren. Warum?«

(Klemm) »Ich brauche, um das zu tun, was ich tun möchte, um mich zu befriedigen … (Er denkt einen Moment nach.) *Ich brauche ein Objekt. In dem Moment, wo ich weiß: Die trinkt gerne Kaffee, raucht die Marke Zigaretten, isst gerne einen Apfel – in dem Moment ist es kein Objekt mehr, sondern ein Mensch. Es ist jemand, den ich fühlen kann. Dem kann ich dann nicht die Dinge antun, die ich den Opfern angetan habe. Deswegen unbekannte Opfer.«*

»Sie haben gezielt nach Opfern gesucht?«

»Ich habe ein gewisses Szenario im Kopf, was ich gerne machen möchte, was ich dafür brauche – von der Umgebung, vom Typ des Opfers her und so weiter. Und mit diesen Eckdaten gehe ich auf die Suche und gucke, was sich ergibt.«

»Das einzige Kriterium war also, dass es eine Frau sein musste?«

»Ja.«

»Spielte das Alter eine Rolle?«

»Ja … (Er denkt nach. Wenn er das tut, lässt er sich Zeit. Klemm bemüht sich um größtmögliche Exaktheit.) *Das muss man spüren. Ich kann nicht sagen: 19 Jahre, Konfektionsgröße 36, schulterlange, blonde Haare. Nein, das funktioniert nicht. Es kann genauso gut 60 Jahre mit schwarzen Haaren oder gar keinen sein. Sehen und wissen, die ist es, das könnte klappen. Rein theoretisch könnten es auch 50 Kilogramm Schweinefleisch sein.«*

»Wenn es nur wenige positive Merkmale gab, waren denn da auch Ausschlusskriterien?«

»Ja, zum Beispiel sehr wenig Brust. Ich steh unheimlich auf Möpse, norddeutsche Tiefebene brauche ich nicht.«

»Das erkennt man doch nicht immer, zum Beispiel, wenn die Frau eine dicke Jacke oder einen Mantel trägt.«

»Doch, glaube ich schon. Gut, es gibt immer wieder Überraschungen, dass man glaubt, etwas zu wissen, und dann ist es ganz anders.« (Er schmunzelt.)

»Hätte es auch eine ältere Frau sein können?«
»Nein. So ab 60, 65, nee, das war nichts für mich. Da wäre bei mir Schluss gewesen.«
»Und Kinder?«
»Nein.«
»Wir hören immer wieder von Tätern, die sich bewusst Kinder ausgesucht haben, weil die leicht zu manipulieren und noch leichter zu kontrollieren sind. Das wäre für Sie kein Grund gewesen?«
»Die sind aber noch nicht mit den weiblichen Attributen gesegnet.«
»Und die waren für Sie ausschlaggebend?«
»Ja, das war eine wichtige Sache.«
»Das verstehe ich jetzt nicht ganz. Eben haben Sie gesagt, 50 Kilogramm Schweinefleisch hätten auch gereicht, jetzt müssen es doch Frauen sein, die ein gewisses Alter und einen bestimmten Brustumfang haben sollen.«
»Ja gut, aber wenn die 50 Kilo Schweinefleisch Brüste haben, ist es eben besser. (Er lacht laut. Es ist kein Verlegenheitslachen. Klemm amüsiert sich tatsächlich.) *Ich finde nicht, dass das ein Widerspruch ist. Was will ich mit dem Schweinefleisch machen? Gewisse Dinge, die ich mag, haben etwas mit der weiblichen Brust zu tun; sowohl als Ausdruck der Weiblichkeit als auch vom Physischen her. Man kann mit einer Brust ganz anders umgehen als meinetwegen mit einem Hintern. Dementsprechend ist eine ausgeprägte Oberweite für mich eine wichtige Geschichte.«*
»Wie war das, als Sie auf der Suche nach einem Opfer waren, was war das für ein Gefühl?«
»Jagd. Das ist ja auch eine Sache, die über einen längeren Zeitraum abläuft, wo an diesem Szenario immer mehr herumgefeilt wird, um es noch perfekter zu machen. Das ist ja auch eine Stimulation. Man kann mit der Vorstellung von der Tat schon eine ganze Menge erreichen, bevor es zur tatsächlichen Aus-

führung kommt.« (Klemm spricht durchweg laut und formuliert mit Bedacht. Manche Sätze wirken regelrecht einstudiert.)

»Wann war das emotionale Element für Sie am stärksten – als Sie auf der Suche nach einer Frau waren, als sie den ersten Kontakt mit dem Opfer hatten oder als es dann tatsächlich zur Tat kam?«

(Er denkt nach.) *»Ich möchte fast meinen, die Vorbereitungen, dass es da am emotionalsten war. Weil ich ja noch am meisten davon im Kopf hatte. Und beim ersten Ansprechen kommt ja Handlung mit rein. Handlung ist ja nicht in meinem Kontrollbereich. Eine bessere Erklärung habe ich nicht.«*

»Sie haben eben schon angedeutet, dass Ihre Entscheidung, eine Frau als Opfer auszuwählen, eher intuitiv geprägt war. Können Sie diesen Aspekt etwas genauer erklären? Wie lief so ein Prozess ab?«

»Das kann ich eigentlich gar nicht erklären, das läuft irgendwie instinktiv ab, wobei man sich da auch schnell täuschen kann. Ich bin da mindestens zwei Mal ganz schön auf die Schnauze gefallen.«

»Geben Sie doch mal ein Beispiel.«

»In meinem Szenario wollte ich eine Anhalterin mitnehmen und mit dem Auto so vor einer Laterne oder einer Mülltonne parken, sodass die Beifahrertür nicht mehr zu öffnen war. Unter dem Beifahrersitz hatte ich zu dieser Zeit immer eine Luftdruckpistole. Ich nahm dann eine Frau mit, suchte nach einer abgelegenen Stelle, fuhr da hin, sie kriegte die Tür nicht auf, ich nahm meine Pistole – so schnell konnte ich gar nicht gucken, wie die auf mich abgedrückt hat. [Die Waffe hatte aber eine Hemmung, deshalb fiel kein Schuss, Anm. S. H.]« (Klemm schaut mich erwartungsvoll an. Es hat den Anschein, als könne er auch heute noch nicht verstehen, was und vor allem warum ausgerechnet ihm so etwas passieren konnte.)

»Woher hatte die Frau denn die Pistole?«

»Ich hatte die Pistole unter dem Sitz hervorgeholt, um die Frau zu bedrohen, und in dem Moment wurde ich *bedroht!«*
»Mit Ihrer eigenen Waffe?«
»Ja. (Klemm lacht.) *Mit meiner eigenen Waffe!«*
»Wie ist es weitergegangen? Sie hätten wütend sein und sich auf die Frau stürzen können, nach dem Motto: ›So, jetzt bist du erst recht dran, dir zeig ich's jetzt!‹«
»Dafür war ich viel zu geschockt. Ich hätte nie gedacht, auf so eine Gegenwehr zu stoßen. Voll auf'm falschen Fuß erwischt …« (Er wird nachdenklich.)
»Und wie ist die Sache weitergegangen?«
»Ich habe sie sogar noch nach Hause gefahren. Die sagte nur: ›So, und jetzt fährst du mich nach Hause!‹ Und erst beim Aussteigen hat sie die Pistole auf den Beifahrersitz geworfen, und ich habe nie wieder etwas von der gehört. Ich glaub, die hätte mich auch zu den Bullen fahren können, da war ich wie paralysiert.«
»Da haben Sie Ihre Meisterin gefunden?«
(Er lacht.) *»Heute kann ich drüber lachen, damals war ich total geschockt.«*
»Was war das für ein Gefühl, als Sie selbst Opfer waren?«
»Überraschung und Schock, würde ich sagen. Angst nicht. Ich war so was von überrascht, nee …« (Klemm ist perplex. Er findet keine Worte.)
»Passierte das vor den Tötungen oder danach?«
(Er denkt nach.) *»Das war danach.* (Er macht noch eine kurze Denkpause.) *Das war sogar sehr, sehr lange danach. Das war mit dem Golf. Das war, als meine Frau mich rausgeschmissen hatte. Das war genau zwei Jahre nach den Morden. Ich hatte zu diesem Zeitpunkt überhaupt keine Tötungen im Kopf. Ich hatte zwar getötet, aber es war nicht mehr da. Ich glaube, wäre das damals präsent gewesen, das wäre für die Dame ganz anders ausgegangen.* (Klemm schaut mich ein wenig herausfordernd an. Erstmals lässt er erkennen, dass ihm seine damalige

Gefährlichkeit auch heute noch imponiert.) *Ich hatte schon drei Leichen im Keller, da kam es auf die vierte nicht mehr an. Ich glaube, dann wäre ich total ausgerastet. Ich wusste ja, sie konnte nichts mehr machen, es war doch meine Waffe.* [Es handelte sich um eine Schreckschusspistole, Anm. S. H.] *Selbst einmal abgeschossen mit dem Diabolo, es ging nichts mehr, sie kam nicht raus aus dem Wagen. Aber nein, ich war da an dieser Stelle nur der Vergewaltiger, war geschockt und habe sie nach Hause gefahren.«*

»Beschreiben Sie doch mal, wie Sie so eine Tat vorphantasiert haben.«

»Ja, es gab mehrere Szenarien. Je nachdem, wo ich mich befunden habe, habe ich diese Örtlichkeit mit eingebaut. Zum Beispiel die Sache am Europa-Center, unter den Fahrstuhlschächten. Dort konnte um Hilfe geschrien werden, aber kein Schwein konnte etwas hören, solche Dinge halt. Oder ein abgelegener Waldweg, wo man weiß, wie man jemand in den Busch gezogen bekommt. Das waren so drei oder vier Szenarien, die ich auch mal miteinander verquickt hab.«

»Also waren es auf der einen Seite eher praktische Dinge, Risikominimierung – Wie komme ich da wieder weg? –, auf der anderen Seite aber auch schon in Richtung Stimulation gehend, dass es bestimmte Örtlichkeiten sein müssen, damit Ihr Gefühl darauf anspringt?«

»Da habe ich eigentlich nie drüber nachgedacht, das war nie ein Kriterium für mich.«

»Sie haben Ihre Opfer größtenteils beeinflusst, mit ihnen gesprochen, sie an einen Ort gelockt, und erst dort sind Sie aggressiv geworden. Können Sie mal beschreiben, wie Sie dabei vorgegangen sind?«

»Ich war einfach ich. Ich musste gar nicht vorgeben, irgendwas oder irgendwer zu sein. Der erste Kontakt war eher belanglos: Ich fragte nach einer bestimmten Straße oder ob sie mal zwei Mark wechseln könnte oder ob sie mal eine Zigarette hätte.

Also irgendetwas Unverbindliches, aber eine Gemeinsamkeit schaffend, dass etwas interagiert zwischen uns: Ich gucke nach dem Geld, nach dem Stadtplan, krame nach dem Feuerzeug. Irgendeine Aktion, die vom späteren Opfer durch mein Verhalten herbeigeführt wird. Und je nachdem, wie sich das Opfer in dieser Situation verhält, ist es ein zusätzliches Kriterium: ›Ja, du bist ein Opfer!‹ oder: ›Vorsicht, Finger weg, in die andere Richtung gehen!‹«

»Können Sie beschreiben, wie Sie Ihr erstes Opfer angesprochen haben und wie es dann weiterging?«

»Die lungerte da vor einem Café rum. Ich hab sie einfach auf eine Tasse Kaffee eingeladen. Ich hatte schnell ein sehr gutes Gefühl: Mit der kannst du eine ganze Menge machen. Dann hab ich ihr gesagt, dass es wohl in dem Café etwas teuer werden würde, ob sie nicht bei mir einen Kaffee trinken wolle. Ja, und dann ist sie eben mitgefahren.«

»Da waren Sie also der Wolf im Schafspelz. Sie hatten sich keine Legende zurechtgelegt, wer Sie sein wollten? Vielleicht jemand von einer Modelagentur, ein Fotograf oder etwas in der Art?«

»Ich muss sagen, wenn ich solche Geschichten im Fernsehen mitkriege, finde ich das immer besonders lächerlich. So funktioniert das doch nicht, jedenfalls nicht bei mir.« (Klemm wirkt etwas oberlehrerhaft. In solchen Momenten wird deutlich, dass er dieses Gespräch auch nutzt, um sein Ego zu pflegen. Er will der Experte sein.)

»Ich denke, bei Ihnen hat das besonders gut geklappt, weil Sie nicht jemand anders sein mussten, sondern Sie selbst geblieben sind. Da waren Sie besonders überzeugend und haben wahrscheinlich auf diese Weise das natürliche Misstrauen der späteren Opfer unterlaufen. Ihnen ist es gelungen, der nette Roland zu sein, sympathisch und freundlich.«

»Das habe ich ganz bewusst so gemacht. Der Kopf hat sich mit dem Opfer beschäftigt, Smalltalk gemacht, damit das Opfer

sich nicht unwohl fühlt, nicht zum Nachdenken kommt oder Verdacht schöpft. Da wird Konversation gemacht, und der Bauch und noch weiter südlich wissen, was gleich kommen wird. Und diese Vorfreude hat auch einen gewissen Reiz.«

»Wie ist es Ihnen gelungen, die Vorfreude zu verbergen?«

(Er denkt eine Weile nach.) *»Es entspricht meinem Naturell: Ich bin ein sehr freundlicher und sprudelnder Mensch. Und jemand, der mich nicht kennt, wird kaum unterscheiden können, ob diese zehn oder 15 Prozent mehr Freude, also Vorfreude, in diesem Sprudelnden sind.«*

»Es ist also schon hervorgekommen, aber das Opfer hat es nicht als gefährlich erkennen können?«

»Ja, ich musste mein Naturell nicht verändern. Ich rede immer mit Händen und Füßen, immer eine Spur lauter als andere. So bin ich halt.«

»Versuchen Sie bitte, mir diesen emotionalen Übergang während eines Tatgeschehens zu beschreiben, sofern es ihn gegeben hat. Sie sagten bereits, die Opfersuche hatte einen hohen Stellenwert, dann kam der Kontakt, irgendwann haben Sie es getan. Gibt es da ein emotionales Gefälle, einen Höhepunkt?«

»Das ist eine eher ansteigende Kurve. (Er grübelt.) *Ja, das steigt an – man geht auf die Suche, der erste unverbindliche Kontakt bestätigt das, was man sowieso schon angenommen hat. Man kümmert sich um sein Opfer, spinnt es ein in irgendwelche Beschäftigungen, irgendwelche Geschichten und in einem geschützten Rahmen, sei es in der eigenen Wohnung oder im Wald, bemächtigt man sich.«*

»Und was empfanden Sie dabei für das Opfer?«

»Da ist kein großes Empfinden. Gefühl wäre eher störend.«

»Als was haben Sie die Frauen, die Sie gefoltert und auch getötet haben, gesehen? Die Frauen schluchzen doch, weinen, wimmern, schreien, fluchen, jammern, bitten, flehen. Sie haben in Gesichter geschaut, die voller Emotionen waren ...«

»Ich peitsche eine Frau nicht aus, weil meine rechte Hand Be-

wegung braucht. Ich will ja etwas erreichen. Ich will dieses Schreien, ich will diese Verzweiflung. Und trotzdem berührt es mich auf der einen Seite nicht. Ich krieg das irgendwie nicht gebacken.«

»Versuchen wir es anders. Gehen wir zurück zur ersten Tat, in Ihre Wohnung. Beschreiben Sie einmal, was Sie mit der Frau gemacht haben.«

»Das war extrem. Ich habe sie gequält, mit Stangen, in sie hineingesteckt und so Sachen. Ausgepeitscht im Genitalbereich.«

»Warum gerade dort?«

»Weil es da am schmerzvollsten ist.«

»Und darauf kam es Ihnen an?«

»Ja.«

»Was wäre passiert, wenn die Frau nicht vor Schmerzen geschrien hätte? Wären Sie dann noch eine Stufe weitergegangen?«

»Ich bin ja teilweise Stufen weitergegangen, auch wenn die schon darauf reagiert haben.«

»Inwiefern?«

(Klemm macht eine längere Denkpause.) *»Mit Zigaretten zum Beispiel. Da hab ich da unten* [gemeint ist der Vaginalbereich, Anm. S. H.] *rumgespielt. Das war heftig.«*

»Dann ist es später in Ihrer Wohnung zur Tötung des Opfers gekommen. Versuchen Sie, mir zu erklären, warum Sie diese Frau umgebracht haben. Es hatte doch vorher schon einige Taten gegeben, bei denen Sie die Opfer nicht getötet haben. Warum musste gerade diese Frau sterben?«

»Weil … (Er senkt den Kopf und denkt nach.) *In meiner Vorstellung ist das so: Wenn eine vergewaltigte Frau zur Polizei geht, ist das eine Sache. Aber wenn man gewisse Dinge mit jemandem gemacht hat – und sei es nur, weil sie ins Krankenhaus geht, um die Wunden versorgen zu lassen –, es wird öffentlich, es wird nach mir gesucht. Und in dem Moment war ich der Meinung, mit einem Mord leichter davonzukommen.«*

»Bei einer Tat haben Sie sogar binnen kurzer Zeit zwei Opfer getötet. Erzählen Sie mir mal, wie Sie die Frauen kennengelernt haben.«

»Die haben mich kennengelernt. Ich war in einem Lokal, hab was getrunken, hab getanzt, mein Auto stand vor der Tür. Ich wollte nach Hause fahren, und auf der Straße kurz vor meinem Wagen haben mich die beiden Mädels gefragt, ob ich eine Pizzeria kennen würde, die noch geöffnet hätte. Na ja, in dem Moment kam mir die Idee, auch etwas essen zu wollen. Dann sind sie eingestiegen. Ich bin mit ihnen in die nächste Pizzeria gefahren, ganz normal. Ja, ich musste aufs Klo, die haben sich eine Pizza bestellt. Ich bin noch bei einer Bekannten am Tisch stehen geblieben, habe mit der noch ein bisschen gequatscht.«

»Wann sind die beiden Frauen in Ihrer Vorstellung zu möglichen Opfern geworden?«

»Das ist eine Frage, die ich mir auch nach 25 Jahren nicht beantworten kann. Ich hab es mit allem versucht, aber ich weiß es nicht. Es ist für mich nicht nachvollziehbar: Wenn es potenzielle Opfer sind, warum mache ich mich so öffentlich, laufe mit denen rum, gehe zu einer Bekannten, stehe keine zehn Meter von meinen späteren Opfern entfernt und quatsche dämliches Zeug? Wie sich im Nachhinein herausgestellt hat, war diese Bekannte zu betrunken gewesen, um sich später an mich erinnern zu können. Deshalb bin ich ja nicht geschnappt worden. Das ist aber etwas, das außerhalb meines Kalküls liegt. Das ist etwas, das ich nicht beeinflussen kann. Warum verhalte ich mich so? Ich weiß es nicht. Sorry, da gibt es für mich keine Erklärung.« (Klemm ist bei seinen Ausführungen durchweg das Bemühen um Ehrlichkeit anzumerken. Wenn er etwas nicht weiß oder etwas nicht erklären kann, macht er nicht den Versuch, sich aus dieser Situation herauszulavieren – er lässt es einfach zu.)

»Und wann haben Sie den Entschluss gefasst, mit den Frauen etwas anzustellen?«

»Tja … (Er grübelt.) *Irgendwo zwischen der Pizzeria und der nächsten Ampel. 50 Meter hinter der Pizzeria ist eine Kreuzung, und anstelle links Richtung Innenstadt fahre ich rechts Richtung Wald. Ich weiß nicht, ob's der Akzent war, ich steh auch heute noch auf Akzent. Ich weiß es aber nicht.«*

»Die Tötung der Gunhild habe ich bis heute nicht vollständig verstanden. Sie hätten doch auch anhalten und ihr nachlaufen können. Einen Menschen zu überfahren, und das gleich sieben oder acht Mal – ein Gewaltexzess, wie er selten zu beobachten ist. Haben Sie dafür eine Erklärung?«

»Das war genauso wie bei der ersten Tötung. Das ist ein Adrenalinflash, als wenn man auf Droge wäre, als wenn man zehn Zentimeter über dem Boden schweben würde. Und der Puls rast, die Aufgeregtheit, da kriegt man irgendwo gar nicht mehr mit, ob der andere schon tot ist. Ich denke, dass ich so oft über die drübergefahren bin, hatte auch etwas mit der Tat davor zu tun – das war ja nur eine Woche vorher passiert. Ich wollte einfach nur sichergehen, dass die auch wirklich tot ist. 100 Prozent tot. Ich wollte gar nicht besonders grausam sein – Ich zermalme dich! –, sondern einfach nur als Kontrollbedürfnis, als Sicherheit: Die ist tot!«

»Danach passieren Dinge, die Sie mir bitte erklären wollen. Sie haben gerade eine junge Frau auf besonders grausame Weise getötet, danach zwingen Sie die Freundin des Opfers in den Kofferraum Ihres Wagens, halten die Frau noch viele Stunden in Ihrer Gewalt, vergewaltigen und quälen sie auf unsägliche Weise. Normalerweise erwartet man von Ihnen jetzt so etwas wie Mitleid oder wenigstens Erschütterung und dass dieses Gefühl der Geilheit abflauen würde. Aber genau das war bei Ihnen wohl nicht der Fall.«

»Nee … (Klemm wird sehr nachdenklich.) *Tja, weiß ich auch nicht. Aber es war auf jeden Fall kein Spannungsabfall da bei mir. Eher das Gegenteil. In meiner Vernehmung damals habe ich gesagt, dass ich relativ gewissenlos und ruhig mich an der*

Frau austoben konnte, weil ich ja wusste, dass die auch sterben wird. Die hatte ja alles mitbekommen, das war ihr Todesurteil. Und ganz rational gedacht: Wenn sie sowieso sterben wird, dann kannst du ja auch vorher mit ihr noch einiges machen.«

»Was haben Sie mit der Frau in den Stunden der Gefangenschaft gemacht?«

»Alles, was mir in den Sinn kam: verbrennen, kneifen, Nadeln einstechen und so weiter.«

»Wie hat das Mädchen darauf reagiert?«

»Ich glaube, sie hat das alles gar nicht mehr so richtig mitbekommen. Sie wird die letzten Stunden ihres Lebens in großer Todesangst verbracht haben, weil sie mitbekommen hatte, was mit ihrer Freundin passiert war.«

»Hat sich die Frau denn nicht gewehrt? Hat sie nicht versucht, irgendwann mal wegzulaufen?«

»Nein. Ich habe an einer ruhigen Stelle angehalten und sie nach vorne auf den Beifahrersitz geholt. Die Hände hatte ich ihr hinter dem Sitz gefesselt. Aber wir sind ja auch durch die Stadt gefahren. Sie hat nie versucht, aus dem Fenster heraus zu schreien. Sie war wirklich wie das Kaninchen vor der Schlange, total apathisch.«

»Irgendwann musste diese Tat ihr Ende finden. Das bedeutete für Sie, die Frau zu töten. Wann und warum haben Sie sich dazu entschlossen?«

»Das hatte etwas mit der Tageszeit zu tun. Das war ja alles nachts passiert. Als es anfing zu dämmern, als man mehr im Auto erkennen konnte, als die Straßen belebter wurden – ich glaube, das waren die ausschlaggebenden Faktoren. Da bin ich zurück in den Wald gefahren und habe sie erdrosselt. Aber auch da war wieder dieses Sicherheitsdenken: Ich hab ihr zusätzlich noch mit einem Fleischerbeil die Kehle zerhackt. Da steckte auch jede Menge Angst dahinter. Angst, nicht richtig getötet zu haben. Die wirklich schlimmste Vorstellung für mich war, dass ein Opfer überlebt. Bei den Vergewaltigungen war

das nicht so, da war ja gar kein Ansatz zu töten. Aber wenn dieser Ansatz da ist, steigt sofort eine große Panik hoch, dass es dann auch richtig ist.«

»Ich möchte noch einmal auf einen Aspekt eingehen, der mir noch nicht deutlich genug geworden ist. Auf der einen Seite gibt es die drei Tötungen, auf der anderen Seite acht Vergewaltigungen, bei denen Sie nicht einmal den Versuch unternommen haben, die Opfer zu töten. Können Sie mir diese unterschiedlichen Verhaltensmuster erklären? Hatte es vielleicht etwas mit dem Verhalten der Opfer zu tun?«

(Klemm grübelt.) *»Ich glaube, dass das eher nebensächlich war. Und ich glaube auch nicht, dass das über das Verhalten herauszukriegen ist.«*

»Sie haben eben in diesem Zusammenhang gesagt, dass Sie dann getötet haben, wenn Sie Dinge getan hatten, die über eine Vergewaltigung hinausgingen, und die Opfer deshalb für Sie besonders gefährlich geworden sind, weil Sie der Meinung waren, sie gehen deswegen auf jeden Fall zur Polizei ...«

(Er unterbricht mich.) *»Aber da haben wir ja auch die Entscheidung: Wann vergewaltige ich, und wann gehe ich über die Vergewaltigung hinaus? Das ist genau dieselbe Frage: Wann töte ich, und wann töte ich nicht?* (Klemm denkt eine ganze Zeit nach.) *Ich weiß einfach nicht, warum mir manchmal eine Vergewaltigung reicht und manchmal nicht.«*

»Mir haben Täter bei genau dieser Konstellation – mal töteten sie ihr Opfer, mal nicht – häufiger gesagt, sie wären bei den Nicht-Tötungen von bestimmten Verhaltensweisen der Opfer oder besonderen Umständen beeinflusst worden und hätten schlagartig empathisch reagiert, also Mitgefühl für ihre Opfer gehabt. Diese Opfer hätten sie dann nicht mehr töten können. Haben Sie vielleicht ähnliche Erfahrungen gemacht?«

»Ich würde fast das Gegenteil behaupten. Ich würde fast glauben, wenn so eine Tussi der Meinung gewesen wäre: Du kannst dieses und jenes mit mir machen. Ich glaube, ich hätte mich

wesentlich mehr darum bemüht, diese Haltung zu brechen. Ich glaube, da wäre ich noch aggressiver geworden.«

»Was hatten Sie damals für ein Frauenbild? Mit welchen Attributen haben Sie Frauen versehen?«

(Er denkt nach.) *»Warm, weich, ein bisschen fülliger, draller, fraulich vom Ansehen, also eine gute Oberweite, das ist schon die halbe Miete.«*

»Also haben Sie Frauen nicht gehasst?«

»Nein, nein! (Klemm schaut mich streng an – wie ein Lehrer seinen Musterschüler, von dem er solch eine unbedarfte Frage nicht erwartet hätte.) *Ich wüsste nicht, wann ich jemals eine Frau gehasst hätte. Ich habe die Taten nicht gemacht, weil ich ein negatives Frauenbild habe oder weil ich an denen irgendwas ausagieren wollte. Die Frau ist bei mir deshalb Opfer, weil sie leichter zu kontrollieren ist als ein Mann. Und weil sie Brüste hat. Das ist der einzige Unterschied, sonst könnte ich mich auch an einem Mann austoben. Ja, ich bin kein Frauenhasser.«*

»Wenn Sie in so einer Tatsituation waren, haben Sie gar kein Mitgefühl für Ihre Opfer gehabt?«

»Das waren Objekte …«

»… die für Sie als menschliche Wesen eigentlich gar nicht richtig existiert haben?«

»Richtig.«

»Haben Sie denn später für diese Frauen Mitgefühl entwickelt, taten die Ihnen irgendwann mal leid?«

(Er denkt lange nach.) *»Auf eine gewisse Art, ja. Meinem letzten Opfer habe ich sogar Taxigeld angeboten, damit es nach Hause kommt. Ja, doch. Auf eine gewisse Art ein Schuldgefühl schon.«*

»Ihre letzte Tat war außergewöhnlich: Sie vergewaltigen und quälen die Frau und erzählen ihr davor und danach viele persönliche Dinge. Genau diese Informationen haben dazu geführt, dass man Sie schnell ermitteln und festnehmen konnte.

Können Sie mir mal erklären, warum Sie sich so intensiv mit gerade dieser Frau auseinandergesetzt, warum Sie sich ihr gegenüber zumindest teilweise offenbart haben?«

»Ich glaube nicht, dass es etwas mit dieser Frau zu tun hatte. Sie war nur Mittel zum Zweck. Es hatte vielmehr damit zu tun, dass ich in den zwei Jahren vorher nichts Deliktrelevantes mehr gemacht hatte. Und jetzt ging's wieder los. Meine Frau hatte mich rausgeschmissen, ich war wieder auf der Pirsch, hatte es schon einige Male probiert. Ich denke, ich wollte schon erwischt werden. Allerdings war ich nicht der Typ, der einfach zur Polizei geht. Ich hab sie doch laufen gelassen, obwohl, wenn es für mich gut gelaufen wäre, man hätte sie bestimmt erst einige Jahre später gefunden. Das war eine Örtlichkeit, wo kaum jemand hingeht. Nee, das war wohl schon eine ganz bewusste Entscheidung, dass ich der alles erzählt habe.«

»Was ich auch außergewöhnlich finde, ist, dass Sie bei den Taten ganz unterschiedliche Vorstellungen umsetzen, Sie manipulieren manche Opfer und bringen sie in den Wald, manche attackieren Sie schon Sekunden nach dem ersten Kontakt. Andere wiederum bringen Sie in Ihre Wohnung. Können Sie mir erklären, warum Sie sich so unterschiedlich verhalten haben?«

»Ich glaube, ich war in einer Phase des Ausprobierens: Was ist dein Ding? Was ist das Sicherste? Was ist das Effizienteste? Es waren insgesamt bestimmt etwa 15 Fälle. Und in mindestens zehn Fällen habe ich meine Tatbegehungsweise verändert.«

»Warum?«

»Eben, um auszuprobieren. Wo kannst du das, was du willst, am besten umsetzen? Wenn da nicht so ein Schock gewesen wäre nach dem Doppelmord und diesem unglaublich starken öffentlichen Interesse, das mich so verängstigt hat – ich glaube, das hätte richtig böse geendet.«

»Was meinen Sie damit?«

»Dass ich noch wesentlich mehr gemacht hätte.«

»Empfinden Sie heute für die Frauen, die Sie vergewaltigt, gefoltert oder getötet haben, etwas? Bereuen Sie, was Sie den Opfern angetan haben?«
(Klemm denkt sehr lange nach.) *»Ja und nein. Schuldgefühle für den Umstand als solchen, was ich mit den verschiedensten Menschen getan habe. Aber jetzt so richtig spezifisch: Bettina Mosch, Claudia Malik oder so, nein. Dadurch, dass es durch die Medien immer wieder aufgewärmt wird, sind sowohl die Bilder als auch die Namen sehr präsent. Aber ich kann es nicht zusammenfügen: Du hast am Baum gestanden, dich habe ich überfahren, mit dir hab ich das und das gemacht. Das ist ein Mischmasch, das krieg ich nicht auseinandergepuzzelt, so nach dem Motto: Es tut mir leid, Bettina, was ich mit dir gemacht habe. Nein, solche Gefühle von Schuld und Reue habe ich nicht. Da ist nur generell ein Unwohlsein, blöde Gefühle im Bauch, Bedauern. Das hört sich pathetisch an: Ich würd's ungeschehen machen, wenn ich könnte. Aber es ist so.«*
»Ungeschehen machen um der Opfer willen oder weil Sie dadurch in so eine fatale Lebenssituation gekommen sind?«
»Sowohl als auch.«
»Ich fasse das noch mal kurz zusammen: Sie bedauern, dass es überhaupt zu solchen Verbrechen gekommen ist, aber für die Opfer empfinden Sie auch heute nichts?«
»Ja, für die Opfer habe ich kein Gefühl. Wenn ich jetzt Gefühle hätte, hätte ich damals auch Gefühle gehabt, und dann hätte ich diese Scheiße nicht gemacht. Da besteht für mich ein klarer Zusammenhang.«
»Sind Sie bereit, sich auf ein Gedankenspiel einzulassen?«
»Grundsätzlich ja.«
»Stellen Sie sich bitte vor, dass die beiden Mädchen, die Sie kurz hintereinander getötet haben, vor Ihnen sitzen. Was würden Sie den Frauen sagen?«
(Klemm denkt lange nach, spricht dann erstmals sehr leise.) *»Kriege ich jetzt nicht hin.«*

»Wenn ich Sie richtig verstanden habe, haben Sie eine Tötung erst dann in Betracht gezogen, wenn Sie mit den Opfern in Kontakt gekommen und in eine bestimmte Situation hineingeraten sind?«

»Wenn ich über ein gewisses Maß der körperlichen und geistigen Verletzung hinausgegangen bin, dann.«

»Und Sie haben eine Tötung nicht von vornherein in Betracht gezogen?«

»Das hat sich eben von Fall zu Fall als Konsequenz ergeben.«

Gunhild Folstad, Lene Storbakken und Sandra Schimmelpfennig gehören zu jenen Serienmord-Opfern, die sich von den Tätern beeinflussen, in ihren Gefühlen lenken und in ihrem Denken oder Verhalten manipulieren lassen. In zwei von zehn Fällen ist das so. Die Opfer sind ganz überwiegend weiblich, alleinstehend, zwischen 14 und 50 Jahren alt und stammen aus der sozialen Unter- oder Mittelschicht. Das Durchschnittsalter beträgt knapp 36 Jahre. Dem Täter begegnen sie in zwei Dritteln der Fälle auf der Straße, im Park, in einer Gaststätte. Oder sie heißen den Mörder in der eigenen Wohnung willkommen. Die meisten dieser Opfer werden erstochen, erwürgt oder erdrosselt (siehe dazu Tabellen im Anhang).

Solche Taten bauen in erster Linie auf der Lüge auf. Nicht auf der Lüge aus Not oder Bedrängnis oder Verlegenheit. Auch nicht auf der Lüge, um sich vor Vergeltung zu schützen. Genauso wenig auf dem Sich-selbst-etwas-Vormachen. Es dreht sich im Kern um die bewusst und gezielt formulierte Unwahrheit, die ein bestimmtes Verhalten tolerieren oder generieren soll. Letzteres ist der Regelfall.

Manipulation in diesem Sinne bedeutet die Beeinflussung von jemand durch die Veränderung von etwas. Der Täter tarnt seine mörderischen Absichten oder sorgt sonst dafür, dass diese unerkannt bleiben. Dafür benutzt er Bilder oder sendet Signa-

le, die das Eigentliche, das Ursprüngliche kaschieren oder verdecken, und erzeugt beim Opfer die Vorstellung von einer Realität, die es so nicht gibt. Durch die Simulation von etwas beherrscht und verleitet der Täter das Opfer, Dinge zu tun, die es sonst niemals tun würde. Manipulierte Opfer handeln nicht nach eigenen Einsichten oder Überzeugungen, sondern fremdbestimmt.
Der sachliche Gehalt dieser verklausulierten Todesbotschaften ist nur bedingt entscheidend. Es ist nicht so sehr ausschlaggebend, was gesagt wird, sondern von wem, wie, wann und wo. Der Täter muss auch nicht sonderlich intelligent sein, um sein Opfer erfolgreich zu umgarnen – dafür aber gerissen und geistesgegenwärtig. Manchmal genügen schon einfache Drei-Wort-Sätze, um das Opfer von anderen Menschen zu trennen und in die Falle zu locken: »Fahr doch mit!«, »Komm doch mit!«, »Mach doch mit!«
Opfer sind immer dann für die Verführung besonders anfällig, wenn sie überzeugt sind, für eine Verführung eben gerade nicht besonders anfällig zu sein. Oder gar nicht. Und die Täter sind immer dann besonders erfolgreich, wenn es ihnen gelingt, die Opfer in diesem Glauben zu bestärken. Die effektivste Waffe des Täters ist dabei seine gespielte Liebenswürdigkeit. Es geht um Vertrauen und Zutrauen: Der doch nicht! Die doch nicht! Hier doch nicht! So doch nicht! Jetzt doch nicht! Wenn der Täter dem Opfer suggeriert, nett zu sein, tendiert das Opfer dazu, den Täter ebenfalls nett zu finden. Und genau dann hört das Opfer auf, misstrauisch zu sein: Wer so liebenswert ist, kann doch gar nicht böse sein. Oder werden.

Ein Meister der psychologischen Entwaffnung war Peter Kürten, der »Vampir von Düsseldorf«. Dieser ausgesprochen kaltblütige Mann schickte sich im Jahre 1929 an, damals schon historisch anmutende Serienmörder wie Fritz Haarmann und Carl Großmann noch zu übertrumpfen. Tötete Haarmann nur

Männer, Großmann nur Frauen, so attackierte der verheiratete Fabrikarbeiter scheinbar wahllos Männer, Frauen, Kinder, gelegentlich auch Tiere. Einige Opfer schändete er vor der Tötung, andere als Leichen.

»Wenn ich Menschen angefallen habe«, erklärte er nach seiner Festnahme der Kripo, *»war das Gefühl am stärksten, wenn das Blut rauschte. Ob ich da, um Blut zu sehen, ein Messer oder die Schere oder den Hammer nahm, das war gleich und hing von Zufälligkeiten ab; denn auch nach den Hammerschlägen floss Blut, und die Opfer haben gezappelt und sich bewegt, gerade wie beim Würgen. Zu Beginn der Misshandlung kam es nie zum Samenerguss, deshalb musste ich ja fortfahren. Zum Beispiel beim Fall Albermann habe ich beim Würgen nichts gespürt. Das war bloß eine Anstrengung und nichts Gescheites, denn das Glied wurde wieder schlapp, und deshalb musste ich stechen. Da erst kam der Samenerguss. Das Blut kann ich hören, auch wenn die Stiche durch die Kleider ins Herz gehen.«*

Das Nachrichtenmagazin »Der Spiegel« schrieb genau 20 Jahre später über diese Zeit im Rahmen einer breit angelegten Reportage zur Geschichte der deutschen Kriminalpolizei: »Düsseldorf glich einem Ameisenhaufen, in dem ein roter Patron herumgetrampelt ist. Keine Mutter ließ ihre Kinder mehr allein über die Straße gehen. In den Zeitungen regnete es Vorwürfe gegen die versagende Polizei, die den Steuerzahler nicht zu schützen wisse. Staatsanwaltschaft und Polizei, Kripo, Schupo und Gendarmerie kannten nur noch die Suche nach dem unbekannten Mörder.«

Vermutlich hatte Kürtens verbrecherischer Erfolg auch etwas mit seinem Äußeren zu tun: ein schlanker und verhältnismäßig jugendlich aussehender Mann, das volle, gelbblonde Haar sorgsam gescheitelt, seine wachen, blauen Augen verrieten Intelligenz. Die kleine Narbe an der rechten Wange fiel kaum auf. Ein Rechtsmediziner sagte in diesem Zusammenhang über ihn: »Auf seine äußere Erscheinung legte er den größten Wert. Mitarbeiter von ihm haben gesehen, dass er sich vor dem Verlassen der Arbeitsstelle sorgfältig säuberte, sich vor dem Spiegel sogar schminkte. Bei seinen Spaziergängen pflegte er ein Putztuch für die Schuhe mitzuführen. Als ich seine Kleider auf Blutspuren zu untersuchen hatte, glich mein Institutsraum einem Kleiderladen, so reichlich war er mit Anzügen versorgt. Jedes Stück war gut erhalten, jede Hose mit Bügelfalte. Alle Flecken waren beseitigt. Seine sorgfältige Bekleidung, sein adrettes Äußeres ist allen Mädchen aufgefallen.«

Obwohl allerorten vor dem »Düsseldorfer Unhold« gewarnt wurde, gelang es Kürten immer wieder, seinen späteren Opfern weiszumachen, sie seien in seiner Gegenwart besonders sicher. So dachte auch die 26-jährige Hausangestellte Gertrud Schulte, als sie am 25. August 1929 zufällig einem adrett gekleideten Herrn begegnete, der ihr gleich sympathisch war.

(Gertrud) »Ich war bei der Familie Jaster in Oberkassel angestellt. Frau Jaster fragte mich an diesem Tag, ob ich nicht die Neusser Kirmes besuchen wolle. Ich lehnte ab, weil ich dafür kein Interesse hatte. Um mir für den Nachmittag die Langeweile zu vertreiben, lieh ich mir von einer im Hause wohnenden Familie ein Buch und las darin bis gegen 16 Uhr. An diesem Nachmittag war ich aber schwermütig. Ich hatte Heimweh. Jedenfalls weinte ich, was ich in Düsseldorf seit meiner Ankunft noch nie getan hatte. Ich beschloss deshalb, unter Menschen zu gehen.«

(Kürten) »Gerade in dieser Zeit hatte ich in besonders starkem Maße diese Zustände. Der Drang bestand in einer seelischen Erregung, einer Stimmung, deren Kennzeichnung man in dem Satz zusammenfassen kann, dass nichts den Seelenschmerz dessen übertrifft, der zeit seines Lebens unter den Qualen anderer Schmerzbereiter litt und der in seiner Reifung die unheilvolle Lust entdeckt, selbst lächelnd Schmerz zu bereiten. In dem sicheren Gefühl, dass ich an diesem Tag noch ein Opfer finden würde, hatte ich mein Stilett eingesteckt. Es hatte einen gebogenen braunen Hirschhorngriff und eine Metallkappe und befand sich in einer dunkelbraunen Scheide. Ich ging von meiner Wohnung aus in Richtung Oberkassel über die Rheinbrücke. An der rechten Seite, gegenüber der Normaluhr, stand ein junges Mädchen.«

»Als ich die nördliche Seite des Luegplatzes erreicht hatte, kam ein fremder Mann auf mich zu. Es schien so, als ob er von den Bänken an der Straßenbahnhaltestelle am Luegplatz kam. Er sprach mich an. Zunächst achtete ich gar nicht auf die Anrede des Fremden und setzte meinen Weg fort. Er blieb aber bei mir und fragte, ob ich denn allein spazieren gehen wollte. Als ich darauf sagte, dass ich meinen Weg auch allein fände, stellte er sich vor, wobei er sich Fritz Baumgart nannte. Er meinte, er sei auch allein, und wir könnten doch gut zusammen spazieren gehen. Er erkundigte sich dann noch, ob ich in Stellung sei und was ich hier machen würde. Ich sagte ihm, ich sei nur ein armes Dienstmädchen.«

»Die langen Freiheitsstrafen schon in jungen Jahren haben auch unheilvoll gewirkt. Andere Gefangene stellen sich nackte Weiber vor und onanieren. Das habe ich nur ganz vereinzelt getan, das war mir kein Genuss. Für mich war es ein ständiger Hochgenuss, wenn ich mir abends in der Zelle etwas Grausames vorstellte, was ich tat, zum Beispiel Bauchaufschlitzen, und wie sich die Öffentlichkeit entsetzen würde. Der Gedanke an das Verletzen war mein persönlicher Genuss.«

»Dann sprach er von der Neusser Kirmes und fragte mich, ob ich nicht Lust hätte, nach Neuss zur Kirmes mitzukommen. Er sagte, die Neusser Kirmes müsse man gesehen haben, sie sei auch viel schöner als die Düsseldorfer Kirmes. Ich lehnte das trotzdem ab. Aber er redete weiter auf mich ein. Inzwischen waren wir den Kaiser-Friedrich-Ring entlanggegangen und von dort auf die Luegallee gekommen, bis an die Antoniuskirche. Hier habe ich erst auf eindringliches Zureden eingewilligt,

nach Neuss mitzufahren. Wir stiegen etwa um 17.40 Uhr in die Straßenbahn. Vorher hatte er mir viel von der Kirmes vorgeschwärmt, die man unbedingt gesehen haben müsste.«

»Ich habe keins meiner Opfer gekannt. Dieser Drang und die Entspannung waren nicht immer gleich stark und nicht von gleicher Dauer. Wenn die Entspannung nicht stark genug war, verharrte ich in diesem Zustand, vielleicht etwas abgeschwächt, wodurch ich recht bald zu einer neuen Tat getrieben wurde und erst danach ausreichende Entspannung eintrat. Ich benutzte jede freie Stunde, um Opfer zu suchen.«

»An einer Obstbude kaufte er ein Pfund Pfirsiche, die wir zusammen aufaßen. Erst hatte ich abgelehnt, weil ich mir nichts schenken lassen wollte. Später forderte er mich auf, mit ihm zusammen Bier und Likör zu trinken, was ich aber ablehnte. Dann sollte ich wenigstens Eis mit ihm essen. Auch dies wies ich zurück. Da er aber Eis essen wollte, ging ich mit ihm in ein Eiszelt. Dort verzehrte er eine Portion Eis. Ich habe nichts gegessen, und wir haben uns dort auch nicht lange aufgehalten. Sonst sind wir nirgends eingekehrt.

Etwa um 20 Uhr machten wir uns auf den Rückweg und gingen zur Straßenbahn, um nach Oberkassel zurückzufahren. Als wir vom Kirmesplatz her über die Bahngleise kamen, wurden gerade Böllerschüsse gelöst. Wir stiegen wieder an derselben Stelle in die Straßenbahn ein, wo wir vorher ausgestiegen waren.«

»Die Hauptsache war für mich das Blutsehen. Ich habe immer, wenn ich zufällig zu größeren Unglücksfällen auf der Straße hinzukam, eine sexuelle Erregung gespürt. Kurz vor meiner Festnahme erlebte ich, wie in der Erkrather Straße von einem Güterwagen der Straßenbahn der Bremser herabfiel und überfahren wurde. Das Blut kam in Strömen, ich machte mich anscheinend zur Hilfe an den Verunglückten heran. Dabei kam der Samenerguss. Solche Fälle kamen oft vor, auch bei Tieren; so war ich dabei, als an der Ecke der Mintropstraße ein Pferd von der Straßenbahn angefahren wurde. Das Tier hat sich dabei kaputtgeblutet. Ich war zufällig dabei und hatte davon sexuellen Genuss.«

»In der Straßenbahn sagte ich zu dem Fremden, dass ich bis zum Planetarium fahren möchte. Von dort wollte ich durch den Hofgarten und die Rosenstraße zur Prinz-Georg-Straße gehen, um einen Schirm abzuholen. Er meinte dann, dass es doch zu spät sei, um den Schirm zu holen. Im Übrigen könnte er ja den Schirm holen und ihn mir bringen. Dann hätte er auch einen Grund, mit mir wieder zusammenzukommen. Als ich einwarf, dass ich den Schirm nicht durch einen Fremden abholen lassen könne, sagte er, dass er den Schirm schon sicher abliefern werde. Ich sollte nur eine Karte in die Prinz-Georg-Straße schreiben, dass der Schirm abgeholt werde. Er wollte sogar in Dienstkleidung hingehen, die doch genügend Vertrauen erwecken müsste. Unter solchen Umständen würde er den Schirm bekommen. Ich ließ mich hierauf nicht ein.

In der Straßenbahn sagte er mir auch, er wolle mich unbedingt noch einmal treffen. Ich lehnte dies ab und sagte, ich sei bis jetzt abends nicht ausgegangen, und ich wolle das jetzt auch nicht anfangen. Ich sagte ihm aber auch, dass ein Treffen frühestens in 14 Tagen stattfinden könne, weil ich erst dann wieder Ausgang bekommen würde. Als er das hörte, schlug er mir vor, schon am Heerdter Krankenhaus auszusteigen. Wir könnten uns dann gehend noch ein bisschen unterhalten.«

»Als wir in Heerdt angekommen waren, war es so gegen 20 Uhr und noch nicht ganz dunkel. Ich habe nunmehr überlegt, dass, wenn wir jetzt den Rückweg am Rhein entlang nehmen würden, es ganz dunkel geworden sein würde und dass ich am Rhein eine geeignete Stelle finden würde, um verwirklichen zu können, was ich mir vorgenommen hatte. Deshalb habe ich ihr vorgeschlagen, in Heerdt auszusteigen.«

»Da der Mann mir versicherte, dass es von dort aus bis zur Rheinbrücke nur eine Viertelstunde sei und man doch noch

einen kleinen Spaziergang machen könne, ging ich mit. Nachdem wir ausgestiegen waren, gingen wir von der Haltestelle der Straßenbahn in eine Querstraße nach links hinein. Als wir eine kleine Strecke gegangen waren, fragte der Fremde ein entgegenkommendes Paar, ob der Weg zum Rhein führe. Sie sagten darauf, wenn wir den Weg weitergingen, kämen wir nach Lörick. Wenn wir aber zum Rhein wollten, müssten wir an der Eisenbahn nach rechts gehen und dann am nächsten Übergang nach links einbiegen.

Ich kann mich erinnern, dass wir einmal bergauf gingen. Es kann vielleicht der Aufstieg zum Rheindamm gewesen sein. Auf dem Wege bis dorthin erzählte der Fremde, dass er vier Jahre lang eine Braut gehabt habe, die vor Kurzem gestorben sei. Es wäre ein so gutes Mädchen gewesen, wie er sie sonst noch nicht kennengelernt hätte. Jetzt stehe er alleine in der Welt. Er erzählte mir noch, er sei in Köln geboren, im Alter von sechs Jahren von dort nach hier verzogen, seine Eltern seien tot, und er habe auch keine Geschwister. Als wir schließlich an einem Kartoffelacker entlanggingen, wollte der Fremde mich plötzlich in den Arm nehmen und verlangte einen Kuss von mir.«

»Ich näherte mich der Schulte etwas mehr in der Erwartung, dass sie mir den Geschlechtsverkehr an dieser Stelle gestatten werde. Ich streichelte sie in den zärtlichsten Formen. Auch versuchte ich, etwas nachzuhelfen, um zu dem zu gelangen, was sie mir freiwillig nicht gewährte.«

»Ich wehrte ihn ab und sagte, dass ich mich nicht küssen lasse. Er nahm mir nun die Schuhe aus der Hand und sagte: ›Was meinen Sie, wenn ich die Schuhe ins Kartoffelfeld schmeißen würde?‹ Ich erwiderte, dass ich die Schuhe in der Dunkelheit wohl nicht mehr finden würde, dann müsse ich eben auf Strümpfen nach Hause gehen, aber so schlecht sei er ja wohl nicht. So sehe er gar nicht aus. Als Antwort lachte er nur.

Im Weitergehen kamen wir dann an einem Zelt vorbei, das er mir als Wochenendaufenthalt erklärte. Nach einer kurzen Wegstrecke an dem Zelt vorbei schlug der Fremde vor, dass wir uns hinsetzen sollten. Ich ging darauf nicht ein und sagte, ich müsse nach Hause – denn ich würde sonst nicht so spät nach Hause kommen und deswegen Unannehmlichkeiten bekommen.«

»Ich hatte eigentlich dauernd die Stimmung zum Umbringen. Je mehr, umso lieber. Ja, wenn ich die Mittel dazu gehabt hätte, dann hätte ich ganze Massen umgebracht, Katastrophen herbeigeführt. Jeden Abend, wenn meine Frau Spätdienst hatte, bin ich herumgestreift nach einem Opfer. Es war aber nicht so leicht, eins zu finden.«

»Wieder nach einer kurzen Wegstrecke quälte mich ein kleiner Verband an meinem Fuß, den ich mir vor einigen Tagen beim Pflaumenmuskochen verbrüht hatte. Meine Schuhe hatte ich vorher schon ausgezogen, da sie drückten, und trug sie in der Hand. Als auch noch der Verband in Unordnung geraten war, setzte ich mich hin, zog den aus einem Leinwandlappen bestehenden Verband aus dem Strumpf und wollte meine Schuhe wieder anziehen, um nun schnell nach Hause zu kommen. Der Fremde hatte sich schon vor mir hingesetzt; denn ich versuchte erst im Stehen, meinen Strumpf zurechtzumachen und die Schuhe anzuziehen. Da das aber nicht so richtig ging, setzte ich mich auch hin.

Der Fremde rückte dann nahe an mich heran. Als ich dies merkte, wollte ich aufstehen. Der Fremde hielt mich aber fest. Er saß rechts von mir. Beim Festhalten wollte er mich zugleich rückwärts hinüberwerfen. Ich wehrte mich und versuchte aufzustehen. Hierbei sagte er mir einige Male: ›Komm, lass mich doch mal, das ist doch nicht so schlimm.‹«

»Der sexuelle Trieb war immer stark bei mir, besonders in den letzten Jahren, steigerte sich aber durch die Taten selbst. Darum musste ich immer wieder versuchen, ein neues Opfer zu finden. Ich hatte manchmal schon Samenabgang, wenn ich mein Opfer am Hals packte. Wenn nicht, kam der Samen, wenn ich auf das Opfer einstach. Ich habe dabei aber nicht beabsichtigt, mich regelrecht durch geschlechtliche Vereinigung zu befriedigen, sondern die Absicht war die Tötung. Wenn das Opfer sich wehrte, steigerte sich die Geschlechtslust.«

»Ich wehrte mich weiter und sagte, dass wir unbedingt weitergehen müssten. Er wandte nun noch mehr Kraft an, fasste unter meinen Rock und wollte mir die Hose herunterziehen. Ich wehrte ihn mit beiden Händen ab. Inzwischen hatte er mich doch nach hinten heruntergedrückt und sich zwischen meine Beine gekniet. Ich war sehr überrascht über dieses Verhalten. Während des gesamten Nachmittags sind auch von seiner Seite keinerlei Andeutungen gemacht worden, sodass ich mir noch dachte, was das doch für ein anständiger Mensch sei.«

»Ich war schon über sie gekommen, stieß aber bei ihr wiederum auf heftige Ablehnung. Hierüber wurde ich erbost. Hinzu kam meine sexuelle Aufregung. In Ärger und geschlechtlicher Erregung wollte ich sie jetzt endlich töten. Während ich mit der linken Hand ihr Haar streichelte, griff ich mit der rechten Hand in die rechte Gesäßtasche, wo sich mein Stilett befand. Dieses machte ich frei, zog es heraus, und ohne ein Wort zu sagen, versuchte ich, ihr den Hals durchzuschneiden.«

»Ich verspürte einen Schnitt quer über meinem Hals. Einen Schmerz habe ich kaum empfunden. Ich hielt sofort mit der einen Hand meinen Hals fest und versuchte zu rufen: ›Jesus, Maria! Hilfe!‹ Ich bekam aber keinen Ton mehr heraus, es war vielmehr nur noch ein Gurgeln. Ich hab es noch einmal versucht, da kam nur ein lauter Schrei bei heraus. Und er stach weiter auf mich ein.«

»Für mich hatte das Bluttrinken eine große Bedeutung. Beim Fall Hahn habe ich das Blut aus einer Halswunde getrunken. Ich hatte ihr in den Hals gestochen und legte mich quer zu ihr nieder und trank das vorquellende Blut. Dabei habe ich mit der rechten Hand die Schere oftmals in die Brust gestoßen. Ich habe aber auch bei der Ohliger Blut aus der Schläfenwunde gesogen und beim Scheer aus dem Nackenstich. Bei der Schulte habe ich bloß das Blut von ihren Händen abgeleckt.«

»Dann fühlte ich einen Stoß, wodurch ich nach vorne fiel. Bald danach bekam ich einen schmerzhaften Stich in den Rücken. Auf meine Hilferufe hörte ich dann Stimmen, die zurückriefen. Hierauf warf der Fremde mir etwas vor die Füße – es können meine Schuhe oder der Hut gewesen sein – und sagte: ›Hier hast du deine Sachen, nun kannst du sterben!‹ Dann ist er weggelaufen. Ich wurde bald darauf von den hinzukommenden Leuten gefunden und später ins Krankenhaus gebracht.

Ich kann mir heute noch nicht erklären, dass ich mit dem Fremden überhaupt mitgegangen bin, wo ich sonst Fremden gegenüber sehr misstrauisch bin. Wenn der Fremde auf mich auch keinen unangenehmen Eindruck gemacht hat, so kann ich aber auch nicht sagen, dass ich ein besonderes Interesse an ihm gehabt hätte. Es schien, als übte er eine geheime Gewalt über mich aus, dass ich ihm folgen musste. Vom Heiraten hat er nicht gesprochen. Nur redete er dauernd vom Wiedersehen und Wiedertreffen. Bis zu dem Überfall hat er sich mir gegenüber recht anständig verhalten. Er hatte bis dahin auch keinerlei zweideutige Sachen gesagt.

Er war den ganzen Nachmittag über durchaus ruhig. Irgendein anormales Wesen habe ich an ihm nicht bemerkt. Auch die Unterhaltung war keineswegs aufgeregt und ließ in keiner Weise erkennen, dass er etwas Schlimmes dachte oder vorhatte. Die Unterhaltung betraf durchaus nur belanglose Dinge, allerdings fühlte ich mich durch sie gut unterhalten. Andeutungen unsittlicher Art hat er bis zum Tatort hin in keiner Weise gemacht, sodass ich mir noch sagte, einen derartig anständigen Menschen trifft man doch selten.«

Kürten war, wie einige andere Serienmörder auch, ein brillanter Lügner, ein Meister der Verstellung. Seine Maskeraden und

Scharaden waren kaum zu durchschauen: Hier gab er den Biedermann, dort den galanten Kavalier, ein anderes Mal den hilfsbereiten Nachbarn, der Kindern Bonbons zusteckte. Diese schauspielerische Verstellungskunst gab ihm die notwendige Sicherheit, um die Opfer einzulullen, sie in Sicherheit zu wiegen, bevor er an geeigneter Stelle und urplötzlich sein wahres Gesicht offenbarte – das des nach Blut lechzenden Serienmörders.

Auch fand sich Kürten in komplizierten Lebenslagen schnell zurecht, und es gelang ihm mühelos, Menschen für sich einzunehmen. Ein Oberwachtmeister des Zuchthauses, in dem er viele Jahre zubringen musste, beschrieb diese besondere Fähigkeit so: »Der erfasste jede Situation sofort und verwertete sie im günstigen Augenblick zu seinem Vorteil. Dabei war er rücksichtslos gegen seine Mitgefangenen. Die Vorgesetzten suchte er durch äußerste Liebenswürdigkeit zu täuschen. Als der noch damals übliche Vorbeter erkrankte, meldete er sich sofort; es war erstaunlich, mit welcher Frömmigkeit er das Abendgebet hersagte.«

Die Formen der Manipulation beim Serienmord sind vielfältig. Die häufigsten Beeinflussungsmechanismen sind die Körperhaltung und die Sprechweise des Täters sowie das Wecken von Bedürfnissen oder Wünschen des Opfers. In zwei Dritteln der Fälle täuscht der Täter eine Notlage oder Hilfsbedürftigkeit vor, bietet seine Hilfe an, verspricht dem Opfer schnellen Sex, nimmt es als Anhalter mit oder schreibt auf eine Kontaktanzeige.

Diese eher simpel gestrickten Tricks funktionieren, weil Menschen sich im Allgemeinen und insgeheim für in dieser Weise nicht verletzbar halten. »Alle Menschen denken, dass alle Menschen sterblich sind, ausgenommen sie selbst«, schrieb schon der Dichter Edward Young. Viele unter uns sind nicht zuletzt wegen ihrer Selbstüberschätzung davon überzeugt,

auch psychologischen Kräften widerstehen zu können: Mir macht so schnell keiner was vor! Die Wahrheit aber ist: Es gibt keine Immunität gegen Beeinflussung.
Und doch existieren Mittel und Methoden, den vermeintlichen Biedermann zu demaskieren, seine mörderischen Absichten zu erkennen, und zwar rechtzeitig. Die Macht des Unbewussten kann beispielsweise solche Hilfestellungen geben; denn das potenzielle Opfer weiß viel mehr, als es denkt. »Intuition« nennt man diese Form unterbewussten Wissens um Zusammenhänge und menschliche Verhaltensweisen, die sich nicht berechnen und nur bedingt erklären lässt.
Jeder Mensch vertraut jeden Tag wenigstens einmal diesem Gespür, das wir »Bauchgefühl« nennen. Wir tun intuitiv Dinge, ohne groß darüber nachzudenken. Und meistens liegen wir richtig mit unserer Bauchentscheidung. Ein typisches Beispiel ist der Fehlkauf von Kleidung. Obwohl das Bauchgefühl etwas ganz anderes signalisiert: nicht kaufen, weitergehen, weitersuchen!, treffen wir oft Kompromissentscheidungen, halbherzig. Vom Kopf dominiert: ›Wenn die Sachen endlich im Schrank hängen, wirst du sie schon tragen.‹ Denkste!
Ein weiteres Beispiel: Die meisten Menschen benötigen nur eine Zehntelsekunde für die Einschätzung, ob ein Mann homosexuell ist oder nicht. Das haben US-Forscher jüngst bei Tests mit Freiwilligen nachgewiesen, denen sie 90 Bilder von schwulen bzw. heterosexuellen Männern zeigten. In 70 Prozent der Fälle lagen die Probanden mit ihrer Einschätzung richtig, wenn sie das Foto nur eine Zehntelsekunde zu sehen bekamen. Diese Trefferquote verbesserte sich auch dann nicht, wenn die Bilder bis zu zehn Sekunden lang betrachtet werden durften, berichtete das Wissenschaftsmagazin »Science«.
Wie oft haben wir das Gefühl, dass eine Sache nicht ganz geheuer ist – ein unbestimmtes Unbehagen, das man so schnell nicht wieder loswird. Dennoch können wir nicht genau sagen, was es ist und woher das Gefühl kommt. Wir wissen es ein-

fach. Wir spüren es »intuitiv«. Die Wahrnehmung des Menschen ist offenbar hochspezialisiert darauf, Widersprüche und Ungereimtheiten zwischen erwartetem und tatsächlich eintretendem Geschehen zu erahnen.
Das schnelle und intuitiv richtige Erfassen der Realität und der sich aus ihr ergebenden Gefahren kann uns im Extremfall auch vor einem Serienmörder schützen. Jeder dieser Täter unternimmt eine Vielzahl von Versuchen, ein Opfer gefügig zu machen, bevor es endlich einmal klappt. Serienmörder vertrauen dabei häufig auch ihrem Instinkt. Rufen wir uns noch einmal Roland Klemms Formulierung in Erinnerung: »*Und je nachdem, wie sich das Opfer in dieser Situation verhält, ist es ein zusätzliches Kriterium: ›Ja, du bist ein Opfer!‹ oder: ›Vorsicht, Finger weg, in die andere Richtung gehen!‹*«

Was einige Täter tun, das können Opfer auch – sich natürlich verhalten, dem impliziten Wissen vertrauen und dementsprechend handeln. Julia Mayerhofer hat eine solche Erfahrung gemacht. Ich lernte die 33-jährige Reisekauffrau auf einer meiner Lesungen kennen. Die zweifache Mutter berichtete mir von einem prägenden Erlebnis, das schon viele Jahre zurücklag. Nach einem längeren Gespräch bat ich sie schließlich, die Geschichte aufzuschreiben und mir zu überlassen. Diese Begebenheit sei so lehrreich, dass die Öffentlichkeit davon erfahren müsse, gab ich ihr mit auf den Weg. Einige Tage später schrieb Julia Mayerhofer mir einen längeren Brief.

»Herbst 1980. Daun/Eifel. Ich war 13 Jahre alt. Es war am frühen Abend. Ich kam vorzeitig von der Christuskirche (Chor oder Konfirmandenunterricht, keine Ahnung mehr), es war bereits dunkel und ziemlich kalt. Der Bus war natürlich gerade durch, und ich stellte mich an die Haltestelle. Die Busse kamen alle halbe Stunde, und nach fünfzehn Minuten war ich trotz dicker Jacke durchgefröstelt.

Da kam ein Auto (es sah aus wie ein VW Passat, also zumindest ein Kombi, in dunkler Farbe. Ich bin mir ziemlich sicher, dass er dunkelblau war), blinkte kurz mit der Lichthupe und hielt dann neben mir. Das Gesicht des Fahrers, der mir die Tür öffnete, kam mir bekannt vor, aber ich konnte ihn nicht sofort einordnen. Meine Eltern hatten mir und meinen Geschwistern eingebläut, niemals zu Unbekannten ins Auto zu steigen. Niemals! Kein Trampen, keine kurzen Touren, um etwas ›ganz Tolles‹ gezeigt zu bekommen. Aber der Fahrer wirkte auf mich so bekannt. Und er musste mich ja auch kennen, denn er hatte ja die Lichthupe betätigt, als er mich sah. Und mir sofort die Tür geöffnet, ohne erst zu fragen, wo ich eigentlich hinwollte. Ich stieg ein.

Während ich einstieg, wendete der Fahrer den Kopf zum Schulterblick nach links, als ob er den (nicht existenten) Verkehr beobachten wollte, um sicher einscheren zu können. Ich sah nur seinen Hinterkopf. Das kam mir seltsam vor, vielleicht etwas rüde. Andererseits vermittelte er gleichzeitig das Gefühl, dass er mich auch kannte. Denn wer lässt sonst eine Unbekannte ins Auto steigen, ohne sie anzusehen?

Als ich mich anschnallen wollte, kam die nächste Merkwürdigkeit. Ich hatte Schwierigkeiten im, nur von der Straßenlaterne der Bushaltestelle beleuchteten Wageninneren, den Verschluss für den Sicherheitsgurt zu finden. Als ich ihn ertastet hatte, wusste ich, warum. Der Druckknopf war nicht, wie in der Regel üblich, in leuchtendem Orange gehalten, sondern in einer dunklen Farbe (sah nach Dunkelblau aus). Leichtes Unbehagen regte sich.

Der Fahrer fuhr los, schaute mich an, und zu meinem Entsetzen erkannte ich, dass ich diesen Menschen noch nie in meinem Leben gesehen hatte. Stimmt, er erinnerte mich an irgendjemanden, aber ich war mir ziemlich sicher, dass dies nur eine Ähnlichkeit war. Mein erster Instinkt war, darauf hinzuweisen, dass ich ihn verwechselt hatte, und ihn zu bitten anzuhal-

ten. Doch ein kleiner Teil von mir traute sich nicht, einem unbekannten Erwachsenen zu unterstellen, dass er vielleicht unlautere Absichten haben könnte. Obendrein hatte ich immer noch die Hoffnung, dass es sich vielleicht um einen Vater eines Klassenkameraden handelte, der mich durch sein Kind kannte, ohne dass er mir aufgefallen war.

Er hatte einen dunkelblauen Pullover an, dunkle (schwarze?) Hosen, schwarze (oder sehr dunkle braune) Haare und einen Vollbart. Das Gesicht war ein breiteres Oval, und er hatte einen seltsamen ›Knick‹ zwischen Nase und Oberlippe, so, als ob ihm da jemand mit der Handkante reingehauen hätte. Das war trotz Bart erkennbar und trug dazu bei, dass ich überzeugt war, ihn noch nie bewusst gesehen zu haben. Durch den ›Knick‹ war dieses Gesicht markant genug, wiedererkannt zu werden. Er war größer als ich (ich war damals bereits 1,70 Meter), ich schätze mal um die 1,85 Meter und von normal-kräftigem Körperbau (nicht direkt schlank, aber man sah auch keinen Bauch). Er trug keine Handschuhe. Die Hände fielen mir nicht besonders auf, sie könnten also dem Körperbau entsprochen haben (also nicht besonders feingliedrig oder dicke Pranken).

Er fragte mich, wo ich hinwolle. Das sagte mir, dass er mich (entgegen meiner inneren Hoffnung) wohl tatsächlich nicht kannte. Mein innerer Alarm meldete sich langsam. Ich gab den Ortsteil (ohne Straßennamen) an.

Er bot mir eine Zigarette an. Mein innerer Alarm wurde stärker. Ich muss Ihnen nicht sagen, dass 1980 es noch nicht die Norm für Kinder in meinem Alter war, zu rauchen. Jedem Erwachsenen, der mich dazu animieren wollte, unterstellte ich innerlich, dass er bestimmt nicht mein Wohlergehen im Sinn hatte. Ich ging zum ›Gegenangriff‹ über. Von meiner Mutter (sie ist jahrelang Schöffin gewesen) hatte ich gelernt, dass bei Missbrauch von Kindern unter 14 Jahren härtere Strafen drohten als bei Kindern ab 14 Jahren. Vielleicht hatte er mich ja mit einer Erwachsenen verwechselt? Die Bushaltestelle, an der er mich eingesammelt hatte, war in der Nähe der Volkshochschule, und mein Alter wurde damals öfter falsch eingeschätzt (körperlich war ich bereits fast voll entwickelt). Andererseits duzte er mich. Also schien er mich doch noch in die Kategorie Kind oder Teenager einzuordnen. Ich benutzte das Zigarettenangebot, um dankend abzulehnen und bei der Gelegenheit zu sagen, dass meine Eltern einen Anfall bekommen würden, wenn ihre 13-jährige Tochter mit nach Rauch riechendem Atem nach Hause käme. Er sagte nichts, wirkte aber etwas nachdenklich.

Er fragte, ob ich es denn eilig hätte, nach Hause zu kommen. Er wolle mir etwas ganz Tolles zeigen! Ich meine mich zu erinnern, dass er versuchte, mich mit einem Hasen zu locken, aber das kann nachträgliche Ausschmückung sein, da meine Eltern das Zeigen von Tieren immer als das klassische Beispiel angegeben hatten für Täter, die Kinder entführten.

Mir wurde kalt. Er warf mir einen beobachtend-abwartenden Blick zu. Ein Teil von mir bekam Angst, ein anderer Teil von mir rollte innerlich mit den Augen. Ich kann das schlecht beschreiben. Schon von klein auf ist da ein Teil von mir, der sehr oft die Emotionen ›beobachtet‹ und ›kommentiert‹. Dieser Teil erlaubt es mir, in den meisten Krisenfällen auf zwei Schienen gleichzeitig zu fahren. Ein Teil hat Angst oder eine andere ausgeprägte Emotion, wird aber von dem kontrollierenden und beobachtenden Teil in eine durchdachte Richtung gelenkt. Es ist schwer zu erklären, ohne schizophren zu klingen.

Wie auch immer, der emotionale Teil brach in Angstschweiß aus. Die Frage kam nicht spontan. Sie hatte so berechnend geklungen, wie ein weiterer Schritt in einem bereits laufenden Tanz. Der ganze Ablauf bisher wirkte so gleitend, geschmeidig – geplant. Oder zumindest kalkuliert. Der andere Teil von mir dachte: ›Bisher lief alles so reibungslos. Er scheint nicht blöde zu sein. Und nun die Standardmasche???? Für wie däm-

lich hält der mich? Typisch Erwachsener!‹ Beide Teile dachten: ›Vielleicht tust du ihm ja Unrecht? Vielleicht will er dir ja wirklich nur was Nettes zeigen?‹

Ich ging auf Nummer sicher, lachte, bedankte mich für das Angebot und sagte, dass ich mich aber nicht trauen würde. Meine Eltern wären so furchtbar streng, und ich wäre eh schon zu spät dran.

Er wollte mich beschwichtigen, im Sinne von: ›So schlimm wird's doch wohl nicht sein, oder?‹ Ich hatte das Gefühl, dass er mich entweder durchschaute oder zumindest Zweifel hatte. Er fügte hinzu, dass es auch nur ganz kurz dauern würde, vielleicht 20 Minuten, mehr nicht. Ich würde es bestimmt nicht bereuen. Ich erklärte ihm, dass ich mich wirklich nicht traute. Meine Schwester wäre mal eine Stunde zu spät gekommen, und meine Mutter hätte völlig hysterisch bei der Polizei angerufen.

Er schwieg wieder, schien dies zu überdenken. Spätestens jetzt wusste ich, dass er weder mich noch meine Familie kannte. Niemand, der uns kannte, hätte die Geschichte auch nur eine Sekunde lang geglaubt. Ich hatte schon damals einen großen Freundeskreis, und meine Eltern hätten wohl nach einer Weile angefangen, alle möglichen Freunde abzutelefonieren, wo ich denn stecke. Aber obwohl die Regelung galt, in solchen Fällen kurz Bescheid zu geben, sind beide der Hysterie vollkommen abhold und von dem Schlag, dass sie andere ungern mit ihren Sorgen ›belästigen‹. Sie hätten vermutlich frühestens nach mehreren Stunden die Polizei verständigt.

Wir fuhren um eine Kurve, und ich sah eine alte Dame auf dem ansonsten menschenleeren Bürgersteig. ›Oh, da ist ja Tante Inge!‹, rief ich begeistert aus. Ich kurbelte das Fenster herunter, lehnte mich hinaus, winkte und schrie: ›Huhu, Tante Inge!‹ Dann zog ich den Kopf wieder ein, machte ein begeistertes Gesicht und bat ihn: ›Können Sie bitte anhalten, da ist meine Tante, die habe ich schon ewig nicht mehr gesehen.‹ Die

Frau auf der Straße hatte bei meinem Schreien und Fuchteln verblüfft hochgeblickt und war stehen geblieben.
Er zögerte ein, zwei Sekunden. Sah mich kurz an. Ich strahlte zurück. Ich bezweifele, dass er mir glaubte. Dennoch fuhr er rechts ran. Ich fummelte im Dunklen an dem Sicherheitsgurt herum (das Teil war wirklich so gut wie nicht zu sehen), riss die Tür auf, sprang heraus, bedankte mich lächelnd bei ihm fürs Mitnehmen, rannte auf die fremde Frau zu und umarmte die völlig verdutzte Oma. Er fuhr sehr schnell los und verschwand um die Kurve. Erst jetzt fiel mir ein, dass ich nicht auf das Nummernschild geachtet hatte. Egal. War ja eh nix passiert. Er hatte ja nichts gemacht – außer dem Versuch, mir ›etwas Tolles‹ zu zeigen. ›Vermutlich ist er doch harmlos‹, dachte ich. Und die ganze Fahrt hatte ja auch nur kurz gedauert, zwei bis drei Minuten (wir waren nur eine Bushaltestelle weiter entlang der Busroute gekommen).
Der beobachtende Teil von mir glaubte nicht, dass alles so harmlos gewesen war. Ich konnte den Finger nicht drauflegen. Es hatte alles so berechnend gewirkt. Er hatte sich überhaupt nicht so verhalten wie irgendein Vater von Schulfreunden, wenn sie mich nach Geburtstagen nach Hause fuhren. Aber vielleicht hatte er auch einfach keine Kinder?
Ich dankte der älteren Dame (die arme Frau wusste überhaupt nicht, wie ihr geschah), setzte mich an die nächste Bushaltestelle (zumindest war mir jetzt warm) und fuhr mit dem nächsten Bus nach Hause. Im Bus kam dann langsam eine Art Schockzustand. Alles außerhalb des Busfensters zog ungesehen vorbei. Ich war wie erstarrt. Alles erschien irgendwie taub. Ich hatte noch nicht einmal Angst, nur das tiefe Gefühl, noch mal davongekommen zu sein. Ohne richtig zu wissen, weshalb.
Zu Hause berichtete ich meiner Mutter von dem Vorfall (mein Vater war noch nicht von der Arbeit zurück). Meine Mutter fragte mich harsch, ob ich ihn zeichnen könne. Mich wunderte der Tonfall, ich nickte aber und fertigte eine Zeichnung

en face an. Dann griff meine Mutter schweigend auf den Schrank, fischte eine Zeitung aus dem dort gelagerten Altpapier (die Zeitung lag ganz oben, musste also von dem Tag sein) und zeigte mir die Phantomzeichnung eines Sexualverbrechers, der zuletzt in unserer Gegend gesehen worden war. Sie ähnelten sich sehr!
Meine Mutter sah mich an und fragte: ›Was machen wir nun? Gehen wir zur Polizei?‹ Mir wurde mulmig. Was, wenn er es doch nicht gewesen war? Würden die mir glauben? Was konnte ich denn schon berichten? Ein Fremder hat mich mitgenommen, sich komisch verhalten und den Standardsatz ›Möchtest du etwas ganz Tolles sehen?‹ losgelassen. Mehr nicht. Ich verglich die beiden Bilder. Klar, es gab sehr gute Übereinstimmungen (das Phantombild zeigte eine Baskenmütze, aber ansonsten …). Aber andererseits sahen alle Männer mit Bart sich irgendwie ähnlich, oder? Meine Mutter drängte mich nicht weiter. Weshalb auch immer. Vielleicht, weil sie, wie bereits erwähnt, andere ungern mit ihren Ängsten ›belästigt‹. Oder weil sie dachte, ich wäre nicht sicher genug. Oder vielleicht auch, weil der Gang zur Polizei das innere Eingeständnis gewesen wäre, dass wir glaubten, dass ich tatsächlich in Gefahr gewesen war. Keine Ahnung.
Ein paar Jahre später zeigte sie mir dann den Zeitschriftenartikel mit dem Bild von einem gefassten Sexualverbrecher, der zum Morden übergegangen war. Das Foto war klein, etwas unscharf. Auch hier hätte ich es nicht 100 Prozent beschwören können, aber ich bin mir zu über 90 Prozent sicher, dass er es war. Den ›Knick‹ konnte man en face nicht erkennen, aber die Nase, die Wangenknochen, alles war vertraut. Das mulmige Gefühl in der Magengrube bei dem Anblick des Bildes auch.
Diese Situation in dem Auto hat sich mir förmlich eingebrannt. Ich weiß sogar noch, dass sein blauer Pulli ein Strickpulli war. Ich glaube, nicht, was er sagte, hat mich damals beunruhigt, sondern wirklich die ganze ›Ausstrahlung‹ der Situation. Er

war nicht kalt, so wie Sie [gemeint ist der Autor, Anm. S. H.] *dies von einigen Serientätern beschrieben haben. Auch nicht direkt emotionslos. Aber ... ich weiß nicht, wie man es beschreiben soll – distanziert? Alles wirkte geplant, und ich schien nicht als Person zu existieren, sondern nur als Teil eines Ganzen. Es war noch nicht einmal, dass ich das Gefühl bekam, als ob ich verdinglicht wurde. Ich war weder als Person noch als Ding vorhanden, sondern nur als etwas, das in einen Plan eingebaut, in ein Netz eingewoben werden sollte.*
Ich habe in meinem späteren Leben ein paar Menschen kennengelernt, die ich als ›böse‹ bezeichnen würde. Menschen, die Freude daran haben, andere bewusst zu verletzen. Menschen, für die andere nur als ›Quelle‹ interessant sind. Menschen, die so egoistisch sind, dass außer ihnen nichts zählt. Die Ausstrahlung solcher Menschen ist unverkennbar. Aber so jemand war er nicht. Ihm schien der emotionale ›Drive‹ abzugehen. Ich spürte, dass er wollte, dass ich mitkam. Aber es war nicht als Wunsch, Begehren oder Hoffnung für mich identifizierbar. Eher so, als ob es ihm auf einer Ebene wichtig, aber auf einer anderen vollkommen unwichtig war. Nur dass diese komische Stimmung so ungewöhnlich war, dass sie auf mich bedrohlicher wirkte, als wenn er mehr Begeisterung in seinen Versuch gelegt hätte. Macht das Sinn? Ich habe eine solche Ausstrahlung nie wieder in meinem Leben erlebt. Und bin dankbar dafür!!!!!«

Insbesondere in kritischen Situationen melden sich unsere Gefühle und füttern den Verstand, um die richtige Entscheidung treffen zu können. Bei Julia Mayerhofer könnte es auch so gewesen sein. Dabei ist es nicht weiter von Belang, ob der Mann, der sie mitgenommen hat, tatsächlich der später überführte Serienmörder gewesen ist. Vielmehr wird an diesem Ereignis deutlich, wie Intuition eigentlich funktioniert, die Julia Mayerhofer als »inneren Alarm« bezeichnet. Ihr Autopilot reagiert auf Verhaltensweisen des Fahrers, die ihr merkwürdig vorkommen, die ungewöhnlich sind: Er sieht sie nicht an, als sie einsteigt; er bietet ihr eine Zigarette an; er will ihr ›etwas Tolles‹ zeigen. All diese Verhaltenselemente vergleicht sie sofort unbewusst mit bereits bekannten Verhaltensmustern, die sie in ähnlichen Situationen beobachtet und kennengelernt hat.

»Wenn ich eine Entscheidung von nicht allzu großer Bedeutung fällen musste«, erklärte einmal Sigmund Freud, »habe ich es immer vorteilhaft gefunden, alles Für und Wider abzuwägen. In lebenswichtigen Dingen jedoch, wie etwa der Wahl eines Partners oder eines Berufs, sollte die Entscheidung aus dem Unbewussten kommen, irgendwoher aus unserem Innern.« Es existiert sehr wahrscheinlich in unseren Köpfen ein Schema, ein Raster, das für Normalität steht, auch für Gefahrlosigkeit. Und sobald von diesem Muster Abweichungen ruchbar werden, meldet sich das Bauchgefühl: Das ist nicht normal! Hier stimmt etwas nicht! Und Julia Mayerhofer ist gut beraten gewesen, diese Warnmeldungen aus dem Unterbewusstsein nicht zu ignorieren oder zu rationalisieren (Mach dir nicht ins Hemd! Du spinnst doch! Das bildest du dir alles nur ein! Der ist doch harmlos!). Vielleicht hat ihr genau dieses Verhalten das Leben gerettet – wie vielen anderen Menschen auch, die Serienmördern sehr nahe gewesen sind, ohne davon zu wissen, die sich aber intuitiv richtig entschieden oder verhalten haben.

Das intuitive Handeln kann aber nur dann erfolgreich sein, wenn das Gehirn bewusst oder unbewusst bereits ausreichend Informationen zu einem Thema gespeichert hat. Und genau aus diesem Grund sind beispielsweise Kinder besonders anfällig für das Werben eines Sexualverbrechers. Auch wenn Eltern ihre Kinder immer wieder warnen, keinesfalls mit Fremden mitzugehen, kann bei den Kleinen noch kein ausreichend wirksames, implizites Wissen vorhanden sein – es fehlen die entsprechenden Erfahrungswerte, die Vergleichsmöglichkeiten. Der Mann, der das Bonbon reicht und vorgibt, den toten Hasen im Gebüsch zeigen zu wollen, ist nur ein Mann – ohne negative oder positive Eigenschaften. Intuitiv betrachtet ein Neutrum. Und genau diese Blindheit macht sich der Täter zunutze. Das Opfer hat eben noch kein Feindbild. Oder ein falsches.

Das innere Frühwarnsystem versagt aber auch mitunter bei erwachsenen Opfern. Die Aussagen von Gertrud Schulte, die vollkommen arglos einige Stunden mit Peter Kürten verbrachte, einem der gefährlichsten Serienmörder überhaupt, stehen stellvertretend für viele Opfer, die dem eigenen Unvermögen, eine lebensbedrohliche Situation zu erkennen oder zu erahnen, meist fassungslos gegenüberstehen: *»Er war den ganzen Nachmittag über durchaus ruhig. Irgendein anormales Wesen habe ich an ihm nicht bemerkt. Auch die Unterhaltung war keineswegs aufgeregt und ließ in keiner Weise erkennen, dass er etwas Schlimmes dachte oder vorhatte. Die Unterhaltung betraf durchaus nur belanglose Dinge, allerdings fühlte ich mich durch sie gut unterhalten.«*

Gertrud Schulte war genauso überzeugt von der Harmlosigkeit dieses Mannes wie alle anderen Frauen, die Kürten vertrauten und mit ihm in ihr Verderben spazierten. Der »Vampir« zeigte vor seinen Taten keinerlei auffälliges Verhalten, war sogar ausgesprochen galant und liebenswürdig. Und dieses Verhaltensmuster unterschied sich eben nicht von jenen, die die späteren Opfer bereits kannten oder erlebt hatten und bewusst oder unbewusst als positiv und gefahrlos bewertet hatten. Alles war wie immer. Und der unbewusste Teil des Selbst blieb stumm: Der Täter sandte keine Signale aus, die das Gefühl einer Warnung entstehen ließen. Kürten bot einfach keine Angriffsfläche, an der sich die Intuition der Frauen hätte reiben können. Oder wie Roland Klemm es einmal ausdrückte: *»Ich war einfach ich.«*

Kapitel 5
Die Maske des Mörders

»Überlege nur mit dir selber einmal, wie verschieden die Empfindungen, wie geteilt die Meinungen, selbst unter den nächsten Bekannten sind; wie selbst gleiche Meinungen in dem Kopf deiner Freunde eine ganz andere Stellung oder Stärke haben als in deinem; wie hundertfältig der Anlaß kommt zum Mißverstehen, zum feindseligen Auseinanderfliehen. Nach alledem wirst du dir sagen: wie unsicher ist der Boden, auf dem alle unsere Bündnisse und Freundschaften ruhen, wie nahe sind kalte Regengüsse oder böse Wetter, wie vereinsamt ist jeder Mensch!«

Friedrich Nietzsche, *Menschliches, Allzumenschliches*

»Anmutig, wie gemeißelt war das Bein,
und ich, wie erstarrt, wie außer mich gebracht,
vom Himmel ihrer Augen, wo ein Sturm erwacht,
sog Süße, die betört, und Lust, die tötet, ein.«

Charles Baudelaire, *An eine, die vorüberging*

Die Leiche liegt auf dem Bett, rücklings, fast mittig, fußwärts etwas nach rechts versetzt. Der Körper ist stark verkohlt. Wahrscheinlich handelt es sich um eine Frau. Der Kopf ist leicht nach hinten überstreckt, am Hinterkopf sind lange, braune Haare zu sehen. Die Arme sind angewinkelt, die Unterarme infolge der starken Hitzeeinwirkung zusammengeschrumpft. Der Leichnam hat keine Finger mehr – vollständig verbrannt. Die Beine sind leicht gespreizt, das linke liegt in der Bettmitte ausgestreckt, das rechte ist in einem 45-Grad-Winkel angezogen. »Fechterstellung« nennt man diese für Brandopfer typische Auffindesituation. Der rechte Unterschenkel ist bis auf den Knochen heruntergebrannt, der Fuß als solcher nicht mehr zu erkennen. Sichtbare Textilrückstände sind nicht vorhanden, auch nicht unter der Leiche. Wahrscheinlich ist die Frau nackt gewesen, als das Feuer ausbrach. An den Überresten der Hände hängt jeweils ein Schmuckring, am rechten Handgelenk eine Kette.

Die Leiche kann an Ort und Stelle nicht identifiziert werden. Die Ermittler der Kripo vermuten aber, dass es sich wahrscheinlich um die Wohnungsinhaberin handelt: Pauline Nemours, geboren am 12. März 1948 in Saarbrücken, geschieden, kinderlos, Sekretärin in einer Anwaltskanzlei, wohnhaft Frankfurter Straße 2 in Braunschweig.

Die Kriminalisten stehen zunächst vor einem Rätsel: Todesursache unklar, Brandursache unklar. Nur der Todeszeitpunkt ist eindeutig bestimmbar: Freitag, der 26. Mai 1982, zwischen 2 Uhr und 4.30 Uhr morgens. An den Schlössern von Wohnungs- und Terrassentür finden sich keine Einbruchsspuren. Hinweise auf Brandbeschleuniger gibt es nicht. Angenommen werden darf, dass der Brand im Schlafzimmer ausbrach, vermutlich zunächst am Bett, in dem die Leiche gefunden wurde. Der Tatort wird fotografiert, nach Spuren abgesucht, Brandschuttproben werden entnommen. Im Wohnzimmer finden die Ermittler ein Brotmesser und einen Putzlappen, jeweils mit rotbraunen Anhaftungen, blutähnlich. Diese und andere Beweismittel werden sorgsam verpackt und unverzüglich zu weiteren Untersuchungen ins Landeskriminalamt nach Hannover gebracht.

Noch am selben Tag liegt das vorläufige Gutachten aus der Rechtsmedizin vor. »Die Obduzenten haben erfahren«, heißt es zum wesentlichen Ergebnis der Leichenöffnung, »dass diese möglicherweise 34 Jahre alt gewordene Frau nach einem Wohnungsbrand tot auf ihrem Bett liegend aufgefunden worden sein soll. Eine eindeutige Todesursache hat die Leichenöffnung noch nicht ergeben; aufgrund der Befunde kann lediglich gesagt werden, dass diese Frau im plötzlichen Herz-Kreislauf-Versagen gestorben sein muss. Das Fehlen von

sichtbaren Rußpartikeln in Speiseröhre, Luftwegen und Magen sowie der festgestellte Wert von 0 % CO-Hb [= Kohlenmonoxid Hämoglobin, Anm. S. H.] sprechen zwar eher für die Annahme, dass die Frau bei Ausbruch des Brandes bereits tot war; dieser Schluss ist jedoch nicht zwingend notwendig. Anhaltspunkte für einen plötzlichen Tod aus natürlicher Ursache haben sich aufgrund der Leichenöffnung nicht ergeben.«
Fazit: Einige Indizien lassen ein Verbrechen vermuten, aber es fehlt der zwingende Beweis.
Wenn es einen letzten Begleiter oder eine letzte Begleiterin der Frau oder gar beides gegeben hat, dann müsste Pauline ihn oder sie gekannt haben – es gibt nämlich keinen Hinweis darauf, dass jemand gewaltsam in die Wohnung eingedrungen ist. Will die Kripo Licht ins Dunkel bringen, muss sie zunächst die Lebensumstände der Frau aufhellen. Als erste Zeugin wird Eva Mohren befragt, die drei Jahre ältere Schwester der Toten. Zum Brand selber könne sie nichts sagen, berichtet die schockierte Grafikerin der Kripo. Pauline sei am Abend zuvor in der Kneipe »Knoten« bis gegen 1 Uhr gewesen. Wie ihre Schwester nach Hause gekommen sei, wisse sie nicht, vielleicht mit einem Bekannten oder einem Taxi. Zu den Lebensgewohnheiten ihrer Schwester sagt Eva Mohren aus: »Sie war etwa vier Jahre lang verheiratet und hat den Namen Sommer getragen. Seit einigen Jahren ist sie aber wieder geschieden und hat ihren Mädchennamen angenommen. Sie war starke Raucherin und trank auch Alkohol. Überall in der Wohnung hatte sie Kerzen und Rauchverzehrer stehen, um den Zigarettenqualm zu bekämpfen. Sie hat familiär keine Schwierigkeiten gehabt, allerdings hatte sie Probleme mit dem Alleinsein. Damit ist sie nicht fertig geworden, deshalb hat sie auch mehr getrunken, als gut für sie gewesen wäre. Ich kann aber nicht sagen, dass sie depressiv gewesen ist. Im Gegenteil. Sie hatte Zukunftspläne, wollte den Führerschein machen, in Urlaub fahren und so weiter. Einen Unfall kann ich mir nur so vor-

stellen, dass ein Zusammenhang mit dem Rauchen besteht. Ich habe keine Anhaltspunkte dafür, dass eine fremde Person damit in Zusammenhang zu bringen ist.«

Einen Tag nach dem Brand ist die Identität der Leiche zweifelsfrei geklärt: Der Zahnarzt von Pauline Nemours erkennt das Gebiss seiner Patientin. Aufgrund der Zeitungsberichte meldet sich auch ein Bekannter der Toten bei der Kripo und erzählt, er habe Pauline noch kurz vor dem Brand im »Knoten« getroffen. Sie sei »total betrunken« gewesen und habe alleine an der Theke gesessen. Gegen 23 Uhr habe er das Lokal verlassen. Sein Angebot, Pauline nach Hause zu fahren, habe sie abgelehnt.

Wenig später erreicht die Ermittler ein Anruf, der die »Brandsache Nemours« endgültig zu einem Kriminalfall werden lässt. Es ist der Zweigstellenleiter der Sparkasse im Stadtteil Pappelberg, der ebenfalls von dem Brand in der Zeitung gelesen hat. Hermann Bastrup erzählt einem Beamten, dass er von der Filiale Siegriedviertel schriftlich informiert worden sei, dass »in der Nacht zum 26.5. versucht wurde, mit der Scheckkarte einer Frau Nemours Geld aus einem Geldautomaten zu erlangen«. Eine halbe Stunde später verschafft sich ein Kommissar in der Sparkasse Gewissheit: Es hat insgesamt vier Versuche gegeben, Geld abzuheben, nämlich in unmittelbarer Folge von 3.18 Uhr bis 3.25 Uhr. Zu einer Auszahlung ist es nicht gekommen, weil jeweils eine falsche Geheimzahl eingegeben wurde.

Diese Erkenntnisse nähren den Verdacht, dass Pauline Opfer eines Gewaltverbrechens geworden sein könnte. Kurios ist allerdings, dass der Täter die Scheckkarte geraubt und einzusetzen versucht hat, ohne die Geheimnummer zu kennen. Wer tut so etwas Törichtes?

Zudem: Die Abhebungsversuche sind zweifelsohne etwa eine Stunde vor Ausbruch des Feuers erfolgt. Rätsel gibt den Fahndern der Umstand auf, dass die geraubte Scheckkarte am Tat-

ort gefunden werden konnte: in Paulines Brieftasche, die sich in ihrer Handtasche im Schlafzimmer befand. Die Brieftasche machte auf die Tatort-Spezialisten »keinen durchwühlten Eindruck«, doch befanden sich lediglich zwei Zehnpfennigmünzen darin. Demnach muss der Täter zum Geldautomaten gelaufen oder gefahren und anschließend zum Tatort zurückgekehrt sein. Als Pauline noch lebte? Oder schon tot war? Eigenartig. Wer verhält sich so? Und warum? Oder war Pauline vielleicht selber am Geldautomaten, hatte aber ihre Geheimnummer vergessen, weil sie zu viel getrunken hatte? Hat sie sich, als sie nach Hause kam, noch eine Zigarette angesteckt und ist dabei im Bett eingeschlafen? Vorstellbar. Aber woran ist sie so plötzlich gestorben, wenn es nicht durch den Brand war? Eine natürliche Todesursache hatten die Rechtsmediziner jedenfalls bislang nicht feststellen können.
Hermann Konzen, der Wirt des »Knoten«, wird befragt. Der 54-Jährige sagt den Ermittlern, dass Pauline das Lokal gegen 1.50 Uhr verlassen habe, allerdings nicht allein. Ein Mann habe sich angeboten, sie nach Hause zu bringen, die beiden seien die letzten Gäste gewesen. Konzen kennt Paulines Begleiter, der Mann gehört zur Stammkundschaft: Stefan Böttcher, 25 Jahre alt, verheiratet, kinderlos, von Beruf Werkzeugmacher. Eigentlich sei alles wie immer gewesen, berichtet Konzen den Ermittlern, er habe sich lediglich darüber gewundert, wie »aufgekratzt und ausgelassen« Pauline gewesen sei. Sonst habe die Frau »eher einen bedrückten, depressiven Eindruck gemacht«.
Böttcher zeigt sich wenig überrascht, als ihn zwei Beamte zu Hause abholen und ins Präsidium bringen – er habe »von der schrecklichen Sache schon gehört und damit gerechnet, dass die Polizei kommt und Fragen stellt«. Ja, er sei im »Knoten« gewesen, so ab 22.30 Uhr. Dort habe er Pauline getroffen und sich mit ihr eine ganze Zeit unterhalten, dabei auch eine Menge getrunken, »vielleicht 15 Glas Bier«. Ja, er habe Pauline

schon länger gekannt. Vor etwa vier Monaten habe er »auch schon mal mit ihr rumgeknutscht«. Er habe sie in der Nacht des Brandes nach Hause gebracht, sei auch mit in die Wohnung gegangen. Pauline habe »Sex aber abgelehnt«. Ja, er habe dennoch an ihr »herumgefummelt«, als sie eingeschlafen sei, habe sie auch ausgezogen. Seine Versuche, die Frau aufzuwecken, seien aber gescheitert. »Und dann war aber irgendwann Schluss für mich«, erklärt Böttcher den Fahndern grimmig. Er habe nach »vielleicht zwei Stunden« die Wohnung verlassen, sei noch eine Zeit in der Stadt herumgelaufen und erst gegen 5.30 Uhr nach Hause gekommen. Nein, er habe aus der Wohnung nichts mitgenommen, »auch keine Scheckkarte«. Nein, er sei auch nicht mit Paulines Scheckkarte am Geldautomaten gewesen. Und er habe auch kein Feuer in der Wohnung gelegt: »Warum denn auch? Nein!«

Eine Durchsuchung der Wohnung des Verdächtigen bringt keine neuen Erkenntnisse, insbesondere die von Böttcher in der Tatnacht getragene Kleidung ist unauffällig. Blutspuren sind augenscheinlich nicht zu erkennen und können auch bei späteren Untersuchungen nicht nachgewiesen werden. Die Ehefrau des Verdächtigen, Cindy Böttcher, wird ebenfalls vernommen. Die 24-jährige Verkäuferin findet es »überhaupt nicht ungewöhnlich«, dass ihr Mann erst am frühen Morgen nach Hause gekommen sei, das passiere »immer wieder mal, meistens freitags«. Da sie »auf Fragen keine Antwort bekommt«, habe sie es sich abgewöhnt, »dumme Fragen zu stellen«, so auch in diesem Fall. Die Ermittler beraten sich mit dem Staatsanwalt, der nach längerer Diskussion verfügt: »Ein dringender Tatverdacht kann gegen den Beschuldigten Böttcher beim derzeitigen Sachstand nicht begründet werden, von einem Haftbefehlsantrag wird Abstand genommen.« Böttcher verlässt das Präsidium als freier Mann.

Einige Tage später liegt dann das rechtsmedizinische Gutachten zum Versterben des Opfers vor. »Zur eigentlichen Todesursache der Frau Nemours kann lediglich eine Vermutung angestellt werden«, wird mitgeteilt. Die Mediziner halten eine »Intoxikation für möglich, die Zeichen des möglicherweise zentral bedingten Herz-Kreislauf-Versagens und die stark ausgeprägte wässrige Schwellung des Gehirns (Hirnödem) sprechen dafür«. Während die Todesursache weiterhin ungeklärt bleibt, besteht nach Auffassung des Gerichtsmediziners allerdings nunmehr kein Zweifel daran, dass Pauline bereits tot war, als die Brandeinwirkungen passierten.

Auch die Brandursache bleibt weiterhin mysteriös. Nach Auffassung von Experten des Landeskriminalamts Hannover lag der Ausgangspunkt des Feuers im Schlafzimmer. In dem dortigen Brandschutt konnten weder »Anhaftungen von brennbaren Flüssigkeiten« festgestellt werden noch ergaben sich »Hinweise für die Verwendung von Brandbeschleunigern«. Als wenig erhellend erweist sich auch das Ergebnis der Blutspurenanalyse am Brotmesser, das im Wohnzimmer der Wohnung gefunden wurde – es handelt sich zwar um menschliches Blut, aber die Menge ist zu gering, um die Blutgruppe bestimmen zu können. Wieder eine Sackgasse. Alle Bemühungen, den vermutlich gewaltsamen Tod von Pauline Nemours aufzuklären, bleiben auch in der Folgezeit fruchtlos. Nach sechs Monaten intensiver Ermittlungen wird das Verfahren schließlich durch die Staatsanwaltschaft eingestellt.

Am 19. November 1983 wird die Einsatzleitstelle der Braunschweiger Feuerwehr von einer Anruferin alarmiert: »Kommen Sie schnell! Aus der Wohnung unter mir kommt Rauch, da muss es brennen! Ich habe auch schon an der Wohnungstür geklopft. Aber es hat niemand aufgemacht.« Ein Löschzug rast zum Falkenweg 19 nach Gliesmarode, einem Außenbezirk der Stadt. Nachdem der Brand in der Wohnung im Parterre gelöscht ist, machen die Feuerwehrleute eine grausige Entdeckung: Auf dem Bett im Schafzimmer liegen zwei weibliche Leichen, unbekleidet. Allem Anschein nach handelt es sich um Elke Kozurek, 41, die Wohnungsmieterin, und ihre 13-jährige Tochter Heike. Beide Leichen sind stark verbrannt. Die wenig später eintreffenden Spezialisten der Kripo stellen fest, dass der Brand im Schlafzimmer ausgebrochen sein muss, der Brandherd befindet sich im Bereich des Doppelbettes, dem Fundort der Leichen. Allerdings ist die Ursache des Feuers nicht festzustellen.

Schon die erste Vernehmung eines Nachbarn bringt die Kriminalisten in Zugzwang. »Ich bin sehr schnell eingeschlafen und habe die Nacht über nichts gehört«, berichtet der 55-jährige Frührentner Horst Wolfersdorff, der in der zweiten Etage des Sechsfamilienhauses wohnt. »Gegen 5.30 Uhr, es kann auch fünf Minuten früher oder später gewesen sein, hörte ich im Halbschlaf Hilfeschreie, direkt darauf Laufgeräusche. Anschließend habe ich weitere Hilfeschreie gehört und dann wieder Laufgeräusche. Die Hilferufe kamen von einer weiblichen Person, die unter meinem Schlafzimmerfenster vorbeigelaufen ist. Dann hörte ich eine männliche Stimme, die rief: ›Komm! Komm!‹ Danach hörte ich nichts mehr.« Auch andere Mieter des Hauses, die sich zur Zeit des Brandes in ihren Wohnungen aufhielten, berichten den Kriminalisten von verdächtigen Wahrnehmungen.

Edeltraud Maler, 65, Rentnerin, die im Parterre neben den Kozureks wohnt, sagt aus: »Ich bin wach geworden, weil ich Schreie hörte. Zuerst war ich aber noch schlaftrunken und konnte nicht richtig lokalisieren, woher die Schreie kamen. Als ich aufgestanden bin, um eine Hustentablette zu nehmen, hörte ich aus der Wohnung nebenan hysterische Schreie, völlig hysterisch. Ich hörte auch Schritte. Dann war irgendwie Ruhe. Ich nahm meine Tablette und legte mich ins Bett. Richtig eingeschlafen bin ich nicht. Ich hörte dann, wie die Haustür aufging und jemand rauslief. Es hörte sich an wie das Klatschen von Füßen, als ob jemand barfuß läuft. Ich hörte, wie diese Schritte sich entfernten, und dann hörte ich draußen irgendwo einen Hilfeschrei. Kurze Zeit später hörte ich vor dem Haus ein Keuchen und Geräusche, als ob jemand zurück zum Haus kommt. Ich hörte, wie die Haustür ging, und meine auch, die Wohnungstür von Frau Kozurek gehört zu haben. Dann hörte ich nebenan ein Geräusch, als wenn etwas hinfällt. Es muss ein harter Gegenstand gewesen sein. Dann war Ruhe.«

Auch Manfred Schuster, ein 53-jähriger Buchhändler, der in der ersten Etage wohnt, berichtet von dem Geschehen vor dem Haus: »Ich war noch im Halbschlaf, als ich plötzlich Schreie hörte. Es waren die Schreie einer Frau. Für mich hörten sich die Schreie verzweifelt an, so, als ob eine Frau vergewaltigt würde. Die Frau schrie nur auf, ohne Worte zu formulieren. Die Schreie entfernten sich etwas von meiner Wohnung. Als sie etwas weiter entfernt war, schrie sie zum ersten Mal um Hilfe. Als ich vor dem Haus etwas später Schritte hörte, stand ich auf. Ich hörte auch noch ein anderes Geräusch, kann aber nicht sagen, was es war. Ich hatte den Eindruck, als würden Hosenträger, die herabhängen, aneinanderschleifen. Ich schaute aus dem Fenster. Auf dem Fußweg liefen ein Mann und eine Frau, die ich nur von hinten sehen konnte. Der Mann hatte seinen rechten Arm um den Hals der Frau gelegt, sodass seine Hand auf dem Mund der Frau lag. Die Frau ging gebückt neben dem Mann her. Sie sträubte sich wohl nicht gegen das Mitgehen, wohl aber dagegen, dass der Mann ihr den Mund zuhielt. Als mein dreijähriger Sohn wach wurde, bin ich zu ihm gegangen und habe mich um ihn gekümmert. Danach habe ich nichts Verdächtiges mehr gehört.«

Am späten Vormittag liegt das vorläufige Ergebnis der Obduktion vor: Elke Kozurek und ihre Tochter waren zweifelsfrei schon vor Ausbruch des Feuers tot. Sie wurden offenkundig ermordet, da bei beiden Opfern »punktförmige Einblutungen im Kehlkopfdeckelbereich« festgestellt werden konnten, die die Mediziner als »intravitale Zeichen für einen Erstickungsvorgang« interpretieren. Höchstwahrscheinlich

wurden Mutter und Tochter erwürgt oder erstickt. Obwohl die Leichen unbekleidet waren, können die Gerichtsmediziner keine Anzeichen für einen sexuellen Hintergrund der Tat finden.
Nachdem klar ist, dass man nach einem Doppelmörder sucht, der seine Spuren wahrscheinlich durch das Feuer beseitigen wollte, sind die Ermittler wie elektrisiert, als sie feststellen, dass zwei Etagen über der Wohnung der Kozureks ein »alter Bekannter« wohnt: Stefan Böttcher – jener Mann, der bereits anderthalb Jahre zuvor im Zusammenhang mit dem Tod von Pauline Nemours in Verdacht geraten war.
Um 10.55 Uhr sitzt Böttcher im Vernehmungsraum der Mordkommission und gibt bereitwillig Auskunft: *»Seit gut zwei Jahren wohne ich mit meiner Frau und meiner elf Monate alten Tochter im Haus Falkenweg 19. Ich kenne Frau Kozurek natürlich, sie wohnt mit ihrer Tochter schon länger hier. Sie ist Steuerberaterfachgehilfin. Zwischen Frau Kozurek und meiner Familie besteht so eine Art Nachbarschaftsfreundschaft. Frau Kozurek ist seit einigen Jahren geschieden. Gestern hatte meine Frau Geburtstag. Cindy hatte unter anderen Frau Kozurek, eine Freundin und meine Schwägerin eingeladen. Sie trafen sich erst bei uns. Als ich um 20 Uhr von der Arbeit nach Hause kam, waren alle noch da. Etwa zwei Stunden später sind die Frauen in eine Diskothek gegangen, das ›Checkpoint‹. Ich bin so ungefähr gegen 23.30 Uhr nachgekommen. Gegen 2.30 Uhr sind meine Frau, meine Schwägerin mit ihrem Mann und die Freundin meiner Frau nach Hause gefahren. Ich blieb mit Frau Kozurek alleine zurück. Ich hatte einfach noch keine Lust, nach Hause zu gehen. Bei Frau Kozurek war es ähnlich. Ich habe mich mit ihr unterhalten, gegen 4.45 Uhr sind wir aufgebrochen. Wir sind zur nächsten Taxihaltestelle gelaufen und haben uns von dort nach Hause fahren lassen. Frau Kozurek hat bezahlt. Danach haben wir uns verabschiedet, Frau Kozurek ist in ihre Wohnung gegangen und ich in meine. Von dem*

Brand habe ich durch meine Frau erfahren, als sie mich heute früh geweckt hat.«
Auf Nachfrage erklärt Böttcher, dass er »ein kameradschaftliches Verhältnis« zu Elke Kozurek gehabt habe, »kein intimes«. Er sei zwar »kein Kostverächter«, aber er habe die Freundschaft zwischen seiner Frau und Elke Kozurek »nicht gefährden« wollen. Die frischen Kratzspuren an seiner rechten Hand erklärt Böttcher mit einem Unfall auf der Baustelle, er sei am Tag zuvor »hingefallen, und zwar auf Granulat«. Dass er es vor einiger Zeit schon einmal bei ähnlicher Gelegenheit mit der Kripo zu tun bekommen habe, sei ihm »sehr ungelegen«, er habe dafür »keine Erklärung«.
Die Kriminalisten bewerten die Aussagen Böttchers als »eher unglaubwürdig«. Es sprechen einige Indizien gegen den 26-Jährigen: Er ist der letzte Begleiter des Opfers gewesen, Mutter und Tochter waren bereits tot, als das Feuer ausbrach, die frischen Kratzspuren an seiner rechten Hand, die ihm von Elke Kozurek oder ihrer Tochter beigebracht worden sein könnten, und nicht zuletzt die unübersehbaren Parallelen zum Fall Pauline Nemours. Der Staatsanwalt sieht einen »dringenden Tatverdacht«. Böttcher wird über seine Rechte als Beschuldigter belehrt und vorläufig festgenommen.
Sorgen bereitet den Ermittlern insbesondere die Beharrlichkeit Böttchers, der mittlerweile Erfahrung im Umgang mit der Kripo gesammelt hat. Und nach wie vor bleibt rätselhaft, aus welchem Motiv Böttcher die Opfer getötet haben könnte. Aus der Wohnung von Elke Kozurek wurde nichts geraubt, es gibt keine Spuren, die auf ein Sexualverbrechen deuten. Vielleicht handelt es sich um eine Beziehungstat? Hatten Böttcher und Elke Kozurek doch ein Verhältnis? Kam es zwischen beiden darüber zu einem Streit? Aber warum wurden dann Mutter *und* Tochter getötet?
Die Ermittler vermuten eine Beziehung zwischen Elke Kozurek und Stefan Böttcher und dass jemand von einer Liaison

zwischen Opfer und Täter gewusst haben muss. Während Böttcher in Untersuchungshaft sitzt, vernimmt die Kripo eine Reihe von Zeugen, von denen sich die Ermittler neue Erkenntnisse versprechen, insbesondere Aussagen zu den näheren Lebensumständen der Opfer, vor allem aber zu einer etwaigen Beziehung zwischen Elke Kozurek und Stefan Böttcher.

Ulrike Süllhöfer, 29, Hausfrau: »Ich war Elkes beste Freundin. Sie hat in geordneten Verhältnissen gelebt. Sie hatte wohl vor zwei bis drei Wochen ein Verhältnis mit einem Gerd, der jetzt ins Gefängnis muss. Von ihrem Ehemann ist sie schon seit sieben Jahren geschieden. In den letzten zwei Jahren hat der Ex-Mann, der Sebastian, aber bei Elke gewohnt. Er ist erst seit etwa acht Wochen weg. Zu Elke kann ich noch sagen, dass sie extrem mondsüchtig war. Sie ging eigentlich nie aus, aber bei Vollmond hat sie immer viel Alkohol getrunken und ging auch unter Leute. Sonst trank sie so gut wie nichts. Von einem Verhältnis mit dem Stefan Böttcher weiß ich nichts. Das hätte sie mir bestimmt erzählt.«

Katharina Weiss, 35, Reiseleiterin: »Die Elke kenne ich schon seit fast 20 Jahren. Wir waren eng miteinander befreundet. Die Elke hat ihre Probleme immer mit mir besprochen. Insbesondere in der Zeit, wo Elke geschieden wurde. Einer der Hauptgründe dafür war, dass der Sebastian immer fremdgegangen ist. Ich glaube nicht, dass sie ein Verhältnis mit Stefan Böttcher hatte. Das hätte die Elke mir erzählt. Ich weiß, dass sie mal Männerfreundschaften hatte. Das war aber meines Wissens eher platonisch. Die Elke hat mir eigentlich immer von ihren Freundschaften erzählt. Sie hat mir auch von intimen Dingen erzählt. Deshalb würde ich wissen, wenn da etwas mit dem Mann aus dem Haus gewesen wäre.«

Cornelia Brandt, 33, Hilfssachbearbeiterin: »Ich kannte Elke sehr gut. Wir haben in all den Jahren viel unternommen. Sie hatte sicherlich auch einige Männerbekanntschaften. Davon hat sie mir auch immer erzählt. Aber so oft passierte das nicht.

Ich meine, dass Elke mir davon erzählt hätte, wenn mit dem Stefan Böttcher etwas gewesen wäre. Von anderen Verhältnissen hatte sie mir ja auch erzählt. Wenn die Elke mal einen Mann mit nach Hause brachte, dann nur, wenn die Heike nicht zu Hause war. Die Elke war sicherlich Alkohol gewöhnt, regelmäßig getrunken hat sie aber nicht. In den letzten Jahren hat sie ihren Alkoholkonsum auch stark reduziert.«

Cindy Böttcher, die Ehefrau des Verdächtigen, die von ihrem Zeugnisverweigerungsrecht keinen Gebrauch macht, gibt schließlich zu den Ereignissen in der Nacht ihres Geburtstags zu Protokoll: »Ich war mit Elke sehr gut bekannt, man kann sagen, befreundet. Zum heutigen Morgen kann ich sagen: Ich halte es durchaus für möglich, das mein Mann entgegen seinen Angaben doch mit in die Wohnung der Elke gegangen ist, als die beiden nach Hause kamen. In der Vergangenheit haben die beiden mehrfach in der Wohnung von Elke zum Beispiel Karten gespielt, während ich bereits im Bett war. Umgekehrt ist es auch so gewesen, dass beide bei uns allein in der Wohnung waren. Es bestand eine recht enge Freundschaft. Ich bin allerdings überzeugt, dass sexuell zwischen den beiden nichts war. Da bin ich mir sicher. Wenn ich diese Vermutung hätte, würde ich das auch sagen. Elke war keine Konkurrentin.«

Das Ergebnis der Vernehmungen zu Elke Kozurek und der vermuteten Beziehung zum Hauptverdächtigen ist erstaunlich – alle Befragten antworten so konform, als hätten sie sich vorher abgesprochen: kein Verhältnis, keine Liebelei, kein Zweifel. Und somit auch kein Motiv für Böttcher?

Es ist 20.15 Uhr, als die Ermittler Böttcher ein zweites Mal vernehmen wollen. Die Kriminalisten erwarten heftigen Widerstand und ein Verhör, das über etliche Stunden gehen wird und allen Beteiligten alles abverlangt. Doch es kommt alles ganz anders. *»Bringen wir es hinter uns«*, beginnt Böttcher sein überraschendes Geständnis, ohne dass auch nur eine Frage gestellt worden ist. *»Ich habe heute Morgen bei meiner ersten*

Vernehmung bis zu dem Punkt die Wahrheit gesagt, wo ich aussagte, dass ich die Elke an ihrer Wohnungstür verlassen habe. Ich will jetzt sagen, was dann geschehen ist.
Ich habe mit Elke eine Beziehung gehabt. Ich kann überhaupt sagen, dass das Verhältnis zu Elke aus sexueller Sicht interessanter war als das mit meiner Frau. Darin lag der Reiz dieser Beziehung. Nach dem Diskothekenbesuch bin ich mit in ihre Wohnung gegangen. Wir haben miteinander geschlafen. Als ich gehen wollte, war Elke dagegen. Sie forderte mich auf, endlich meiner Frau zu sagen, dass wir beide ein Liebesverhältnis hatten. Ich sollte bei ihr bleiben. Ich wollte aber nicht, und es kam zu einem kurzen Streitgespräch. Ich bin zwar kein vorbildlicher Ehemann gewesen, bin auch früher hin und wieder fremdgegangen, aber für mich war gerade in der letzten Zeit klar, dass ich an meiner Ehe festhalten wollte, auch wegen des Kindes. Ich hatte der Elke zu Beginn unseres Verhältnisses klar gesagt, dass damit meine Ehe nicht gefährdet werden dürfte. Sie hat das auch so hingenommen, sodass ich davon ausgegangen bin, dass sie keine weiteren Absichten hätte. Als Elke mir dann sagte, dass sie zu meiner Frau hochgehen würde, um ihr alles über uns zu sagen, habe ich sie gewürgt, und zwar so lange, bis sie leblos war. Ich sah meine Existenz zusammenbrechen und musste die Frau umbringen. Meine Frau sollte einfach nichts von der Beziehung zu Elke erfahren. Ich habe ihr mit meiner rechten Hand den Kehlkopf so lange zugehalten, bis sie in sich zusammenfiel, man merkte richtig, dass der Körper schlaff wurde.
Als ich das Schlafzimmer verließ, um mich anzuziehen, kam die Heike plötzlich aus ihrem Zimmer. Sie ging ins Schlafzimmer ihrer Mutter und sah sie dort liegen. Sie drehte sich um, sagte nichts. Ich ging auf sie zu. Sie stieß mit beiden Händen gegen meinen Oberkörper und ging an mir vorbei aus der Wohnung raus. Ich lief hinter ihr her. Ich war nackt. Kurz vor der nächsten Häuserreihe habe ich sie eingeholt und zurück in

die Wohnung geschleppt. Dort fing sie an, mich zu kratzen. Ich habe sie im Schlafzimmer neben dem Bett hingeworfen, mich mit den Knien auf ihre Oberarme gehockt und so lange gewürgt, bis auch sie zusammengesackt ist. Danach habe ich Heike aufs Bett gelegt, eine Kerze angezündet und so auf das Bett gestellt, dass die Zudecke anfangen musste zu brennen.«

Zu seinem zweiten Geständnis reichte nur noch eine kurze Frage: »Und bei Pauline Nemours?«

»Im Prinzip ist es das Gleiche gewesen. Bloß, dass ich da versucht habe, mit der Scheckkarte Geld abzuheben. Die Sache war so: Wir hatten im ›Knoten‹ ein paarmal getanzt und uns gut unterhalten, sodass ich mir Hoffnungen machte, mit ihr schlafen zu können. Die Pauline kannte ich ja aus dieser Kneipe, sie hat immer viel Alkohol getrunken und war meistens voll. Ich hatte auch gehört, dass andere mit ihr sexuell etwas gehabt hatten. Von daher habe ich mich an sie herangemacht. Sie war an diesem Abend auch erheblich alkoholisiert. Später hat sie mich mit in ihre Wohnung genommen. Als ich dort versucht habe, sie zu befummeln und sie auch langsam ausgezogen habe, sträubte sie sich und fing an, mit den Fäusten auf mich einzutrommeln. Da habe ich sie auch so an der Kehle gepackt und zugedrückt. Als sie tot war, habe ich aus der Handtasche das Scheckbuch rausragen sehen. Ich habe mir gedacht, wo ein Scheckbuch ist, muss auch eine Scheckkarte sein. Das mit dem Geldabheben hat aber nicht geklappt, weil ich dachte, man müsste einfach die Karte in den Automaten schieben und einen Geldbetrag eintippen. Erst als ich die Karte einschob, stand da, dass man eine Geheimzahl eintippen muss. Trotzdem habe ich mehrmals versucht, Geld abzuheben. Als ich vom Geldautomaten zurückkam, habe ich die Bude in Brand gesteckt, um meine Spuren zu verwischen. Ich habe bei der Pauline kein anderes Motiv gehabt, als die Angst, dass sie mich anzeigen und meine Frau davon erfahren würde.«

In der Regel begegnen sich Opfer und Täter bei Serienmorden erstmalig. Fremder tötet Fremden. In etwas mehr als 20 Prozent der Fälle sind die Verhältnisse jedoch anders: Die Opfer kennen die Menschen, die ihre Mörder werden, und ahnen nicht, dass sie für den Täter eine Bedrohung oder Belastung darstellen oder ihr Tod profitabel erscheint. Die Opfer sind in diesen Fällen mehrheitlich weiblich (55 Prozent), das Durchschnittsalter liegt bei etwa 37 Jahren. In acht von zehn Fällen ereignet sich die Tat in der Wohnung des Opfers, wie bei Pauline Nemours, Elke Kozurek und ihrer Tochter Heike. Die häufigsten Beziehungsformen zwischen Täter und Opfer sind Verwandtschaft (42 Prozent), Bekanntschaft (30 Prozent) und eine Verbindung durch eine berufliche Tätigkeit (17 Prozent). In mehr als der Hälfte der Fälle erfolgt die Tötung der Opfer durch Erdrosseln, Ersticken, Erwürgen oder Erstechen – allesamt Tötungsarten, die man gemeinhin als »persönlich« bezeichnet, weil sie einen unmittelbaren Körperkontakt zwischen Täter und Opfer erforderlich machen.
Die mit Abstand häufigste Konstellation bei Mord und Totschlag im Allgemeinen ist die Tötung des Intimpartners. Dabei töten mehrheitlich Männer ihre Frauen, weil diese eine Trennung anstreben. Häufig verlaufen solche Taten nach den Mustern der Geschlechterrollen, beinahe wie nach einem Drehbuch, das die dunkle und abgründige Seite des Lebens beschreibt: Der Mann empfindet das Trennungsverlangen seiner Frau in erster Linie als Verlust von Kontrolle und Autorität, er fühlt sich zunächst machtlos, dann ohnmächtig. Diese neue Lebenserfahrung überfordert besonders dominante Männer, die erst verbal einfordern, was das spätere Opfer nicht geben oder leisten kann und will, die schließlich mehr und mehr die Beherrschung verlieren – bis der Konflikt eskaliert und in eine Tötungshandlung mündet.
Auch bei Serienmorden sind solche Motive zu beobachten, allerdings in nur sechs Prozent der Fälle. Überwiegend sind die

Täter hier jedoch Frauen, die die Beziehungen zu ihren Partnern gewaltsam beenden, etwa, weil der Partner einer anderen Beziehung im Wege steht.

Ein besonders gravierender Fall ereignete sich in den 60er und 70er Jahren des 20. Jahrhunderts in Kempen, einem beschaulichen Städtchen am Niederrhein. Die Serienmörderin Mechthild Drosdowski wurde erst 19 Jahre nach dem ersten ihrer heimtückischen Morde überführt, als sie bereits 66 Jahre alt war und fünf Menschen vergiftet hatte: den Vater, die Tante, zwei Ehemänner, den Lebensgefährten.

Mechthild Drosdowski bedeuteten ihre Beziehungen lediglich wirtschaftliche Sicherheit und Stabilität. Für sie zählte nicht das Gefühl, nur das Kalkül. Schon ihre erste Ehe war ein reines Zweckbündnis: *»Es war keine Liebesheirat, zumindest nicht von meiner Seite aus. Ich wollte versorgt sein und ein richtiges Familienleben führen.«* Auch spätere Eheschließungen und Partnerschaften wurden dominiert von ihrem materiellen Zweckdenken. So rechtfertigte sie die Beziehung zu ihrem ermordeten Lebensgefährten lapidar mit nur einem Satz: *»Die Verbindung war von meiner Seite ja nicht gefühlsmäßig zustande gekommen, sondern ich hatte lediglich einen männlichen Begleiter gesucht.«* Ihr menschenverachtendes, jede Gefühlsregung unterdrückendes Kalkül hatte sie in familiären Kampfsituationen und Krisen nicht unterliegen lassen wollen. Sie war nicht willens, wahrscheinlich sogar unfähig, Kompromisse einzugehen. Und wenn jemand zu unbequem erschien, griff sie kurzerhand zur Giftflasche: *»Die sind mir lästig geworden, ich wollte doch endlich meine Ruhe haben.«*

Das Opfer führt in solchen Beziehungsdramen – im Gegensatz zu allen anderen Erscheinungsformen der Serientötung – so lange die Regie, bis der Täter sich vom Stigma der Rolle des Unterdrückten löst und losschlägt, urplötzlich, häufig aus nichtigem Anlass.

So radikal reagierte auch der Gelegenheitsarbeiter Uwe Rabe, als er 1997 und 1998 in Erfurt drei Menschen förmlich niedermetzelte, die ihm zeitlebens vertraut gewesen waren. Sein erstes Opfer war Klaus Rabe, 62, Uwe Rabes eigener Vater.

»Das Verhältnis zu meinem Vater war nüchtern und trocken, das war mehr ein Notzuhause. Bei ihm hatte ich eigentlich nicht viel zu melden (…). An diesem Morgen kam ich vom Einkaufen in unsere Wohnung zurück. Mein Vater verließ gerade die Küche und hat mich nicht bemerkt. Deshalb ist er wohl so erschrocken gewesen. Er hat mir heftige Vorhaltungen gemacht, warum ich mich so in die Wohnung schleichen würde. Diese Vorwürfe waren sehr hart und ungewöhnlich für mich. Mein Vater hatte dabei auch die Hand erhoben. Aus seiner ganzen Haltung entnahm ich, dass er mich schlagen wollte. Unmittelbar darauf ging mein Vater in die Küche. Er hatte sich offensichtlich wieder beruhigt, aber in mir war eine unheimliche Spannung entstanden.

Ich wusste, dass in unserer Küche ein Beil liegt, das mein Vater benutzt, um Holz klein zu machen zum Feuern. Ich ging zielgerichtet in die Küche, nahm das Beil und schlug sofort auf meinen Vater ein. Ich habe das Beil mit beiden Händen hoch erhoben und habe auf die linke Seite seines Kopfes geschlagen, und zwar mit der Schneide. Ich war dabei unwahrscheinlich aufgeregt. In dieser Phase der Erregung habe ich unwahrscheinliche Kräfte entwickelt und deshalb mit voller Wucht zugeschlagen. Beim ersten Schlag fiel mein Vater zu Boden, und als er am Boden lag, habe ich bestimmt noch drei Mal zugeschlagen. Als mein Vater regungslos am Boden lag, bin ich unmittelbar danach in die Wohnstube gegangen, um den Nymphensittich meines Vaters ebenfalls zu töten. Der saß auf der Stuhllehne. Ich nahm ihn und drehte ihm den Hals um und warf ihn in den Kohleeimer. Ich war total aufgeregt. Den Vogel habe ich getötet, weil der das Lieblingstier meines Vaters war.«

Uwes Rabes zweites Opfer wurde Helene Walther, 83, seine Nachbarin.

»Es war Ende März, als ich keine richtige Unterkunft hatte. Zu dieser Zeit habe ich mich auch mehrfach in unserer ehemaligen Wohnung aufgehalten [der Vater galt zu dieser Zeit noch als vermisst, sein Leichnam war von Rabe bereits aus der Wohnung geschafft und vergraben worden, Anm. S. H.], *dort auch genächtigt. Am 1. April habe ich mich auch dort aufgehalten und bin am späten Nachmittag heruntergegangen, ich wollte spazieren gehen. Plötzlich kam die im Erdgeschoss wohnende Nachbarin aus ihrer Wohnungstür und stellte mich zur Rede. Sie sagte sinngemäß, dass es so nicht ginge, dass ich mich nicht einfach in dem Haus aufhalten könne, wo doch gebaut würde.*

Ich habe die Frau Walther nie besonders gemocht. Sie war in ihrer Art so kratzbürstig. Ich kenne die Frau von klein auf. Ich bin ja in dem Haus groß geworden, und so lange hat die Frau dort auch gewohnt. Sie war immer so unsensibel und hat über viele Kleinigkeiten geschimpft und sich aufgeregt, wie das eigentlich nicht üblich ist. Ich muss dazu auch noch sagen, dass ich mich immer gefragt habe, warum die Frau überhaupt noch lebt, mir kam das wie ein Witz vor. Die Frau war alt, und sie konnte eigentlich nur noch die notwendigsten Sachen allein bewältigen. Dann war da noch das ganze Problem mit der Haussanierung, und Frau Walther war die Einzige, die noch im Haus wohnte, und sie hatte auch keine Chance, alleine aus der Wohnung rauszukommen. Und soweit ich weiß, hatte sie auch keine Unterstützung durch andere Leute. Frau Walther hatte keine Verwandten, als Bezugsperson gab es nur die Frau Römer aus dem Nachbarhaus. Frau Walther war sehr einsam.

Wegen der Auseinandersetzung mit Frau Walther war ich sehr verärgert. Ich bin zur Haustür raus, und Frau Walther hat hinter mir zugeschlossen. Durch diese Sache hatte ich richtig Wut auf sie bekommen, und ich habe mir kurze Zeit später mit

meinem Hausschlüssel, den ich dabeihatte, die Haustür wieder aufgeschlossen und mich reingeschlichen. Ich wollte die Frau Walther schon zu diesem Zeitpunkt umbringen.
Ihre Wohnungstür, also erst mal die Eisentür, die davor ist, habe ich mit einer Zange geöffnet, die ich dabeihatte. So habe ich mich in die Wohnung reingeschlichen. Ich habe mich dort eine gewisse Zeit versteckt und habe Frau Walther beobachtet. Sie hat sich im Wohnzimmer aufgehalten. In einem für mich günstigen Augenblick nahm ich eine volle Mineralwasserflasche, die auf dem Boden neben einem Kasten stand, und habe einfach auf den Hinterkopf der Frau geschlagen. Die Flasche zersplitterte dabei. Die Frau fiel nach dem Schlag sofort zu Boden. Um sicherzugehen, dass sie auch tot ist, habe ich ein Elektrokabel genommen, ihr um den Hals gelegt und sie erdrosselt. Ich habe mit aller Kraft zugezogen. Das tat mir sogar an den Händen weh, so kräftig habe ich zugezogen. Meine Reaktion danach war, dass mir Frau Walther nicht mehr lästig sein konnte.«
Jeder Mensch, der Uwe Rabe nervte, ihm zu nahe kam oder dessen er überdrüssig wurde, schwebte fortan in akuter Lebensgefahr. So fühlte er sich auch »gelöst«, nachdem er nur drei Wochen nach dem Mord an Helene Walther einem Taxifahrer sein Bowie-Messer »in den Kopf reingedonnert« hatte. Der Grund: ein Streit um die Bezahlung, wie er jeden Tag in Deutschland Hunderte Male passiert. Rabes lapidare Begründung: *»Das war unumgänglich und zeitgemäß. Es ist heute leider eine traurige Angelegenheit, wie man in der Zeitung, Fernsehen oder Rundfunk sieht, dass Meinungsverschiedenheiten auf diese Weise gelöst werden: du oder ich!«*
Bei den meisten seriellen Beziehungsmorden werden indes keine persönlichen Konflikte ausgetragen, die Täter treibt die nackte Habgier (rund 33 Prozent), und sie nutzen dafür ihr Insiderwissen, das sie in verwandtschaftlichen, persönlichen oder beruflichen Beziehungen erworben haben. Die Täter

kennen ihre Opfer, überwiegend Frauen und Männer im höheren Lebensalter – und umgekehrt.

Im November 2001 sitzt Manfred Schuster auf der Anklagebank des Bremer Landgerichts. Dem 130 Kilogramm schweren Mann bricht bei seinen Mordschilderungen immer wieder die Stimme, sein Gesicht wird hochrot, er weint, wenn er beschreiben soll, wie er zu Anfang Juni des Jahres in Bremerhaven fünf pflegebedürftige Frauen erstickt und beraubt hatte – binnen anderthalb Wochen. Zudem muss er sich wegen eines Mordversuchs an einem sechsten Opfer verantworten. Die 83-jährige Gudrun Stöckl erzählt mit sichtbarer Fassungslosigkeit vor Gericht, dass sie den Altenpfleger zunächst als »sehr höflichen« Menschen kennengelernt habe. Bei dem Überfall auf sie sei er aber plötzlich »ein ganz anderer Mensch« gewesen. Sie habe dem 32-Jährigen, als abzusehen war, was er beabsichtigte, noch vorgeschlagen: »Jungchen, nimm das Geld und geh. Das bleibt unter uns.« Schuster habe aber nicht von ihr abgelassen und ihr Gesicht so lange ins Bett gedrückt, bis sie bewusstlos geworden sei. Der 1,90-Meter-Hüne brach seinem Opfer dabei drei Rippen und das Brustbein. In dem Glauben, die ältere Dame »sicher getötet« zu haben, durchwühlte er anschließend ihre Wohnung, raubte 3.400 Mark und verschwand. Noch am Abend desselben Tages fasste ihn die Kripo.

»Es ist schändlich und absolut verwerflich, was ich getan habe«, gibt der fünffache Mörder sich scheinbar reumütig. Dem Gericht schildert er, wie er die Rentnerinnen, die ihn allesamt aus seiner pflegerischen Arbeit kannten, in ihren Wohnungen besucht, mit ihnen zunächst geplaudert hatte und dann urplötzlich über sie hergefallen war, »als es passte«. Schuster kam immer ungebeten und unangemeldet, hatte aber stets eine plausible Erklärung für seine Stippvisite, so auch bei seinem ersten Opfer: *»Ich habe ihr vorgegaukelt, das Hausnotwarn-*

gerät sei kaputt. Das hat sie geglaubt.« Bei seinen Taten hatte er stets einen Tennissocken dabei, den er sich über die Hand streifte, um den Opfern den Mund zu verschließen – und sie mit einem Kopfkissen qualvoll zu ersticken.

Das Tatmotiv: pure Habgier. Schuster selbst nannte es »eine Zwangslage«. Der ehemalige stellvertretende Pflegedienstleiter des Arbeiter-Samariter-Bundes in Bremerhaven – ihm war wegen Unterschlagung mehrerer Tausend Mark gekündigt worden – hatte hohe Schulden. Die Beziehung zu einer Prostituierten soll, wie er selbst behauptete, seine ohnehin schon prekäre Lebenssituation noch verschlimmert haben: *»Sie hat immer mehr Geld von mir verlangt und mich weiter unter Druck gesetzt.«* Schuster will sich zudem vor den »harten Methoden« ihres Zuhälters »gefürchtet« und es schließlich mit der Angst zu tun bekommen haben – und begann nun, seine kaltblütigen Morde zu planen. Es sollte unbedingt ältere Frauen treffen, aber nicht irgendwen und irgendwo, sondern ehemalige Patientinnen, die ihn kannten, die ihm vertrauten, die ihm Zutritt in ihre Wohnungen gewähren würden, die leicht zu überwältigen wären, die keinen ernsthaften Widerstand leisten würden. Und genauso kam es. Das einstige Pflegeverhältnis zu Schuster prädestinierte die Rentnerinnen dabei als seine Opfer.

Erstaunlicherweise zählen die Opfer bei seriellen Beziehungsmorden aus Habgier eher zu den sozial Schwächeren unserer Gesellschaft. So auch im Fall des zur Tatzeit gerade einmal 20 Jahre alten Schreinergesellen Hans-Jörg Battenfeld. Am 11. Dezember 2000 verkündete das Landgericht Koblenz das Urteil: »Im Namen des Volkes: Der Angeklagte wird wegen Mordes in drei Fällen zu zehn Jahren Haft verurteilt.«[6] Mit

6 Battenfeld wurde nach dem Jugendstrafrecht verurteilt, weil er zur Tatzeit noch »Heranwachsender« im Sinne des Gesetzes war. In solchen Fällen beträgt die höchstmögliche Strafe zehn Jahre Freiheitsentzug.

diesem Satz begann der letzte Tag im Prozess um die »Heyerberg-Morde«, benannt nach der Gemarkung, in der die Opfer gefunden worden waren. Das Gericht befand den inzwischen 21-jährigen Familienvater damit für schuldig, um die Jahreswende 1999/2000 drei Männer aus Habgier ermordet zu haben, die selbst nur wenig besessen und ausnahmslos von staatlichen Zuwendungen gelebt hatten: Rente, Arbeitslosengeld, Sozialhilfe.

Battenfelds erstes Opfer war der 46-jährige Willi Rosenbaum, mit dem er schon seit längerer Zeit befreundet war und den er unter einem Vorwand auf das Gelände hinter einem Bordell im Koblenzer Industriegebiet lockte. Während das vollkommen arglose Opfer urinierte, zertrümmerte Battenfeld ihm mit einem Rohr hinterrücks den Schädel. Dieselbe Handschrift trugen auch die Morde an Josef Blum, 48, und dem 63-jährigen Karl-Heinz Achten: Battenfeld lockte seine Opfer von zu Hause weg, erschlug sie von hinten und beraubte sie. Er ging bei seinen Verbrechen immer nach dem gleichen Muster vor: Er missbrauchte das Vertrauen der Männer, die ihn zu kennen glaubten, die ihm vertrauten und die genau aus diesem Grund die tödliche Falle nicht erkannten.

In seltenen Fällen steht für den Täter der Entschluss zu einem Mord bereits fest, obwohl er noch gar kein ihm bekanntes Opfer hat – eine Beziehung muss erst angebahnt werden, damit der Täter sein verbrecherisches Vorhaben verwirklichen kann: In den Jahren 1968/69 verschwanden in Reinbek, einem knapp 25.000 Einwohner zählenden Vorort von Hamburg, vier Frauen im Alter von 20 bis 76 Jahren spurlos. Alle waren mit dem charismatischen Astrologen Arwed Imiela liiert oder näher bekannt gewesen. Die Kripo wurde auf das mysteriöse Verschwinden der Frauen erst aufmerksam, nachdem ein Angestellter der Kreissparkasse in Celle sich geweigert hatte, das Wertpapierdepot einer Frau, die Imielas letztes Opfer war, auf seinen Wunsch an eine andere Bank zu übertragen. Dem wachsamen Bankangestellten kam der Verdacht, die Frau »könnte verschwunden sein«, und meldete dies der Polizei. Die Fahnder stießen bei ihren Ermittlungen im Dunstkreis des 40-Jährigen dann auf drei weitere, angeblich »vermisste« Frauen. Leichenteile von zwei der Frauen entdeckten die Ermittler schließlich auf einem Jagdgelände, dessen Pächter Imiela war. Die Frauen waren erschossen worden. Die Leichen der beiden anderen Frauen blieben unauffindbar – bis heute. Doch in Wohnung und Ferienhaus von Imiela stieß man auf Gegenstände, die zweifelsfrei aus dem Besitz der Opfer stammten und diesen zugeordnet werden konnten: Geld, Pelze, Möbel, Kleidung, Schmuck, Autos. Und was sich nicht bei ihm fand, das hatte er verschenkt, verkauft, vernichtet oder eingelagert. Der »Blaubart von Reinbek«, wie Imiela von der Presse betitelt wurde, war nach Auffassung des Gerichts äußerst raffiniert vorgegangen, hatte sich ausschließlich alleinstehende, betuchte Damen als Opfer ausgesucht, sie in ein Netz von Lügen und Intrigen regelrecht eingesponnen, bevor er die vier Frauen heimtückisch ermordete und sich ihr Vermögen einverleibte.

Ähnlich abgebrüht und kaltblütig agierte mindestens 13 Jahre lang die ehemalige Prostituierte und Bordellbetreiberin Monika Schüller aus der niedersächsischen Gemeinde Bodenfelde, Landkreis Northeim – bis zum 27. August 2007, als ihr »Spezi« Franz-Walter Bodden, 53, auf der Polizeiwache erschien und den Dorfpolizisten mit mehreren Mordgeständnissen konfrontierte, die sich zunächst kaum glaublich anhörten: »Ich habe drei ältere Männer umgebracht, im Auftrag von Monika. Das ganze Geld, der ganze Scheiß hat sie verrückt gemacht.« Anderthalb Monate später gestand der Gelegenheitsarbeiter, der in eine psychische Abhängigkeit zu seiner Vermieterin und Auftraggeberin geraten war, noch einen vierten Mord. Das Besondere dabei: Drei der eingeräumten Taten waren der Kripo bis dahin gar nicht als Tötungsdelikte be-

kannt gewesen, zwei der Opfer waren nicht einmal vermisst gemeldet worden.
Die zum Zeitpunkt ihrer Verhaftung 68-jährige Schüller wohnte seit 1988 in Bodenfelde. Zurückgezogen lebte sie dort in einem Hinterhaus, nahm am Leben in der Gemeinde kaum teil, sie fiel lediglich dadurch auf, dass in regelmäßigen Abständen die Polizei vor ihrer Tür stand, da es immer mal wieder Streit mit den Nachbarn gab. Dass die Frau, die morgens beim Bäcker im rosa Pelzmantel aufkreuzte und ein teures BMW-Cabrio fuhr, vermögend war, sahen und wussten alle. Und viele ahnten auch, woher das Geld kam: Immer wieder wurde Schüller mit älteren Männern gesehen, augenscheinlich wohlhabend, die sie auch regelmäßig besuchten – aber irgendwann nicht mehr gesehen wurden.
Ihre späteren Opfer lernte die »Schwarze Witwe«, die fünfmal verheiratet war, meistens über Kontaktanzeigen kennen. Entweder suchte sie nach »älteren, pflegebedürftigen Herren zwecks Altenpflege« oder antwortete auf Altmännerbegehren wie »Alleskönner sucht Ferienaufenthalt«. Das Profil der Männer, die sie anlocken, finanziell ausnehmen und notfalls umbringen lassen wollte, war immer dasselbe: Rentner, vermögend, eine Lebensgefährtin suchend, alleinstehend – Menschen, um die sich niemand mehr kümmert und die niemand vermisst, wenn sie mal nicht mehr da sind.
Viermal erteilte sie Bodden, der in einer heruntergekommenen Gartenlaube hauste, den Auftrag, einen ihrer Möchtegernlebensgefährten, der lästig oder unbequem geworden war oder sich als »zu zäh« erwiesen hatte, umzubringen. Und vier Mal führte der den »Befehl« auch aus, konsequent, ohne Fragen zu stellen: am 25. Juni 1994, als er den 74-jährigen Guntram Hesse auf einem Parkplatz der Autobahn 7 bei Lutterberg im Kreis Göttingen erdrosselte und anschließend mit Teppichresten verbrannte; im September desselben Jahres, als er den Rentner Johann Brunner, 84, in dessen Haus im hessischen Melsungen

erstickte; am 23. April 1995, als er den 81-jährigen Paul Gerhards, einen ehemaligen Unternehmer aus Zweibrücken, in das leer stehende Haus des letzten Opfers lockte und mit einer Plastiktüte erstickte; und am 13. Juli 2000, als er Wilhelm Voss, 71, in seinem Haus in Völksen bei Hannover tötete – wieder mit einer Plastiktüte. Die Moral dieses außergewöhnlichen Falls, der gewiss seinen festen Platz in der deutschen Kriminalgeschichte finden wird, formulierte der Bürgermeister von Bodenfelde so: »Man kann in niemanden hineinschauen und muss heutzutage mit allem rechnen.«

Neben den bereits beschriebenen Erscheinungsformen des mehrfachen Beziehungsmordes existiert eine Fallgattung, bei der die Zeitdauer des Täter-Opfer-Verhältnisses immer gleich ist: ziemlich genau neun Monate. Die Tötung von Neugeborenen ist nicht nur besonders verwerflich, sondern erscheint uns auch vollkommen unverständlich. Die Vorstellung, dass auch Mütter hochgefährlich sein können, widerspricht unserem Lebensinteresse, unserer Lebenserfahrung. Und das macht es doppelt schwer, Erklärungen und Einsichten gelten zu lassen, denn wer so etwas tut, wer sich an den eigenen Babys vergreift, der gehört nach Ansicht vieler Menschen nicht in diese Welt, der soll verdammt sein, den soll der Teufel holen.
Im Fachjargon bezeichnet man die Tötung des eigenen Kindes innerhalb der ersten 24 Stunden nach der Geburt als »Neonatizid«. Mindestens 33 Babys sind nach Ende des Zweiten Weltkriegs in Westdeutschland ausschließlich von ihren Müttern als Serientäterinnen erstickt, erwürgt oder erdrosselt worden – oder blieben nach der Geburt sich selbst überlassen, bis der Tod eintrat. Diese schauderhaften Verbrechen werden Untersuchungen zufolge meist von Frauen begangen, bei denen eine erhebliche Persönlichkeitsproblematik besteht, etwa fehlende Reife oder mangelnde Bewältigungsmechanismen. Die Schwangerschaft wird geheim gehalten, aber auch vor sich

selbst geleugnet. Die Mütter sind unterschiedlichen Alters und kommen aus allen sozialen Schichten, haben aber eins gemein: Sie fühlen sich mit der Schwangerschaft allein gelassen. Die spätere Tötungshandlung ist eingebettet in eine extreme Stresssituation, denn die meisten Täterinnen werden infolge der vollkommen verdrängten Schwangerschaft von der Geburt regelrecht überrascht. Und weil es keine Schwangerschaft geben darf, können sich keine Muttergefühle entwickeln, der Säugling wird abgelehnt – mit tödlichen Konsequenzen.
Über die Opfer kann nur sehr wenig gesagt werden. Es sind kleine menschliche Wesen, gerade auf die Welt gekommen und schon lange Zeit vor der Geburt zum sofortigen Sterben verurteilt. Die Neugeborenen haben nicht einmal einen Namen. Ihnen bleiben nur ein paar Atemzüge, bevor die eigene Mutter Hand anlegt und ihr kurzes Leben beendet. Selbst ein ordentliches Grab bleibt ihnen vorenthalten, sie werden kurzerhand in die Gefriertruhe gesteckt, wie Hausmüll entsorgt oder einfach notdürftig verscharrt, irgendwo halt.

»Es gab für mich überhaupt kein Halten mehr, wenn ich einen Jungen sah, auf den meine Neigung ansprach. Worauf es mir bei dem Äußeren ankam? Ich will es Ihnen kurz sagen: Ungefähr 8 bis 13 oder 14 Jahre, schlank, möglichst dunkle Hautfarbe, dunkle Haare und, was ja in dem Alter immer zutrifft, vor allem: die Haut. Die zarte, weiche Haut! Das war der Hauptpunkt.« So beschrieb einmal Jürgen Bartsch, einer der grausamsten und gefährlichsten Serienmörder Deutschlands, einem Gutachter seinen Opfertyp, auf den er fixiert war.
Opfer wie die des »Kinderschlächters von Langenberg« gehören einer Minderheit an: Nur zwei Prozent der Serienmord-Opfer werden ausgewählt, weil gleich mehrere Merkmale den Täter in besonderer Weise inspirieren und motivieren. Häufig ist dieser Opfertyp Bestandteil einer bizarren Parallelwelt des Täters, seiner Phantasie. Und aus diesem Grund werden ihm

nicht nur Geschlecht, Alter und Aussehen der Opfer vorgegeben, sondern auch die Umgebung und die Art und Weise, wie sein mörderisches Ritual abzulaufen hat.
Auch Bartsch entwickelte eine sehr konkrete Vorstellung von dem, was er seinen Opfern antun wollte, vor allem aber, wie er dabei vorgehen würde. »*Ich will immer Kerzen mitnehmen, z.B. keine Taschenlampe*«, schrieb er einem Psychiater nach seiner Verhaftung. »*Das ist bei mir wie bei manchen Eheleuten, die brauchen rotes Licht, das gibt es. Das ist keine technische Sache, weil bei der Taschenlampe ja nur so ein Teilschein ist. Die Kerze verbreitet ja das Licht. Das ist wegen der Stimmung, die durch die Wärme des Lichtes kommt. Außerdem sieht jemand, der ausgezogen ist, bei Taschenlampenlicht verhältnismäßig unappetitlicher aus als bei Kerzen. Ich würde das Kind ausziehen, mit Gewalt wieder. Zuerst wahrscheinlich Pullover und Oberhemd. Ich würd' schon sagen, halt schön still, sonst hau ich dir eine, weil ich es immer schön empfunden habe, das Kind selbst auszuziehen, auch wenn sie es aus Angst lieber selbst getan hätten. Ich würde mich heute dabei selbst ausziehen, dann würde ich onanieren.*«
Bartsch mordete erst dann nach seinem inneren Drehbuch, wenn er einen Jungen gefunden hatte, der seinen strengen Auswahlkriterien entsprach und in seinen vorphantasierten Tatablauf eingebunden werden konnte. Charakteristisch für diesen sehr speziellen Opfertyp ist, und zwar unabhängig von der Motivation des Täters, dass die Getöteten sich mitunter nicht nur äußerlich ähnlich sind, sondern auch ein gleichartiges Verletzungsmuster erkennen lassen – bei Bartsch blieben, nachdem er seine Opfer stereotyp auseinandergeschnitten hatte, nur noch Haut und Knochen übrig.

Menschen können aber auch Opfer eines Serienmörders werden, der zunächst nur eine imaginäre Beziehung zu ihnen aufnimmt, die sich dann aber zunehmend verstärkt und irgendwann zu einer fixen Idee wird: Die muss es sein – die, und keine andere!

Wolfgang Kerzel entwickelte genau so eine Obsession, der schließlich zwei Mädchen und zwei Frauen zum Opfer fallen sollten. Viele Jahre lang schlich der 29-Jährige als Spanner nachts durch bestimmte Bezirke Heidelbergs oder angrenzender Orte, lugte am liebsten durch Rollläden in Wohnungen und wartete geduldig auf seine Chance. Manchmal mehrere Stunden, bei fast jedem Wetter. Und wenn er dann den nackten Körper einer Frau heimlich beobachten konnte, befriedigte er sich selbst, entweder sofort oder später. Damit hatte er sich bis dahin auch zufriedengegeben. Doch nach etwa zehn Jahren entwickelte sich ganz allmählich erst ein Bedürfnis, schließlich eine unheimlich anmutende »Beziehung« zu einer jungen Frau, die er tagein, tagaus belauerte – ihr Lebensrhythmus bestimmte fortan seinen. Und irgendwann gebärdete sich in ihm ein Verlangen, das raubtiergleich auf Beute aus war: Er wollte die Frau nicht mehr nur heimlich anstarren, sondern auch anfassen – und vor allem besitzen!

»Es war kein genau bestimmbarer Zeitpunkt, das war eine ganze Zeitepoche«, erzählte er mir nach seiner Verurteilung in einem Interview von seinen Erfahrungen. »Ich kam irgendwann mal auf die Idee, aber das war noch nicht konkret. Das ist dann haften geblieben und hat sich verfestigt. Durch die regelmäßige Routine, die ich erworben habe, ist mir das immer wieder in Erinnerung gerufen worden, diese Vorstellungen. Also unabhängig von dem, was ich tagtäglich so erlebt habe, sind die Sachen immer wieder hochgekommen und haben sich dann mehr und mehr zusammengefügt zu einem Entschluss. Auf einer bestimmten Ebene stand für mich dann irgendwann fest, wenn sich die Gelegenheit ergibt, dass ich es versuche.«

Seine Leidenschaft entzündete sich erstmals an einer 26-jährigen Frau, die im Parterre eines Mehrfamilienhauses wohnte: *»Ich hab da an sexuelle Handlungen gedacht: die Frau anzu-*

fassen, vorwiegend im Geschlechtsbereich. Oder die sollten sich ausziehen oder ich die. Es hat sich konkret immer um die Personen gehandelt, die ich da bespannt hab.« Zunehmend verfestigte sich bei ihm nicht nur der Wunsch, sich der Frau sexuell zu nähern, auch der Ort, an dem es passieren sollte, war vorgegeben: ihre Wohnung. *»Bei einer anderen Örtlichkeit wäre mir ein Übergriff nicht in den Sinn gekommen. Es musste schon dieser Wohnbereich sein, weil ich auch so viel Übung hatte, mich unauffällig zu verhalten. Ich war mir ziemlich sicher, dass ich auch entkommen konnte. Ich bin ja vorher auch immer in den Wohnungen der Opfer gewesen, wenn die nicht da waren. Da ist nie was passiert. Ich konnte mir halt immer auch einen Rückweg freihalten. In einer anderen Situation wäre für mich ein sexueller Übergriff auch einfach nicht denkbar gewesen, schon gar nicht mit Waffengewalt. Diese Phantasien haben sich bei mir nur entwickelt, weil ich das mit der Spannerei so lange betrieben hab, sodass ich von Anfang an schon eine richtige Vorlage hatte. Das hat sich ja alles in Wohnungen abgespielt, und deshalb war meine Phantasie eben auch bezogen auf Wohnungen.«*

Und genau dort stürzte er sich bei passender Gelegenheit maskiert und mit einem Messer bewaffnet auf seine Opfer, um sie zu missbrauchen. Für Kerzel indes waren nur jene Mädchen und Frauen attraktiv, die er über einen längeren Zeitraum beobachten und ausspähen konnte. Jede andere Täter-Opfer-Konstellation wäre für ihn unannehmbar und undenkbar gewesen. Insofern vereinigten seine Opfer, ohne auch nur etwas davon zu ahnen, schon Monate vor der Tat gleich mehrere Merkmale auf sich, die nur sie in eine lebensbedrohliche Situation bringen konnten.

Es ereignen sich aber auch mörderische Begegnungen, bei denen sich Täter und Opfer vollkommen fremd sind, der Täter aber dennoch glaubt, das Opfer zu (er)kennen und ihm genau deshalb nach dem Leben trachtet. Paradox.

Vier junge Frauen, die dem 24-jährigen Timo Balzer 1988 in Bochum und Hattingen zufällig über den Weg liefen, ereilte genau dieses Schicksal. Sobald er sie sah, stach er wie blindwütig auf sie ein – zwei Frauen verbluteten nach seinen Messerattacken, die anderen überlebten schwer verletzt.

Als ich Balzer vor einiger Zeit im Westfälischen Zentrum für Forensische Psychiatrie in Lippstadt-Eickelborn besuchte, erklärte er mir, warum er immer wieder losgezogen war, um Frauen »einfach abzustechen«: *»Meine Familie hat mir alles bedeutet. Und dann hat mein Vater diese Schlampe kennengelernt, hat sich wegen ihr von meiner Mutter getrennt. Ich war wie vor den Kopf gestoßen, konnte es nicht fassen. Gehasst habe ich sie. Aber ich konnte meine Gefühle nicht loswerden. Meinem Vater wollte ich es nicht, ihr durfte ich es nicht sagen. Als es dann überhaupt nicht mehr ging, bin ich losgegangen und habe auf junge Frauen eingestochen, die ihr ähnlich sahen.«* Tatsächlich ähnelte das äußere Erscheinungsbild der Opfer der Person, gegen die sich die Aggression des Täters eigentlich richtete, bei Timo Balzer war dies die Freundin seines Vaters. Balzer erlebte die Taten rauschhaft, mechanisch stach er immer wieder auf seine Opfer ein: *»An die Taten selber kann ich mich eigentlich nicht erinnern. Da war nur diese Wut. Mir war es auch egal, ob da Leute in der Gegend waren. Das konnte mich auch nicht davon abhalten. Irgendwann bin ich dann wieder zu mir gekommen, sah das Blut an meinem Messer.«*

Beim »chiffrierten« Serienmord lässt sich das Motiv des Täters weder aus der Tatbegehungsweise noch aus der Opferpersönlichkeit schlussfolgern. In Fällen wie dem von Timo Balzer findet ein psychodynamisch brisanter Verschiebungsprozess statt, unbewältigte feindselige Gefühle des Täters werden bewusst oder unbewusst auf Personen oder Personengruppen übertragen. Die Opfer haben dabei lediglich eine Sündenbock-Funktion. Sie aktivieren ein beim Angreifer bereitliegendes

Aggressionspotenzial: durch ihr Aussehen, durch bestimmte Verhaltensweisen, durch unbedachte Äußerungen. Belegbar ist dieses Handlungsmuster auch durch spezifische Opferdispositionen, also durchgängig vorliegende bestimmte Verhaltensweisen oder Eigenschaften der Leidtragenden. Diese trifft es stets vollkommen unvermittelt, ein äußerer oder innerer Tatanlass ist zunächst nicht erkennbar.

Einen solchen Motiv-Hintergrund könnte auch eine mysteriöse und in der deutschen Kriminalgeschichte einzigartige Mordserie haben, die seit Anfang September 2000 Hunderte Kriminalbeamte in ganz Deutschland in Atem hält. Acht Deutschtürken und ein Grieche, meist Inhaber kleiner Geschäfte, wurden regelrecht hingerichtet – nach gleichem Muster.

Mordfall Nummer eins, 9. September 2000: In Nürnberg wird zur Mittagszeit der 38-jährige Blumenhändler Enver Simsek an seinem Blumenstand von acht Kugeln getroffen. Das Opfer stirbt zwei Tage später im Krankenhaus. Simsek betrieb im hessischen Schlüchtern einen Blumengroßhandel. Zusätzlich betrieb er mehrere mobile Verkaufsstände, auch in Nürnberg.

Mordfall Nummer zwei, 13. Juni 2001: Wieder in Nürnberg wird gegen 21.30 Uhr der 49 Jahre alte Änderungsschneider Abdurrahim Özüdogru in seinem Laden mit zwei Kopfschüssen aus Nahdistanz niedergestreckt.

Mordfall Nummer drei, 27. Juni 2001: In Hamburg wird der Obst- und Gemüsehändler Süleyman Tasköprü, 31, zwischen 10.45 Uhr und 11.15 Uhr in seinem Laden getötet, und zwar mit drei Schüssen aus zwei Waffen.

Mordfall Nummer vier, 29. August 2001: Am Vormittag wird in München der 38 Jahre alte Obst- und Gemüsehändler Habil Kilic in seinem Geschäft tot aufgefunden. Das Opfer ist mit zwei Schüssen in den Kopf getötet worden. Seinen Frischwarenladen hatte er erst wenige Monate zuvor eröffnet.

Mordfall Nummer fünf, 25. Februar 2004: Am Vormittag wird der 25-jährige Verkäufer Yanus Turgut an einem Dönerstand in Rostock erschossen. Turgut, der sich schon seit längerer Zeit illegal in Deutschland aufhielt, war erst wenige Tage zuvor von Hamburg nach Rostock gekommen.
Mordfall Nummer sechs, 9. Juni 2005: In Nürnberg findet ein Kunde den Dönerbuden-Besitzer Ismail Yasar tot hinter der Theke – die Leiche des 50-Jährigen weist fünf Schussverletzungen auf. Die Tatzeit dürfte nach Ermittlungen der Kripo zwischen 10.05 Uhr und 10.20 Uhr liegen. Bereits einige Tage vor dem Mord und auch kurz vor dem mutmaßlichen Tatzeitpunkt beobachteten Zeugen zwei sich auffällig verhaltende Radfahrer in der Nähe von Yasars Imbissstand. Nach den beiden Unbekannten wird bislang erfolglos gefahndet.
Mordfall Nummer sieben, 15. Juni 2005: In München wird am Abend der 41-jährige Grieche Theodoros Boulgarides, Mitinhaber eines Schlüsseldienstes, in seinem Laden erschossen gefunden. Die Tatzeit soll zwischen 18.30 Uhr und 19 Uhr liegen.
Mordfall Nummer acht, 4. April 2006: Gegen 13.10 Uhr wird in Dortmund Mehmet Kubasik in seinem Kiosk durch mehrere Schüsse, die ihn auch in den Kopf treffen, getötet.
Mordfall Nummer neun, 6. April 2006: In Kassel wird Halit Yozgat, 21, kurz nach 17 Uhr schwer verletzt in seinem Internet-Café gefunden. Von zwei Projektilen in den Kopf getroffen, stirbt das Opfer noch am Tatort.
Bei allen Morden konnten bisher folgende Gemeinsamkeiten festgestellt werden:

- Alle Opfer wurden mit derselben Waffe erschossen, einer Pistole der Marke »Ceska«, Kaliber 7,65 Millimeter, Typ 83.
- Alle Opfer konnten augenscheinlich für Türken gehalten werden – es sind sechs Türken, ein Grieche und zwei Deutsche türkischer Herkunft.

- Alle Opfer waren Kleinunternehmer (Einmannbetriebe) oder arbeiteten in einem solchen Geschäft.
- Alle Opfer wurden an ihrem Arbeitsplatz erschossen.
- Die Taten erfolgten durchweg tagsüber und zu den üblichen Geschäftszeiten.
- Es gibt keine direkten Verbindungen der Opfer untereinander.

Was der Kripo bei den Ermittlungen in diesem Jahrhundertfall zu einem Durchbruch bislang fehlt, ist das Motiv. Wem sind die Händler so gefährlich oder unbequem geworden, dass sie sterben mussten? Wer wollte sich an ihnen rächen und wofür? Oder sind diese Fragen schon falsch gestellt? Steckt etwas ganz anderes dahinter? Wüsste man, was aus Sicht des Täters alle Opfer miteinander verbindet, es wäre nur noch eine Frage der Zeit bis zur Festnahme des »Döner-Killers«. Nur so viel gilt als sicher: Der oder die Täter handelte(n) ausgesprochen kaltblütig, professionell und mit unbedingter Tötungsabsicht. Doch lässt sich aus dieser markanten Tatbegehungsweise nicht ohne Weiteres ein Motiv ableiten.
Alle nur denkbaren Hypothesen sind bisher durchdacht und überprüft worden: Ein familiärer Hintergrund im Sinne eines »Ehrenmordes« oder ähnlicher Verstrickungen scheidet aus, zwischen den Opfern gibt es nicht einen einzigen persönlichen Berührungspunkt. Die getöteten Männer waren weder religiös aktiv noch Mitglied einer politischen Organisation oder kriminell. Es existieren keine Verbindungen ins Milieu, die Opfer gaben ihr Geld auch nicht bei Glücksspielen oder Pferderennen aus. Auch fand die Kripo keine Hinweise auf Drogen, Schmuggel oder Geldwäsche. Für Schutzgelderpresser waren die Umsätze der Opfer wohl zu gering.
Sind es vielleicht gedungene Mörder, die im Auftrag einer (semi-)kriminellen Organisation töten? Zumindest sprechen einige Tatelemente für diese Annahme: das unklare Motiv; der

Hinrichtungscharakter der Taten; es gibt keine Zeugen; es fehlen Hinweise aus der Bevölkerung, obwohl mittlerweile eine Rekordbelohnung von 300.000 Euro ausgesetzt worden ist; die Taten wurden konsequent, präzise und binnen weniger Minuten durchgeführt; kein Opfer überlebte. Doch welcher ominöse Auftraggeber sollte ein Interesse daran gehabt haben, über einen Zeitraum von mehr als sieben Jahren ausgerechnet türkische Kleingewerbetreibende umbringen zu lassen, die größtenteils einen einwandfreien Leumund hatten: fleißig, freundlich, unauffällig, gut integriert. Und ist es nicht auch Ziel einer Auftragstötung, diese möglichst geräuscharm erledigen zu lassen? Welcher Auftraggeber sollte ein Interesse daran haben, dass die »Döner-Morde« es sogar bis in die »Tagesschau« schaffen? Welchen Hintermännern sollte daran gelegen sein, so viel öffentliche Empörung, aber auch Aufmerksamkeit zu erregen, die schnell zum Bumerang werden könnte; denn je mehr Menschen sich für diese Verbrechen zu interessieren beginnen, desto größer wird die Chance, sie aufzuklären. Daran darf ein gewöhnlicher Krimineller, der andere zu Mördern bestimmt, kein Interesse haben. Und derjenige, der den Killerjob erledigt, schon gar nicht. Das wäre geschäftsschädigend und dumm. Und genau deshalb gibt es wahrscheinlich gar keinen Auftraggeber.

Wenn gewöhnliche Beweggründe ausscheiden, muss es ein außergewöhnliches Motiv sein. Der Anlass für diese kaltblütig vorgetragenen Morde dürfte fraglos mit dem Geschlecht und der Landsmannschaft der Opfer zusammenhängen. Es ist mit Sicherheit kein Zufall, dass es über ganz Deutschland verteilt nur Türken traf oder Männer, die für Türken gehalten werden können. Vielleicht handelt es sich bei diesen Verbrechen um einen seltenen Fall des chiffrierten Serienmordes. In diese Richtung denken mittlerweile auch Fallanalytiker. So heißt es im Täterprofil unter anderem zur »Persönlichkeit des Serienmörders«: »Denkbar ist, dass diese Person vor Begehung der

ersten Tat im September 2000 ein negatives Schlüsselerlebnis im Zusammenhang mit türkischen Staatsangehörigen hatte.«
Tatsächlich resultieren Wut und Hass solcher Täter meistens aus langjährigen Beziehungen, die sie als erniedrigend, kränkend oder demütigend empfinden, aber aufgrund ihrer abnormen Persönlichkeitsstruktur nicht ausagieren können. Zudem verhindern extreme Verlassenheitsängste und eine tiefe emotionale Bindung an die Person, gegen die sich die Aggression eigentlich richtet, ein Ausbrechen aus dieser symbiotischen, mitunter auch fatalistisch gedeuteten Beziehung. Konflikte werden nicht ausgelebt, sondern speisen ein stetig wachsendes Aggressionspotenzial und münden schließlich in versteckte Feindseligkeit. Ein Feindbild entsteht und wird unterhalten, das aber unmittelbar weder bekämpft noch beseitigt werden kann.
Falls diese Mordserie einen solchen motivischen Hintergrund haben sollte, dann müsste es irgendwo in Deutschland, möglicherweise in Nürnberg (dort ereigneten sich nämlich die erste, zweite und sechste Tat), eine fatale Dreiecksbeziehung geben: den Täter, der sich von einer anderen, höchstwahrscheinlich männlichen Person herabgewürdigt, gedemütigt, unterdrückt oder ausgebeutet glaubt, die aber vom Täter nicht getötet werden kann, weil er dadurch die Gefühle einer dritten Person verletzen würde, die den Erstgenannten sehr nahesteht. Und sehr wahrscheinlich dürfte die Person, gegen die sich der Groll des Täters richtet, ein Türke sein, der einen kleinen Laden besitzt. Dies würde auch erklären, warum bisher nur Opfer getötet wurden, die genau diese Merkmale auf sich vereinigten: männlich, türkisch, geschäftstüchtig.

Gewalt schlägt tiefe Wunden – körperliche und seelische. Gewalt ist instrumentell, zweckgebunden, aber auch überwältigend und allgegenwärtig. Sie durchdringt jede Faser unseres Körpers, des Bewusstseins. Es sind weniger die körperlichen

Schmerzen, die dem Opfer zusetzen, sondern Angst, Hilflosigkeit, Verzweiflung, Ausweglosigkeit. Ein Abgrund tut sich auf, der alles zu verschlingen droht.
Das Opfer wird überwältigt und degradiert, entrechtet und beherrscht, vom Täter zum Statisten einer mörderischen Inszenierung bestimmt. Nichts gilt mehr – bis auf die Macht des Stärkeren, seine Willkür. Es gibt keinen Halt mehr, keinen Schutz, die Welt und ihre Grenzen lösen sich auf. Da sind nur noch die Furcht vor der Übermacht des anderen und das Entsetzen über die eigene Ohnmacht. Und da ist die Angst, dass alles ein Ende hat, sie umklammert und lähmt das Opfer. Ewige Dunkelheit droht. Die Nicht-Existenz. Das Nichts.
Den Seelenmord kann man nicht sehen und auch nicht sichtbar machen, nur spüren. Die Angst, es könnte wieder passieren, dass plötzlich jemand mit dem Messer zustößt oder sich wie aus dem Nichts prankenartige Hände um den eigenen Hals legen und zudrücken, kehrt zurück: in den Albträumen, die nachts kommen und Besitz von einem ergreifen, in den Momenten des Aufschreiens, des Verwirrtseins, der Sprachlosigkeit, ohne dass tatsächlich Gefahr droht. Das Trauma der tödlichen Gewalt hat sich im Unterbewusstsein eingenistet, eine innere Unruhe umklammert Geist und Seele, die sich nicht besänftigen lässt.
Wer den ihm zugedachten Tod überlebt, hat großes Glück gehabt. Es ist wie ein Geschenk, eine zweite Geburt, berichten viele Opfer.
»Ich bin einfach nur glücklich, dass ich weiterleben durfte«, erzählte die 52-jährige Prokuristin Ursula Hess aus Essen, als sie zu ihren Gefühlen »danach« befragt wurde.[7] *»Damit habe ich gar nicht gerechnet, dass ich das überleben würde. Im Nachhinein zu erfahren, dass ich es mit einem Serienmörder zu*

7 Alle Aussagen zitiert nach der Kriminaldokumentation »Der Serientäter Ulrich S.«, ausgestrahlt im WDR-Fernsehen am 15.12.2006, 20.15 Uhr.

tun hatte, das war unglaublich. Dass ich da überlebt habe. Das ist ein Wunder.«

Das »Wunder« ereignet sich am 19. Juni 1989, einem Montag. Gegen 17.30 Uhr verlässt Ursula Hess ihr Büro. Sie arbeitet bei einer Wirtschaftsprüfungsgesellschaft. Ihren Wagen hat sie morgens wie gewöhnlich in der zweiten Etage eines Parkhauses in der Essener Innenstadt abgestellt. Auf dem Weg zu ihrem Auto bemerkt sie im Treppenschacht zum ersten Parkdeck einen etwa 30 Jahre alten Mann, hält ihn aber für einen Mitarbeiter einer anderen Firma, die ebenfalls eine Etage des Parkhauses angemietet hat. Auch als ihr der Mann auf dem Weg in die zweite Etage folgt, denkt sie sich nichts – wahrscheinlich sucht er sein Auto oder hat sich in der Etage geirrt. Gerade als Ursula Hess die Tür zum zweiten Parkdeck aufziehen will, legt sich plötzlich ein Arm um ihren Hals. Sie erschrickt und dreht sich um – es ist genau der Mann, den sie kurz zuvor noch gesehen und für harmlos gehalten hat. »Los, in die dritte Parketage!«, herrscht der sie an. In seiner rechten Hand sieht sie plötzlich ein Messer aufblitzen.

Der Mann zerrt sein Opfer in die dritte Parkebene, wo keine Autos stehen und demzufolge nur die Notbeleuchtung eingeschaltet ist. Er schubst sie an eine Mauer und fordert: »Rück dein Geld raus!« Als Ursula ihm 300 Mark gibt, reißt er ihr kurzerhand mit einem kräftigen Ruck Bluse und Top vom Körper. Im nächsten Augenblick zieht er der vollkommen verängstigten Frau Rock und Slip aus, fesselt ihre Hände mit der Bluse auf dem Rücken und verknotet den Rockgürtel um ihren Hals, ohne jedoch besonders fest zuzuziehen. Schließlich drückt er die Frau brutal zu Boden und vergewaltigt sie.

Als der Mann von ihr ablässt, befiehlt er: »Dreh dich um, leg dich auf den Bauch. Nun mach schon!« Unmittelbar nachdem Ursula sich umgedreht hat, spürt sie einen kurzen, brennenden Schmerz im vorderen Halsbereich. Sekunden später hört sie die Etagentür zuschlagen. Ihr Peiniger ist offenbar geflüchtet. Erst jetzt wagt sie es, aufzustehen, und bemerkt, dass sie stark aus einer Wunde am Hals blutet. In Todesangst läuft sie nackt in die zweite Parketage. Als sie dort niemand finden kann, schleppt sie sich noch bis zur Pförtnerloge, wo sie bewusstlos zusammenbricht. Der Pförtner alarmiert einen Notarztwagen und versorgt die Frau. Schon eine halbe Stunde später wird sie operiert – und überlebt.

Ursula Hess ist noch einmal davongekommen. Wäre sie damals in die falsche Richtung gelaufen und hätte der Pförtner nicht geistesgegenwärtig und richtig reagiert, sie würde heute nicht mehr leben. Der Mann, der ihr die Kehle aufschlitzte, hatte zuvor bereits fünf Frauen vergewaltigt und ermordet. Ursula Hess wird diesen 19. Juni 1989 niemals vergessen können. Dieser Tag markierte das Ende ihres bisherigen Lebens und bedeutete ein anderes Dasein und Sosein, ein Leben, geprägt von Nöten, Sorgen und Ängsten, die es vorher in ihrem Leben nicht gegeben hatte, die sie nicht einmal kannte: *»Was ist anders geworden? Die Angst ist geblieben. Ich bin ernster geworden, nicht mehr so unbeschwert. Man hat nur eine Chance: Entweder man überlebt das oder man landet in der Klapsmühle. Etwas anderes gibt es nicht. Ich glaube, in dem Moment, ich war so gelähmt, da ist alles ausgeschaltet. Meine größte Sorge war: Hoffentlich hat der kein Aids. Meine Sorge war: Du hast jetzt überlebt, und jetzt musst du vielleicht doch sterben. Das war meine allergrößte Sorge. Die durfte ich ein Jahr mit mir herumtragen. Das war für mich die Hölle.«*

Es war nicht nur die Tat selbst, die Ursula Hess schockierte, sondern insbesondere die Folgen, die sich zwangsläufig aus dieser ergaben: *»Die Zeit, in der man nach dem Täter gesucht hat, das war wie ein Martyrium. Der Mensch, der dir das angetan hat, läuft noch frei herum. Er hat aus der Presse erfahren, dass du überlebt hast. Da war immer die Angst, vielleicht steht der jetzt irgendwo und will dich endgültig umbringen. Das war grauenvoll. Als er gefasst wurde, war in mir eine gro-*

ße Erleichterung, einfach nur Erleichterung. Ich fühlte mich wieder sicherer, ich bin zur Normalität zurückgekehrt. Ich habe mich zwar nicht völlig normal verhalten und bewegt, die Angst steckte noch immer in mir, auch heute. Wenn jemand auf mich schnellen Schrittes zukommt, bleibe ich automatisch stehen. Diese Angst werde ich wohl auch nie verlieren.«
Mit der Festnahme des Täters war es aber noch nicht vorbei, schon bald sah sich Ursula mit einer ganz neuen Herausforderung konfrontiert: *»Während der Gerichtsverhandlung konnte ich dem* [Täter, Anm. S. H.] *nichts sagen, ich war einfach nur schockiert. Ich wollte eigentlich gar nicht vor Gericht aussagen, habe mich mit Händen und Füßen gewehrt. Ich sah keinen persönlichen Sinn für mich. Ich habe mir gesagt: Das tue ich mir nicht an! Ich habe es dann doch getan, weil ich glaubte, es den anderen Frauen schuldig zu sein.«*
Jahrelang nagte der vermeintliche Makel des Mordopfers an ihr, bis sie endlich verinnerlichte und verstand, dass man diesen Zustand der Hilf- und Orientierungslosigkeit nicht nur einfach ertragen und totschweigen muss, sondern sich auch dagegen wehren darf: *»Ich möchte gerne betroffenen Menschen helfen, ich möchte ihnen sagen: Reden Sie! Verschließen Sie sich nicht! Reden Sie über Ihr Problem! Das hilft. Mir hat es enorm geholfen, und das ist das einzige Mittel. Wenn Sie sich nicht verschließen, es geht weiter, es geht einfach weiter.«* Und sie möchte anderen Menschen, die ähnliches Leid aushalten müssen, Mut machen: *»Ich werde es nie vergessen können. Das sitzt zu tief. Vergessen kann ich es nicht. Es gibt Momente, da kommt es wieder hoch, dann wird es wieder lebendig. Das wird so bleiben, und damit muss ich leben. Das ist leider übrig geblieben von der ganzen traurigen Geschichte. Aber es gibt Schlimmeres.«*

Auch Claudia Pfeiffer, eine meiner Interviewpartnerinnen bei der Untersuchung zum Täter-Opfer-Verhältnis bei Serienmorden, hat erlebt, womit Menschen nicht einfach weiterleben können: Verbrechen, Todesangst, Verzweiflung. Und sie erlebt es noch, ihre Seele ist verwundet: *»Wenn ich die Augen schließe und zu schlafen versuche, sehe ich dieses Gesicht.«*

Es ist das Gesicht jenes Mannes, der am 17. November 2006 in Köln von einer Spezialeinheit der Polizei festgenommen wurde. Dem Berufskraftfahrer Jürgen Wöller konnten mittlerweile mindestens 13 Morde nachgewiesen werden, begangen von 1999 bis 2006 in Spanien, Frankreich und Italien. Die Opfer des 47-Jährigen waren überwiegend Prostituierte, die er in seinen Lkw lockte. Vor dem Geschlechtsverkehr würgte er die Frauen zu Tode, fotografierte sich dabei mitunter selbst. Danach befriedigte er sein perverses Verlangen, drapierte er die Frauen mit einem Seil um den Hals und machte nochmals Erinnerungsbilder. Dann schnitt er den Leichen Haarbüschel ab und nahm sie als Trophäen mit. Wenn die Leichen der Opfer für ihn uninteressant geworden waren, legte er sie nackt im Gelände ab. Die grausamen Mitbringsel deponierte Wöller nicht nur im Lkw, sondern auch in seiner Hofer Wohnung. Über die meisten Morde führte er persönliche Aufzeichnungen – ein Tagebuch des Mordens. »Wir können von einem psychisch kranken Täter mit schweren sexuellen Problemen sprechen«, erklärte eine Pressesprecherin der katalanischen Polizei nach der Verhaftung Wöllers, »die dazu führen, dass er nur sexuelle Befriedigung erfährt, wenn er seine Opfer erstickt.« Am Ende einer 32 Jahre langen Mordserie, die bereits Mitte der 80er Jahre in der DDR begonnen hatte, drehte Wöller aus Stoffteilen einen Strick und erhängte sich am 2. Juli 2007 an der Wandhalterung des Fernsehers in seiner Bayreuther Haftzelle.

Claudia Pfeiffer ist eine von nur zwei Frauen, die nach einer Würgeattacke des »Highway-Killers« mit dem Leben davonkamen. Mehr als 20 Jahre sind seither vergangen. Wöller war bereits in der DDR wegen mehrfach versuchten Mordes zu

zwölf Jahren Gefängnis verurteilt worden. Claudia Pfeiffer gehörte zu diesen Opfern. Im Zuge der Auflösung der DDR hatten die Behörden, die es schon wenig später nicht mehr geben sollte, Wöller vorzeitig aus der Haft entlassen.
Über einen Journalisten konnte ich im März 2007 den Kontakt zu Claudia Pfeiffer herstellen. Die 36-jährige Hausfrau und Mutter machte schon bei unserem ersten Telefonat einen sehr sympathischen Eindruck, blieb aber zunächst misstrauisch: Wer ist das? Was will der? Warum will der das? Wir sprachen lange miteinander, ich schickte ihr später einige meiner Bücher und meine Unterlagen zur Opferstudie – zum Beschnuppern, zum Kennenlernen. Ich durfte sie wieder anrufen, und dabei erfuhr ich, dass sie an einem Gespräch mit mir durchaus interessiert sei, es müsse nur gewährleistet sein, dass sie anonym bleiben könne. Ich versprach es.
Zwei Monate später holte sie mich am frühen Nachmittag vom Bahnhof ab, und wir fuhren in ein Café. Schließlich saßen wir uns in einer Sitzecke gegenüber. Weil wir uns zuvor schon länger unterhalten hatten und nicht viel mehr als anderthalb Stunden Zeit bleiben würde, legte ich nach einem kurzen Vorgespräch mein Diktafon auf den Tisch und begann das Interview.
(Harbort) »Frau Pfeiffer, ich möchte nicht mit dem Tatgeschehen beginnen, sondern zunächst ein wenig über Sie erfahren. Als es damals passiert ist, waren Sie 16 Jahre alt. Können Sie sich zu dieser Zeit kurz beschreiben?«
(Claudia Pfeiffer) »Ich war sehr zurückhaltend, bin nicht groß herumgezogen, das lag mir nicht. Ausgegangen bin ich eigentlich nie. Dass ich länger von zu Hause weggeblieben bin, das gab es eigentlich bei uns nicht. Ich hatte immer so gegen 22 Uhr zu Hause zu sein. Das Verhältnis zu meinen Eltern war sehr gut, es war ein harmonisches Familienleben.«
»Haben Sie Geschwister?«
»Ich bin alleine aufgewachsen.«

»Wie war es in der Schule?«
»Ich bin gut mitgekommen.«
»Zusammenfassend kann man sagen, dass Sie eher ein zurückhaltender Typ waren, der sich aber im Leben gut zurechtfand?«
»Ja, es gab halt keine Extreme.« (Claudia ist deutlich anzumerken, dass sie sich mit einer solchen Interviewsituation erst vertraut machen muss.)
»Nun kommen wir zum Tatgeschehen. Beginnen wir etwa eine halbe Stunde vor diesem Ereignis. Was haben Sie da gemacht?«
»Ich kam von einer Feier und war auf dem Weg nach Hause.«
»Was war das für eine Feier?«
»Das war eine Party bei Bekannten. Ich war mit einer Freundin da. Meine Freundin musste zu einer bestimmten Zeit zu Hause sein, deshalb sind wir auch zeitig los, um das zu schaffen. Das waren insgesamt so drei bis vier Kilometer. Wir sind zunächst zu ihr nach Hause, sie hat mich dann noch ein Stück begleitet. Als sie zurückgegangen ist, bin ich alleine weitergelaufen. Nach vielleicht 200 Metern habe ich auf der anderen Straßenseite zwei Mädchen aus der Parallelklasse getroffen, habe mit denen noch zwei, drei Minuten geplaudert und bin dann auf direktem Weg nach Hause – bis ich dann gemerkt habe, dass da jemand hinter mir war.« (Claudia spricht sehr schnell und leise.)
»Wie haben Sie das bemerkt?«
»Ein ängstlicher Mensch war ich schon immer, und ich spürte einfach, dass da jemand hinter mir war. Vielleicht habe ich auch etwas gehört. Ich habe mich dann umgedreht.«
»Und was haben Sie da gesehen?«
»Dass jemand hinter mir läuft. Ich konnte nicht erkennen, wer, aber da war jemand, ein Mann.«
»Wie haben Sie darauf reagiert?«

»Erst normal, also nicht besonders aufgeregt. Aber weil ich halt ein ängstlicher Mensch bin, fand ich das schon irgendwie bedrohlich – spätestens als der auch schneller lief, wenn ich schneller lief. Der lief tatsächlich hinter mir her. Der meinte also mich. Da war die Angst natürlich viel größer.«
»Wie spät war es jetzt?«
»So gegen 23.45 Uhr.«
»Was war das für ein Tag?«
»Samstag.«
»Der Mann ist also hinter Ihnen hergelaufen. Was ging Ihnen da durch den Kopf?«
(Sie denkt nach.) *»Er tut mir was.«*
»War es das erste Erlebnis dieser Art für Sie?«
(Claudia beginnt zu weinen – Tränen, begleitet von einem heftigen Schluchzen.) *»Ich habe dann den Hausschlüssel in die rechte Hand genommen und dachte, ich könnte dem den Schlüssel an den Kopf schmeißen, wenn er mich angreift. Und irgendwann war er dann ganz nah und hat mich von hinten gepackt. Ich hatte keine Chance, mich zu wehren.«*
»Wie kann man sich das vorstellen: von hinten gepackt? Das ist eine sehr bedrohliche Situation, die man sich als jemand, der so etwas noch nicht erlebt hat, vielleicht vorstellen, aber gewiss nicht nachvollziehen kann.«
»Ich wurde von hinten heftig geschubst und ging schlagartig zu Boden. Ich hatte keine Chance, mich dagegen zu wehren, weil ich in dem Moment nicht darauf gefasst war. Da knallst du einfach nur der Länge nach hin.«
»Sie lagen dann auf dem Boden?«
»Ja, er saß dann auf mir, die Hand am Hals. Es ging alles so schnell, dass ich es in Details gar nicht mehr schildern kann. Er hat dann immer wieder zugedrückt.«
»Hat der Mann durchweg zugedrückt? Es gibt Täter, die sich einen besonderen Kick dadurch besorgen, dass sie das Opfer immer wieder Luft holen lassen, um es im nächsten Moment

wieder an den Rand des Erstickungstodes zu bringen. Wie war das bei Ihnen?«

»Er hat die ganze Zeit gleich stark gedrückt. (Claudia beginnt wieder zu weinen.) *Ich habe mir gedacht: ›Stell dich tot!‹ Gleichzeitig habe ich versucht, irgendwie dagegenzudrücken. Das Totstellen hat aber nichts genutzt. Irgendwann war ich bewusstlos.«*

»Da hatten Sie mit Ihrem Leben bereits abgeschlossen?«

»Ich habe mich innerlich von mir verabschiedet. Als ich den Tod unmittelbar vor Augen hatte, da wurde alles weiß, einfach nur weiß. (Sie weint bitterlich.) *Irgendwann bin ich wieder zu mir gekommen. Da hatte ich das Gefühl, es ist jemand neben mir. Und tatsächlich: Der Kerl stand neben mir und starrte mich an. Da dachte ich nur: ›Warum hilft mir denn niemand?‹ Ich war doch in Not, es musste mir doch jemand helfen. Dann ist er einfach weggegangen. Ich habe mich alleine hochgerappelt und bin die Straße runtergelaufen, ihm hinterher, weil das der direkte Weg war. Da gab es links und rechts einen Weg, ich habe nicht sehen können, wohin er gelaufen ist.«*

»Hat der Mann etwas zu Ihnen gesagt.«

»Nein.«

»Sie sind anschließend nach Hause gelaufen?«

»Ja, schnurstracks. Ich hatte nur noch den Gedanken: heim, heim, heim!«

»Haben Sie Ihren Eltern gleich davon erzählt?«

»Meine Mutter hat das erst gar nicht verstanden, was da passiert war. Nach drei, vier Minuten kam dann alles raus, erst dann konnte ich das in Worte fassen. Meine Eltern haben mich ins Krankenhaus gefahren. Was dann im Krankenhaus genau passiert ist, weiß ich nicht mehr, ich stand ja unter Schock. Ich weiß nur noch eins: Ich habe dem Rettungssanitäter immer gesagt, ich wäre erwürgt worden – bis mir jemand gesagt hat: ›Sie sind gewürgt worden.‹ Das werde ich nie vergessen.«

»Diese Tat hat Sie in Ihrem späteren Verhalten beeinflusst?«

»Ja.«
»Können Sie diese Verhaltensveränderungen mal beschreiben oder ein Beispiel geben?«
»Wenn das nicht passiert wäre, wäre ich heute sehr wahrscheinlich nicht so ängstlich und nicht so zurückhaltend anderen Menschen gegenüber.« (Claudia senkt den Kopf und beginnt erneut zu weinen.)
»Wie äußert sich diese Zurückhaltung konkret? Können Sie ein Beispiel geben?«
»Ich würde nie auf einen anderen Menschen zugehen und ihn ansprechen. Ich bin jedem Menschen gegenüber, der einen Vollbart hat, so was von skeptisch …« (Claudias Stimme versagt.)
»Der Täter hatte damals einen Vollbart?«
(Claudia nickt nur kurz.)
»Hat sich Ihr Männerbild nach der Tat verändert? Haben Sie die negativen Eigenschaften des Täters auf andere Männer übertragen?«
»Eigentlich weniger. Aber das Vertrauen war natürlich weg. Bis ich mal zu einem Menschen Vertrauen hatte, das dauerte seine Zeit. Ich habe danach niemand mehr an mich herangelassen.«
»Hatten Sie zu irgendeinem Zeitpunkt der Tat das Gefühl, Sie könnten den Täter beeinflussen?«
»Indem ich mich totgestellt habe. Dass ich dachte, der lässt dann ab von mir. Aber der hat immer nur weiter zugedrückt.«
»Die Frage, die ich jetzt stelle, muss ich stellen, aber ich möchte betonen, dass ich sie nicht gerne stelle. Sie hätten vielleicht auch die Möglichkeit gehabt, einfach wegzulaufen, vor dem Täter zu fliehen …«
»Nein, diese Möglichkeit hatte ich mit Sicherheit nicht.«
»Ich meine die Phase, als dieser Mann zunächst nur hinter Ihnen hergelaufen ist …«

»Ich war schon damals ein unsportlicher Mensch, der hätte mich nach wenigen Schritten eingeholt, das hätte nichts gebracht. Ich wollte auch meine Angst so lange nicht zeigen, bis tatsächlich etwas passiert.«

»Sie wollten nicht diesen ersten Schritt machen, der bedeutet hätte, jetzt geht es los, das ist jetzt unabwendbar?«

»Genau. Vielleicht wollte ich auch noch etwas mehr Zeit zum Nachdenken haben. Aber, ehrlich gesagt, ich weiß es nicht. Ich bin einfach nicht gerannt. (Claudia denkt nach.) *Es kann auch sein, weil da noch ein Weg nach rechts abging, dass ich darauf hoffte, der würde diesen Weg nehmen und nicht mehr hinter mir herlaufen.«*

»Haben Sie geschrien, als der Sie attackiert hat?«

»Dazu bin ich gar nicht gekommen. Der hatte sofort seine Hände an meinem Hals und hat zugedrückt. Da war keine Möglichkeit, etwas herauszubringen, nicht mal einen Schreckensschrei. Ich war einfach zu überrascht und zu schockiert, weil es dann doch so war, dass der Mann mich angegriffen hat.«

»Haben Sie dem Mann ins Gesicht sehen können, als der über Ihnen war?«

»Ja.«

»Was hatte der Mann für einen Gesichtsausdruck?«

»Dominierend auf alle Fälle. Aber in gewisser Hinsicht auch leer, vollkommen leer. Ohne jegliche Regung, ohne jeglichen Ausdruck. Da war aber auch klar zu sehen: Ich hab dich, jetzt bist du dran!«

»Was haben Sie empfunden, als Sie realisiert haben, mit dem Leben davongekommen zu sein?«

»Ich war erst mal froh, dass ich wieder aufstehen konnte. Mit 16 ist man wahrscheinlich noch nicht so weit, dass man den Tod an sich rankommen lässt. Mir war in dem Moment noch nicht ganz klar, dass ich dem Tod noch mal von der Schippe gehüpft war. Ich habe das gar nicht so registriert. Zu Hause war ich

einfach nur froh, wieder in dieser Geborgenheit sein zu können. Alles andere hat mich in diesem Moment noch gar nicht interessiert. Das kam erst später.«
»Wie hat Ihr soziales Umfeld auf diese Tat reagiert?«
»Ich war 14 Tage von der Schule befreit. Meine Klassenlehrerin ließ mir noch ausrichten, ich sollte so früh wie möglich wieder in die Schule kommen. Ich war aber noch nicht so weit – auch optisch nicht. Mein Gesicht war eine Katastrophe, verquollen, grün und blau. Es ging einfach nicht. Dann gab es da noch eine besonders ›nette‹ Klassenkameradin, die behauptete, meine Eltern hätten mich geschlagen. Das sind die beiden Reaktionen, die mir von damals in Erinnerung geblieben sind. Es ist ja damals auch nicht so viel drüber gesprochen worden, in der Presse durfte ja so gut wie nicht berichtet werden.«
»Also hat eine Aufarbeitung dieses traumatischen Erlebnisses gar nicht stattgefunden?«
(Claudia nickt.)
»Weil Ihr Umfeld damit überfordert war?«
»Es ist einfach totgeschwiegen worden.«
»Behördlicherseits gab es auch keine Hilfen?«
»Nein.«
»Wie haben Sie diese Gleichgültigkeit empfunden?«
»Da habe ich gar nicht drüber nachgedacht. Ich war damals 16. Gut, meine Eltern haben sich bestimmt ihre Gedanken gemacht. Aber ich hatte das überlebt, das Leben musste weitergehen. Punkt.«
»Wer oder was hat Ihnen danach am meisten geholfen?«
»Die Geborgenheit in meiner Familie. (Sie denkt eine Weile nach.) *Die Gewissheit, dass er vor Gericht kommt, dass er eine Strafe bekommt, dass er im Gefängnis ist. Wenn man weiß, dass der sitzt, das beruhigt schon sehr.«*
»Stellen Sie sich bitte mal vor, Sie sitzen jetzt vor 30 jungen Frauen. Welche Verhaltensempfehlungen könnten Sie geben,

falls man in eine solch bedrohliche Situation geraten sollte? Was würden Sie diesen Frauen sagen?«

»*Gar nichts.* (Claudia beginnt wieder zu weinen.) *Man kann zwar versuchen, sich zu wehren, den Täter zu treten. Aber das ging ja in dieser Situation gar nicht. Ich habe zwar wild mit den Beinen gestrampelt, aber der saß auf mir, ich hatte keine Chance, was sollte ich machen! Aber es ging einfach nicht. Wenn der von vorne auf mich zugekommen wäre, dann vielleicht. Aber so …*«

»Was würden Sie den Frauen empfehlen, wie man sich nach einer solchen Tat am besten verhalten sollte, wo Hilfe zu bekommen ist, wie man damit am besten umgeht? Welche Erfahrungen haben Sie gemacht?«

»*Man sollte sich nicht einigeln, sondern drüber reden.* (Claudia wirkt sehr verlegen.) *Auch von anderen Menschen Hilfen annehmen, zum Beispiel vom Weißen Ring.*«

»Diese Tat belastet Sie auch heute noch. Können Sie einige körperliche oder seelische Folgen dieser Tat beschreiben?«

»*Ich kann zum Beispiel alleine nirgends mehr hingehen, sobald es dunkel wird. Sowie die Dämmerung kommt, bin ich zu Hause. Wenn ich mal weggehe, muss ich mich überwinden.*«

»Als der Täter gefasst wurde, wie war Ihnen da zumute?«

»*Das hat auf alle Fälle geholfen. Das hatte mich die ganze Zeit so fertiggemacht …* (Claudia laufen Tränen über die Wangen. Sie versucht, das Weinen zu unterdrücken.) *Als er dann verurteilt war, brauchte ich wenigstens keine Angst mehr vor dem zu haben. Aber als er wieder raus war, habe ich immer besonders heftig reagiert, wenn mal wieder etwas in der Art passierte, besonders wenn es in unserer Region war. Da war ich wie elektrisiert.*«

»Hatten Sie die Befürchtung, dass der Sie nochmals attackieren könnte, vielleicht aus Rache, weil Sie gegen ihn ausgesagt hatten?«

»*Ja, dass er mich doch findet, ja. Ich habe geheiratet und ver-*

sucht, mich sozusagen unsichtbar zu machen. Ich bin Mitte der 90er Jahre sehr ungern zu meinen Eltern gefahren. Die wohnten ja noch dort, wo es passiert war, der kannte meinen Namen. Ich wusste nie so richtig, ob ich vor dem sicher sein konnte. Die Angst war eigentlich immer da, dass er noch mal auftaucht.«

»Hatte diese Tat auch Auswirkungen auf die Erziehung Ihres Kindes?«

»Oh ja!«

»Welche?«

(Claudia weint bitterlich.) *»Das tut mir für meine Tochter wirklich leid! Ich fahre sie überall hin, ich hole sie überall ab. Aber wenn sie mal nicht pünktlich ist, dann brennt bei uns zu Hause die Luft.«*

»Weiß Ihre Tochter, was Ihnen damals widerfahren ist?«

»Ja. Das ist ja mein Glück, dass sie in dieser Situation noch Verständnis hat. Dass ich sie so erzogen habe, dass sie damit umgehen kann. Sie weiß dann auch, warum ich ausraste, wenn sie mal zu spät kommt. Sie war mal bei ihrer Freundin im Keller, die haben da irgendwas gespielt. Ich habe sie überall gesucht und nicht gefunden, bin dann heim, hab mich gefragt: ›Was machst du jetzt? Was machst du jetzt?‹ Ich habe Wäsche aufgehängt, hab versucht, mich abzulenken, mich zu beruhigen und nicht durchzudrehen. Dann kam sie irgendwann freudestrahlend. Ich sie gefragt: ›Wo warst du denn!?‹ Sie: ›Wir waren im Keller.‹ Da habe ich erst einmal tief durchgeatmet, ganz tief durchgeatmet. Danach war es wieder gut. Aber die Ängste bis dahin waren grauenerregend. Das war die Hölle!«

»Haben Sie an der damaligen Gerichtsverhandlung gegen den Täter teilgenommen?«

»Ja, ich war dort, mit meinen Eltern und meinem damaligen Freund.«

»Wie haben Sie die Gerichtsverhandlung erlebt?«

»Ich hab halt meine Aussage gemacht, Wöller saß mir so schräg

gegenüber. Die Öffentlichkeit war ausgeschlossen worden, nur die Prozessbeteiligten waren anwesend. Das Gericht hat ihn dann gefragt, ob er noch etwas dazu zu sagen hätte. Wöller hat sich bei mir entschuldigt, da sind bei mir die Sicherungen durchgebrannt. Wir mussten den Gerichtssaal in der Pause verlassen, ich hab es einfach nicht mehr ausgehalten.«

»Sie sagen, Ihnen seien ›die Sicherungen durchgebrannt‹. Können Sie das genauer beschreiben?«

»Das war innerlich, äußerlich hat man mir wahrscheinlich gar nichts angemerkt. Ich hab mich schon zusammengerissen. Wofür sollte der sich noch entschuldigen? (Claudia weint.) *Das ist doch sinnlos. Man hat doch auch später gesehen, was von solchen Entschuldigungen zu halten ist.«*

»Was haben Sie gefühlt, als Sie dem Täter gegenübersaßen? War das auch ein Stück Befriedigung oder eher Befreiung?«

»Damals eigentlich nicht. Das war für mich eher eine Belastung, dass ich vor Gericht aussagen musste. Heute ist das etwas anderes, da ist schon eine starke Erleichterung da.«

»Also spielen Sie mit dem Gedanken, bei der kommenden Verhandlung selbst im Gerichtssaal zu erscheinen?«

»Ja.«

»Sie haben mir einmal in einem Telefonat gesagt, Sie hätten damals bei der ersten Verurteilung im Jahr 1986 schon das Gefühl gehabt: ›Der macht das wieder.‹ Warum?«

»Das waren so Gedanken, die haben sich im Laufe der Zeit eingestellt. Ich hab überlegt: ›Kommt der raus, kommt der nicht wieder raus?‹ Besonders wenn so ähnliche Fälle passiert sind, da hab ich so nachgedacht: Der macht das bestimmt auch öfter. Der hat damals das eine Mädel erwischt, und dann hat er mich erwischt. Wenn sie ihn nicht gekriegt hätten, wer weiß, wie viele er noch erwischt hätte. Für mich war das ziemlich klar: Der tut es wieder.«

»Also mehr gefühlt als gewusst?«

»Mehr gefühlt.«

»Und dieses Gefühl ist entstanden aus dem sehr intimen Kontakt mit dem Täter, als Sie hautnah und unmittelbar gespürt haben, was der will?«

»Nein. (Sie denkt kurz nach.) *Vielleicht lag es auch einfach daran, dass viele Serienmörder sich so verhalten und ich das so assoziiert hab. Es war einfach so ein Gefühl, das könnte auch so einer sein.«*

»Das war für Sie vielleicht auch eine sehr merkwürdige Erfahrung. Normalerweise denkt man doch, wenn man von einem fremden Mann angegriffen wird, zumal spätabends in der Dunkelheit: ›Der will was von mir, der will mir an die Wäsche.‹ Aber genau das hat der Täter nicht gemacht. Haben Sie einmal darüber nachgedacht oder eine Erklärung dafür gefunden, warum er sich anders verhalten hat?«

»Ich hab natürlich darüber nachgedacht, warum der das gemacht hat. Aber warum er bestimmte Sachen nicht gemacht hat, da hab ich nicht drüber nachgedacht. Heute, wo ich auch Ihre Bücher gelesen habe, da schon. Damals nicht. Vielleicht war ich damals noch ein wenig naiv, vielleicht wollte ich die Sache aber auch nicht an mich heranlassen. Für mich war wichtig: Ich bin davongekommen. Ich lebe noch. Punkt.«

»So eine Tat wird Ihnen heute sehr wahrscheinlich nicht mehr passieren?«

»Ja, weil ich mich nicht mehr in so eine Situation begeben würde. Aus diesem Gefühl und aus dieser Erfahrung heraus. Damals bin ich aber trotz dieser schlimmen Erfahrung mit anderen Mädchen ausgegangen, nur bin ich nie allein unterwegs gewesen. Ich hab mich wohl so verhalten, weil ich das damals verdrängt habe. Gut, heute bin ich verheiratet, da fehlen halt einfach die Zeit und die Gelegenheit für so etwas. Aber ich würde es auch sonst nicht machen.«

»Was würden Sie Frauen raten, um solche Gefahren zu vermeiden? Wie sollte man sich als Frau verhalten, um nicht in eine solch furchtbare Situation zu geraten?«

»Es gibt solche und solche Frauen. Es gibt Frauen, die so etwas auch ein wenig provozieren, das ist meine persönliche Meinung. Die ziehen sich so aufreizend an, da muss man sich nicht wundern, wenn so ein Täter darauf anspringt. Und dann gibt es solche Frauen, die einfach nur zur falschen Zeit am falschen Ort sind – wie ich.«

»Was wäre aus Ihrer Sicht eine gerechte Strafe für den Täter?«

»Rechtlich gesehen?«

»Zunächst juristisch, ja.«

»Lebenslänglich Knast und Sicherungsverwahrung. Der darf nicht mehr raus.«

»Also quasi lebendig begraben?«

»Ja. Und gefühlsmäßig … (Claudias Stimme bricht, sie beginnt wieder zu weinen.) *Das Ding abschneiden oder eine Spritze geben. Drangsalieren. Quälen.«*

»Was halten Sie von der Todesstrafe für so jemanden?«

»Nein, quälen. Er soll persönlich leiden für das, was er anderen Menschen angetan hat. Leiden bis zum Gehtnichtmehr.«

»Stellen Sie sich bitte mal vor, Sie hätten die Gelegenheit, dem Täter etwas direkt ins Gesicht zu sagen. Was würden Sie ihm sagen, oder was würden Sie ihn fragen wollen?«

»Ich würde ihn fragen, warum. Wieso ich? Ob ich wirklich nur zur falschen Zeit am falschen Ort war.«

»Was empfinden Sie für diesen Mann?«

»Eigentlich ist das Hass. (Claudia denkt lange nach.) *Andererseits ist da auch Mitleid. Vielleicht hat er ja doch eine schlimme Kindheit gehabt. Hass ist da aber auf alle Fälle.«*

»Haben Sie mal Kontakt aufgenommen zu Frauen, die ein ähnliches Schicksal wie Sie erlitten haben?«

»Nein.«

»Warum nicht?«

»Ich glaube nicht, dass das helfen würde. Ich hätte auch Bedenken, die Probleme der anderen zu nah an mich heranzulassen. Da bin ich lieber vorsichtig und verzichte.«

»Haben Sie vielleicht Angst vor solchen Begegnungen, weil alles wieder präsent wäre, weil Sie auch verletzbar sein könnten?«

(Sie denkt nach.) *»Sicher wäre das nicht einfach. Es müsste dann aber schon jemand dabei sein, der etwas davon versteht – dann vielleicht.«*

»Letzte Frage. Abgesehen von diesem grässlichen Aggressionsakt, dem Sie schutzlos ausgeliefert waren, was war für Sie die schlimmste Erfahrung, wenn Sie die vergangenen 20 Jahre Revue passieren lassen?«

(Claudia überlegt eine Zeit lang, antwortet aber nicht.)

»Worunter haben Sie am meisten gelitten?«

»Dass es nicht vorbei ist! (Sie weint jetzt heftig.) *Dass man es nicht einfach in die hinterste Schublade verbannen kann, es ist immer wieder da. Es gibt Situationen, da bricht dieses Grauen immer wieder durch. Zum Beispiel, wenn meine Tochter mal zu spät kommt. Da gehe ich durch die Hölle!«*

Kapitel 6

»Er küsste mir das Blut vom Mund«

»Die Tür steht leicht offen. Marie will sie schließen. Da bemerkt sie, wie sich die Tür langsam, knarrend immer weiter öffnet. Ungläubig staunend blickt sie auf den größer werdenden Spalt. Marie ist unschlüssig, sie weiß nicht, was sie tun soll. Steif und starr bleibt sie einfach nur stehen. Den Blick auf die Tür gerichtet. Bis sie ohne ein Wort, ohne eine Silbe, von der Wucht des Schlages zu Boden fällt.«

Andrea Maria Schenkel, *Tannöd*

»Das heimliche Einverständnis zwischen Täter und Opfer ist eine grundlegende Tatsache der Kriminologie. Natürlich gibt es keine Verständigung oder gar bewusste Teilhabe, wohl aber eine Interaktion, eine Wechselbeziehung und einen Austausch verursachender Elemente.«

Hans von Hentig, *Der Verbrecher und sein Opfer*

Serienmörder gelten allgemein als überaus geschickte und erfolgreiche Verbrecher, als Täter, die mühelos ihre Opfer finden und denen kaum jemand entkommt, haben sie sich erst einmal zur Tat entschlossen. Und die Opfer sollen dabei den Tätern ausgeliefert sein: mutlos, schutzlos, hilflos, auf Gedeih und Verderb. Die Geschichtsschreibung dieses Gewaltphänomens und seine Darstellung in den populären Medien jedenfalls wollen es so. Auch ein Ergebnis meiner aktuellen Studie scheint diesem Mythos neue Nahrung zu geben: Nur 16 Prozent der Opfer überlebten den mörderischen Angriff eines Serientäters. Ein ohne Zweifel signifikanter Wert, berücksichtigt man, dass die polizeiliche Kriminalstatistik für das Jahr 2006 bei allen im Bundesgebiet bekannt gewordenen Tötungsdelikten einen auffällig hohen Versuchsanteil (= Opfer überlebt Tötungsakt) ausweist: bei Mord über die Hälfte (59 Prozent) und bei Totschlag und Tötung auf Verlangen mehr als drei Viertel der Fälle. So gesehen, haben Serienmörder tatsächlich eine ausgesprochen hohe Effektivität, wenn es darum geht, ein Menschenleben auszulöschen.

Doch wenn man etwas genauer hinsieht, ist die Verbrechenswirklichkeit eine andere. Die meisten Vielfachmörder benötigen nämlich eine Vielzahl von Anläufen, um sich tatsächlich eines Opfers zu bemächtigen: Auf eine durchgeführte Tat kommen durchschnittlich 31 Anbahnungsversuche. In der Kriminalstatistik werden diese Ereignisse als versuchte Straftaten jedoch nicht erfasst, weil die potenziellen Opfer gar nicht mitbekommen, wer ihnen da nachstellt, oder weil sie diesem Erlebnis, das sich nur marginal von anderen Begegnungen mit nicht-kriminellen Menschen unterscheidet, keine besondere Bedeutung beimessen – die Kripo jedenfalls erfährt meistens nichts davon. Jürgen Bartsch, der innerhalb von viereinhalb Jahren fünf Jungen in einen Luftschutzstollen lockte und vier Opfer dort tötete, beschrieb die Intensität seiner »Jagdausflüge« so: *»An sich war ich jeden Tag auf Tour.«* Der vielfache Kinder- und Frauenmörder Peter Kürten äußerte sich ähnlich drastisch: *»Ich hatte eigentlich dauernd die Stimmung zum Umbringen. Je mehr, umso lieber. Jeden Abend, wenn meine Frau Spätdienst hatte, bin ich herumgestreift nach einem Opfer. Es war aber nicht so leicht, eins zu finden.«*

Auch Johann Eichhorn, der »Schrecken des Münchner Westens«, erzählte nach seiner Festnahme am 29. Januar 1939 freimütig von seinen zahlreichen, aber überwiegend erfolglosen Beutezügen. *»Ich kann nicht sagen, dass in einem Jahr oder in einem bestimmten Monat besonders viel Verbrechen von mir begangen worden sind«*, gab er den Kripobeamten zu Protokoll, *»ich möchte mich vielmehr dahingehend ausdrücken, dass die Zahl meiner Opfer sich lediglich nach den mir gebote-*

nen Möglichkeiten richtet. Scharf und fähig, ein Mädchen zu überfallen, war ich eigentlich immer. Auch die Tageszeit spielte bei mir keine Rolle. Ich war sowohl in den frühesten Morgenstunden, am hellen Tage wie auch um Mitternacht gleichwohl in der Lage, ein Mädchen zu überfallen. Ich habe sowohl frühmorgens um 5 Uhr, wenn ich zur Arbeit bin, und zwar im Winter, wenn Schnee lag, als auch zu jeder anderen Tages- und Jahreszeit meine Sittlichkeitsverbrechen begangen. Wenn die Gelegenheit günstig war, habe ich den passenden Augenblick abgewartet und bin dann ohne jede Vorrede an das jeweilige Opfer herangegangen und habe es entweder vom Rade gezogen oder aber, wenn es sich um Fußgänger handelte, das betreffende Mädchen an einen geeigneten Platz geschleppt, um den Geschlechtsverkehr auszuüben. Ich bin aber häufig überrascht worden und musste von meinem Opfer ablassen.«

Bartsch, Kürten und Eichhorn sind keine Einzelfälle. Insbesondere sadistische und sexuell motivierte Vielfachmörder berichten übereinstimmend von unzähligen fehlgeschlagenen Versuchen, um an ein Opfer heranzukommen oder eine Tat in ihrem Sinne zu vollenden. Peter Kürten ist überdies ein Paradebeispiel dafür, dass die unmittelbare Konfrontation mit einem zu allem entschlossenen Serienmörder keineswegs tödlich ausgehen muss, denn am Ende seiner verbrecherischen Bemühungen standen im Regelfall nicht die Befriedigung seiner perversen Bedürfnisse und der Tod des Opfers, sondern Frustration und Enttäuschung über die wieder einmal missglückte Tat. Das kriminelle Scheitern hatte weniger mit ihm zu tun, sondern mit dem beherzten und situationsgerechten Verhalten seiner Opfer. Nach seiner Festnahme offenbarten sich viele Frauen der Kripo und berichteten von ihrer unheimlichen Begegnung mit dem »Düsseldorfer Mörder«.

Josefa Hau, 16, Schülerin: *»Ich lernte einen netten Mann, Bautechniker Franz Becker, kennen. Im Hofgarten machte er mir eine Liebeserklärung. Er zog mich auf sich und wollte mir un-*

ter die Röcke. Ich schlug ihn mit der Faust aufs Auge. Er schlug zurück mit der Faust, sodass mein Mund blutete. Er sagte, dass sei nun der Dank dafür, dass er mich mit ins Café genommen hätte. Ich gab ihm drei Mark, worauf er mir 2,15 Mark zurückgab. Er küsste mir das Blut vom Mund. Er wollte mich noch weiter anhalten, ich lief aber fort. Er rief mir noch nach: ›Du kannst froh sein, dass wir nicht allein im Hofgarten sind!‹«

Maria Maas, 25, Hausfrau: »*Als der Mann mich ansprach und sich vorstellte, verstand ich nur den Vornamen Fritz, er sei bei der Post tätig. Er benahm sich in jeder Beziehung wie ein Kavalier. Wir gingen zur Kirmes. Dort kaufte er Pfirsiche, wir kehrten auch in ein Lokal ein. Dann gingen wir auf den Rhein zu. Der Mann bat mich wiederholt um einen Kuss. Als es dunkelte, wollte ich nach Hause. Da fasste er ohne ein Wort an meinen Hals und drückte fest zu. Ich riss mich los und lief auf ein kleines Festzelt zu und mischte mich unters Volk. Noch tagelang konnte man an meinem Hals fünf Nageleindrücke sehen.«*

Maria del Santos, 22, Näherin: »*Kürten stellte sich als vermögender Junggeselle vor, ich könne in seiner Villa draußen sehr anständig schlafen. Im Walde wollte ich nicht weitergehen. Da packte er mich plötzlich von hinten am Hals, warf mich auf die Erde und würgte mich. Ich redete ihm gut zu. Aber blitzschnell hatte er mich wieder gepackt. Ich fiel hin. Er stand gespreizt über mir. Mit den Füßen habe ich ihn fest getreten. Ich konnte mich losmachen, lief fort und versteckte mich im Gebüsch. Dort saß ich von 22 Uhr bis 6 Uhr. Ich hörte stundenlang jemand am Gebüsch vorbeigehen. Aber er hat mich nicht gefunden.«*

Häufig lassen sich die Täter bei der Auswahl ihrer Opfer nicht von Geschlecht, Aussehen oder körperlicher Konstitution leiten, sondern von einem ganz anderen Aspekt. Der dreifache Mörder und vielfache Vergewaltiger Roland Klemm (Kapitel 4) beschrieb diesen eher intuitiv ablaufenden Prozess der Opferselektion so: »*Und je nachdem, wie sich das Opfer in dieser Situation* [gemeint ist der erste Kontakt, Anm. S. H.] *verhält, ist es ein zusätzliches Kriterium:› Ja, du bist ein Opfer!‹ oder: ›Vorsicht, Finger weg, in die andere Richtung gehen!‹*«

Die Wahrscheinlichkeit für eine Frau (in eingeschränktem Maße gilt dies auch für Männer), Opfer eines Serienmörders zu werden, hängt auch von der Ausstrahlung ihrer Sozialkompetenz ab. Frauen können durch Kleidung, Körperhaltung, Sprache, Mimik und Gestik, ihr gesamtes Auftreten bestimmte Täter regelrecht abschrecken. Die Täter entwickeln nämlich mit der Zeit und zunehmender Erfahrung einen sehr feinen Instinkt, bei welchem Typ Frau mit besonders starker Gegenwehr zu rechnen ist. Und genau diese Einschätzung ist vielfach entscheidend dafür, welches Opfer angesprochen oder angegriffen wird. Es ist sicher kein Zufall, dass die Mehrheit der von mir untersuchten Serienmord-Opfer über eine eher gering ausgeprägte soziale Kompetenz verfügten und dies auch meistens erkennen ließen.

Je größer Selbstvertrauen und Selbstsicherheit sind, desto geringer ist die Gefahr, von einem Täter als potenzielles und profitables Opfer wahrgenommen zu werden. Selbstbehauptungs- und Selbstverteidigungskurse machen dann Sinn, wenn die Rolle des wehrhaften Opfers erst noch eingeübt werden muss. Allerdings sollte dabei auch kriminologisches Grundwissen vermittelt werden, etwa über bevorzugte Kontaktorte der Täter, Persönlichkeitsprofile oder Tatbegehungsweisen.

Mitunter trägt das Opfer selbst maßgeblich dazu bei, wie die Tat ausgeht, ob es überhaupt zu einer Tötungshandlung kommt. Dies gilt besonders bei solchen Tätern, die in ihren Opfern keine austauschbaren Objekte sehen und deren Tötung nicht von vornherein beabsichtigen. Verhalten und Äußerungen des Opfers steuern den Täter und beeinflussen ihn in seinem Handeln: In dem einen Fall tötet er sein Opfer, weil

er sich herausgefordert oder provoziert fühlt oder in Gefahr glaubt, in einem anderen lässt er es leben. Es geht hier ausdrücklich nicht darum, Opfer pauschal zu beschuldigen und Täter zu entschuldigen, auch im konkreten Einzelfall nicht. Es geht einzig darum, durch Beschreibung und Analyse der Mitverursachung erkennbar werden zu lassen, wo Gefahren lauern und wie ihnen wirksam begegnet werden kann.
Aus diesem Blickwinkel verdient das kriminelle Verhalten des Transportarbeiters Hans-Bert Grauer besondere Beachtung. Der 26-Jährige wird am 7. November 1985 vom Landgericht Darmstadt wegen vierfachen Mordes und eines Totschlags zu einer »lebenslangen Freiheitsstrafe« verurteilt. Zum Motiv für die Tötungen stellt das Gericht Folgendes fest:
Fall Nummer eins – Roswitha Berger, 14, Schülerin, getötet am 13. Juni 1980: »Er zog das Tuch vom Mund des Opfers herunter und verlangte von ihm, es solle sein Glied in den Mund nehmen, um den Oralverkehr durchzuführen. Als die 14-Jährige sich weigerte, den Oralverkehr durchzuführen, geriet der Angeklagte in Wut. Aus Wut über die Verweigerung des Mundverkehrs stach der Angeklagte mit dem Messer in Tötungsabsicht auf sie ein.«
Fall Nummer zwei – Anna Lottmann, 28, Prostituierte, getötet am 8. Oktober 1980: »Da sich die Frau heftig wehrte, würgte er sie zunächst mit beiden Händen am Hals, um sie so zu veranlassen, den Mund zu öffnen und sein erigiertes Glied in den Mund zu nehmen. Frau Lottmann wehrte sich jedoch weiterhin und versuchte, die fest ihren Hals umschließenden Hände des Angeklagten wegzuziehen. Als der Angeklagte merkte, dass er so sein Ziel nicht erreichen würde und die Frau zu schreien begann, hielt er ihr mit einer Hand den Mund zu und entschloss sich aus Wut und Verärgerung über den verweigerten Mundverkehr, die Frau zu töten.«
Fall Nummer drei – Frauke Schmitt, 27, Prostituierte, getötet am 28. Februar 1981: »Dann forderte er die Frau auf, sein eri-

giertes Glied in den Mund zu nehmen, wobei er ihren Kopf mit der einen Hand an den Haaren in Höhe seines Geschlechtsteiles hielt und onanierende Bewegungen vor ihrem Gesicht machte. Als Frau Schmitt dieser Aufforderung nicht nachkam, geriet der Angeklagte über die Verweigerung des Mundverkehrs derart in heftige Wut, dass er sich entschloss, die Frau zu töten.«

Fall Nummer vier – Rosa Salzgeber, 17, Schülerin, getötet am 20. Mai 1982: »Da Rosa Salzgeber jedoch den Mund nicht öffnete, wurde der Angeklagte wütend und drückte ihr die Scheide oder Spitze des Messers gegen die Halsseite, um sie zum Mundverkehr zu zwingen. Da das Opfer schrie und der Angeklagte vor allem über die Verweigerung des Mundverkehrs stark verärgert war, stach er nunmehr in der Absicht, das Mädchen deswegen zu töten, mehrfach mit dem Messer gegen dessen Hals und Oberkörper.«

Fall Nummer fünf – Sonja Niemann, 22, Studentin, getötet am 2. November 1983: »Als Sonja Niemann auch danach keine Bereitschaft zum Mundverkehr zeigte, legte der Angeklagte die rechts und links des Kopfes herausragenden Teile der Jogginghose [des Opfers, Anm. S. H.] kreuzweise über ihren Hals und zog sie nach unten, in der Absicht, sie dadurch zum Öffnen des Mundes zu veranlassen. Da Sonja Niemann aber auch danach nicht den Mund öffnete, verstärkte der Angeklagte den Druck auf den Hals, indem er die in seinen Fäusten befindlichen Hosenenden über die Fäuste kräftig nach außen drehte (...). Als der Angeklagte bemerkte, dass Sonja Niemann weiterhin mit offenen Augen leblos dalag, kniete er neben sie, nahm ihren Oberkörper hoch und schüttelte sie. Dabei kippte ihr Kopf nach hinten weg. Der Angeklagte, dem nun deutlich war, dass das Opfer tot war, zog die Leiche noch fünf Meter tiefer in den Wald, um ein Auffinden zu erschweren.«

Glaubt man Grauer, dessen Geständnisse vom Gericht als »sehr glaubwürdig« bewertet werden, ist es allein deshalb zur

Tötung der Frauen gekommen, weil sie sich ihm sexuell verweigerten und er darüber in Rage geriet. Man könnte versucht sein, diese sich sehr ähnelnden Schilderungen als Schutzbehauptungen eines Täters abzutun, der den Eindruck erwecken will, lediglich durch das Verweigerungsverhalten der Opfer zur Anwendung tödlicher Gewalt animiert worden zu sein – gäbe es da nicht noch eine Tat, für die Grauer ebenfalls verurteilt wird und die sich zwischen den Morden Nummer vier und fünf ereignete.

Alles beginnt am 25. Februar 1983, als die 32-jährige Rita Bode in ihrer Stammkneipe »Holte« vorbeischaut, nur mal eben Zigaretten holen. Es ist kurz nach 23 Uhr. Nachdem Rita die Schachtel gezogen hat, setzt sie sich doch noch an die Theke. Die Versicherungskauffrau will nicht unhöflich erscheinen, sie kennt den Wirt gut. Erst nach einer Zeit bemerkt Rita einen jungen Mann mit langen, blonden Haaren, der auch am Tresen steht, nur zwei Meter weiter – Grauer. Der sagt nichts und macht einen deprimierten Eindruck. Sie beachtet den Mann kaum. Rita vergisst die Zeit, als sie schließlich über ihr Hobby zu sprechen beginnt: Karate. Einige junge Männer werden aufmerksam und fachsimpeln mit. Rita kennt sie alle. Es sind Freunde oder Bekannte. Irgendwann gehört Grauer mit zu dieser Gruppe, er sagt aber kaum etwas, hört lieber zu.

Gegen 1 Uhr macht jemand den Vorschlag, noch auf eine Party zu gehen. Die jungen Männer fahren mit ihren Wagen los, während Rita und Grauer vor dem Lokal zurückbleiben. Rita kennt Grauer nicht, aber sie möchte auch auf die Party und Grauer weiß, wo sie stattfindet. Sie holt ihren Wagen und nimmt Grauer mit, den sie für einen netten Kerl hält. Auf der Party unterhält sich Rita ausgelassen, Grauer sitzt in der Küche auf einer Bank, trinkt Bier und stiert vor sich hin. Rita setzt sich immer wieder mal zu ihm, sie will ihn ein wenig aufmuntern. Doch Grauer zeigt sich unbeeindruckt.

Irgendwann bekommen sich zwei Gäste in die Haare, ein junger Mann streitet sich lautstark mit einer Frau, beide haben wohl auch zu viel getrunken. Die 26-jährige Birgit Höller ist sauer, weil ihr Freund sich zu lange und zu intensiv mit einer Blondine unterhalten hat. Wutentbrannt verlässt die Jurastudentin die Party. Derjenige, der ihr hinterherläuft, ist jedoch nicht ihr Freund, sondern Grauer. Im Treppenhaus passt er Birgit ab und bietet ihr an, sie nach Hause zu bringen. Birgit ist einverstanden.

Der kürzeste Weg wäre quer durch die Innenstadt, vielleicht 15 Minuten Fußweg. Grauer schlägt aber vor, noch einen kleinen Umweg zu machen, und zwar über die Friedrichallee, das sei der schönere Weg. Birgit hat keine Einwände, ihr Begleiter macht auf sie einen sympathischen und vertrauenerweckenden Eindruck.

Nach etwa 20 Minuten, in denen beide kaum miteinander gesprochen haben, führt der Weg durch ein kleines Waldstück. Jetzt! Grauer packt Birgit mit beiden Händen, urplötzlich, sein bis dahin melancholischer Gesichtsausdruck verwandelt sich in eine furchterregende Fratze. Birgit realisiert sofort, dass sie in großer Gefahr ist. Sie spürt, was Grauer von ihr will, was nun folgen soll. Birgit schlägt ihrem Widersacher mit der rechten Hand ins Gesicht und rennt los. Grauer spurtet hinterher und holt Birgit ein, als sie über einen Ast stolpert und stürzt. Grauer ist schnell über ihr und zieht sie an ihrem Pullover hoch. »Komm mit! Komm mit!«, zischt er und zerrt sein Opfer in den Wald. Birgit hat Todesangst. Sie befürchtet, dass Grauer sie umbringen wird, weil sie ihn vorher geschlagen hat. Sie redet auf ihn ein, entschuldigt sich, gibt sich unterwürfig, bietet Grauer sogar an, mit ihm Sex zu haben, freiwillig – allerdings nur bei ihr zu Hause, da könne man sich Zeit lassen.

Grauer glaubt ihr kein Wort. Er drückt die Frau brutal gegen einen Baum und reißt ihr mit einem kräftigen Ruck Hose und Slip herunter, dann schiebt er Rollkragenpullover und T-Shirt

nach oben. Birgit redet um ihr Leben, schmeichelt Grauer, wie nett er doch eigentlich sei, dass er auch noch gut aussehe. Grauer lässt sich aber nicht beirren und vergewaltigt sein Opfer.
Doch all das befriedigt ihn nicht wirklich, nicht restlos. Er drückt Birgit nach unten, sodass sie vor ihm kniet. Er zwingt sie zum Oralverkehr, sie lässt es über sich ergehen. Birgit fürchtet immer noch, Grauer werde sie umbringen, spätestens wenn er seine Befriedigung gefunden hat. Sie will, sie muss Zeit gewinnen. Sie fragt Grauer, ob er mal kurz aufhören könne, sie müsse mal. Grauer geht auf ihr Bitten ein. »Mach! Mach schon!«, drängt er sein Opfer zur Eile. Birgit uriniert im Stehen. Sie kann jetzt keinen klaren Gedanken mehr fassen, Alkohol und Stress lassen ihre Widerstandskräfte erlahmen – es wird ihr zu viel, sie sackt einfach zusammen, verliert das Bewusstsein.
Als Birgit kurze Zeit später wieder zu sich kommt, will sie nur noch weg, einfach nur weg. Aber sie ist vollkommen desorientiert, sie weiß nicht recht, wohin eigentlich. Grauer steht einige Meter entfernt neben ihr und beobachtet die Frau. Mit heruntergezogener Hose läuft sie kurzerhand in Richtung Wald, Grauer hetzt hinterher. Er ist noch nicht fertig mit ihr. Er will sie noch einmal missbrauchen. Doch als er sie einholt, hat er sich wieder im Griff, sein perverses Verlangen ist vorüber. Er führt sein Opfer sogar noch aus dem Wald heraus, bevor er sich dann wortlos davonmacht. Birgit irrt einige Stunden durch die Stadt, sie ist traumatisiert, ratlos, hilflos. Ein Passant alarmiert um 7.14 Uhr die Polizei, dass »eine angetrunkene, verschmutzte Frau« verzweifelt umherirre. Kurz darauf wird Birgit von der Polizei aufgegriffen.
Birgit Höller überlebte als einziges Grauer-Opfer nur deshalb, weil sie die richtige Strategie gewählt und die richtigen Entscheidungen getroffen hatte. Einem gefährlicheren Täter als Grauer hätte sie nicht begegnen können, denn zu dem Zeitpunkt seines Vergehens an ihr hatte der 24-Jährige bereits vier

Opfer getötet – er hätte konsequenterweise auch Birgit umbringen können, ausreichend Zeit und Gelegenheit hätte er dazu gehabt. Doch er tat es nicht, weil sein Opfer ihm keinen Grund dafür gab. Birgit wehrte sich nämlich nur ein einziges Mal, anfangs, als sie Grauer eine schallende Ohrfeige gab. Danach erkannte sie sehr schnell, dass sie es mit einem Mann zu tun hatte, der zu allem fähig zu sein schien – und darum fügte sie sich in die leidvolle Rolle des Opfers, das nicht aufbegehrt, sondern tut, was ihm aufgezwungen wird. Nur so konnte sie überleben.

Hans-Bert Grauers Fall ist typisch für eine ganze Reihe von Serienmördern, die ihre Taten nicht mit unbedingtem Tötungsvorsatz anbahnen, sondern Verhalten und Äußerungen des Opfers echolotartig reflektieren und erst dann entscheiden, ob ihnen eine Tötung notwendig erscheint. Sie beobachten scharf, hören genau zu, wägen sorgsam ab.

Am 19. Dezember 1994 ist die 32-jährige Laborassistentin Marlies Gödde mit ihrem Wagen unterwegs von Dresden über Berlin nach Schwerin. Dort hat die 32-Jährige im Europa-Hotel bereits ein Zimmer reserviert. Gegen 20 Uhr geht ihr auf der Autobahn 24 das Benzin aus, etwa zehn Kilometer von der Raststätte »Stolpe« entfernt, nahe der Gemeinde Parchim. Sie fährt auf den Standstreifen und schaltet das Warnblinklicht ein. Kurze Zeit später hält hinter ihrem Wagen ein Fahrzeug. Wolfgang Berner, ein 38-jähriger Berufskraftfahrer aus Pritzwalk, bietet ihr seine Hilfe an, er könne sie bis zur nächsten Tankstelle mitnehmen und auch wieder zu ihrem Auto zurückfahren. Marlies Gödde nimmt das Angebot an, und sie fahren bis zur Tankstelle an der Raststätte »Stolpe«, wo Marlies einen Kanister mit Benzin kauft. Danach setzt sie sich wieder zu Berner ins Auto. An der Abfahrt Neustadt/Glewe fährt Berner von der Autobahn ab und steuert den Wagen zurück in Richtung Berlin.

Marlies glaubt, nicht richtig zu hören, als Berner mit einem Mal zu ihr sagt: »Ich möchte mit dir schlafen!« Sie ist entsetzt: Nein, auf keinen Fall. Er solle bloß weiterfahren. Berner fährt tatsächlich weiter, und zwar bis zur Abfahrt Putlitz, biegt dort aber ab, unplanmäßig. Nach etwa zwei Kilometern hält er an, ringsum Wald. »Zieh dich aus!«, fordert er Marlies Gödde auf, doch die weigert sich. Berner holt daraufhin aus der Ablage in der Fahrertür ein Paketband und fesselt ihr die Hände auf dem Rücken. Dann knöpft er ihr die Bluse auf und beginnt sie zu streicheln. Sie sei geschlechtskrank, schützt Marlies vor und fragt Berner, ob er nicht ein Kondom dabei habe. Berner fällt in der Tat auf die Finte der Frau herein und lässt von ihr ab. »Dann eben nicht!« Berner startet den Wagen und fährt los. Er will Marlies zu ihrem Auto zurückbringen. Die ist aufgebracht und empört. »Ich zeige dich auf jeden Fall an!«, droht sie ihm mehrfach an. Und ihre Drohungen zeigen Wirkung: Berner hält kurze Zeit später an, schnappt sich ihren dunklen Wollschal und erdrosselt sein Opfer.

1. November 1999, gegen 14.30 Uhr, Autobahn 24 Richtung Hamburg, in Höhe der Gemeinde Talkau, auf dem Seitenstreifen, Kilometer 28,5. Dort inspiziert die 24-jährige Bankangestellte Gabi Knecht den Motorraum ihres liegen gebliebenen Ford Escort. Plötzlich steht Wolfgang Berner neben ihr, der mit seinem Lkw für eine Spedition unterwegs ist und angehalten hat. Ob er mal nachsehen solle? Er soll. Berner stellt fest, dass kein Kühlwasser mehr vorhanden ist. Ob sie ihm bei der Suche nach destilliertem Wasser helfen wolle, drüben im Führerhaus seines Lkws, fragt Berner die junge Frau. Gabi willigt ein und geht mit ihm. An seinem Lkw angekommen, stößt Berner die Frau brutal gegen die offene Beifahrertür, dreht ihr die Arme nach hinten und verbindet ihr blitzschnell mit einer Paketschnur die Handgelenke auf dem Rücken. Gabi gelingt es, die Fesseln wieder zu lösen. Als sie sich umdreht, schlägt Berner sofort zu, der mit aller Kraft geführte Schlag trifft sie

unter dem Rippenbogen. Gabi stöhnt auf und krümmt sich vor Schmerzen. Abermals fesselt Berner sein Opfer, diesmal legt er der jungen Frau die Schnur auch um den Hals und verknotet sie zu einer Schlinge. Gabi sitzt endgültig in der Falle. Sie hat Todesangst. Sie ist überzeugt davon, dass Berner sie töten will und wird. Der schiebt sein Opfer in den Fußraum des Führerhauses und fährt auf die Autobahn. Gabi versucht nun, mit dem unheimlichen Fremden zu reden. Da Berner nicht antwortet, stellt sie ihm Fragen: »Was hast du vor?«, »Was passiert jetzt?«, »Warum gerade ich?« Am Rastplatz »Drahtteich«, unweit der Bundesstraße 404, hält er an. Berner zieht die Vorhänge zu, löst Gabis Fesseln und fordert sie unmissverständlich auf, sich auf die Pritsche im hinteren Bereich des Führerhauses zu setzen und sich auszuziehen: »Und keine Zicken, sonst ...« Gabi hat verstanden. Dann vergewaltigt er sein Opfer.

Gabi will leben. Gabi will weiterleben. Anderthalb Stunden redet sie auf Berner ein, fast pausenlos, macht ihm verständlich, was ihr am Leben liegt, warum er sie doch gehen lassen soll. Sie werde auch nicht zur Polizei gehen, sie sei doch keine Gefahr für ihn. »Du kriegst auch meine Telefonnummer!« Ein erster Erfolg: Gabi darf sich wieder anziehen, sie gibt Berner wie versprochen ihre Firmen- und Handytelefonnummer. Dann noch ein Erfolg: Der Mann, der sie gerade vergewaltigt und mit dem Tode bedroht hat, fährt sie zurück zu ihrem Auto, er füllt sogar das Kühlwasser nach. Schließlich ist es so weit: Gabi darf in ihr Auto steigen. Sie startet den Wagen und fädelt sich auf der Autobahn ein. Dann klingelt ihr Handy. Es ist Berner. »Vergiss nicht, was ich dir gesagt habe!« Das wird sie nicht. Gabi legt auf und gibt Gas. Irgendwann ist der Lkw im Rückspiegel nicht mehr zu erkennen. Sie ist frei, sie lebt.

Nur 18 Tage später. Es ist kurz nach 23 Uhr, als Sylvia Grothe auf der Autobahn 24 kurz vor der Raststätte »Linum« von einem Lkw angeblinkt wird. Die 21-jährige Schneiderin ist unterwegs nach Schleswig, sie will dort ihre Mutter besuchen. Sylvia fährt auf den Rastplatz. Direkt neben ihr hält der Lkw, von dem sie angeblinkt worden ist. Berner steigt aus und fragt Sylvia, ob sie nicht gemerkt habe, dass ihr Wagen so unruhig fahren würde und ob er ihr helfen könne.

Sylvia ist noch eine recht unerfahrene Autofahrerin, sie hat erst vor einigen Monaten ihren Führerschein gemacht, von Autos versteht sie eigentlich nichts. Berner inspiziert den Wagen der jungen Frau, kann aber nichts finden – so sagt er jedenfalls. Dennoch warnt er Sylvia: »So geht das aber nicht, viel zu gefährlich!« und bietet ihr an, sie in ihrem Wagen bis zu einer Werkstatt zu begleiten, das sei doch sicherer. Sylvia willigt ein, und Berner dirigiert sie von der Autobahn in Richtung der Gemeinde Linum. Da dort aber keine Werkstatt mehr geöffnet hat, fahren sie zurück zur Raststätte. Von dort aus telefoniert Sylvia mit ihrer Mutter, erzählt ihr von dem Malheur, beruhigt sie aber, dass sie sich keine Sorgen zu machen brauche, da ihr von einem »netten Herrn« geholfen werde. Berner spricht sogar selbst mit Sylvias Mutter und bestätigt ihre Geschichte – er werde sich um Sylvia kümmern, so verspricht er es ihrer Mutter. Dann schlägt Berner Sylvia vor, dass sie mit ihrem Wagen langsam vorfahren solle und er hinterher. So fahren sie weiter bis zu einem Parkplatz ohne Tankstelle vor der Ausfahrt Putlitz. Dort steigt Berner zu Sylvia in den Wagen und versucht, ihr einen Kuss zu geben. Sie weist ihn zurück. Er versucht es noch einmal. Sylvia lehnt das vehement ab: »Lass das, hau ab, ich zeige dich an!« Sylvia ist außer sich. Berner auch. Er reißt die junge Frau an den Haaren und befiehlt ihr: »Fahr zu, fahr zu!«

Berner dirigiert sein Opfer nun in ein Waldgebiet, nur wenige Kilometer südlich der Rastanlage. Sylvia droht immer wieder damit, ihn anzuzeigen. »Halt an!« Berner zieht Sylvia zu sich herüber und fesselt ihr die Hände mit einem Klebeband. Danach setzt sich Berner ans Steuer und fährt tiefer in den Wald hinein. Er löst Sylvias Fesseln, zwingt sie, sich auszuziehen, vergewaltigt sie. Nach seinem Verbrechen setzt Sylvia ihm erneut zu: »Du kommst nicht ungeschoren davon! Ich zeige dich an!« Berner nimmt die Drohung ernst, die Frau ist für ihn zu einer Gefahr geworden. Kurzentschlossen greift er nach Sylvias Strumpfhose und drosselt sie so lange, bis der Tod eintritt.

Betrachtet man die Fälle Grauer und Berner sowie einige ähnlich gelagerte Serienmorde, so lässt sich daran ein Muster ablesen: Es handelt sich um Taten, bei denen nur jene Opfer getötet wurden, die sich dem Verlangen des Täters widersetzten oder die durch ihre Äußerungen zur Bedrohung für den Täter wurden. Sollten Opfer sich also grundsätzlich nicht wehren? Den Mund halten und mitmachen? Oder einfach nur stillhalten? Ist das eine immer funktionierende Überlebensstrategie?

Am späten Abend des 17. September 1994 verlässt Jörg Knauer seine Einraumwohnung in Walsrode. Der 28-Jährige hat sein Handwerkszeug dabei, ein Paar Handschuhe, zwei Schraubendreher, eine Taschenlampe. Knauer ist ein professioneller Einbrecher. Ein geeignetes Objekt hat er schon im Visier, ein Wohnhaus am Rande der Stadt. Ob jemand zu Hause ist, stellt Knauer stets durch mehrmaliges Klingeln an der Haustür fest. Wird geöffnet, entschuldigt er sich und verschwindet. Wird nicht geöffnet, ist das für ihn das »Freizeichen«.

So geht Knauer auch dieses Mal vor. Er klingelt. Ein Mal. Zwei Mal. Niemand öffnet, auch sonst nimmt er keine Geräusche im Inneren des Hauses wahr. Die Eigentümer befinden sich auf einer Hochzeitsfeier. Doch das Haus ist nicht vollkommen verlassen. Martha Pfister, die Mutter der Eigentümerin, bewohnt seit einem halben Jahr zwei Räume im hinteren Bereich des Hauses. Die 71-jährige Rentnerin ist herzkrank und stark gehbehindert. Sie hat das Klingeln nicht gehört, der Fernseher ist zu laut.

Knauer hebelt die rückwärtige Hauseingangstür auf. Er ist drin. Zunächst verschafft er sich einen Überblick, leuchtet vorsichtig mit seiner Taschenlampe. Im Flur begegnet ihm plötzlich Martha Pfister, die auf dem Weg zur Toilette ist. Nachdem sie ihren ersten Schrecken überwunden hat, fasst die resolute Frau schnell Mut. Sie fordert den unheimlichen Besucher höflich auf, doch wieder zu gehen, sie werde auch nichts verraten. »Junge, mach dich nicht unglücklich, du bist doch noch so jung!« Knauer erlebt so etwas nicht zum ersten Mal. »Wo ist das Geld versteckt?« Martha Pfister zeigt in ihrem Wohnzimmer auf eine grüne Schatulle. Knauer öffnet das Kästchen. »Das ist doch nicht alles! Willst du mich verarschen?« Der erste Stich trifft die ältere Frau vollkommen überraschend in den Hals, dann sticht Knauer acht Mal gezielt in Richtung ihrer Herzgegend. Nachdem er die Frau niedergestochen hat, durchsucht Knauer das Haus, nimmt einige Habseligkeiten mit und verschwindet. Martha Pfister wird an ihren schweren Verletzungen verbluten.
Freitag, 24. Juni 1995. Es ist immer noch sehr warm, als Knauer gegen 22.45 Uhr die Tür seiner Wohnung zuzieht und sich auf den Weg macht. Sein Ziel ist dieses Mal ein großes Einfamilienhaus mit Hanglage, das er bereits genau in Augenschein genommen hat: Im Kellerbereich befindet sich eine Arztpraxis, im Erdgeschoss liegt der Wohnbereich. Zehn Minuten später klinget er im Weidenweg 10 bei der Familie Wehlage. Knauer wartet eine Zeit. Niemand öffnet. Zunächst versucht er, mit dem Schraubendreher das Fenster der Gästetoilette und die Terrassentür aufzuhebeln, was ihm aber nicht gelingt. Dann bemerkt er im Dachgeschoss ein offen stehendes Fenster. Er steigt über die nicht sonderlich steile Dachschräge dorthin und dringt in das Haus ein. Vom Dachgeschoss schleicht Knauer über eine Treppe in das Wohnzimmer und beginnt, das Haus systematisch zu durchsuchen, Raum für Raum. In der Küche wird er Minuten später plötzlich von einer Frau

überrascht. Es ist Heidrun Ochs, die zu Besuch ist und durch die verdächtigen Geräusche aufgestanden ist. Die 51-Jährige kümmert sich um den Haushalt, da Hans und Hiltrud Wehlage in Urlaub sind. »Sei bloß ruhig, dann passiert dir auch nichts! Ist noch jemand im Haus?«, zischt Knauer die Frau an. Heidrun Ochs verneint. »Wirklich nicht?« »Doch, die Bettina. Aber die schläft schon.« Knauer lässt sich das Zimmer zeigen. Bettina Wehlage, die 29-jährige Tochter der Familie, ist starr vor Schreck, als sie von Knauer aus dem Schlaf gerissen wird. Sie fleht den Mann an, ihr nichts zu tun, und bietet ihm sogar an, dass sie Geld besorgen könne, wenn es ihm nur ums Geld ginge. »Bloß tun Sie uns nichts!«
Doch Knauer hat andere Pläne. »Hinsetzen, da auf das Bett!« Die Frauen tun, was Knauer ihnen befiehlt. Sie müssen sich gegenseitig mit Klebeband fesseln, während er danebensteht, bewaffnet mit einem Messer in der rechten Hand. Er zwingt die Frauen, sich rücklings auf das Bett zu legen. Dann legt er den Opfern jeweils ein Handtuch über den Kopf. Sekunden später schneidet er beiden Frauen die Kehle durch. Ungerührt setzt Knauer seine Raubtour fort. Als er gegen 1.30 Uhr bemerkt, dass Sebastian Wehlage, der Sohn der Familie, nach Hause kommt, verlässt er fluchtartig das Haus.
Martha Pfister, Heidrun Ochs und Bettina Wehlage taten alles, um Knauer gefällig zu sein und ihm nicht gefährlich zu werden – und dennoch wurden sie umgebracht. Hätten sie sich dagegen mit Tätern wie Hans-Bert Grauer oder Wolfgang Berner auseinandersetzen müssen, ihre Überlebenschancen wären vermutlich sprunghaft gestiegen. Oder hätten sie sich doch stärker wehren sollen? Wären ihre Hilferufe vielleicht von Nachbarn oder zufällig vorbeikommenden Passanten gehört worden? Hätte Knauer sich von heftiger Gegenwehr eventuell beeindrucken lassen und wäre unverrichteter Dinge geflüchtet?
Um Anhaltspunkte dafür zu gewinnen, welches Opferverhal-

ten die Vermeidung einer Tötung wahrscheinlicher erwarten lassen könnte, habe ich jene 107 Tötungsdelikte analysiert, in denen die Opfer mit dem Leben davongekommen sind. Dabei lag meiner Untersuchung die Ausgangsfrage zugrunde: Welches Verhalten der attackierten Person und/oder welche äußeren Umstände haben kausal dazu beigetragen, dass der Tötungsversuch des Täters nicht zum Erfolg führte?

Das Verhalten von Verena Kamp steht exemplarisch für die meisten der Opfer, die einem Serienmörder in die Hände fielen, aber überlebten. Die 17-jährige Schülerin war am späten Abend des 25. August 1990 auf dem Weg in die Diskothek, als sich das Geschehen anbahnte, das ihr Leben für immer verändern sollte. Verena schilderte es später bei der Kripo so:
»Als ich etwa ein oder zwei Häuser hinter der Gaststätte ›Heuriger‹ war, hielt ein BMW ungefähr auf meiner Höhe an. Der Fahrer stieg aus und folgte mir in einem Abstand von mehreren Metern. Ich habe gleich erkannt, dass es sich um einen Neger handelt. Zunächst dachte ich mir nichts dabei, zumal der Farbige recht jung war und mich der Kindersitz in seinem Wagen irgendwie beruhigte.
Der Abstand zwischen uns blieb mehr oder weniger gleich. Als ich mir eine Zigarette anzündete, bin ich stehen geblieben. Der Neger überholte mich. Dann lief der Farbige vor mir her. Nach ein paar Minuten überquerte der Mann den dortigen Zebrastreifen nach rechts zu einer Telefonzelle. Von dort aus rief er mir auf Englisch fragend zu, ob ich ihm nicht 30 Pfennig zum Telefonieren geben könnte. Angeblich hatte er kein deutsches Kleingeld, sondern nur Dollars. Als er mir das zurief, war ich schon ein oder zwei Meter an dem Zebrastreifen vorbei. Ich bin zu ihm hin, habe meinen Geldbeutel herausgeholt und ihm 30 Pfennig gegeben. Der Farbige ging in die Telefonzelle, während ich über den Zebrastreifen auf die linke Gehwegseite wechselte.

Nach relativ kurzer Zeit kam mir der Farbige nachgerannt, gab mir die 30 Pfennig zurück, bedankte sich bei mir und erklärte, dass er niemand erreicht habe. Irgendwie wollte er mich dann betatschen und griff mir mit einer Hand um die Hüfte, wobei er fragte, ob er mich irgendwo hinbringen könnte, was ich durch Gesten mit der Hand ablehnte. Ich erklärte ihm auch, dass ich in die nicht weit entfernte Diskothek gehen wollte. Offensichtlich akzeptierte er das, sagte ›Tschüß‹ und lief auf derselben Gehwegseite wie ich zurück.
Als ich an der Aral-Tankstelle vorbeikam, hörte ich von hinten Schritte, die schnell näher kamen. Ich drehte mich so halb um und verspürte sogleich einen Schlag auf den Kopf. Es war der Neger, und er hatte eine Plastiktüte in der Hand, mit der er mir auf den Kopf schlug. Offensichtlich war irgendein harter Gegenstand [ein Hammer, Anm. S. H.] *darin. Die Plastiktüte hatte er wohl schon dabei, als er in der Telefonzelle gewesen war.*
Er umklammerte mich im Hüftbereich, worauf ich sofort begann, um Hilfe zu schreien. Zusätzlich schlug ich mit meinen Händen nach hinten, um ihn von mir wegzubekommen. Aufgrund meiner Schreie, die sehr intensiv waren, ließ er von mir ab und rannte in Richtung seines Wagens davon.«
Der Täter, ein 21-jähriger Soldat der US-Stationierungsstreitkräfte, schlug noch drei weitere Male mit dem Hammer auf seine Opfer ein – zwei Frauen starben, eine überlebte schwer verletzt. Verena Kamp kam mit vergleichsweise glimpflichen Kopfverletzungen davon, weil sie sich sofort zur Wehr gesetzt und laut um Hilfe geschrien hatte.
Genau dieses Verhalten erwies sich nach meinen Untersuchungen als die erfolgreichste Überlebensstrategie: In 36 Prozent der Fälle brachen die Täter bei heftiger Gegenwehr den Tötungsversuch ab und flüchteten. Ein eher halbherzig vorgetragener Widerstand indes führte bei 60 untersuchten Fällen nicht ein einziges Mal zu einer erfolgreichen Abwehr des Tä-

ters – alle Opfer wurden getötet. Die Schlussfolgerung hieraus kann nur sein: Wenn man sich dazu entschließt, den Täter körperlich zu attackieren, dann mit aller Entschlossenheit und mit allen Mitteln. Allerdings wäre es vermessen, aus dieser Erkenntnis einen Verhaltensvorschlag abzuleiten, der *immer* anzuwenden ist und *immer* zum Erfolg führt. Das zeigt beispielsweise der Fall des bereits erwähnten Serienmörders Johann Eichhorn.

Der verheiratete Rangierer überfiel von 1931 bis 1939 in Waldgebieten Münchens immer wieder Frauen, vergewaltigte sie und sorgte seinerzeit für allgegenwärtige Angst in der weiblichen Bevölkerung. Das Auffallende dabei: Nur fünf seiner mindestens 90 Opfer tötete Eichhorn. Warum er sich so verhielt, verriet er bei seiner Vernehmung: *»Im Jahre 1937 habe ich Ende August in Puchheim noch ein weiteres Sittlichkeitsverbrechen begangen, das ich bisher verschwiegen habe. Es handelt sich um den Überfall auf die Näherin Rosa Eigelein. Ich fuhr wie so häufig an diesem Abend, und zwar am 31. August 1937, von meiner Arbeitsstelle Bahnhof München-Laim mit dem Rad nach Aubing. Ich kann nun nicht mehr sagen, ob ich nach der Arbeit zunächst noch nach Hause gefahren bin. Auf der Straße zwischen Altgermering und Neugermering habe ich dann, als ich an einem Straßenbaum stand, im Scheine des vorbeifahrenden Milchwagens, der in Richtung Neugermering fuhr, ein Mädchen auf dem Fahrrad aus der Richtung München in flottem Tempo herankommen sehen. Ich sah die Oberschenkel und die Unterwäsche. Das reizte mich, und ich beschloss, ihr zu folgen.*

Ich stieg auf das Fahrrad und fuhr ihr nach. Unterwegs kam mir ein unbändiger Trieb, ich musste das Mädchen besitzen. An der starken Kurve zwischen Germering und Puchheim holte ich das Mädchen ein. Ich fuhr links neben sie und riss sie während der Fahrt vom Rade. Ich griff sofort an die Gurgel und zog das Mädchen von der Straße die Böschung herunter.

Dort habe ich meinen Revolver gezogen, weil das Mädchen sich unbändig wehrte. Da ich sonst mit ihr nicht fertigwerden konnte, habe ich dem Mädchen in den Kopf geschossen.«
Wie einige andere Täter auch, wandte Eichhorn nur dann tödliche Gewalt an, wenn er die Kontrolle über das Opfer zu verlieren oder das Tatgeschehen zu eskalieren drohte: *»Wenn die Mädchen sich unbändig wehrten, habe ich zur Waffe gegriffen, weil ich mir da nicht zu helfen wusste.«* Die von ihm erschossenen Opfer hatten sich am heftigsten zur Wehr gesetzt. In den anderen Fällen gelang es Eichhorn, den Widerstand seiner Opfer zu brechen, ohne zum letzten Mittel greifen zu müssen.
Jeder Serienmörder trifft vor und während der Tat Entscheidungen, die durch das Verhalten des potenziellen Mordopfers entscheidend beeinflusst werden können, denn auch das Opfer trifft in der lebensbedrohlichen Situation Entscheidungen, wann es sich wie verhält. Dabei zeigt sich, dass das Opfer – von Ausnahmefällen abgesehen – meist einen gewissen Handlungsspielraum hat, den es für sich nutzen kann. Auf das Verhalten des Opfers muss und wird der Täter reagieren. Auch wenn die Erfolgsquote bei körperlicher Gegenwehr wie dargelegt besonders hoch ist, sollte der Kampf dennoch nur als die letzte Möglichkeit der Täterabwehr angesehen werden. Es empfiehlt sich, sofern der Täter noch keine Gewalt angewendet hat und beeinflussbar erscheint, zunächst abzuwarten und genau zu beobachten, wie der Täter sich verhält, welche Absichten er verrät. Übereiltes Handeln des Opfers könnte auch zu übereiltem Handeln des Täters führen, der sich urplötzlich unter Druck gesetzt fühlt, die Nerven verliert und das Opfer allein deshalb tötet, weil er glaubt, sich anders nicht mehr aus dieser Situation folgenlos befreien zu können.
Welche Strategie des Opfers die richtige ist, um sich aus der lebensbedrohenden Situation zu befreien, hängt in erster Linie von der Persönlichkeitsstruktur des Täters ab, seiner Tatpla-

nung und -begehung sowie seinem Verlangen, seinen Zielen. Allerdings gilt dies auch für die näheren Umstände eines Verbrechens (z.B. Sichtverhältnisse am Tatort), auf die das Opfer folgerichtig reagieren und den Täter so zu einem bestimmten Verhalten animieren kann. Jedes Opfer ist gut beraten, diese äußeren Umstände genau zu betrachten und daraufhin zu beurteilen, ob hieraus eine spezielle Taktik abzuleiten ist.

Auf diese Zusammenhänge stieß ich erstmals bei der Analyse einer Verbrechensserie, die sich von 1983 bis 1995 in Berlin ereignete. Der Anstreicher Manfred Berthold ermordete in dieser Zeit sieben Menschen, darunter sechs Frauen: Mal wollte er Sex, mal brauchte er Geld. Nach einem Streit tötete er außerdem seinen Stiefvater. Mit äußerster Kaltblütigkeit und Gleichgültigkeit führte er die Taten aus: *»Aus heutiger Sicht kann ich mir manches vorstellen, aber aus damaliger Sicht habe ich mich überhaupt mit keinem Gedanken getragen. Ich hatte nur an mich selbst gedacht. Ich hatte zu viele eigene Probleme, um auch noch über die Leiden anderer nachzudenken. Ich empfand nichts für meine Opfer. Töten war dann eine Notwendigkeit.«*

Allerdings beging Berthold neben den sieben Morden eine weitere Tat, deren Ausgang ich mir lange Zeit nicht erklären konnte. Ich stellte mir die Frage, was ihn dazu veranlasst hatte, eine 23-jährige Frau, die er in den frühen Morgenstunden des 14. Juni 1984 vergewaltigt hatte, nicht zu töten, obwohl er zuvor bereits mehrere Frauen umgebracht hatte. Ich schrieb Berthold schließlich einen Brief und konfrontierte ihn mit meiner Frage. Sein Antwortschreiben öffnete mir die Augen: *»Die Beantwortung Ihrer Frage ist ziemlich einfach, obwohl es einige Zeit zurückliegt. Das Opfer sprang mitten auf der Straße aus dem Auto, weil es im Innenraum qualmte. Sie war völlig außer sich. Wenn es überhaupt zu einem Blickkontakt kam, vielleicht von wenigen Sekunden. Weder hatte ich mich mit der Frau im Auto unterhalten noch sie angeschaut, obwohl* *ich sie als sehr attraktiv wahrgenommen habe. Zu dieser Zeit gab es noch keine DNA-Analyse, daher hatte ich wegen meines Spermas keinerlei Befürchtung. Der Angriff kam von hinten, nachdem wir das Auto an den Straßenrand geschoben hatten. Sie steuerte, und ich schob von hinten. Als sie dabei war, das Auto zu sichern, griff ich sie von hinten an. Ich befahl ihr, sich umzudrehen und sich mit dem Kopf nach unten auf den Beifahrersitz zu knien. Dann habe ich sie vergewaltigt. Sie hat mich nicht sehen können. Als ich fertig war, bin ich einfach abgehauen. Für mich war die Frau keine Gefahr.«*

Hätte die Frau sich nur ansatzweise gewehrt oder hätte sie versucht, ihn anzusehen, sie wäre mit Sicherheit Bertholds nächstes Mordopfer geworden. Der massige Zweimetermann ließ sie nur deshalb davonkommen, weil sie ihn nicht genau gesehen hatte und ihn seiner Ansicht nach demnach auch später nicht hätte wiedererkennen können.

In einem anderen Fall war es erneut das für mich unplausible Verhalten des Serientäters, das in mir die Frage provozierte: Warum macht der das?

Gemeint ist Torsten Jablonski. Der zu den Tatzeiten 34-jährige Dreher entführte drei Mädchen, die sich zwar alle nicht wehrten, doch nur eines der Opfer tötete er. In einem Brief versuchte er, mir sein Verhalten zu erläutern: »*Zu Ihren Fragen. Richtig, es handelte sich bei dem Tötungsdelikt um eine junge Türkin (17), und bei den zwei anderen Personen kam es zu keiner Handlung mit Tötungsabsicht. Beide Straftaten (Mord & Entführung) sind sehr differenziert zu sehen, nicht nur vom zeitlichen Umstand her. Beim Mord geschah dies aus der Situation heraus, als Panikreaktion meinerseits. Die Entführung war im Gegensatz zum Mord geplant, wobei die zwei Personen jedoch austauschbar und bis zum Tatzeitpunkt unbekannt waren.«*

Eine fehlende oder unzureichende Tatplanung kann durchaus mit einem erhöhten Risiko für einen tödlichen Ausgang in

Verbindung gebracht werden, weil dem Täter die Handlungssicherheit fehlt. Geht dann etwas schief und verliert der Täter die Handlungskontrolle, können diese Umstände den Tod des Opfers zur Folge haben – eine eigentlich unbeabsichtigte »Notlösung«.

Für Opfer von Serienmördern ist allerdings im Regelfall das aktive Handeln überlebenswichtig, vor allem das unerwartete. Oftmals werden die Opfer und ihr Verhalten in eine Art inneres Drehbuch des Täters eingepasst, es wird vorphantasiert, was und, vor allem, wie etwas passieren soll. Kommt dann alles ganz anders und verhält sich das Opfer nicht wie gewünscht oder erwartet, sondern unorthodox, indem es Dinge tut, auf die der Täter keine Antwort weiß, die ihn überfordern, die ihn aber auch seine menschenverachtende Gesinnung erkennen lassen, sieht er mitunter nur eine Lösung: den Rückzug.

So verhielt sich beispielsweise der Gelegenheitsarbeiter Helmut Scholz. Der 30-Jährige vergewaltigte und ermordete Anfang der 90er Jahre im Ruhrgebiet zwei Frauen, wesentlich mehr Opfer ließ er allerdings entkommen. Warum er sich so unterschiedlich verhalten hatte, versuchte er, mir in einem Brief zu erklären:

»Am Anfang ist mir schnell bewusst geworden, was ich tun wollte: vergewaltigen und töten. Aber wenn die Frauen mit mir sprachen, von Kindern erzählten oder mir anboten, sie zu küssen, wurde ich total unsicher und bin weg. Der Ablauf, den ich mir vorgestellt hatte (Gegenwehr, Schreien), trat nicht ein, und ich fühlte mich wie ein kleiner Feigling, der nur noch wegwollte.«

Noch so ein Täter, noch so ein Fall, noch so ein Ausgang? Wieder geht es um die Durchbrechung eines Konzeptes, das die Tötung des Opfers zwingend vorsah. Der Jurastudent Jürgen Brümmer hatte seine Morde im Kopf, wenn er abends wie ferngesteuert losfuhr, Frauen in seinen Wagen zwang, sie in der eigenen Wohnung vergewaltigte und anschließend tötete.

Immer nach dem gleichen Muster. Doch einmal kam er »aus dem Takt«, als etwas Unerwartetes passierte und ihn nachhaltig beeindruckte. In einem ungewöhnlich ausführlichen Brief schilderte er mir diesen Fall und seine verschlungenen Beweggründe, sich von seinem sonst üblichen Ritual zu lösen.

»Der Sache mit der Katrin B. gingen drei schwere ›Anfälle‹ mit Tötungsvorsatz voraus. Bei dem ersten und zweiten handelte es sich um ›Anfälle‹, die in kurzer Abfolge auftraten, nämlich binnen einer Woche, und in denen meine Störung erstmals offen ausgebrochen war. Bei beiden gab es Gott sei Dank keine Opfer. Der dritte ›Anfall‹ traf nur knapp einen Monat später die Gudrun S. und führte zur Tötung dieser Frau. Wieder einen Monat später kam es dann zum Überfall auf Katrin B.

Der Überfall erfolgte inmitten einer belebten Straße, die wegen des Feierabendverkehrs immer noch sehr stark frequentiert war. Die Kontaktaufnahme zu Katrin B. fand unmittelbar vor dem Eingang zu einem geöffneten und ebenfalls gut besuchten griechischen Restaurant statt. Der Überfall war, wie die Tötung von Gudrun S., nicht geplant. Die Reaktion von Katrin B. auf die von mir ausgehende Bedrohung – ich hielt ihr ein Messer vor das Gesicht und drohte –, eine aktive, sie hat sich dieser Bedrohung aber nicht passiv gefügt, sondern mit Fluchtversuchen reagiert. Der Versuch, sich durch Weglaufen aus der Situation zu befreien, scheiterte jedoch, da es mir gelang, sie nach wenigen Metern einzuholen, festzuhalten und mithilfe des Messers erneut zu bedrohen. Ziel der Bedrohung war es, Katrin B. so weit kontrollieren zu können, dass sie mir, ohne weiteren Widerstand zu leisten, auf die andere Straßenseite und dort auf das Grundstück meines Hauses folgen sollte. Während des Überquerens der Straße fand keine unmittelbare Bedrohung mehr statt, da aufgrund ihres Flehens, das Messer doch wegzustecken, ich es in meiner Jacke verschwinden ließ.

Erst auf dem Grundstück, auf das sie ohne weitere Einschüch-

terung mitgekommen war, kippte die Situation erneut: Wir hatten die Eingangstür zum Haus erreicht, als Katrin B. abermals einen Versuch unternahm, sich durch Flucht aus der Situation zu befreien. Dabei brachte ich sie zu Fall, und sie schlug der Länge nach hart auf den Boden. Auch ich strauchelte und landete direkt neben ihr. Wichtig: Katrin B. trug ein mit Einschlagpapier umwickeltes Papptablett mit Kuchenstücken, das mit ihrem Sturz auch auf den Boden fiel und aufplatzte, sodass der Kuchen sich verteilte. Ungeachtet dessen kam es zwischen ihr und mir zu einem kurzen Kampf, bis ich sie überwältigen und unter Kontrolle bringen konnte.

Danach drängte ich sie ins Haus, ohne dass sie sich nochmals dagegen wehrte. Ich verbrachte sie danach in den ersten Stock in das offene Badezimmer, wo ich sie aufforderte, sich bäuchlings auf den Boden zu legen. Ich fesselte ihr die Hände auf dem Rücken und band die Füße zusammen, drehte sie um und stopfte ihr als eine Art Knebel einen Waschlappen in den Mund. Sie wehrte sich dagegen, ich verletzte sie unabsichtlich leicht im Gesicht. Als ob das noch nicht ausgereicht hätte, nahm ich noch einen Schal von der Garderobe im Flur und umwickelte den Knebel, sodass sie ihn nicht mehr ausspucken konnte.

So ließ ich sie liegen und entfernte mich aus dem Badezimmer, vollkommen verstört und fassungslos über das gerade Geschehene. Die von mir ausgegangene Brutalität und Gewalttätigkeit gegenüber Katrin B. ließen mich starke Übelkeit verspüren und nahmen mir die Luft. Alles drehte sich, als würde ich im nächsten Moment ohnmächtig werden. Ich hatte das Gefühl, zwischen mich und Katrin B. eine Distanz bringen zu müssen. Ich brauchte frische Luft, um einen klaren Gedanken fassen zu können. Meine Sinne waren wie betäubt. Ich musste mich übergeben. Als ich mich übergab, war ich bereits wieder vor dem Haus an der Eingangstür in Richtung des Gartens. Ich sackte zusammen und setzte mich an die Hauswand. Luft holen! Einen klaren Gedanken fassen! Es war kalt. Ich fror und begann zu zittern. Mir war immer noch schlecht. Kein Gedanke an die Frau oben im Badezimmer. Ich versuchte, zu mir selbst zurückzufinden.

Nach einer Weile entdeckte ich den Kuchen, der auf dem Weg verstreut herumlag. Die Erinnerung an Katrin B. schoss ein. Oh Gott!!! Wie geht es ihr? Wie wird sie sich fühlen? Was hast du nur getan?!? Aber ich war noch nicht in der Lage, meinen Gedanken entsprechend zu handeln und sofort ins Haus nach oben ins Badezimmer zu laufen, um die Frau aus der angstvollen Situation zu befreien. Nach wie vor benommen und im höchsten Maße verwirrt, rappelte ich mich an der Hauswand hoch und ging mit wackligen Knien in Richtung des Kuchens, um ihn aufzusammeln. Der Kuchen forderte nun meine ganze Aufmerksamkeit. Stück für Stück legte ich ihn auf das Papptablett zurück und trug es, nachdem ich das letzte Stück aufgelesen hatte, in die Wohnküche im Erdgeschoss. Dort begann ich, die Kuchenstücke von möglichen Bodenanhaftungen zu säubern und sie wieder ordentlich auf das Tablett zu legen. Als das getan war, wickelte ich das Tablett wieder in sein Einschlagpapier, und es sah so aus, als wäre es nie zu Boden gefallen. Zwei oder drei Stücke waren jedoch nicht mehr zu retten, ich musste sie entsorgen. Das tat mir sehr leid. Ich wollte doch nichts beschädigen oder kaputt machen. Über dieses Bedauern gelangten meine Gedanken wieder zu Katrin B., die noch immer im Badezimmer lag. Ich realisierte abermals, dass etwas Schreckliches passiert war.

Immer noch benommen, entzog ich dem Kuchentablett meine Aufmerksamkeit und taumelte mehr, als dass ich ging, die Treppe hinauf in das obere Stockwerk, um Katrin B. aus ihrer fürchterlichen Lage zu befreien. Als ich sie dort auf dem Fußboden liegen sah, verschnürt wie ein Paket, meinen Schal um den Mund gewickelt, mich aus großen, geweiteten Augen angstvoll und fragend anschauend, empfand ich überaus beklemmendes Mitleid mit ihr, auch weil ich zu realisieren be-

gann, dass ich für ihre Situation verantwortlich war. Trotz meiner fortdauernden Verwirrung begann ich sofort damit, sie loszubinden. Dabei war ich sehr bemüht, vorsichtig zu sein, weil ich ihr keine Schmerzen zufügen und sie nicht noch mehr verängstigen wollte. Schon fast behutsam führte ich sie dann in das Zimmer nebenan in meinen Wohn- und Schlafbereich. Dort setzte ich sie auf mein Bett. Ich fühlte mich zwar nach wie vor benommen, kam aber zusehends in die Lage, mich in die Realität wieder einzufinden.
Was ist hier anders gelaufen als bei den Tötungen? Im Gegensatz zu der Sache mit Gudrun S. hat Katrin B. eine aktive Rolle im Geschehen übernommen – sie hat sich gewehrt. Gudrun S. tat das nicht. Sie folgte mir nach einer Drohung mit dem Messer wie ein willenloses Objekt widerstandslos in die Wohnung und machte auch hier keine Anstalten, sich zu wehren oder zu flüchten, wozu sie, eigentlich ohne größeres Risiko, durchaus Möglichkeiten gehabt hätte.
Zum Muster der Kompensierung eines Zusammenbruchs meiner Persönlichkeitsstruktur gehörte auch das Schaffen einer pseudoharmonischen Situation, in der ich meinte, das Vertrauen des Opfers erfahren zu können. In diesem Geschehen war kein Raum für Gewalttätigkeiten oder Bedrohungsszenarien, die – in der Realität dem Geschehen durch Bedrohung des Opfers ja real vorausgegangen – von mir abgespalten wurden. Diese Bedrohungsszenarien waren für mich im Moment der Schaffung der pseudoharmonischen Situation tatsächlich nicht präsent.
Bei Gudrun S. muss diese wegen des Überfalls derart unter Schock gestanden haben, dass dieses Muster für mein psychisches Erleben beinahe durchgängig wirksam werden konnte. Sobald es durchlässig wurde, richtete sich die Aggression gegen mich selbst, indem psychosomatische Reaktionen einzusetzen begannen, die ich als Angriffe im Sinne einer Vernichtung gegen mich selbst erlebt habe. Diesen Angriffen hatte ich mit den

bekannten traurigen Konsequenzen einfach nichts mehr entgegenzusetzen.
Weil Katrin B. sich gewehrt hat, ist dieses Muster durchbrochen worden. Es war meiner Psyche angesichts der Situation nicht mehr möglich, die Situation als ›harmonisch‹ zu erleben. Dem Ziel der Herstellung von ›Harmonie‹ bzw. Pseudoharmonie zu Beginn des Tatgeschehens liegt der Verschmelzungsversuch mit der Persönlichkeit des Opfers zugrunde. Bei meinen ›Anfällen‹ geschah dies auf einer sexualisierten Ebene. Darum auch der sexuelle Akt des Beischlafs, vermutlich als unmittelbare Vereinigung bzw. Verschmelzung mit meinem Opfer zur Kompensation des eigenen psychischen Zerfalls. Nur so kann ich mir erklären, warum es zu den sexuellen Handlungen an meinen Opfern gekommen ist, da ja primär nicht eine Vergewaltigung, sondern vielmehr die Tötung als Ersatzhandlung für die Befreiung von der Verschmelzungsabhängigkeit im Vordergrund stand.
Das Durchbrechen meines inneren Musters im Fall Katrin B. bewirkte auf jeden Fall, dass bei mir ein Zustand der Verwirrung einsetzte, der – begleitet von den geschilderten psychosomatischen Symptomen – dafür gesorgt hat, dass ich mir der Brutalität meines Handelns gegenwärtig wurde und mich angesichts des eigenen Entsetzens über das unmittelbare Geschehen aus der Situation entfernen konnte. Katrin B. war zu diesem Zeitpunkt jedoch nach wie vor das ›Übertragungsobjekt‹, das zerstört werden sollte. Mit dem Entfernen von diesem ›Objekt‹ und der zunehmenden Konzentration auf mich selbst gelang es mir immer mehr, mich in die Realität zurückzuholen. Letztlich war es der Kuchen, der auf dem Boden verstreut liegende Kuchen, der bewirkte, begreifen zu können, dass ich kurz zuvor einen Menschen – sprich ein Subjekt! – überfallen und diesem schlimmste Gewalt angetan hatte. Und dieser Punkt – davon bin ich überzeugt –, dieses auch emotionale Erkennen, wenn auch nur verschwommen wahrnehmend, ist der

Punkt, an dem sich für Katrin B. erste Überlebenschancen anbahnten.

Sie war für mich seit unserem Zusammentreffen zum ersten Mal zu einem Menschen geworden, mit Gefühlen wie Angst, Verzweiflung, Hoffnung und Schmerzen, zu einem Menschen mit Empfindungen, die ich auf einmal nachvollziehen und spüren konnte. Auch ich hatte Angst. Auch ich war verzweifelt. Und auch ich hatte Schmerzen. Und ich versuchte zu verstehen, in was für eine Situation ich sie und mich gebracht hatte. Denn schließlich hatte ich nie vorgehabt, irgendjemandem Leid anzutun, schon gar nicht einer mir vollkommen unbekannten jungen Frau, die sich, ebenso wie ich, urplötzlich in einer aufs Äußerste beängstigenden Situation wiederfand.

Nachdem ich Katrin B. von ihren Fesseln und dem Knebel befreit hatte, gelang es ihr, trotz allem ruhig zu bleiben. Sie schien bemerkt zu haben, dass ich mit mir und mit meinem Entsetzen sehr zu kämpfen hatte, weil ich für das Geschehene einfach keine Erklärung fand. Insofern ging sie auf mich ein, während wir eine Zigarette rauchten und ein Glas Saft tranken. Wir begannen eine längere Unterhaltung, die die Situation letztlich entspannte und mich halbwegs wieder klar werden ließ. Jegliche Tötungsabsicht oder jeder Anflug von Aggressivität war verschwunden. Mein ›Anfall‹ hatte sich in mich zurückgezogen, ohne dass mir eine Erklärung geblieben wäre, weshalb das alles passiert war.

Zusammenfassend kann ich sagen, dass folgende Punkte für das Überleben von Katrin B. maßgeblich waren:

1. *Übernahme der aktiven Rolle durch Gegenwehr des Opfers mit dem Ergebnis, mein inneres Tat-Verhaltensmuster aufgelöst zu haben.*
2. *Meine persönliche Verwirrung mit einhergehender Wahrnehmung von Tathandlungen.*
3. *Einsetzende psychosomatische Reaktionen.*
4. *Räumliche Entfernung vom Opfer.*

5. Konfrontation mit einem alltäglich banalen Gegenstand, dem Kuchen, der auf dem Boden liegt. Dieser Aspekt ist aber von Tathandlung und Opfer nicht trennbar – damit gleichsam Konfrontation mit dem Geschehenen.
6. Einsetzen von Mitgefühl mit dem Opfer (Wandel des Opfers vom bloßen Objekt hin zu einem lebendigen Subjekt mit Gefühlen – das Opfer wird als Mensch wahrgenommen).
7. Ruhiges, ausgeglichen sensibles, keinesfalls geringschätziges, sondern verständig eingehendes Verhalten des Opfers, das seine Angst überwinden und beruhigend auf mich einwirken konnte.

Hinzuweisen bleibt noch auf den Fall Olga W. Auch sie hat sich gewehrt, allerdings erst, nachdem sie freiwillig mit in mein Haus und dort in mein Zimmer gekommen war. Die Situation war die, dass eine Art ›Pseudoharmonie‹ zwischen mir als Täter und ihr als vorgesehenem Opfer bereits hergestellt worden war. Diese in Verkennung der Realität von meiner Psyche her als harmonisch wahrgenommene Situation wurde von Olga W. jedoch in dem Augenblick ›zerstört‹, als sie die von mir ausgehende Bedrohung gespürt haben muss und, jetzt panisch, an mir vorbei aus dem Zimmer fliehen wollte. Meine Reaktion darauf war im allerhöchsten Maße aggressiv und von absolutem Vernichtungswillen getragen. Doch die beiden Fälle lassen sich meines Erachtens nicht vergleichen: Im Fall Katrin B. hatte der Prozess der ›pseudoharmonischen‹ Situationsgestaltung noch nicht eingesetzt, und das ›Konzept‹ war daher von vornherein gescheitert, während bei Olga W. dies bereits in vollem Gange war. Insofern liegen hier zwei verschiedene Situationen mit unterschiedlichen Voraussetzungen und demzufolge auch unterschiedlichen Handlungsverläufen vor.«

Auch der zweifache Mädchenmörder Robert Pinsker zeigte sich höchst irritiert, als er ein weiteres Kind missbrauchte, das

Mädchen dabei aber plötzlich zu weinen begann und ihm dadurch der Subjektcharakter seines Opfers bewusst wurde: Ein Mensch! *»Dadurch ist das ›Programm‹* [gemeint ist ein bestimmter, vorphantasierter Tatablauf, Anm. S. H.] *irgendwie ins Stocken geraten. Die Tränen haben sie gerettet. Da habe ich gedacht: Das kannst du doch nicht machen. Die Tränen haben den Beschützerinstinkt in mir wachgerufen, mich an meine eigenen Kinder erinnert. Auf einmal sind mir so viele Gedanken durch den Kopf geschossen, dass ich aus dem Takt gekommen bin. Ich musste auch an früher denken, wie es mir selbst ergangen war. All das ist in meinem Kopf auf einmal durcheinandergewirbelt, und da stand für mich klipp und klar fest, dass ich sofort aufhören muss.«*

Ein bestimmtes Opferverhalten oder situative Bedingungen und Einflüsse können also dazu führen, dass es den Tätern nicht gelingt, sich auf die Tat einzustimmen, ihren perversen Neigungen nachzugeben, ihre Tötungshemmung zu überwinden. Anders herum können gedankenlose oder missverständliche Äußerungen oder Beleidigungen durch die späteren Opfer von den Tätern als Provokation empfunden werden und dadurch eine Tötungshandlung erst in Gang setzen. Der Kieler Prostituiertenmörder Ulrich Seitz reklamierte für sich, seinen Opfern zunächst gar nicht mit Tötungsvorsatz begegnet zu sein, sondern: *»Die Frauen tun lieb und schön zu einem, wenn sie von einem Geld erwarten können, hinter dem Rücken wird man dann von ihnen betrogen. Deswegen habe ich oft eine Hasskappe geschoben. Und wenn dann wieder so eine Situation kam, habe ich die Beherrschung verloren und bin ihnen an den Hals gegangen.«*

In einigen viktimogenen Situationen liefert sich das Opfer dem Täter regelrecht aus, zum Beispiel beim Trampen. Manipulativ agierende Serienmörder nutzen diese für sie ausgesprochen günstige Ausgangssituation besonders gerne aus, um ein Opfer in die Falle zu locken. Der Täter kann sich nämlich aussuchen, welche Frau er wann und wo einsteigen lässt und wohin er mit ihr fährt. Es wird ihm keine Schwierigkeiten bereiten, das Opfer zu isolieren. Er kennt einen schnellen und sicheren Fluchtweg. Und er kann das Opfer am Tatort oder an jedem anderen Ort, der ihm geeignet erscheint, unbehelligt und ungesehen »entsorgen«. Zudem glauben viele Täter, Vergewaltigung und Verdeckungsmord vor sich selbst rechtfertigen zu können: Die hätte doch nicht mitfahren müssen! Die kannte doch das Risiko! Und wie die angezogen war! Die hat es doch drauf angelegt! Verdammte Hure! Die hat es doch nicht besser verdient!

Man kann sie nicht oft genug wiederholen, die vier ehernen Regeln der Kriminalprävention: Möglichst nicht allein unterwegs sein; sich nicht von Fremden ansprechen lassen; nicht mitgehen; nicht mitfahren. Wer sich an diese simplen Verhaltensmaßregeln hält, reduziert das eigene Risiko, Opfer eines Verbrechens zu werden, beträchtlich. Dies gilt auch für den Serienmord.

In manchen Fällen gelingt es dem Opfer sogar, den Täter mit seinen eigenen Waffen zu schlagen: Gegenmanipulation lautet hier die Strategie. Erinnern wir uns an den in Kapitel 3 geschilderten Fall der Prostituierten Ramona Dettges, die ihrem Peiniger weismachen konnte, sein Autokennzeichen sei von einer Kollegin aufgeschrieben worden. Der Täter ließ sie laufen. Oder denken wir an Julia Mayerhofer (Kapitel 4), die als 13-jähriges Mädchen dem Fahrer, der sich später als Serienmörder entpuppen sollte, vorspielte, an einer Bushaltestelle stehe ihre Tante. Der Täter ließ sie aussteigen. Als besonders geistesgegenwärtig erweisen sich weibliche Opfer, wenn sie den Täter für sich einnehmen, ihn Glauben machen, er könne ihnen vertrauen, sie seien nur noch ein willenloses Objekt seiner Begierde. Rollentausch. Jetzt ist das Opfer der Wolf im Schafspelz. Wie du mir, so ich dir!

Genauso erging es auch dem Italiener Gianfranco Stevanin.

Der charmante und gut aussehende Serienmörder tötete fünf Frauen, zerstückelte ihre Leichen und vergrub sie teils auf dem Grundstück seiner Eltern. Zuvor fotografierte das »Monster von Terrazzo« die Frauen, quälte sie bei Fessel- und Sexspielchen und erregte sich an ihrem Entsetzen, an ihren Qualen. Die Opfer fielen immer auf dieselbe Masche herein: Stevanin sprach Prostituierte aus seinem Wagen heraus an, log, er sei Fotograf und wolle nur ein paar Nacktbilder machen, lockte mit Versprechungen zu leicht verdientem Geld.

Am 16. November 1994 stieg auch Jasmin Grosser zu Stevanin in den Wagen, die 26-jährige Österreicherin verlangte für die Fotos eine Million Lire. Die Fahrt ging zu seinem Haus bei der Gemeinde Terrazzo, etwa 50 Kilometer von Verona gelegen. Stevanin überwältigte sein Opfer und zwang es zu den üblichen Entwürdigungsritualen. Später bedrohte er die Frau mit einer Pistole, als sie sich weigerte, mit verbundenen Augen an einem Tisch festgebunden zu werden. Jasmin machte ein Gegenangebot: Ob sie nicht besser zu ihr in die Wohnung fahren sollten, dort lägen 25 Millionen Lire, die könne er haben. Die junge Frau spielte die Rolle ihres Lebens so überzeugend, dass Stevanin sein Opfer tatsächlich in seinen Wagen setzte und losbrauste. Am Kassenhäuschen einer Autobahnausfahrt musste Stevanin erstmals anhalten. Und Jasmin nutzte entschlossen diese Gelegenheit, auf die sie mutig und unbeirrt hingearbeitet hatte – raus aus dem Wagen, weg von dem Kerl. Sie lief einer Polizeistreife direkt in die Arme. Ihre Rettung.

Mitunter glaubt der Täter, etwas Endgültiges zu tun, und das Opfer glaubt, etwas Endgültiges zu erleben. Und doch kommt alles ganz anders. Genau das passierte der 56-jährigen Frührentnerin Bärbel Hochstein am 18. Juni 1993, als sie von einem Mann angegriffen wurde, der bereits zwei Frauen vergewaltigt und ermordet hatte.

»Ich war an diesem Nachmittag zum Augenarzt bestellt. Da es sehr heiß war, wollte ich nicht durch die Stadt laufen, sondern

durch die Parkanlagen. Ich verließ etwa gegen 14.25 Uhr das Haus und bog danach gleich links in den Edith-Stein-Weg ein. Dieser führt etwas abwärts auf die Kantstraße. Hier traf ich auf vier Buben im Alter von zehn bis zwölf Jahren. Die Buben haben mich gegrüßt, und ich habe ihnen gedankt. Danach lief ich auf einem Verbindungsweg in Richtung Hindenburgstraße.

Wo der Weg wieder etwas ansteigt, bemerkte ich plötzlich von hinten eine Umklammerung. Dies war gegen 14.30 Uhr. Ich dachte zunächst, dass mich ein Bekannter von hinten umfassen würde. Ich merkte aber gleichzeitig einen starken muskulösen Arm, und ferner verspürte ich die Klinge eines Messers am Hals. Ich drehte mich um und konnte dem Täter mehr oder weniger seitlich ins Gesicht sehen. Er hatte mich mit dem linken Arm am Hals gepackt, während er mir mit der rechten Hand ein Messer an die Kehle setzte. Es handelte sich um ein kleines, gebogenes, spitzes Messer, ähnlich wie ein Küchenmesser, mit dunkelbraunem Griff und einer sieben bis acht Zentimeter langen Klinge.

Der Mann sagte Folgendes: ›Du brauchst dir nichts einzubilden, ich mach' dich tot, wenn du nicht machst, was ich dir sage!‹ Er sprach Hochdeutsch, so wie man es in Mitteldeutschland spricht. Er sprach auch nicht ganz akzentfrei. Den Dialekt kann ich aber nicht deuten.

Aus Angst folgte ich der Aufforderung des Mannes und begab mich mit ihm nach rechts hinter einen Erdwall, wo er mich gegen die Böschung drückte. Die Entfernung vom Weg bis zu der Stelle betrug ca. 20 Meter. Auf dem Weg dorthin sagte er noch: ›Keinen Ton, ich mach dich kalt. Ich mach keinen Spaß!‹

Die ganze Zeit über hatte er das Messer in der rechten Hand und mich weiterhin auf die beschriebene Art umklammert. An der Böschung hat er mir den Rock ausgezogen und untergelegt. Die Bluse hat er mir heruntergerissen. Ich versuchte, ihn in ein Gespräch zu verwickeln, und fragte ihn, warum er sich

nicht an eine jüngere Frau wenden würde. Er sagte nur: ›Das kannst du immer noch!‹
Während er damit beschäftigt war, mir die Bluse herunterzureißen und mich auszuziehen, hat er das Messer neben sich in den Boden gesteckt. In einem günstigen Augenblick habe ich das Messer ergriffen und es in Richtung Mauer geworfen. Ich habe auch versucht zu schreien. Der Mann hat mich aber sofort gewürgt und gesagt: ›Ich mach dich kalt, wenn du schreist!‹
Nachdem ich auf den Mann eingeredet hatte, drückte er mir plötzlich den Hals zu und befahl mir, ruhig zu sein. Ich hatte den Eindruck, dass zu diesem Zeitpunkt jemand den Weg entlangkam und der Mann Angst hatte, dass wir entdeckt werden könnten. Ich konnte den Mann in ein Gespräch verwickeln und habe ihn gefragt, ob er kein Elternhaus habe. Daraufhin hat er mir geantwortet, dass er von zu Hause ausgerissen sei und sein großes Auto seine Unterkunft wäre.
Weiterhin hat er mir erklärt, dass er letztmalig vor acht Monaten mit einem Mädchen Geschlechtsverkehr gehabt hätte. Während ich mich an der Böschung befand, öffnete der Mann seinen Hosenschlitz, und ich musste mit der Hand bei ihm onanieren. In diesem Moment hatte ich das Gefühl, wenn ich das nicht tue, geschieht mir Schlimmstes. Danach hat er gezielt erst den Kehlkopf und dann die Halsschlagader zugedrückt. Ich dachte, ich müsste sterben. Ab diesem Moment weiß ich nichts mehr, weil ich ohnmächtig wurde.
Ich wurde wieder wach und hatte noch die Strumpfhose um den Hals, die mir die Luft nahm. Ich konnte die Strumpfhose mit meinem Hausschlüssel aufrubbeln. Danach hatte ich einen sehr starken Drang, nach Hause zu kommen. Wie ich das eigentlich geschafft habe, weiß ich nicht mehr, ich handelte wie unter einem Zwang, die Polizei anzurufen.«
Bärbel Hochstein hat nur überlebt, weil der Täter, ein 26-jähriger Berufssoldat, irrigerweise überzeugt war, sein Opfer be-

reits getötet zu haben. Das passiert nicht allzu oft (in 15 Prozent der untersuchten Fälle), aber es passiert. Und es passiert, dass Opfer sich Unerfahrenheit und Unsicherheit der Täter zunutze machen und sich einfach tot stellen, wenn sie realisieren, dass weiterer Widerstand zwecklos ist. Dieses Täuschungsmanöver gelang 14 Kindern und Frauen, die andernfalls mit Sicherheit getötet worden wären.
Die Wahrscheinlichkeit, Opfer eines Serienmörders zu werden, gehört zweifellos zum allgemeinen Lebensrisiko – auch wenn sie gering ist. Einerseits. Andererseits ist die Gefahr des Opferwerdens angesichts der vielfältigen, häufig unvorhersehbaren und zufälligen Lebenssituationen, auf die wir meist kaum oder gar keinen Einfluss nehmen können, nicht gänzlich zu vermeiden. Sie wird existieren, solange es Menschen gibt. Und sie kann zumindest in ihrer Grundstruktur auch auf andere Bereiche der Gewaltkriminalität übertragen werden.
Das Verhalten des Opfers kann eskalierend oder deeskalierend wirken, es kann den viktimogenen Prozess unmittelbar auslösen, aber auch das drohende Opferwerden verhindern. Der Ausgang eines Verbrechens ist jedoch nicht vorhersehbar und auch nicht festgelegt, so auch beim Mord in Serie. Es sind unterschiedliche Entwicklungen möglich, überall und jederzeit. In allen Phasen eines Verbrechens kann es (fast) jedem Opfer gelingen, dem Widersacher Paroli zu bieten, ihn zu enttarnen, ihn sogar in die Flucht zu schlagen. Nur hängt es von der Situation, der Persönlichkeit und den Lebenserfahrungen von Täter und Opfer ab, welches Verhalten entscheidend dafür ist, das Schlimmste zu verhindern. Die Bandbreite der Möglichkeiten ist beachtlich. Deshalb sind konkrete Verhaltensempfehlungen für alle Menschen auch nicht möglich. Eine vermeintlich allgemeingültige Strategie vorzuschlagen, wäre falsch und verantwortungslos.
Die beschriebenen Verhaltensvorschläge können im kriminellen Ernstfall hilfreich sein, eine Gewähr für einen glimpflichen

Ausgang sind sie jedoch nicht. Aber sie zu kennen und sie gegebenenfalls zu beherzigen, kann die Möglichkeit eröffnen, das eigene Leben zu retten. Und im besten Fall ebenso das Leben anderer Menschen. Wenn wir uns dieser sozialen Verantwortung auch für unsere Mitmenschen bewusst(er) werden und sie als Chance begreifen, werden wir den Tätern in vielen Fällen den entscheidenden Schritt voraus sein.

Anhang

Synopse der Studie

»Der primäre Viktimisierungsprozess bei Serientötungen«
(Bundesrepublik Deutschland 1945–2007)

1. Merkmalshäufigkeiten bei Serienmord-Opfern allgemein (N = 674)

1.1 Phänomenologie und Prävalenz (N = 674)

Opfertyp	**Häufigkeit %**
Person wird zum Opfer, weil sie dem Täter körperlich oder geistig **unterlegen** ist	23,0
Person wird zum Opfer, weil sie zum Täter in einer **vordeliktischen Beziehung** steht	21,3
Person wird zum Opfer, weil sie **berufsbedingt** mit dem Täter in Kontakt kommt	19,1
Person wird zum Opfer, weil sie sich vom Täter **manipulieren** und zum Tatort locken lässt	17,4
Person wird zum Opfer, weil sie dem Täter an einem aus seiner Sicht geeigneten Ort **zufällig** begegnet	17,1
Person wird zum Opfer, weil **bestimmte Merkmale** den Täter in besonderer Weise inspirieren und motivieren	2,1

1.2 Lebensalter der Opfer (N = 674)

	Häufigkeit %
0 – 13 Jahre	12,7
14 – 20 Jahre	11,3
21 – 30 Jahre	17,4
31 – 40 Jahre	9,9
41 – 50 Jahre	11,0
51 – 60 Jahre	8,5
61 – 70 Jahre	7,7
71 – 80 Jahre	11,7
> 80 Jahre	9,8

N = Summe aller Taten bzw. Täter

1.3 Geschlecht der Opfer (N = 674)

	Häufigkeit %
weiblich	59,5
männlich	40,5

1.4 Familienstand der Opfer (N = 674)

	Häufigkeit %
ledig	56,1
verheiratet	21,8
verwitwet	17,9
geschieden/getrennt lebend	4,2

1.5 Nationalität der Opfer (N = 674)

	Häufigkeit %
deutsch	93,2

1.6 (Berufs)Tätigkeit der Opfer zur Tatzeit (N = 612)

	Häufigkeit %
Rentner/in/Pensionär/in	28,9
Schüler/in	11,1
Hausfrau	6,9
Prostituierte	5,9
Kaufmann	5,4
kaufm. Angestellte(r)	3,9
Student/in	2,5
Gelegenheitsarbeiter/in	2,5
Auszubildende(r)	2,3
Polizeibeamter/in	1,8
Berufssoldat/in	1,5
Krankenschwester	1,5
Taxifahrer/in	1,1
Sekretärin	1,1
Sonstige (jeweils unter 1 Prozent)	23,6

1.7 Sozialer Status der Opfer (N = 674)

	Häufigkeit %
obere Dienstklasse (z. B. Minister oder hohe Staatsbeamte)	1,2
untere Dienstklasse (z. B. Akademiker und leitende Angestellte)	4,5
Selbstständige	7,1
Angestellte(r)/Beamter/in	30,0
qualifizierte(r) Arbeiter/in	27,8
unqualifizierte(r) Arbeiter/in	25,7
Arbeitslose/Sozialhilfeempfänger	3,7

1.8 Opfer-Täter-Beziehungen (N = 674)

vordeliktische Opfer-Täter-Beziehung	38,3 %

1.9 Vollendete vs. unvollendete Tötungsdelikte (N = 674)

Tötungsdelikte vollendet	84,1 %

1.10 Geschlecht der überlebenden Opfer (N = 107)

weiblich	71,0 %

1.11 Lebensalter der überlebenden Opfer

	Häufigkeit %
0 – 13 Jahre	13,1
14 – 20 Jahre	8,4
21 – 30 Jahre	18,7
31 – 40 Jahre	10,3
41 – 50 Jahre	9,3
51 – 60 Jahre	11,2
61 – 70 Jahre	10,3
71 – 80 Jahre	10,3
> 80 Jahre	8,4

1.12 Versuchte Tötungsdelikte – Gründe für das Überleben der Opfer*

	Häufigkeit %
Verletzungen nicht tödlich/Angriff des Täters geht fehl	43,9
Opfer wehrt sich verbal und körperlich/Täter flüchtet	36,4
Täter hält Opfer für tot	15,0
Täter fühlt sich durch Dritte gestört und flüchtet	15,0
Opfer kann sich befreien und flüchten	8,4
Opfer überlistet Täter	4,7
Sonstige**	2,2

*Mehrfachnennungen möglich; **jeweils unter 1 Prozent

1.13 Verhalten aller Opfer bei Angriff des Täters (N = 674)

Opfer leistet Gegenwehr	48,5 %

1.14 Opferverhalten – Geringe Gegenwehr und Folgen (N = 60)

	Häufigkeit %
keine Auswirkung	73,3
Gewalteskalation/Fortsetzung der Tat	26,7
Abbruch der Tat im Zusammenhang mit äußeren Umständen (Zeugen)	0
Abbruch der Tat (Täter oder Opfer kann flüchten)	0

1.15 Opferverhalten – Massive Gegenwehr und Folgen (N = 267)

	Häufigkeit %
keine Auswirkung	23,2
Gewalteskalation/Fortsetzung der Tat	59,2
Abbruch der Tat im Zusammenhang mit äußeren Umständen (Zeugen)	4,5
Abbruch der Tat (Täter oder Opfer kann flüchten)	13,1

1.16 Opfertätigkeit vor Kontakt mit Täter (N = 674)

	Häufigkeit %
Freizeitaktivität	59,1
berufliche Tätigkeit	22,7
Krankenhausaufenthalt	12,8
Sonstige (Säuglinge/Kleinkinder)	5,4

1.17 Geographische Ausprägung des Verbrechens – Kontaktort (N = 674)

	Häufigkeit %
Wohnung/Arbeitsplatz des Opfers	37,8
Straße/Weg	26,1
Krankenhaus/Pflegeheim	12,8
Wohnung/Arbeitsplatz des Täters	5,8
Gaststätte/Lokal/Diskothek	4,9
Waldgebiet	3,7
Freizeitpark/Grünanlage	2,4
Rastplatz/Parkplatz	2,2
Bahnhof/Bahnhofsgelände	1,5
Sonstige (jeweils unter 1 Prozent)	2,8

1.18 Geographische Ausprägung des Verbrechens – Tatort (N = 674)

	Häufigkeit %
Wohnung/Arbeitsplatz des Opfers	38,3
Krankenhaus/Pflegeheim	12,8
Waldgebiet	11,3
Straße/Weg	10,1
Wohnung/Arbeitsplatz des Täters	8,5
Fahrzeug des Täters	4,7
Freizeitpark/Grünanlage	3,1
Buschgelände/Feld	2,5
Fahrzeug des Opfers	1,6
Rastplatz/Parkplatz	1,0
Sonstige (jeweils unter 1 Prozent)	6,1

1.19 Täter-Opfer-Interaktion bei Kontakt (N = 674)

Täter manipuliert Opfer durch Kommunikation/List	62,0 %
Täter wendet sofortige/überfallartige Gewalt an	38,0 %

1.20 Täter-Opfer-Interaktion vor der Tat – Phänomenologie der Manipulation (N = 418)

	Häufigkeit %
Täter nutzt Schutz- und/oder Arglosigkeit des Opfers aus	29,7
Täter lockt Opfer in eine Falle (Kontaktort ≠ Tatort)	29,1
Täter verschafft sich mittels Legende Zugang zur Wohnung des Opfers	21,0
Täter nutzt berufliche Tätigkeit des Opfers zur Kontaktanbahnung	12,9
Täter lockt Opfer in eine Falle (Kontaktort = Tatort)	7,3

1.21 Opferverhalten unmittelbar vor der Tat (N = 674)

Opfer zeigt tatbegünstigendes Verhalten	20,3 %

1.22 Phänomenologie des tatbegünstigenden Opferverhaltens (N = 137)

	Häufigkeit %
Opfer lässt sich von fremder Person ansprechen und geht mit ihr an einen unbekannten Ort	37,1
Opfer lässt fremde Person in die eigene Wohnung	30,7
Opfer steigt zu fremder Person in deren Fahrzeug und lässt sich mitnehmen	19,0
Opfer nächtigt unter freiem Himmel	6,6
Opfer pflegt häufig wechselnde Sexualkontakte mit fremden Personen	3,7
Opfer nimmt fremde Person im eigenen Fahrzeug mit	2,9

1.23 Motivationsstruktur der Taten (N = 674)

Motiv für die Tat/Tötung(sversuch)*	Häufigkeit %
zur Verdeckung einer Straftat	56,2
zur Ermöglichung einer Straftat	50,9
Habgier	32,8
sonstige niedere Beweggründe	29,4
zur Befriedigung des Geschlechtstriebs	22,4
Mordlust	2,1
Tötung im Affekt	1,0

*Mehrfachnennungen möglich

1.24 Tötungsarten (N = 674)

	Häufigkeit %
Erschießen	17,1
Erstechen	16,9
Verabreichen von Fremdsubstanzen	16,8
Erwürgen	14,5
Erdrosseln	13,4
Erschlagen	8,2
Ersticken	7,1
Tötung durch Unterlassen	1,9
Ertränken	1,6
Herbeiführen einer Sprengstoffexplosion	1,5
Sonstige (jeweils unter 1 Prozent)	1,0

2. Merkmalshäufigkeiten bei bestimmten Opfertypen (jeweils in Auswahl)

2.1 Person wird zum Opfer, weil sie dem Täter körperlich oder geistig unterlegen ist (N = 155)

Merkmale	Erscheinungsformen/Häufigkeit
Altersspanne	wenige Minuten – 97 Jahre
Opfer weiblich	68,7 %
Opfer Kind	43,6 %
Opfer-Täter-Beziehung	1,1 %
überlebende Opfer	16,5 %

2.2 Person wird zum Opfer, weil sie zum Täter in einer vordeliktischen Beziehung steht (N = 144)

Merkmale	Erscheinungsformen/Häufigkeit
Altersspanne	0 – 91 Jahre
Opfer weiblich	68,7 %
Durchschnittsalter	37,5 Jahre (ohne Kindstötung: 48,7 Jahre)
Kontaktort: Wohnung des Opfers	79,2 %
Opfer-Täter-Beziehung: Verwandtschaft Bekanntschaft berufsbedingt	 41,7 % 29,9 % 16,7 %
überlebende Opfer	6,9 %

2.3 Person wird zum Opfer, weil sie berufsbedingt mit dem Täter in Kontakt kommt (N = 129)

Merkmale	Erscheinungsformen/Häufigkeit
Altersspanne	16 – 73 Jahre
Opfer männlich	54,5 %
Durchschnittsalter	38,6 Jahre
Berufstätigkeiten der Opfer: Prostituierte selbstständige Kaufleute Taxifahrer Sicherheitsgewerbe	 35,4 % 25,3 % 7,1 % 7,1 %
Opfer-Täter-Beziehung	14,1 %
Kontaktort: Arbeitsplatz des Opfers Wohnung des Opfers	 57,6 % 22,2 %
Tötungsart Erschießen	47,8 %
überlebende Opfer	22,2 %

2.4 Person wird zum Opfer, weil sie sich vom Täter manipulieren und zum Tatort locken lässt (N = 117)

Merkmale	Erscheinungsformen/Häufigkeit
Altersspanne	14 – 77 Jahre
Opfer weiblich	70,9 %
Opferalter 14 – 50 Jahre	80,0 %
Opfer alleinstehend	86,3 %
Sozialstatus Arbeiter/in/ Angestellte(r)	84,2 %
Opfertätigkeit vor Kontakt: Freizeitaktivität Aufenthalt in eigener Wohnung auf Reisen auf dem Heimweg	 37,6 % 28,2 % 21,4 % 12,8 %
Kontaktort: Straße/Weg Gaststätte/Lokal Wohnung des Opfers	 41,0 % 23,9 % 23,1 %

Merkmale	Erscheinungsformen/Häufigkeit
Art der Opfermanipulation:	
Täter bietet Opfer Mitfahrgelegenheit an	17,9 %
Täter bietet Hilfe an	14,5 %
Täter verspricht sexuelle Handlungen	12,8 %
Täter täuscht Hilfsbedürftigkeit vor	10,2 %
Kontaktanzeige/Inserat	8,5 %
überlebende Opfer	13,7%

2.5 Person wird zum Opfer, weil sie dem Täter an einem aus seiner Sicht geeigneten Ort zufällig begegnet (N = 115)

Merkmale	Erscheinungsformen/Häufigkeit
Altersspanne	4 – 86 Jahre
Opfer weiblich	75,2 %
Opferalter 14 – 30 Jahre	50,5 %
Durchschnittsalter	36 Jahre
Opfer-Täter-Beziehung	1,8 %
Opfertätigkeit vor Kontakt:	
Freizeitaktivität	36,3 %
auf dem Heimweg	35,4 %
Aufenthalt in eigener Wohnung	15,9 %
Kontaktort:	
Straße/Weg/Parkplatz	38,1 %
Wald/Feldweg	21,2 %
Wohnung des Opfers	18,6 %
Freizeitpark/Grünanlage	13,3 %
Täter-Opfer-Interaktion bei Kontakt:	
Täter wendet sofort Gewalt an	95,6 %
überlebende Opfer	29,2 %

Bibliographie

Benutzte und empfohlene Literatur

Arnold, H.: *Gibt es eine Opferprädisposition? Empirische und theoretische Ergebnisse der Kriminologie*, in: *Das Verbrechensopfer im Strafrecht*, Seminar vom 3.–6.3.1992, Polizeiführungsakademie Münster, S. 65–83

Bauer, G.: *Jürgen Bartsch.* Archiv für Kriminologie, Bd. 144, S. 61–91

Bauer, G.: *Gewalttätige Triebverbrecher.* Münchener Medizinische Wochenschrift 1971, S. 1089–1096

Bauer, G.: *Die Problematik der Triebverbrechen aus kriminalistischer Sicht.* Der Kriminalist 1972, S. 15–20

Bauer, G.: *Kindermorde, die vermeidbar waren.* Der Kriminalist 1979, S. 320–326

Bauer, G.: *Serien- und Wiederholungsmörder – Probleme der Ermittlung und Verhütung*, in: Göppinger, H. / Bresser P. (Hrsg.): *Tötungsdelikte.* Stuttgart 1980, S. 211–221

Beine, K.-H.: *Sehen, Hören, Schweigen: Patiententötungen und aktive Sterbehilfe.* Freiburg i. Br. 1998

Beine, K.-H.: *Krankentötungen in Kliniken und Heimen. Fortschritte der Neurologie und Psychiatrie 1999*, S. 493–501

Bennett, K.: *Victim selection in the Jeffrey Dahmer slayings: An example of repetition in the paraphilias?* Journal of Forensic Sciences 1993, S. 1227–1232

Berg, K.: *Der Sadist. Gerichtsärztliches und Kriminalpsychologisches zu den Taten des Düsseldorfer Mörders.* Zeitschrift für die gesamte Gerichtliche Medizin 1931, S. 247–347

Berg, S.: *Das Sexualverbrechen.* Hamburg 1963

Braun, G.: *Die Bestie im freundlichen Nachbarn.* Polizei-Digest 1983, Heft 5, S. 56–64

Bressler, H.: *Gedanken zur Psychologie des Tatopfers.* Kriminalistik 1967, S. 290–295

Brewer, V. / Smith, M.: *Gender inequality and rates of female homicide victimization across U.S. cities.* Journal of Research in Crime and Delinquency 1995, S. 175–190

Brittain, R.: *The sadistic murderer.* Medicine Science and the Law 1970, S. 198–207

Brüning, A.: *Drei Giftmorde mit Arsenik.* Archiv für Kriminologie, Bd. 102, S. 215–220

Byloff, F.: *Fünffacher Giftmord.* Archiv für Kriminologie, Bd. 79, S. 220–226
Capote, T.: *Kaltblütig. Wahrheitsgemäßer Bericht über einen mehrfachen Mord und seine Folgen.* Berlin 1977 (3. Aufl.)
Cater, J.: *The social construction of the serial killer.* RCMP Gazette 1997, Heft, S. 2–21
Cirtková, L.: *Posttraumatische Opferbelastungen. Erfahrungen aus der Behandlung von Straftatopfern in der Tschechischen Republik.* Kriminalistik 2000, S. 408–410
Cluff, J. et al.: *Feminist perspectives on serial murder.* Homicide Studies 1997, S. 291–308
Dahlkamp, J. / Fröhlingsdorf, M.: *Die Schwarze Witwe.* Der Spiegel 2008, Heft 5, S. 54–57
Dahncke, W.: *Vierfache Kindestötung.* Kriminalistik 1959, S. 246–249
Del Popolo, J. / Spezia, S.: *Psychological aspects of the process of victimization,* in: Boros, J. et al. (Hrsg.): *Psychology and criminal justice: international review of theory and practice,* Berlin / New York 1998, S. 366–376
Diessenbacher, H. et al.: *Helfen und töten.* Neue Praxis 1985, S. 215–223
Diessenbacher, H. / Schüller, B.: *Gewalt im Altenheim.* Freiburg i. Br. 1993
Diessenbacher, H. / Ueberschär, E.: *Zum Fall des Massenmörders Arnfin Nesset.* Psychologie und Gesellschaftskritik 1988, S. 149–164
Dijk, J. van / Kesteren, J. van: *Criminal victimization in European cities. Some results of the International Crime Victims Survey.* European Journal on Criminal Policy and Research 1996, Heft 1, S. 9–21
Dörner, D.: *Die Logik des Mißlingens.* Reinbek 1989
Dörner, K.: *Helfen und Töten.* Die Schwester/Der Pfleger 1991, S. 920–922
Dotzauer, G. / Jarosch, K.: *Tötungsdelikte.* Bundeskriminalamt, Wiesbaden 1971
Dülmen, R. van: *Frauen vor Gericht. Kindsmord in der frühen Neuzeit.* Frankfurt/M. 1991
Dürwald, W.: *Vier Giftmorde an Patienten, die nach Operationen im Krankenhaus lagen.* Archiv für Kriminologie, Bd. 119, S. 121–126
Dürwald, W.: *Tötungsdelikte in Krankenhäusern.* Versicherungsmedizin 1993, S. 3–6
Egg, R. (Hrsg.): *Tötungsdelikte – mediale Wahrnehmung, kriminologische Erkenntnisse, juristische Aufarbeitung.* Kriminologische Zentralstelle, Wiesbaden 2002
Eisenberg, U.: *Serientötungen alter Patienten auf der Intensiv- oder Pflegestation durch Krankenschwestern bzw. -pflegerinnen.* Monatsschrift für Kriminologie und Strafrechtsreform 1997, S. 239–254
Elsner, E. / Steffen, W.: *Vergewaltigung und sexuelle Nötigung in Bayern.*

Opferrisiko, Opfer- und Tatverdächtigenverhalten, polizeiliche Ermittlungen, justizielle Erledigung. Bayerisches Landeskriminalamt, München 2005

Faulhaber, G.: *Erbschleicherei über drei getarnte Morde.* Kriminalistik 1957, S. 56–60

Franck, D.: *Menschen töten.* Düsseldorf 2006

Fritsch-Hörmann, M.: *Tod in der Nachtbar. Oder: Problemlösungen im Rotlichtmilieu.* Kriminalistik 1999, S. 391–396

Fromm, E.: *Anatomie der menschlichen Destruktivität.* Reinbek 1977

Füllgrabe, U.: *Intuitive Prozesse bei der Eigensicherung.* Deutsches Polizeiblatt 2004, Heft 2, S. 21–24

Garkawe, S.: *Revisiting the Scope of Victimology – how broad a Discipline should it be?* International Review of Victimology 2004, S. 275–294

Gay, P.: *Kult der Gewalt. Aggression im bürgerlichen Zeitalter.* München 2000

Geilen, G.: *Mitleid von (und mit) »Todesengeln«*, in: Seebode, M. (Hrsg.): *Festschrift für Günter Spendel.* Berlin / New York 1992, S. 519–536

Gerster, E.: *Tödliche Spritzen als radikale Form der Abwehr von Angst und Bedrohung.* Altenpflege 1989, S. 571–575.

Gibiec, C.: *Tatort Krankenhaus – der Fall Michaela Roeder.* Bonn 1990

Göbel, O.: *Todbringende Phantasien: Sexualmord aufgrund massiver Männlichkeitsprobleme.* Kriminalistik 1993, S. 795–799

Goetting, A.: *Child victims of homicide: a portrait of their killers and the circumstances of their deaths.* Violence and Victims 1990, S. 287–296

Göppinger, H. / Bresser, P. (Hrsg.): *Tötungsdelikte: Bericht über die XX. Tagung der Gesellschaft für die gesamte Kriminologie vom 4. bis 6. Okt. 1979 in Köln.* Stuttgart 1980

Görgen, T. / Greve, W. / Tesch-Römer, C. / Pfeiffer, C.: *Kriminalität und Gewalt im Leben alter Menschen: Opfererfahrungen, Sicherheitsgefühl und Kriminalitätsfurcht älterer Menschen im alltäglichen Lebensumfeld und in häuslichen Pflegekontexten – Antrag an das Bundesministerium für Familie, Senioren, Frauen und Jugend auf Förderung eines Forschungsprojekts* (KFN-Forschungsbericht Nr. 94). Kriminologisches Forschungsinstitut Niedersachsen, Hannover 2001

Görgen, T. / Rabold, S. / Herbst, S.: *Ist die Hand, die pflegt, auch die Hand, die schlägt? Ergebnisse einer Befragung ambulanter Pflegekräfte zur Misshandlung und Vernachlässigung älterer Menschen in der häuslich-professionellen Pflege (KFN-Materialien für die Praxis, Nr. 4).* Kriminologisches Forschungsinstitut Niedersachsen, Hannover 2005

Gräter, H.: *Wie gefährlich sind Spanner? Der Fall »Vanja Elena«.* Der Kriminalist 2002, S. 50–54

Hacker, F.: *Aggression. Die Brutalisierung der modernen Welt.* Wien 1971
Hagemann, O.: *Opferforschung: Neue Perspektiven?* Neue Kriminalpolitik 1997, Heft 4, S. 8–10
Hampe, M.: *Die Macht des Zufalls – Vom Umgang mit dem Risiko.* Berlin 2006
Harbort, S.: *Prostituierte als Opfer von Gewaltverbrechen.* Der Kriminalist 1996, S. 139–141
Harbort, S.: *Empirische Täterprofile.* Kriminalistik 1997, S. 569–572
Harbort, S.: *Ein Täterprofil für multiple Raubmörder.* Kriminalistik 1998, S. 481–485
Harbort, S.: *Kriminologie des Serienmörders.* Kriminalistik 1999, S. 642–650, 713–721
Harbort, S.: *Das Hannibal-Syndrom. Phänomen Serienmord.* Leipzig 2001 (4. Aufl.)
Harbort, S.: *Das Hannibal-Syndrom.* CD Sicherheits-Management 2001, Heft 2, S. 20–37, Heft 3, S. 137–146
Harbort, S.: *Mörderisches Profil. Phänomen Serientäter.* Leipzig 2002 (3. Aufl.)
Harbort, S.: *Die Vorstellungs- und Erlebniswelt sadistischer Serienmörder,* in: Robertz, F. / Thomas, A. (Hrsg.): *Serienmord. Kriminologische und kulturwissenschaftliche Skizzierungen eines ungeheuerlichen Phänomens.* München 2003, S. 61–77
Harbort, S.: *»Ich musste sie kaputtmachen«. Anatomie eines Jahrhundert-Mörders.* Düsseldorf 2004
Harbort, S.: *Kannibalen und die Medien.* CD Sicherheits-Management 2004, Heft 4, S. 10–33
Harbort, S.: *Signaturen des Serienmörders.* Die Kriminalpolizei 2004, S. 76–81
Harbort, S.: *Der Liebespaar-Mörder.* Düsseldorf 2005
Harbort, S.: *Viktimologische Betrachtungen bei Serientötungen.* Magazin für die Polizei 2005, Heft 345/346, S. 14–18
Harbort, S.: *Modus operandi bei Serienmördern.* Magazin für die Polizei 2006, Heft 365/366, S. 9–13
Harbort, S.: *Das Serienmörder-Prinzip. Was zwingt Menschen zum Bösen?* Düsseldorf 2006 (2. Aufl.)
Harbort, S.: *Geographische Verhaltensmuster bei Serien-Sexualmorden. Ein Beitrag zur Optimierung der Beurteilung des räumlich ausgerichteten Täterverhaltens bei operativen Fallanalysen.* Kriminalistik 2006, S. 737–747
Harbort, S.: *Das Serienmörder-Prinzip, Teil 1.* CD Sicherheits-Management 2007, Heft 1, S. 147–159
Harbort, S.: *Das Serienmörder-Prinzip, Teil 2.* CD Sicherheits-Management 2007, Heft 2, S. 163–178

Harbort, S.: *Aufdeckungsbarrieren bei Serienmorden.* Die Kriminalpolizei 2007, Heft 3, S. 84–89

Harbort, S.: *Serienmörder: Mensch und »Monster«,* in: Kirchschlager, M.: *Historische Serienmörder. Menschliche Ungeheuer vom späten Mittelalter bis zum Ende des 19. Jahrhunderts.* Arnstadt 2007, S. 15–34

Harbort, S. / Fischer, A.: *Ein unfassbares Verbrechen. Der Fall Monika F.* Düsseldorf 2007

Harbort, S. / Mokros, A.: *Serial murderers in Germany from 1945 to 1995.* Homicide Studies 2001, S. 311–334

Harbort, S. et al.: *Serial murderers' spatial decisions: factors that influence crime location choice.* Journal of Investigative Psychology and Offender Profiling 2005, S. 147–164

Hare, R.: *The Hare Psychopathy Checklist – Revised.* Toronto 1991

Harjes, K.: *Mord z. N. Sandra Arians, 22 Jahre.* Der Kriminalist 2002, S. 301–304

Hewitt, J.: *The victim-offender relationship in convicted homicide cases: 1960–1984.* Journal of Criminal Justice 1988, S. 25–33

Hickey, E.: *The etiology of victimization in serial murder,* in: Egger, S. (Hrsg.): *Serial murder: An elusive phenomenon.* Westport 1990, S. 53–72

Hiekel, A. / Endres, J.: *Sexuelle Übergriffe gegen Frauen (1). Können Frauen sich vor einer Vergewaltigung schützen?* Kriminalistik 1997, S. 627–633

Hiekel, A. / Endres, J.: *Sexuelle Übergriffe gegen Frauen (2). Wirkungskontrolle von polizeilichen Selbstbehauptungskursen: Ansätze zur Qualitätssicherung.* Kriminalistik 1997, S. 705–711

Hill, R.: *Restorative justice and the absent victim: new data from the thames valley.* International Review of Victimology 2002, S. 273–288

Hillenkamp, T.: *Zur Einführung: Viktimologie.* Juristische Schulung 1987, S. 940–943

Hodge, S. / Canter, D.: *Victims and perpetrators of male sexual assault.* Journal of Interpersonal Violence 1998, S. 222–239

Hopkins, M. / Tilley, N.: *Once a victim, always a victim? A study of how victimization patterns may change over time.* International Review of Victimology 2001, S. 19–35

Hoppe, R.: *Mit den Waffen einer Frau.* Der Spiegel 2005, Heft 16, S. 74

Hosser, D. / Raddatz, S.: *Opfererfahrungen und Gewalthandeln. Befunde einer Längsschnittuntersuchung junger Straftäter.* Zeitschrift für Jugendkriminalrecht und Jugendhilfe 2005, Heft 1, S. 15–22

Jäger, A.: *Massenmord oder Sterbehilfe.* Der Kriminalist 1983, S. 281–282

Jerouschek, G.: *Straftat und Traumatisierung.* Juristenzeitung 2000, S. 185 bis 194

Käferstein, H. et al.: *Todesfälle während ambulanter Altenpflege,* in: Oehmichen, M. (Hrsg.): *Lebensverkürzung, Tötung und Serientötung – eine interdisziplinäre Analyse der »Euthanasie«.* Lübeck 1996, S. 205–216

Kaplan, M.: *An Eye for Sexual Orientation.* Science Now Daily News, 18.1.2008

Kast, B.: *Wie der Bauch dem Kopf beim Denken hilft. Die Kraft der Intuition.* Frankfurt/M. 2007

Kemper, M.: *Oma gestand neun Morde!* Polizei-Digest 1985, Heft 1, S. 129 bis 132

Kerner, H.-J. (Hrsg.): *Kriminologie Lexikon.* Heidelberg 1991 (4. Aufl.)

Kierkegaard, S.: *Die Wiederholung.* Hrsg. von H. Rochol. Hamburg 2000

Kilchling, M.: *Empirische Erkenntnisse aus Kriminologie und Viktimologie zur Lage von Opfern.* DVJJ-Journal 2002, Heft 1, S. 14–23

Kinnell, H.: *Serial homicide by doctors: Shipman in perspective.* British Medical Journal 2000, S. 1594–1597

Klee, E.: *Christa Lehmann. Das Geständnis der Giftmörderin.* Frankfurt/M. 1982

Kluin, K.: *Immer ich!* DIE ZEIT – Wissen 2007, Heft 4, S. 42–49

Köhler, D.: *Die Persönlichkeit von Serienmördern.* Kriminalistik 2002, S. 92–95

Köhn, K.: *Die Minus-Frau – ein Beitrag zu den Kindstötungen in Brieskow-Finkenheerd.* Der Kriminalist 2005, S. 403–404

Kosyra, H.: *Die Hamburger Taxifahrermorde.* Kriminalistik 1953, S. 129 bis 134

Kosyra, H.: *Ein fünffacher Raubmörder.* Kriminalistik 1963, S. 434–438

Krafft-Ebing, R. von: *Psychopathia sexualis.* München 1997

Kröber, H.-L.: *Persönlichkeit, konstellative Faktoren und die Bereitschaft zum »Affektdelikt«,* in: Saß, H. (Hrsg.): *Affektdelikte.* Berlin / Heidelberg / New York 1993, S. 77–94

Kropp, Ch.: *Viktimologie – Die Lehre vom Opfer.* Juristische Schulung 2005, S. 686–689

Kube, E.: *Verbrechensopfer und Täter. Wie wird man Opfer? Kann man dies vermeiden?* Kriminalistik 1980, S. 152–156

Kury, H.: *Wie werden Opfer von Straftaten gesehen? Zur Stigmatisierung von Verbrechensopfern,* in: Lamnek, S. / Boatca, M. (Hrsg.): *Geschlecht – Gewalt – Gesellschaft.* Opladen 2003, S. 418–443

Langevin, R. et al.: *Sexual sadism: Brain, blood, and behavior.* Annals of the New York Academy of Sciences 1988, S. 163–171

Laszlo, A. / Rinehart, T.: *Collaborative problem-solving partnerships: advancing community policing philosophy to domestic violence victim services.* International Review of Victimology 2002, S. 197–209

Lattimore, P. / Linster, R. / MacDonald, J.: *Risk of death among serious young offenders.* Journal of Research in Crime and Delinquency 1997, S. 187–209

Leygraf, N.: *Psychisch kranke Rechtsbrecher.* Berlin / Heidelberg / New York 1988

Lonsway, K.: *Preventing acquaintance rape through education: What do we know?* Psychology of Women Quarterly 1996, S. 229–265

Lösch, P. / Beranek, S.: *Der »Würger« Prigan.* Kriminalistik 1955, S. 201–205, 242–246, 294–297

MacCulloch, M. et al.: *Sadistic fantasy, sadistic behaviour and offending.* British Journal of Psychiatry 1983, S. 20–29

Maisch, H.: *Phänomenologie der Serientötung von schwerstkranken älteren Patienten durch Angehörige des Pflegepersonals.* Zeitschrift für Gerontologie und Geriatrie 1996, S. 201–205

Maisch, H.: *Patiententötungen – dem Sterben nachgeholfen.* München 1997

Markowitsch, H. / Siefer, W.: *Tatort Gehirn. Auf der Suche nach dem Ursprung des Verbrechens.* Frankfurt/M. / New York 2007

Miller, A.: *Am Anfang war Erziehung.* Frankfurt/M. 1980

Missliwetz, J.: *Die Mordserie im Krankenhaus Wien-Lainz.* Archiv für Kriminologie, Bd. 194, S. 1–7

Moor, P.: *Das Selbstporträt des Jürgen Bartsch.* Frankfurt/M. 1972

Müller, H.: *Tötung von Inzest-Kindern als Serienverbrechen.* Kriminalistik 1958, S. 492–495

Müller, J. / Maercker, A.: *Disclosure und wahrgenommene gesellschaftliche Wertschätzung als Opfer als Prädiktoren von PTB bei Kriminalitätsopfern.* Zeitschrift für klinische Psychologie und Psychotherapie 2006, Heft 1, S. 49–58

Nelson, C. / Huff-Corzine, L.: *Strangers in the night: an application of the lifestyle-routine activities approach to elderly homicide victimization.* Homicide Studies 1998, S. 130–159

Neubacher, F.: *Serienmörder. Überblick über den wissenschaftlichen Erkenntnisstand.* Kriminalistik 2003, S. 43–48

Niggl, P.: *Blutspur durch Europa. Wie viele Opfer hat Frank Thäder auf dem Gewissen?* CD Sicherheits-Management 2004, Heft 4, S. 156–162

Niggl, P.: *Immer wieder mittwochs.* CD Sicherheits-Management 2006, Heft 5, S. 60–64.

Obergfell-Fuchs, J. / Kury, H.: *Sicherheitsgefühl und Persönlichkeit.* Monatsschrift für Kriminologie und Strafrechtsreform 1996, S. 97–113

Oehmichen, M. (Hrsg.): *Lebensverkürzung, Tötung und Serientötung – eine interdisziplinäre Analyse der »Euthanasie«.* Lübeck 1996

Pándi, C.: *Lainz – Pavillon V: Hintergründe und Motive eines Kriminalfalls.* Wien 1989

Paul, S.: *Gewalt gegen Frauen. Zum Problem der Gegenwehr bei Vergewaltigung und sexueller Nötigung.* Kriminalistik 1993, S. 721–724

Paulus, C.: *Gewaltfantasien und verdrängte Gefühle: Wie erklärt sich das Denken von Serienmördern?* Polizei und Wissenschaft 2001, Heft 3, S. 60–66

Paulus, C.: *Die ESCHER-Treppe der menschlichen Seele – wie entwickelt sich extreme Aggression bei Serienmördern?*, in: Lorei, C. (Hrsg.): *Polizei und Psychologie. Kongressband der Tagung »Polizei & Psychologie« am 18. u. 19.3.2003 in Frankfurt/M.* Frankfurt/M. 2003, S. 581–600

Ramelsberger, A.: *Verfolgt bis in den Seelengrund.* Süddeutsche Zeitung vom 9.8.2005, S. 3

Rasch, W. / Konrad, N.: *Forensische Psychiatrie.* Stuttgart 2004

Reisner, A. / McGee, M. / Noffsinger, S.: *The Impatient Evaluation and Treatment of a Self-Professed Budding Serial Killer.* International Journal of Offender Therapy and Comparative Criminology 2003, Heft 1, S. 58–70

Ressler, R. et al.: *Sexual killers and their victims.* Journal of Interpersonal Violence 1986, S. 288–308

Ringdal, N.: *Die neue Weltgeschichte der Prostitution.* München 2006

Rückert, S.: *Nicht in die TV-Show!* DIE ZEIT 2006, Heft 47, S. 19

Safranski, R.: *Das Böse oder Das Drama der Freiheit.* München / Wien 1997

Saß, H.: *Affektdelikte.* Der Nervenarzt 1983, S. 554–572

Schneider, H. J.: *Das Verbrechensopfer im Strafprozeß.* Juristenzeitung 1977, S. 620–632

Schneider, H. J.: *Die gegenwärtige Situation der Verbrechensopfer in Deutschland. Eine wissenschaftliche Bilanz.* Juristische Zeitung 2002, S. 231–237

Schorsch, E.: *Sexuelle Deviationen: Ideologie, Klinik, Kritik,* in: Schorsch, E. / Schmidt, G. (Hrsg.): *Ergebnisse zur Sexualforschung. Arbeiten aus dem Hamburger Institut für Sexualforschung.* Frankfurt/M. / Berlin / Wien 1976, S. 48–92

Schorsch, E.: *Perversion, Liebe, Gewalt.* Stuttgart 1993

Schorsch, E. / Pfäfflin, F.: *Die sexuellen Deviationen und sexuell motivierte Straftaten,* in: Venzlaff, U. / Förster, K. (Hrsg.): *Psychiatrische Begutachtung.* Stuttgart / Jena / New York 1994, S. 323–368

Schorsch, E. et al.: *Perversion als Straftat. Dynamik und Psychotherapie.* Stuttgart 1996 (2. Aufl.)

Schorsch, E. / Becker, N.: *Angst, Lust, Zerstörung. Sadismus als soziales und kriminelles Handeln. Zur Psychodynamik sexueller Tötungen.* Gießen 2000 (2. Aufl.)

Schroubek, G.: *Zur Kriminalgeschichte der Blutbeschuldigung. »Ritualmord«-Opfer und Justizmordopfer.* Monatsschrift für Kriminologie und Strafrechtsreform 1982, S. 2–17

Schümer, D.: *Die Kinderfänger – ein belgisches Drama von europäischer Dimension.* Berlin 1997
Schwind, H.-D.: *Viktimologie in der Praxis von Polizei und Justiz.* Kriminalistik 1979, S. 514–519
Schwind, H.-D.: *Die Angstgesellschaft. Über Viktimologie als praxisrelevantes Forschungsgebiet,* in: Egg, R. (Hrsg.): *Opfer von Straftaten. Kriminologie und Praxis.* Kriminologische Zentralstelle, Wiesbaden 2004, S. 37–56
Scott, H.: *The female serial murderer: A sociological study of homicide and the »gentler sex«.* New York 2005
Selkin, J.: *Die Angst vor Vergewaltigung.* Psychologie Heute 1975, Heft 4, S. 58–64
Sessar, K.: *Über die verschiedenen Aussichten, Opfer einer gewaltsamen Tötung zu werden,* in: Kirchhoff, G. / Sessar, K. (Hrsg.): *Das Verbrechensopfer. Ein Reader zur Viktimologie.* Bochum 1979, S. 301–320
Siebert, A.: *Erfolgreich Krisen bewältigen. Anleitung zum Überleben.* München 1996
Sofsky, W.: *Traktat über die Gewalt.* Frankfurt/M. 2000
Sprenger, H.: *Morde im Namen der Ehre – Fallschilderungen.* Der Kriminalist 2006, S. 358–363
Steck, P. / Raumann, M. / Auchter, U.: *Psychologische Bedingungen des Sexualmordes.* Monatsschrift für Kriminologie und Strafrechtsreform 2005, S. 70–81
Stümper, A.: *Die Not der Opfer bleibt verborgen. Kriminalistik 1987, S. 136–156*
Tarassow, L.: *Wie der Zufall will? Vom Wesen der Wahrscheinlichkeit.* Heidelberg 1998
Thies, H.: *Ronny Rieken. Porträt eines Kindermörders.* Springe 2005
Traufetter, G.: *Das Gesicht als Fenster.* Der Spiegel 2007, Heft 2, S. 200–201
Traufetter, G.: *Die Anatomie des Irrtums.* Der Spiegel 2007, Heft 38, S. 180–182
Trube-Becker, E.: *Frauen als Mörder.* München 1974
Uerz, G.: *ÜberMorgen. Zukunftsvorstellungen als Elemente der gesellschaftlichen Konstruktion von Wirklichkeit.* München 2006
Volk, P. / Hilgarth, M. / Kolter, J.: *Zur Viktimologie des Sexualverbrechens.* Münchner Medizinische Wochenschrift 1979, S. 1279–1284
Walklate, S.: *Can there be a progressive victimology?* International Review of Victimology 1994, S. 1–15
Weiler, I.: *Giftmordwissen und Giftmörderinnen: eine diskursgeschichtliche Studie.* Tübingen 1998
Weis, K.: *Die Vergewaltigung und ihre Opfer.* Stuttgart 1982

Werner, E.: *Das Opfer des Mordes. Eine kriminologische Studie.* Kriminalistik 1956, S. 2–5

Wiese, A.: *Mütter, die töten: psychoanalytische Erkenntnis und forensische Wahrheit.* München 1993

Wilczynski, A.: *Images of women who kill their infants: the mad and the bad.* Women & Criminal Justice 1991, S. 71–88

Wimmer, W.: *Triebverbrecher – Tiger im Schafspelz.* Kriminalistik 1976, S. 241–248

Winkel, F. / Denkers, A.: *Crime victims and their social network: a field study on the cognitive effects of victimization, attributional responses and the victim-blaming model.* International Review of Victimology 1995, S. 309–322

Wirth, I. / Strauch, H.-J.: *Mord an der Ehefrau nach zwei Probetötungen.* Archiv für Kriminologie, Bd. 200, S. 143–153

Wittneben, H.: *Anhaltermorde*, in: Schäfer, H. (Hrsg.): *Gewalttätige Sexualtäter und Verbalerotiker.* Schriftenreihe der Kriminalistischen Studiengemeinschaft Bremen 1992, Bd. 5 (1), S. 90–99

Danksagung

Meinen herzlichsten Dank sage ich meiner lieben Frau. Ilona hat, obwohl in anderen Umständen und heftig unter Übelkeit leidend, alle Entwürfe gelesen, mich inspiriert, ermuntert, vor allem aber hat sie mir überaus wertvolle Hilfestellungen gegeben. Sie hat sich Zeit genommen, obwohl da noch jemand war, der ihre ungeteilte Aufmerksamkeit einforderte – David Elias. Das war nicht einfach, das verdient Respekt. Dieses Buch hast auch du geschrieben!
Dank schulde ich ebenfalls vielen Staatsanwälten, die mir Gelegenheit gegeben haben, Gerichtsakten einzusehen. Das ist nicht selbstverständlich. Gleiches gilt für eine Reihe von Gefängnisdirektoren, Klinikleitern, Ärzten und Therapeuten, die Interviews mit ihren Insassen oder Patienten zugelassen und unterstützt haben. Namen und Örtlichkeiten möchte ich an dieser Stelle nicht nennen, sie könnten im Nachhinein eine Identifizierung einzelner Verurteilter ermöglichen.
Mein besonderer Dank gilt vor allem jenen Frauen und Männern, die Opfer eines Serienmörders geworden sind und mit mir über die dunkelsten Stunden ihres Lebens gesprochen haben. Danke für die aufregenden Stunden! Danke für das Vertrauen!
Dank sagen möchte ich auch allen Verurteilten, die mir in Interviews Rede und Antwort gestanden, die über intimste Dinge mit mir gesprochen haben. Das war emotionale Schwerstarbeit, für beide Seiten. Aber es hat sich gelohnt. Und manchmal hat es auch geholfen.
Ganz herzlich danken möchte ich auch Claudia Leweke. Du warst mir eine große Hilfe. Wie immer!